CLASSIQUES EN POCHE

*Collection
dirigée
par
Hélène Monsacré*

Dans la même collection

PLUTARQUE

VIE D'ANTOINE

Texte établi
par Robert Flacelière et Émile Chambry

Traduction, introduction, notes et appendices
de Françoise Frazier

LES BELLES LETTRES

2015

Le texte grec est repris du volume correspondant dans la Collection des Universités de France (C.U.F.), toujours disponible avec apparat critique et scientifique.

© 2015, *Société d'édition Les Belles Lettres*,
95 bd Raspail 75006 Paris.
www.lesbelleslettres.com

ISBN : 978-2-251-80231-2

INTRODUCTION

D'ANTOINE L'ANTI-MODÈLE
AU MYTHE D'ANTOINE ET CLÉOPÂTRE.
UNE LECTURE DE LA *VIE D'ANTOINE*

par Françoise Frazier*

Dans l'« aventure intellectuelle[1] » que constitue la rédaction des *Vies parallèles*, étalée sur au moins une quinzaine d'années[2] et dont les préfaces nous permettent de saisir à tout le moins des moments de réflexion[3], la *Vie d'Antoine* se distingue par sa longueur, par l'importance du personnage et de l'époque à laquelle il a vécu,

---

* *Professeur de langue et littérature grecques à Paris Ouest-Nanterre, Institut Universitaire de France.*

1. SIRINELLI 2000, p. 259-337, en part. p. 302 *sq.*

2. *Ibid.*, p. 285 : l'entreprise, dédiée à Sosius Sénécion, a dû commencer après 96, peut-être en 99 quand le dédicataire accède au consulat. Il meurt vers 116 – ou du moins disparaît des listes d'honneur, ce qui peut signifier aussi qu'Hadrien, qui accède au trône en 117, a renouvelé son entourage. Quelles que soient les incertitudes de détail, on peut donc situer l'entreprise sous Trajan, dans les premières années du IIe s. Né vers 45, Plutarque est alors au sommet de son âge et de sa carrière.

3. À cet égard, les confidences personnelles qui ouvrent la *Vie de Paul Émile* sont particulièrement importantes : FRAZIER 2010 b.

moment crucial où l'empire romain aurait pu, s'il l'avait emporté, prendre la forme d'un empire gréco-oriental[4], par la richesse enfin des œuvres, théâtrales en particulier, qu'il a inspirées dans la tradition européenne[5] et pour lesquelles il est à jamais associé à Cléopâtre – héritage d'une *Vie* qui finit par avoir deux héros, ce qui n'est pas la moindre de ses originalités. D'emblée la préface qui ouvre *Démétrios-Antoine* témoigne d'une orientation un peu nouvelle pour ce qui constitue, selon toute probabilité, une des dernières paires que Plutarque ait écrites[6] : l'auteur justifie l'introduction d'« anti-modèles » , pédagogiquement, par un rapprochement avec la pratique lacédémonienne qui détournait les enfants de l'ivresse en leur en montrant les effets désastreux sur les hilotes, et philosophiquement, par le rappel de l'exigence platonicienne d'une connaissance du bien *et* du mal seule à même de permettre un choix de vie conscient et conséquent[7]. C'est là sans doute le point le plus saillant et le plus souvent cité de ce premier chapitre de la *Vie de Démétrios*, mais l'isoler fausse la perspective et – de même que la célèbre distinction opérée dans la préface d'*Alexandre* entre historiographie et biographie –, il doit

---

4. Point souligné par CHAMOUX 1986.

5. Sur les pièces inspirées à travers l'Europe par Antoine et Cléopâtre aux XVIe et XVIIe s., voir E. ZANIN, « La simplicité dans l'intrigue des tragédies de la première modernité » , publije.univ-lemans.fr/Vol3/ (article 2-2) et en appendice, les extraits de Shakespeare et Mairet.

6. PELLING 1998, p. 26 *sq.*, insiste sur la préparation simultanée de six *Vies*, *Crass.*, *Pomp.*, *Caes.*, *Cat. Min.*, *Brut.* (que nous savons constituer le 12e tome des *Vies*) et *Ant.* Les sources sont sans doute à peu près les mêmes, mais, dans le style, *Demetr.-Ant.* me sembleraient plus proches de *Pyrr.-Mari.* et d'une composition sensiblement plus tardive que *Dion-Brutus* ; voir, dans le même sens, *infra*, p. XLIX.

7. C'est un des points mis en lumière par le mythe d'Er (*Resp.*, X 618 b-619 a).

être remis dans son contexte. Il faut encore tenir compte de l'impossibilité affirmée dans la préface de *Cimon* de trouver jamais un humain parfaitement vertueux[8]. Pas plus que Cimon ou Lucullus, non plus qu'aucun autre héros « positif », ne prétendent à la perfection, Démétrios ou Antoine ne sont des monstres de perversité. Leur situation éclatante a rendu aussi leurs vices plus éclatants, mais ils sont présentés d'abord, à travers une expression à la fois vague et rare, comme faisant partie des « hommes qui ne se sont pas assez surveillés », τῶν κεχρημένων ἀσκεπτότερον αὑτοῖς : l'absence de réflexion que marque l'adverbe doit-elle être mise en relation avec l'examen du bien et du mal auquel est invité le lecteur, précisant ainsi d'emblée un aspect important de leur valeur d'antimodèles[9] ? Cette absence souligne en tout cas un certain abandon, qui livre le caractère comme le déroulement de la vie à de grandes irrégularités[10] – et Plutarque, avant

---

8. *Cim.*, 2, 4-5 : « puisqu'il est difficile, peut-être même impossible de montrer une vie humaine irréprochable et pure, il faut, comme pour un portrait, en retracer avec vérité les belles parties ; quant aux erreurs ou aux vices qui entachent les actions par suite d'une passion ou d'une nécessité politique, il faut les considérer comme des défaillances d'une vertu plutôt que comme les effets de la perversité » ; dans le même esprit, voir aussi *Cleom.*, 16, 8.

9. Les emplois de l'adjectif (3 chez Platon, 2 chez Plutarque) ou de l'adverbe (4 chez Platon, 1 ici chez Plutarque) se réfèrent en général à une question précise, en cours de discussion. Résonances morales aussi en *Gorg.*, 501 c, περὶ σῶμα καὶ περὶ ψυχὴν καὶ περὶ ἄλλο ὅτου ἄν τις τὴν ἡδονὴν θεραπεύῃ, ἀσκέπτως ἔχων τοῦ ἀμείνονός τε καὶ τοῦ χείρονος, et, chez Plutarque, la recommandation faite aux auditeurs de conférences de ne pas venir s'asseoir ἄσκεπτοι καὶ ἀφρόντιδες τῶν καθηκόντων (*De aud.*, 45 D) – dans les deux cas, on a un complément au génitif spécifiant l'objet indûment négligé.

10. Voir *Demetr.*, 1, 8, cité en appendice ; pour Antoine, l'adjectif apparaît dans l'introduction (2, 8) et qualifie sa φιλοτιμία, point intéressant si l'on relève que les autres emplois qualifient généralement directement le personnage (*Them.*, 2, 7, *Sul.*, 6, 14) ou sa nature (*Alc.*,

de détailler les traits des deux personnages, en fait des illustrations des réflexions inspirées à Platon dans la *République* en particulier par Alcibiade sur les « grandes natures », propres à produire de grands vices comme de grandes vertus[11]. La différence se fait grâce à l'éducation, qui permet de choisir le bien, au rebours de la flatterie qui encourage les mauvais instincts et le goût du plaisir. Se dessine en filigrane un thème, celui des flatteurs, qui n'est pas moins important pour le roi hellénistique, dont les excès flagorneurs des Athéniens « achevèrent de gâter l'esprit » (*Demetr.*, 13, 3), que pour Antoine, et qui se développera dans les récits[12].

Comme point de départ, le biographe signale seulement quelques traits communs qui ne correspondent pas, à vrai dire, à ce que *nous* appellerions de grands vices, mais qui manifestent une absence de maîtrise de soi dont la gravité s'accuse chez qui prétend commander aux autres : goût de la boisson et goût de l'amour (ἐρωτικοί, ποτικοί) signalent ainsi un abandon au plaisir condamnable, mais les qualités de soldat (στρατιωτικοί) sont déjà plus ambiguës, qui comportent aussi, à côté de la vail-

---

16, 9, *Phoc.*, 6, 1 [Chabrias]) ; voir aussi l'intéressante définition de la κακία en *Comp. Nic.-Crass.*, 1, 4 comme ἀνωμαλίαν τινὰ τρόπου καὶ ἀνομολογίαν.

11. *Resp.*, VI 491 e-495 a et Duff 1999 ; Alcibiade est aussi un des meilleurs exemples de « nature inégale » (voir note précédente et Frazier 1996, p. 86-89).

12. Il correspond même mieux à la réalité de la vie de cour hellénistique (ce qui justifie la présence aussi de flatteurs de Cléopâtre) qu'à l'entourage d'Antoine, et il peut y avoir une certaine extrapolation du biographe dans la présentation de 24, 9-12 : voir Pelling 1988, n. *ad loc.*, p. 182 (où le rapprochement initial, si rapide qu'il soit, avec le *miles gloriosus*, n'a, à mon sens, pas sa place, parce que le modèle platonicien de la bonne nature pervertie me semble nettement plus prégnant, et aussi parce qu'Antoine est véritablement un grand soldat et non pas un fanfaron).

lance et de la proximité avec les hommes, la grossièreté du soudard, et qui laissent dans l'ombre, voire négligent totalement, la dignité du chef, que pourrait marquer, par exemple, l'adjectif ἡγεμονικοί[13] ; μεγαλόδωροι, qui suit, dénote une grandeur dans les libéralités qui est attendue de l'homme d'État, et qui fait partie de la φιλανθρωπία, mais le faste et les dépenses considérables suggérés par πολυτελεῖς la tirent vers l'excès ostentatoire ; on finit sur une sorte de point d'orgue négatif, avec ὑβρισταί, qui combine excès et outrages les plus variés et les plus graves[14]. À ces qualités intrinsèques semblables répondent des similitudes de carrière, mais l'instabilité de la Fortune, l'alternance de hauts et de bas, le retour perpétuel de nouveaux espoirs, caractérisent davantage la vie du Poliorcète[15], tandis que, pour Antoine, la lumière se concentre plus sur le caractère. Dans sa peinture du Romain, Plutarque est indiscutablement tributaire de la

---

13. On le trouve dans la première partie de la carrière d'Antoine (*Ant.*, 3, 9 et 7, 3), tandis que τὸ στρατιωτικόν revient en 27, 2, point faible relevé dès leurs premiers contacts par Cléopâtre, qui s'adapte en conséquence, comme tout bon flatteur. Aucun emploi pour Démétrios.

14. La famille d'ὕβρις, à propos du comportement d'Antoine, se trouve en 9, 9 ; 16, 5 ; 20, 4 ; 21, 3 ; 24, 11 ; 53, 1 et 54, 1 – contre 3 occurrences seulement pour Démétrios, mais qui recouvrent les principaux domaines : 19, 5 (vie dissolue en temps de paix), 24, 1 (conduite scandaleuse avec garçons et filles à l'Acropole) et 42, 6 (à l'égard de ses sujets, qu'il n'écoute pas).

15. Sur la Fortune, *Demetr.*, 35, 3-6 et 45 ; sur les échecs, l'exaltation, les espérances ou l'inespéré, 5, 6 ; 19, 1 et 25, 5 ; 30, 2 ; 31, 6 ; 35, 5 et 6 ; 43, 2 ; 46, 1 ; 47, 6 ; 48, 3 ; 49, 5 ; 50, 5. L'ensemble mériterait une étude détaillée, en soi, et, plus encore, une comparaison avec la *Vie d'Antoine* – sous réserve de confirmation, le Poliorcète semble ici plus proche d'un Pyrrhos que de son parèdre romain, pour qui le thème de l'espoir, lié à l'action, se trouve, comme on peut l'attendre, surtout au cours de la campagne contre les Parthes, 39, 1, 39, 6, 40, 5 et 52, 3 ; à Actium (64, 3 et 4), l'espoir vacille pour s'éteindre définitivement en 71, 2 – voir *infra*, p. XLVIII.

« légende noire » imposée par la propagande augustéenne et il en accepte, globalement, l'image d'un général
vaincu par l'amour et asservi à l'Égyptienne, même s'il
dispose sans doute aussi, avec les récits d'Asinius Pollion
ou de Dellius, de sources moins uniformément défavo-
rables au triumvir vaincu et reconnaissant davantage
ses talents militaires, voire politiques[16]. S'il y trouve les
éléments de la peinture nuancée qui lui tient à cœur, il en
détermine lui-même la perspective et choisit de faire de
l'alternance d'actions énergiques et d'abandons au plaisir
dont Démétrios a fourni un premier exemple, la trame
d'une analyse de plus en plus complexe où la psychologie, au sens où nous l'entendons, finit par affleurer, où
la littérature semble aussi s'emparer des personnages.
C'est ainsi autant un chemin littéraire qu'un itinéraire
biographique qui se dessine au fil du texte, les deux
se soutenant l'un l'autre, et c'est ce travail conjoint de
l'écriture et de l'interprétation construisant peu à peu le
personnage que l'on voudrait ici mettre en lumière[17], au
travers en particulier des changements de style (mimétique ou diégétique, sommaire ou détaillé) et de focalisation qui impriment un rythme particulier à la *Vie*. Par
opposition à la *Vie de Démétrios*, vie toute en dents de
scie de celui qui toujours espère se tailler la part du lion

---

16. Pelling 1988, p. 27-28 : « Cependant, il apparaît que la
générosité [de Pollion] à l'égard d'A. provient de sa tendance à lui
reconnaître un vrai sens politique, bien que ce trait ne soit pas souligné
par P.» ; il exploite en revanche le récit de la campagne parthique de
Dellius pour mettre en valeur le héros.

17. Pour une étude détaillée du texte, dans ses dimensions
historiques comme stylistiques, on pourra se reporter à l'édition,
indispensable, de Pelling 1988. J'ai donné aussi une analyse thématique
qui détache de grandes lignes de force à l'intention des agrégatifs dans
les *Silves* 2013-2014 (Frazier 2013).

dans l'héritage d'Alexandre et « rebondit » d'espoir en espoir, la biographie d'Antoine s'articule autour de la rencontre fatale de Cléopâtre (25-27)[18] : dès lors les rivalités politiques (coupées de débauches), qui formaient le cadre de sa « vie antérieure », ne sont plus qu'une toile de fond sur laquelle se détachent de « grands massifs », la campagne parthique (37-52), la bataille d'Actium (60-69), la fin à Alexandrie (71-86), qui a ceci de remarquable que le héros meurt en 77 et qu'entre son trépas et le chapitre final (87), attendu, consacré à sa descendance, neuf chapitres (78-86) s'attachent à la mort de Cléopâtre, transformant la liaison fatale en amour mythique. C'est sans aucun doute le point qu'a retenu la tradition ultérieure, mais ce n'est que le terme du long chemin que parcourt la biographie.

Antoine avant Cléopâtre : du second de César au maître de l'Orient (1-22)

Dans le long texte que constitue la *Vie d'Antoine*, il y a, sur le fond comme sur la forme, un « avant » et un « après » la rencontre avec Cléopâtre, qui constitue une césure plus forte que la mort de César. La remarque en dit long sur la différence entre point de vue biographique et analyse historique, car c'est l'assassinat de César qui projette Antoine au premier plan et fait de lui le maître de Rome avant l'arrivée d'Octavien (15, 5, αὐτοκρατορικῶς), puis le maître de l'Orient (23, 1), qu'il doit réorganiser – et qu'il réorganise de fait à travers un système de rois-clients mis en place à partir de 42-41, après Philippes, complété par une série de décisions

---

18. À inclure dans un plus large passage, à la mesure de sa portée : voir *infra*, « Le tournant fatal (23-29) », p. XXII *sq.*

à l'hiver 37-36 (voir 36, 3-5) et achevé en 34 après le triomphe d'Alexandrie (54, 5-9). Ce nouveau dispositif oriental est suffisamment efficace pour être conservé ensuite par Auguste[19], mais derechef le biographe n'y voit qu'une marque de l'« orientalisation » du héros, qui se confond avec l'inféodation à Cléopâtre. Ainsi, si la stylisation du cadre historique et un certain désintérêt pour les rapports de force et le jeu politique sont des procédés majeurs de la transformation de la matière historique en matière biographique[20], ils prennent une importance accrue lorsque le personnage, à l'instar d'Antoine, accorde une place démesurée aux plaisirs privés et s'y abandonne dès que l'apaisement des guerres et des rivalités lui en laisse le loisir.

Cette « alternance » fondamentale est posée dès le premier tiers de la vie : composé presque exclusivement de récits sommaires[21], il porte ainsi en germe toute la suite à travers une succession stylisée d'actions efficaces et énergiques et de débauches, où l'on retrouve le schéma posé d'entrée pour Démétrios[22], « le plus voluptueux des rois » quand il était de loisir, mais, à l'inverse, « le plus énergique et le plus vigoureux »

---

19. Freyburger-Roddaz 1994, p. cxxii *sq.*

20. Frazier 1996, p. 17-32.

21. On peut y voir l'application de la méthode qu'a mise en lumière Pelling (1988, p. 12-13) – que Plutarque partage avec d'autres auteurs anciens – et qui consiste à poser des points de départ en gros, sur un plan général, pour raffiner ensuite progressivement l'analyse.

22. L'étude de l'influence de l'appariement de deux personnages sur la construction de chaque vie, des parallélismes et des variations thématiques, qui adapterait à l'ensemble de la composition littéraire ce que dit la préface de *Phocion* (3, 9) de la différenciation des nuances de caractère, reste un des grands champs à explorer pour le spécialiste des *Vies*.

dans l'action[23]. Sur fond de rivalités et de divisions qui ouvrent la biographie – avec la mention du grand-père d'Antoine, l'illustre orateur, tué sur l'ordre de Marius au cours de la guerre civile contre Sylla (1, 1) –, et qui marquent encore, à travers l'opposition entre Pompéiens et Césariens, le début de la narration suivie (5, 1, ἐπεὶ δὲ τὰ Ῥωμαίων πράγματα διέστη), on voit ainsi, dès la présentation[24], se succéder, en s'opposant, la découverte enthousiaste, grâce à Curion, de la boisson, des femmes et des dépenses (ch. 2[25]), et de brillantes premières armes (ch. 3). Le portrait qui suit (ch. 4), et qu'on aurait attendu en ouverture, peut, grâce à ce délai qui le fait intervenir après qu'Antoine a déjà acquis quelque gloire, à la fois synthétiser ces deux aspects et ajouter aux simple traits physiques et moraux des considérations sur ses relations avec autrui, capitales dans une carrière politique. Ainsi, s'il est naturellement imposant et d'une virilité tout héracléenne, Plutarque souligne la manière dont il en joue pour confirmer la légende qui faisait descendre les Antonii d'Héraclès, et le revêt du costume adéquat, tunique retroussée, grande épée en guise de massue et

---

23. *Demetr.* 2, 3 : ἥδιστος γὰρ ὢν συγγενέσθαι, σχολάζων τε περὶ πότους καὶ τρυφὰς καὶ διαίτας ἀβροβιώτατος βασιλέων, ἐνεργότατον αὖ πάλιν καὶ σφοδρότατον τὸ περὶ τὰς πράξεις ἐνδελεχὲς εἶχε καὶ δραστήριον ; appréciation reprise en 19, 5, pour expliquer l'indulgence de son père.

24. Sur l'extension de la présentation aux 4 premiers chapitres, le récit suivi ne commençant véritablement qu'en 5, voir FRAZIER 2013, p. 207-211.

25. 2, 4 : πότους καὶ γύναια καὶ δαπάνας πολυτελεῖς καὶ ἀκολάστους – série qui confirme trois des traits communs posés en *Demetr.*, 1, 7 : ἐρωτικοί, ποτικοί,... πολυτελεῖς, et y attache, comme une sorte de résumé et de résultat à la fois, à travers l'adjectif final, l'ἀκολασία, l'intempérance, qui réapparaît en 21, 1 et surtout dans l'analyse « platonicienne » de 36, 2.

sayon remplaçant la peau de bête (4, 3) : il a quelque chose déjà des acteurs qui seront des compagnons de prédilection[26]. Ni l'inconvenance de cette tenue[27], ni l'ambiguïté d'un héros qui a purifié l'univers, mais qui fut aussi aux pieds d'Omphale et paraît sur la scène comique en glouton grossier, ne sont explicitées ici[28], mais sans doute sont-elles là en filigrane. La grandeur incline alors vers la μεγαλαυχία, « grands airs » qui marquent plus de jactance que d'arrogance et séduisent autant les soldats qu'ils répugnent aux autres (4, 4). Dans le registre « vulgaire » s'ajoutent les repas avec les soldats, et, élément plus original, la raillerie, σκῶμμα, qu'il pratique mais aussi accepte de bonne grâce (4, 5[29]). À nouveau le trait n'est pas développé pour le moment, et Plutarque s'attarde sur la générosité qui nous ramène à la grandeur, à la popularité et aux failles d'Antoine : distribuer sans compter à soldats et amis ἀρχήν τε λαμπρὰν ἐπὶ τὸ ἰσχύειν αὐτῷ παρέσχε, καὶ μεγάλου γενομένου τὴν δύναμιν ἐπὶ πλεῖον ἐπῆρεν ἐκ μυρίων

26. 9, 5 *sq.*, 24, 2 et encore 56, 7 ; le costume joue aussi un rôle important pour Démétrios, entre les déguisements auxquels il doit recourir pour fuir (9, 7 et 44, 9) et l'apparat tragique dont il s'entoure, grisé par le titre de roi (pose en 18, 5, costume en 41, 6). Pour Antoine, voir 5, 9 ; 10, 8 ; 14, 1 et la mise en scène de 18, 2 ; sur habillement et / ou déguisement, voir aussi 29, 3, 33, 7, 44, 3, et 54, 8-9.

27. Soulignée par Santi Amantini 1995, note *ad loc.*

28. Omphale est utilisée dans la *syncrisis*, *Comp. Demetr.-Ant.*, 3, 4 et Shakespeare s'en souviendra.

29. 4, 5 : οὐκ ἀηδῶς σκωπτόμενος ; Démétrios, après que lui et son père ont été proclamés *hégémones* de la ligue de Corinthe, se répand en railleries aux dépens des autres diadoques (25, 7), ce qui lui vaut la haine de Lysimaque ; cet usage n'était pas inconnu du grand railleur que fut Cicéron, qui, en ne résistant jamais à un mot d'esprit – même en dehors du combat politique –, se fit une foule d'ennemis (*Cic.*, 5, 6 ; 27, 1 ; 38, 2), mais aucun des deux ne retourne jamais les sarcasmes contre lui-même ni ne les accepte.

ἄλλων ἁμαρτημάτων ἀνατρεπομένην[30] (4, 6). Les deux
membres étroitement coordonnés permettent de résumer
en une phrase l'ascension d'Antoine et de le montrer
tout de suite « devenu grand » ; surtout sont mises en
lumière les forces opposées à l'œuvre dans sa carrière,
dont la tension est en quelque sorte intériorisée dans le
second membre de phrase par le contraste du verbe principal, à l'aoriste actif, qui décrit la montée du pouvoir
(ἐπῆρεν), et du participe apposé, au présent duratif passif
(ἀνατρεπομένην), qui montre, à l'inverse, le travail de
sape résultant des foules d'erreurs commises par ailleurs.

Cette alternance de débauches et d'activité militaire efficace, posée dès les ch. 2-3, prévaut jusqu'à la
rencontre avec Cléopâtre, qu'Antoine soit dans l'ombre
de César ou passe au premier plan. On peut ainsi distinguer les séquences suivantes :

1) 6 / 7-8 : s'étant vu confier la gestion de l'Italie après le
passage du Rubicon (6, 4), Antoine se rend immédiatement
populaire auprès des soldats (6, 5), mais néglige les civils
dans l'exercice de la justice – ce qui est un trait générique
du mauvais gouvernant[31], assez vague et dont Plutarque ne
cite nul exemple ; de même, s'il note sa mauvaise conduite
avec les femmes d'autrui, il n'évoque aucune liaison particulière (6, 6). La lumière se concentre sur l'effet désastreux
pour César, qu'Antoine, *plus que tout autre*, contribua à
discréditer : Ἀντώνιος ἀπ᾽ ἐξουσίας μεγίστης ἁμαρτάνειν
μέγιστα δόξας τὴν πλείστην αἰτίαν ἔλαβεν (6, 7[32]) ; dans

---

30. « Lui ouvrit une route brillante vers le pouvoir et, quand il fut
devenu grand, accrut de plus en plus son influence, malgré les fautes
sans nombre qui la menaçaient par ailleurs. »

31. PELLING 1986, p. 178-79, pour la politique romaine.

32. « Parmi eux, c'est Antoine, qui unissait très grand pouvoir et
très grandes fautes, qui porta la responsabilité la plus lourde. »

cette série de superlatifs, dont les deux premiers suggèrent un dévoiement de la grandeur, le dernier permet de mettre en relief le rôle d'Antoine à cette période où les événements sont dirigés par César. Lequel, malgré cela, utilise, *pour la guerre* et pour son plus grand profit, l'homme « énergique, courageux et apte au commandement » (7, 1) qu'est Antoine : suit alors un temps positif, avec des chapitres 7 et 8 tout pleins de son activité ; bravant la tempête pour amener les troupes à César, il « releva grandement l'audace » de celui-ci (7, 6) et sur le champ de bataille, par deux fois, fit faire volte-face aux troupes en déroute. Mais, nommé maître de la cavalerie, il retombe dans ses ornières ordinaires et l'on a une nouvelle séquence « d'errements », aussi longue que la séquence d'actions qui l'a précédée (deux chapitres).

2) 9-10 / 11-15 : alors que la mauvaise conduite d'Antoine avait été très rapidement esquissée en 6, 5-7, Plutarque met ici à profit la *Deuxième Philippique*[33] pour détailler les parties de plaisir d'Antoine et leur indignité, insistant sur le déclassement d'un homme qui spolie les honnêtes gens pour combler histrions et prostituées (9, 5-8). Les conséquences se font en deux temps : par rapport à César, le contraste est flagrant entre un chef présenté comme « dorma(n)t à la belle étoile (pour) nettoyer les restes de la guerre[34] » et des gens qui, par leur vie de plaisir, « outragent » leurs concitoyens (9, 9), mais cette *hybris* ainsi manifestée rejaillit sur les soldats

---

33. L'amplification du thème ainsi obtenue se fait au prix de la chronologie, puisque ces faits étaient situés par Cicéron dans la période qui correspond au ch. 6 ; voir notes *ad loc.* et les textes cités en appendice.

34. L'image est quelque peu flattée et pour le contraste, puisqu'il est alors à Alexandrie avec Cléopâtre. Sur le fond, Plutarque reprend ainsi la mention de 6, 7.

eux-mêmes et les pousse à de terribles *hybreis* (10, 1) :
d'où, au retour de César (10, 2), une brouille qui amène
une première mention de la maison de Pompée, qu'Antoine refuse de payer. Si celui-ci veut voir dans la mise
à disposition de la maison qu'il demande une récom-
pense de ses succès[35], son biographe est plus sensible à
la dimension privée et aux débauches, et c'est bien sur
ce plan que César[36] va chercher à le corriger et Antoine
s'amender en épousant Fulvie. Au retour d'Espagne de
César donc (11, 1), nouvelle « séquence d'action[37] »,
l'opposition avec Dolabella reprend (11) et Antoine, aux
Lupercales, contribue de nouveau au discrédit de César
en tentant de le couronner (12, 1), mais son prestige est
désormais assez grand pour que les conjurés jugent bon
de le retenir en dehors du Sénat (13, 4) et pour que, une
fois la première incertitude passée, il prenne les choses
en main : désormais protagoniste et, pour un moment,
tout puissant à Rome, il va être pris directement dans
le jeu des rivalités, des brouilles et des accords provisoires[38]. Rival de Brutus (14, 5), qu'il accule à la fuite,
il voit surgir Octavien et le conflit commence immédiatement, reléguant dans l'ombre l'action à l'Orient des

---

35. Antoine aurait présenté le fait comme cause de la brouille
(10, 3) ; Plutarque reste de nouveau très vague ; on a une version plus
détaillée (mais pas forcément très impartiale) chez Cicéron, *Phil.*, 2,
64-72 (partiellement cité en appendice) ; l'incapacité où Antoine avait
été de régler l'agitation provoquée par Dolabella et les violences au
Forum qui en avaient résulté ne devaient pas être pour rien non plus
dans ce refroidissement (CHAMOUX 1986, p. 84-86).

36. Son indulgence serait sans doute à comparer avec celle
d'Antigone pour les débordements de son fils.

37. On notera que, lorsqu'intervient le politique, la séquence est
moins indiscutablement positive que les séquences militaires.

38. Un schéma utilisé aussi pour l'interprétation des conflits entre
diadoques : *Demetr.*, 5,1 (sur le même thème, plus développé, *Pyrr.*, 12).

assassins de César et le danger qu'ils constituent. À partir de l'arrivée de l'héritier de César, une nouvelle séquence commence, plus complexe.

3) 16-20 / 21 : les chapitres 16-20 se décomposent eux-mêmes en deux modes d'action, la lutte politique entre les deux hommes d'abord (16-17), puis, avec la défaite de Modène (17, 2), la réaction militaire efficace d'Antoine, introduite par une description générale de son énergie naturelle dans l'adversité (17, 3-4[39]), détaillée avec un accent mis sur l'adhésion des soldats (17, 5-18) : endurance, audace, éloquence, générosité avec Lépide, c'est le « meilleur Antoine » qui se relève et rentre à Rome, pour des actions beaucoup moins glorieuses. « Hors schéma » et monstrueux, viennent d'abord les proscriptions et le marchandage entre triumvirs pour lequel Plutarque n'a pas de mots assez durs, outrage effroyable infligé à Cicéron, mais qui outrage avant tout son auteur[40], puis, le pouvoir affermi, le cycle reprend et Antoine retourne (αὖθις, 21, 1) à sa vie de plaisir : Plutarque mentionne à nouveau la maison de Pompée, transformée en lieu de débauche (21, 2-3), souligne les exactions variées commises par les triumvirs (21, 4-5) en réservant, comme précédemment, une part prépondérante à Antoine « plus âgé que César et plus puissant que Lépide » (21, 1). Le différend avec Octavien, entamé en 16, provisoirement réglé, ils se tournent ensemble vers Brutus et Cassius, partis d'Italie et disparus de la biographie depuis le ch. 15. Et le cycle reprend, mais désormais à l'échelle de l'empire.

39. 17, 4 commence significativement par ἀλλὰ φύσει…

40. L'écriture traduit l'indignation dans la belle formule de 20, 4, où le biographe dénonce l'aveuglement de la haine : καθάπερ εἰς τὸν νεκρὸν ὑβρίζων, οὐχ αὐτὸν ἐνυβρίζοντα τῇ τύχῃ καὶ καταισχύνοντα τὴν ἐξουσίαν ἐπιδεικνύμενος.

4) 22 / (23-24) : le ch. 22 évoque très rapidement Philippes, insistant sur les honneurs rendus par Antoine à Brutus (22, 6-7), conclusion de la rivalité avec Brutus ouverte en 14, 5[41], où il reste fidèle à l'esprit chevaleresque qu'il a su montrer dès ses premières armes[42]. Une nouvelle étape va commencer, avec un rival, pour l'instant malade (23, 1), mais autrement redoutable, avec aussi à ses côtés une « femme fatale ». La séquence commence en apparence comme les précédentes, par une « rechute » au moment où Antoine met le pied en Asie, (24, 1) – et qui contraste avec son attitude irréprochable en Grèce où, bannissant toute grossièreté déplacée[43], il était à la fois attentif aux autres (*vs* 6, 6) et utilisait son goût du divertissement (τὸ παῖζον) à des activités d'une haute tenue culturelle. En Asie, les choses empirent : « alors qu'à Rome César s'usait dans les séditions et les guerres, lui, au sein du loisir et de la paix, s'abandonna à ses passions et revint à *sa vie coutumière* » (24, 1) ; les reines s'offrent à lui *(ibid.)*, les artistes qui l'entourent, « surpass(ent) en effronterie et plaisanteries grossières les pestes qu'il avait amenées d'Italie » (24, 2). Le tableau de ses débordements se dilate à l'échelle d'un continent dont la situation devient insupportable (24, 3-9), et débouche sur une nouvelle analyse de caractère (24, 10-12), où est mis en lumière, de façon inquiétante, « ce qui gâta le plus souvent ses affaires » – tous éléments qui font de 23-24 à la fois un aboutissement des séquences

---

41. On pourrait éclairer les événements autrement et insister, comme le fit le fils adoptif et héritier de César, sur la vengeance tirée de ses meurtriers.

42. 3, 8 et 10. C'est un élément attendu du noble général : voir aussi *Demetr.*, 6, 4-5.

43. 23, 2 φορτικός comme en 4, 4 (mais nié).

activité / relâchement précédentes et une introduction à
« l'amour de Cléopâtre ».

Le tournant « fatal » (23-29), matrice thématique du récit

Dans son analyse de la fin du ch. 23, Plutarque se
concentre désormais sur le caractère influençable d'Antoine, braquant la lumière sur une vulnérabilité qui se
lisait en filigrane dans les pages précédentes. C'est ainsi
qu'un rôle important a été dévolu à Curion, qui fut à la
fois l'initiateur des débordements privés (2, 4) et celui
qui, dans l'ordre politique, aurait décidé de l'engagement
d'Antoine du côté de César (5, 2), affirmation contestable
qui a pour contrepartie le silence total sur la présence
d'Antoine à partir de 54 (après les campagnes orientales)
en Gaule, où il fut questeur sous les ordres de César en
52[44]. Dans l'ordre politique, même l'ambition de devenir
le maître de Rome lui est inspirée par la réaction de la
foule : Plutarque a certes réfléchi à l'influence de la *doxa*,
à laquelle il a consacré tout le début de la *Vie d'Agis*
(1-2), mais cette motivation courante prend une colora-
tion particulière, me semble-t-il, chez Antoine, qui n'est
pas un grand ambitieux, au rebours de la majorité des
« héros de Plutarque » et, à l'intérieur même de cette *Vie*,
d'Octavien ou de César. C'est ce contraste que mettent en
lumière les remarques faites par Plutarque sur les motiva-
tions de César au moment de la guerre civile (6, 2) : sans
doute s'agit-il d'abord de réfuter l'accusation portée par
Cicéron contre Antoine d'avoir été l'Hélène de la guerre
civile, mais on ne peut pas ne pas être sensible à tout ce

---

44. Tribunat et charge d'augure mentionnés en 5, 2 datent
respectivement de 49 et 50 ; voir note *ad loc.* et appendice, p. 212.

qui sépare un Gaius César, qui « n'était pas à ce point malléable ni enclin à s'écarter de ses *logismoi*[45] » – de ce que sa raison avait arrêté – « sous l'effet de la colère » (6, 2), d'un Antoine, que sa popularité, après la glorieuse amnistie obtenue du Sénat, « a tôt fait d'écarter de ces *logismoi* [*sc.* les sains raisonnements qui ont rétabli la paix civile] » (14, 5)[46]. Influençable, il l'est tout autant dans le domaine privé et la récurrence du vocabulaire permet de le souligner discrètement : l'amitié de Curion s'était abattue sur lui comme une « kère » (2, 4), un fléau, c'est ainsi qu'est présentée aussi la troupe d'histrions qui l'encadrent en Asie (24, 2) ; Curion l'avait dissipé pour « l'avoir plus à sa main », μᾶλλον χειροηθής (2, 4), l'adjectif se retrouve avec Fulvie qui, censée être l'épouse avec laquelle Antoine va se ranger – et de nouveau Plutarque tait la poursuite de la liaison avec l'actrice Cythéris qu'il pouvait trouver chez Cicéron[47]–, le prépare, en maîtresse femme qu'elle est, à être « à la main » de Cléopâtre[48] (10, 7). Ainsi, dès cette première partie, se dessine l'ombre de l'Égyptienne dont l'entrée en scène est directement enchaînée sur l'analyse du caractère du ch. 24, qui, loin d'être seulement un aboutis-

---

45. Je ne traduis pas pour mettre en relief l'identité des expressions en 6, 2 et 14, 5, que je n'ai pas réussi à conserver dans la traduction (« plans » serait peut-être possible, mais effacerait totalement la dimension rationnelle incluse dans λογισμός) – sur l'opposition *pathos / logismos* dans la *Vie*, FRAZIER 2013, p. 184-85.

46. Le passage consacré à César est aussi le seul qui évoque l'ἔρως ἀρχῆς (6, 3) ; pour Antoine, l'ἔρως est toujours cantonné au domaine amoureux (4, 6 ; 54, 2) et concerne singulièrement « l'amour de Cléopâtre » (25, 1 et 36, 1) ou « de l'Égyptienne » (31, 4).

47. Voir texte en appendice, p. 216-217). Sur la comédienne, *Ant.*, 9, 7 (et appendice, *ibid.*).

48. L'anecdote de son père (1, 2-3) a montré que c'est une prédisposition familiale.

sement, constitue aussi un nouveau point de départ où la peinture se complique et se nuance.

Pour apprécier toute sa complexité, il faut même remonter au ch. 23 et à la mention successive du séjour à Athènes, puis en Asie, correspondant à deux conduites opposées d'Antoine, parfaitement rangée à Athènes, de nouveau débauchée en Asie. L'opposition politique entre Orient et Occident, où l'on n'a pas la même image du gouvernant, interprétée en termes moraux par la propagande augustéenne comme par le biographe, complique ainsi l'analyse des influences qui s'exercent sur Antoine, vulnérable non seulement aux êtres, mais aussi aux lieux : Athènes dans ce cadre apparaît comme le lieu où cette « grande nature » influençable aurait pu trouver les conditions favorables à un bon comportement moral. Mais Plutarque ne s'arrête pas là et essaie d'expliquer cette vulnérabilité en l'imputant à un trait rare chez ses héros[49], la « simplicité » (ἀπλότης), soigneusement distinguée de l'indolence négligente (οὐ … ῥᾴθυμος 24, 9), qui avait été dénoncée plus haut (ῥᾳθυμία, 6, 6)[50]. Cette « simplicité » d'une pièce et sans détour, même si elle s'associe ici à une certaine lenteur, n'a rien en soi de la sottise que nous mettons sous le mot français : se marquant souvent par de la franchise, elle a sa noblesse[51], mais se fait ici source

---

49. On ne la trouve que pour Dion (8. 3) : πολλοὶ δὲ καὶ τῶν πάνυ χρωμένων αὐτῷ καὶ τὴν ἀπλότητα καὶ τὸ γενναῖον ἀγαπώντων τοῦ τρόπου κατεμέμφοντο τῆς ὁμιλίας ; simplicité et noblesse avec ses intimes s'opposent à la brusquerie qu'il montre dans les relations politiques ; le trait est ici indiscutablement positif.

50. *De am. frat.*, 483 A, met aussi les deux en relation, dans la série des dénominations favorables données par indulgence aux travers des frères, ἀπλότητα μὲν τὴν ῥᾳθυμίαν τῶν ἀδελφῶν ὀνομάζουσιν ; c'est donc ici le nom favorable qu'adopte Plutarque, mais en le justifiant.

51. Outre *Dio*, 8, 3, cité n. 49, voir [Arist.], *De virt. et vit.*, 1250 b41 : ἀκολουθεῖ δὲ τῇ μεγαλοψυχίᾳ ἀπλότης καὶ ἀλήθεια.

d'une confiance mal placée qui prédispose Antoine à être la victime de la πανουργία de Cléopâtre, cette capacité opposée à faire feu de tout bois qui correspond assez bien à notre « rouerie » (25, 3)[52]. La « lenteur de perception », qui n'est pas courante non plus[53], a pour contrepartie un vif repentir quand il prend conscience de ses erreurs : on a ainsi, comme dans la présentation initiale, toute une série de traits ambigus, associant bons et mauvais côtés, et, paradoxalement, c'est en partie ce qu'il y a de bon chez Antoine qui contribue à le perdre. Une telle notation a pour nous des résonances tragiques, mais il n'est pas sûr qu'il en soit de même pour Plutarque et que le biographe ne pense pas davantage à la « grande nature » platonicienne exposée par ses qualités mêmes : de fait cette facilité d'Antoine, cette bonne grâce à se laisser plaisanter[54], préparent en quelque sorte l'entrée en scène des flatteurs que dénonçait la *République*[55]. Incapable de distinguer entre le temps du sérieux et celui de la plaisanterie et ignorant le savant mélange de franchise et de flatterie qui rend les flatteurs redoutables[56], « il se laissait prendre facilement » (ἡλίσκετο, 24, 12) et il va encore « être pris » par Cléopâtre : le même verbe (ἁλίσκεται δὲ τοῦτον τὸν τρόπον) ouvre l'importante séquence de rencontre, qui contient en germe toute la suite, sur le fond comme sur la forme.

52. La préfixation même des mots souligne l'opposition : ἄ- venant de *sm [racine de εἷς, un] vs παν- [tout].

53. Seul Caton d'Utique (*Cat. min.*, 1, 6) marque aussi une certaine lenteur, mais c'est dans l'étude, et elle a derechef une contrepartie positive : la chose une fois comprise se grave à jamais dans sa mémoire.

54. 24, 11, avec l'accumulation ἀντισκῶψαι, ἀνθυβρίσαι, γελώμενος / γελῶν, reprend et amplifie 4, 5. C'est la première chose que remarquera Cléopâtre (27, 1).

55. Voir *Resp.*, VI, 494 e-d, et *supra*, p. X.

56. 24, 12 est nourri des connaissances que possède au contraire l'auteur du *Comment distinguer le flatteur de l'ami*.

Enchaînement remarquable, cette séquence s'ente directement sur la description du caractère du ch. 24 grâce à un participe de transition (Τοιούτῳ δ' οὖν ὄντι τὴν φύσιν Ἀντωνίῳ, 25, 1) qui établit une liaison étroite entre la nature d'Antoine et les effets de l'amour de Cléopâtre, « mal ultime » (τελευταῖον κακὸν, où l'adjectif marque à la fois temps et degré) qui survient (ἐπιγενόμενος) pour la perte du Romain. Le style change et rend sensible le déchaînement des passions à travers une métaphore médicale filée qui évoque la luxuriance imagée des analyses des *Moralia*. L'ordre des mots même épouse le développement du processus, évoquant d'abord les nombreuses passions « encore latentes et stationnaires » (πολλὰ τῶν ἔτι κρυπτομένων ἐν αὐτῷ καὶ ἀτρεμούντων παθῶν), que l'amour éveille et déchaîne (ἐγείρας καὶ ἀναβακχεύσας –avec, dans ce second participe imagé, un rappel discret de la dimension dionysiaque cultivée par Antoine depuis son arrivée en Asie [24, 4]) ; surgissent alors, dans une subordonnée, des éléments bons et salutaires (εἴ τι χρηστὸν ἢ σωτήριον ὅμως ἀντεῖχεν) dont la possible résistance est suggérée par le verbe sans doute, dont l'imparfait duratif appuie l'effort, mais aussi par l'adverbe concessif ὅμως ; on notera encore que la mention d'éléments « salutaires » est parfaitement à sa place dans ce passage « médico-moral », mais le résultat tombe sèchement, avec deux aoristes qui entérinent l'anéantissement final de toute opposition (ἠφάνισε καὶ προσδιέφθειρεν). Dans cette disparition, nouveau lien avec l'analyse du caractère, on peut entendre comme un écho de la phrase qui a introduit le thème de la flatterie : καὶ τοῦτο διελυμήνατο τὰ πολλὰ τῶν πραγμάτων (« c'est là ce qui *ruina* le plus souvent ses affaires », 24, 12).

De même, l'étape suivante, l'hiver à Alexandrie (hiver 41-40), est étroitement liée à la rencontre et présentée comme une conséquence directe de l'ascendant immédiatement pris par la reine : οὕτω δ' οὖν τὸν Ἀντώνιον ἥρπασεν ὥστε... (« Aussi conquit-elle si bien l'esprit d'Antoine que... », 28, 1[57]), et là débordements et dilapidations sont censés faire perdre de vue à Antoine les événements de Parthie et de Rome[58]. Mais c'est surtout la direction des « plaisirs « prise par Cléopâtre, présence obsédante aux côtés d'Antoine[59], qui cimente en quelque sorte l'unité du passage, en ramenant au premier plan, en conclusion du séjour à Alexandrie, le thème de la flatterie qui encadre ainsi tout le passage (24, 12 / 29, 1) : renchérissant sur la division en quatre du *Gorgias*, Cléopâtre la multiplie à l'infini et, grâce à ces plaisirs toujours renouvelés, « elle le menait comme un enfant, ne le quittant ni jour ni nuit » (διεπαιδαγώγει, 29, 1), ce qu'illustrent leurs courses nocturnes dans Alexandrie – pardonnables en effet à un tout jeune homme, dont est loin désormais l'*imperator* quadragénaire ; et la liaison se fait de nouveau étroite, au début du chapitre suivant, par un participe stigmatisant ces enfantillages : Τοιαῦτα ληροῦντα καὶ μειρακιευόμενον τὸν Ἀντώνιον ἀγγελίαι δύο καταλαμβάνουσιν (30, 1). C'est la fin de l'hiver, le moment où Antoine va partir « comme tiré à grand peine

---

57. Le tour consécutif a déjà été employé au début de 26, pour introduire la remontée du Cydnos, à un moment où le mépris se justifie moins : οὕτως κατεφρόνησε καὶ κατεγέλασε τοῦ ἀνδρὸς ὥστε ...

58. C'est l'interprétation, cohérente, que propose Plutarque ; mais, s'agissant en particulier des manœuvres de Fulvie et de son frère à Rome, en admettant que la nouvelle lui en parvienne pendant l'hiver, Antoine a tout intérêt à ne point s'en mêler.

59. Voir la série de verbes préverbés par συν- en 29, 2 (συνεκύβευε καὶ συνέπινε καὶ συνεθήρευε καὶ ... συνεπλανᾶτο καὶ συνήλυε).

d'un long sommeil ou d'une profonde ivresse » (μόλις … ὥσπερ ἐξυπνισθεὶς καὶ ἀποκραιπαλήσας, 30, 3). Deux participes encore insistent sur sa difficulté à s'arracher aux délices alexandrines et participent de l'unité stylistique de ce passage brillant, qui constitue comme la matrice littéraire à partir de laquelle sera peint l'abandon progressif d'Antoine à ses penchants voluptueux.

La chose a été préparée par les débordements asiatiques, l'influence délétère des rois et des reines qui, avant l'Égyptienne, s'offrent à lui, et le déchaînement du « thiase de chanteurs asiatiques », pire que « les fléaux d'Italie » (24.2). Cléopâtre les remplace et les surpasse tous : non seulement tout le passage brille de la lumière de ses mises en scène, depuis le faste éclatant de la remontée du Cydnos (26, 1-5), les illuminations somptueuses de la première réception (26, 6-7[60]), jusqu'aux plaisanteries d'Alexandrie, où elle se déguise en servante pour l'accompagner (29, 2) ou la fameuse partie de pêche, où elle feint de l'admirer (30, 6, προσποιουμένη). Et cette prééminence du personnage est encore appuyée par les passages descriptifs qui lui sont consacrés, à l'égal de ce qui est réservé au personnage principal[61]. Dès l'envoi de Dellius, venu la chercher, sont soulignées son habileté et sa rouerie dans la conversation et développées les réflexions que lui inspirent les encouragements du Romain, convaincu de l'ascendant qu'elle pourrait prendre sur Antoine (25, 4-6) : sont ainsi rappelées ses amours avec César et

60. Dans les deux cas, c'est lui qui prend l'initiative (25, 2 : ἔπεμψε πρὸς αὐτὴν κελεύων κτλ ; 26, 6 : Ἔπεμψε μὲν οὖν καλῶν αὐτήν) et dans les deux cas, elle finit par faire ce qu'elle veut.

61. Pour comparaison, on n'a rien eu pour introduire Octavien et le portrait d'Octavie (31, 4) doit beaucoup de son développement au contraste à créer entre les deux femmes, qui justifie les espoirs des Romains de garantir la paix entre les deux beaux-frères.

Cnaeus Pompée et évoquée la confiance accrue que lui
donne désormais sa maturité[62] ; l'ensemble débouche
sur la confiance qu'elle met dans « ses charmes et ses
philtres ». Ceux-ci vont être précisés, après qu'elle a pris
la mesure du Romain et en use désormais « sans gêne et
hardiment » (27, 2) : une demi-page (27, 2-5) s'attarde
alors sur son portrait et évoque son charme particulier,
cette aura qui l'entoure (27, 3[63]) et tient plus à la séduction de sa conversation qu'à sa beauté physique. Prise
semblable à la clef du lutteur dont on ne peut se dégager,
aiguillon qui pénètre celui qui l'écoute, plaisir distillé par
le son même de sa voix, dont elle joue comme d'un instrument : l'ensorcellement n'est pas sans évoquer les dange-
reuses séductrices de l'*Odyssée*, Calypso, les Sirènes ou
l'Hélène du chant IV cherchant à faire sortir les Grecs
du cheval en imitant la voix de leurs épouses[64]. Et cet
ensorcellement, c'est aussi celui de l'Orient : l'opposition, orchestrée ultérieurement par la propagande augustéenne, recueillie et réinterprétée par Plutarque, implicite
dans l'opposition des séjours athénien et éphésien des
ch. 23 et 24, est exprimée pour la première fois par les
Alexandrins, qui « disaient complaisamment qu'Antoine
prenait le masque tragique pour les Romains et pour eux
le comique » (29, 4). L'allusion est ici aux déguisements
et aux blagues qui marquent l'hiver alexandrin d'Antoine,
digne de la comédie, là où la *dignitas* romaine exige la
noble grandeur du héros de tragédie.

---

62. Voir l'évocation chez Shakespeare (I, 5) par Cléopâtre de « My
salad days, When I was green in judgment : cold in blood » « Temps de
jeunesse, quand mon jugement n'était pas encore mûr : cœur glacé »
(trad. F. Guizot).

63. Sur ce texte difficile, voir *infra* note *ad loc.*

64. Sur ce rapprochement, Brillante 2008.

Subjugué par la Reine et les prestiges de l'Orient, Antoine commence dès ce moment à être pour ainsi dire dessaisi de son destin : on peut ainsi déceler dans les chapitres 25-29 les prodromes de sa lente « glissade » vers le gouffre. Si l'ensemble du passage est encadré par le thème de la flatterie, les relations d'Antoine et Cléopâtre, à leur tout, s'ouvrent et se ferment sur les concessions et les enfantillages de celui-ci : sans s'attarder sur la facilité avec laquelle il lui accorde aussitôt de recevoir la première, concession qui peut avoir la courtoisie pour excuse – même si Plutarque y voit sans doute plutôt une faiblesse (26, 6), on notera que leur premier échange mentionne la plaisanterie qu'il fait à ses propres dépens (27, 1 ἔσκωπτεν), qui fait comprendre à la Reine comment en user avec lui ; le récit du séjour d'Alexandrie se terminera sur la blague de la pêche (29, 5[65]). Mais au-delà de l'« infantilisation » marquée par cet encadrement et confirmée par le participe de transition qui suit μειρακιευόμενον (30, 1), des dangers plus graves se profilent : pour qui connaît la fin, la grande scène du Cydnos, le fastueux tableau vivant qu'organise Cléopâtre-Aphrodite, laisse Antoine dangereusement seul sur la place publique et peut apparaître comme une préfiguration symbolique de sa solitude finale ; surtout, l'analyse par laquelle Plutarque ouvre le séjour d'Alexandrie, conséquence du « ravissement » par Cléopâtre, introduit un nouveau thème important : ses « amusements et badinages de jeune désœuvré » ont une grave conséquence,

---

65. Elle est choisie parmi τῶν τόθ' ὑπ' αὐτοῦ παιζομένων ; plaisanteries et railleries forment un important *leitmotiv* : παιδιά en 12.2, 28.1, 29.1, 33.2 et 4, 43.6, 57.1, παίζω en 10.7, 23.2, 24.12, 29.4 et 5, σκώπτειν en 4.5, 27.1, 29.2, 59.3, 62.6 et σκῶμμα en 4.4, 27.2, 29.3, 32.6.

le gaspillage du temps (28, 1), dont Plutarque fait la
« dépense la plus onéreuse » de la Vie Inimitable, à travers
deux verbes, ἀναλίσκειν, « dépenser », qui est banal,
mais qu'il fait suivre du καθηδυπαθεῖν, « perdre dans les
plaisirs », formé précisément sur l'adjectif ἡδυπαθής qui
qualifiait le genre de vie d'Antoine en 21, 1, associé à
ἀκόλαστον. Le prix des plaisirs va de fait devenir exorbi-
tant : de même que la réorganisation de l'Orient confiée
à Antoine a ouvert tout un espace à ses débordements et
fait affleurer le choix entre Rome et l'Orient – avec pour
troisième terme et solution possible, Athènes –, l'amour
de Cléopâtre altère son rapport au temps, essentiel dans
l'action.

Tout le passage, dominé par Cléopâtre, est ainsi scandé
par des introductions morales au style très travaillé, en
25, 1, 28, 1, 29, 1, et tissé de morceaux fortement mimé-
tiques, grand tableau du Cydnos ou « anecdotes » – qui
rapprochent le politique et le privé, ou, mieux, rendent
sensible l'abandon du politique et du monde romain
que Plutarque croit voir se dessiner dès ce moment. Il
n'est pas encore total, mais la présentation des événements politiques des années 40-37 qui suit[66] en reçoit
une certaine orientation. Les conflits et réconciliations
entamés depuis l'arrivée d'Octavien à Rome[67] reprennent,
entre Antoine et Octavien après la guerre de Pérouse (30,
5, διαλλαγαί), avec Sextus Pompée (32, 1, διαλυθῆναι et
33, 1, μετὰ τὰς διαλύσεις), avec Octavien encore en 35,
mais ils ne sont guère qu'une toile de fond. En témoigne

---

66. Il faut aussi remarquer qu'elle occupe à peine plus de place que
la rencontre de Tarse et l'hiver alexandrin (25-29 vs 30-35) et moins
que le « bloc » 23-29.

67. Voir 16, 8 : καὶ πάλιν ἦν ἐνεργὸς ἡ ἔχθρα ; 19, 1 : (Καῖσαρ)
προὐκαλεῖτο … εἰς διαλύσεις.

le dernier conflit, qui aboutit aux accords de Tarente, où Plutarque se contente de noter en introduction qu'Antoine était « irrité de nouveau contre César par certains rapports calomnieux[68] » et s'attarde surtout sur l'intervention, fructueuse, d'Octavie (35, 2-4), et le « magnifique spectacle » que la rencontre par elle obtenue offre, où l'on peut « contempler, sur terre, une nombreuse armée, immobile, et, près du rivage, une flotte puissante qui ne bougeait pas » (35, 5). À travers une sorte de négatif du tableau du Cydnos, c'est l'espoir d'une entente politique due à Octavie, « l'anti-Cléopâtre », qui s'esquisse. Car, se greffant sur la rivalité des deux triumvirs, en arrière-plan, ce sont les luttes féminines qui occupent désormais le devant de la scène, accentuant le poids des facteurs privés dans la conduite d'Antoine. Fulvie, qui déjà l'avait préparé à être soumis à Cléopâtre (10, 6), a derechef ouvert la voie avec la guerre de Pérouse : le frère d'Antoine, consul en 41, est à peine mentionné (30, 1) et le biographe met en avant le désir de l'épouse de séparer Antoine de « l'Égyptienne » (30.4). Il souligne encore, au moment où le triumvir accepte de se remarier avec Octavie, la noble et belle Octavie, incarnation de la *dignitas* romaine chargée de le garder à l'Occident, qu'alors, « s'il ne niait point sa liaison avec Cléopâtre, il ne se reconnaissait pas comme marié avec elle et, en parole, combattait *encore,* au moins sur ce point, son amour pour l'Égyptienne » (31, 4) ; autre raison d'espérer, d'autant que, comme après Philippes et avant la rencontre avec Cléopâtre (23), il va passer l'hiver à Athènes avec son épouse[69] et s'y conduit de façon irréprochable (33, 5-34, 1) – mais la terre orientale va de

---

68. Pour les circonstances historiques, voir note *ad loc.*
69. HABICHT 1999.

nouveau lui être fatale et les résistances encore opposées à sa passion cèdent lorsqu'il reprend la mer vers l'Asie (36).

Là encore, la « matrice » stylistique de 25-29 joue et le passage s'ouvre sur une nouvelle introduction morale qui, par-delà les presque quatre années écoulées, renoue avec les amours d'Alexandrie : « Mais la funeste calamité en sommeil *depuis un bon moment*, l'amour pour Cléopâtre, qui semblait endormi et comme charmé par de plus sages raisonnements, reprit éclat et audace[70] au fur et à mesure qu'il approchait de la Syrie et, *à la fin*, ayant, comme le dit Platon du coursier indocile et intempérant de l'âme, jeté bas toute pensée noble et salutaire, il envoya Fonteius Capito pour ramener Cléopâtre en Syrie » (36, 1-2[71]), comme il avait naguère envoyé Dellius. La présentation de l'amour comme un mal et l'abandon des pensées salutaires rappellent l'introduction de 25, tandis que la référence platonicienne, au *Phèdre* cette fois, fait écho à la flatterie du *Gorgias* de 29 ; l'ἀκόλαστον alors l'emporte et l'organisation de royaumes vassaux fidèles, préalable nécessaire à l'engagement de la campagne parthique, apparaît uniquement comme marque de complaisance à Cléopâtre (36, 3, χαρίζεται) et source de déplaisir pour les Romains (36, 4, ἠνίασαν et 5, ἀνιαρότατον)[72]. C'en

70. αὖθις ἀνέλαμπε καὶ ἀνεθάρρει, à rapprocher de ἀναβακχεύσας en 25, 1.

71. FREYBURGER-RODDAZ 1994, p. CXXIII : une analyse historique, attentive à l'équilibre des forces, peut suggérer l'hypothèse qu'Antoine, après l'accord de Tarente, avait compris qu'il n'avait plus grand-chose à attendre de l'Occident et qu'il lui fallait désormais s'appuyer sur l'Orient, où Cléopâtre lui était d'autant plus indispensable qu'il avait prêté une centaine de vaisseaux à Octavien contre Sextus (35, 7).

72. Les détails historiques négligés par Plutarque seront précisés dans les notes au texte.

est fini de l'alternance d'action et d'abandon qui avait prévalu jusqu'alors – et que prolongeait encore d'une certaine manière l'opposition entre l'hiver alexandrin et les trois ans avec Octavie : la passion va progressivement envahir aussi le champ de l'action, obnubiler la raison et perturber la juste appréhension du temps et de l'occasion.

Les Parthes, Actium et la déchéance d'Antoine (37-69)

La perte d'Antoine est jalonnée par deux grands récits, la campagne parthique et la campagne d'Actium, deux échecs entre lesquels Plutarque crée de subtiles correspondances qui rendent sensible la progression du mal chez le triumvir[73].

Cléopâtre est absente en Parthie[74], mais le biographe la rend présente en encadrant tout son récit par la mention de l'impatience désastreuse du général, qui ne songe qu'à la retrouver. Que la rapidité puisse être un élément stratégique, la recherche d'un effet de surprise, n'est à aucun moment suggéré, et il oppose d'emblée à l'ampleur impressionnante des forces réunies l'incapacité d'en tirer aucun parti « à cause de Cléopâtre » (37, 5) : « impatient (σπεύδοντα) d'aller passer l'hiver avec elle, il commença la guerre hors de saison (πρὸ καιροῦ) et mena tout de façon brouillonne ». L'attaque de l'Atropatène le confirme immédiatement : « alors qu'il aurait fallu (δέον) passer

---

73. La suggestion en est faite par Pelling 1988, qui, soulignant l'extension remarquable du récit, met en avant le goût des Anciens pour ce genre de récit, mais ajoute (p. 220) : « La Parthie offre également un contraste avec Actium, objet d'une description d'ampleur comparable (56-69) ; la concision du récit intercalé (53-5) favorise le rapprochement. »

74. Antoine la renvoie en Égypte au moment où il se met en marche (37, 4) ; à opposer à ce qui passera avant Actium, où Cléopâtre manœuvrera pour que la même demande (56, 3) ne soit pas suivie d'effet.

l'hiver en Arménie [...] et envahir la Médie au début du printemps, *il ne supporta pas d'attendre ce temps* ». Il part donc aussitôt (εὐθύς, 38.2) et même, dans sa hâte (ἐπειγόμενος), choisit de laisser les machines avancer derrière, comme un obstacle à la rapidité de sa marche (ὡς ἐμπόδια τοῦ ταχύνειν, 38.3) : lourde erreur qu'il paie immédiatement et qui compromet définitivement le succès puisqu'elle entraîne la défection, désastreuse, d'Artavasdès, « désespérant de la situation des Romains » (39, 2). Après la laborieuse retraite, le thème revient en conclusion : au gros de l'hiver, pressant de nouveau la marche (ἐπειγόμενος) et sans s'arrêter en Arménie, il perd huit mille hommes (51, 1). Son départ tient sans doute au peu de confiance que lui inspire le roi d'Arménie, et sa hâte aux conditions atmosphériques, mais la présentation choisie par Plutarque qui le montre descendant immédiatement vers la mer pour attendre Cléopâtre, impatient au point de ne pouvoir supporter de rester étendu à table (51, 3), reporte toute la responsabilité sur sa passion.

Entre les deux, tout espoir de victoire perdu, la retraite donne lieu à un long récit, nourri des souvenirs de l'*Anabase*[75], où souffrances réelles dans une terre mal connue de soldats exposés aux ruses de l'ennemi et aux dangers naturels et thèmes littéraires et paradoxographiques s'associent pour mettre en valeur les qualités de chef d'Antoine au fil de deux séquences identiques – ouvertes par des propositions pacifiques et trompeuses des Parthes, contrées par l'intervention d'un guide local qui indique le bon itinéraire (40, 3-45 et 46-49[76]). Avant

---

75. Le relevé systématique de PELLING 1988 est repris dans les notes de la présente édition.

76. PELLING 1988, p. 235, trouve le nouveau piège parthe de 46 « étrangement semblable au récit de 40-1», mais rien ne permet

même la décision de la retraite, après l'attaque du train et la perte des machines, on l'a vu tenter de prévenir le découragement de l'armée en provoquant une bataille (39, 2-7) et réagir aux mouvements de sédition par une énergique décimation (39, 8), tout comme il saura, à l'arrivée en Arménie, ne pas céder au désir de vengeance qui anime ses hommes et utiliser son *logismos* (50, 5). Mais la retraite elle-même va souligner plus encore son exceptionnelle proximité avec ses hommes : au moment déjà où elle s'engage, son abattement est compris de la plupart de ses hommes, émus, qui jugèrent « qu'ils devaient redoubler de respect et d'obéissance à l'égard de leur général » (40, 9) ; et, au cours de la marche, au fil des difficultés, cet attachement s'affirme encore, souligné par l'écriture du biographe. Après qu'Antoine a trouvé dans un premier temps la parade aux attaques parthes en adoptant une formation rectangulaire (ce que marque un participe d'articulation, ἐκ τούτου μαθών, 42, 1), c'est lui seul qui sauve son armée du désastre qu'auraient pu provoquer les erreurs conjuguées de Gallus, auteur d'une initiative téméraire, et des autres officiers, timorés, qui ne lui envoient pas suffisamment de secours. Cette action salvatrice est d'abord mise en lumière par un tour rhétorique cher à Plutarque : « Ils étaient à deux doigts de livrer le camp à la défaite et à la déroute, *si, bien vite*, Antoine en personne n'était accouru du front des troupes avec son infanterie » (42, 8). Elle est suivie d'une scène émouvante d'Antoine visitant les blessés, un genre où excelle aussi Plutarque[77], qui insiste sur le jeu des physionomies, le « courant » qui passe entre le

---

d'affirmer que l'élaboration littéraire ne repose sur *aucun* fait réel raconté par Dellius.

77. Étude du sens des images et des scènes *in* FRAZIER 1992.

général qui encourage ses hommes, « les larmes aux yeux
et très ému », et les hommes au contraire « rayonnants »
en sa présence et qui l'invitent à se ménager, en lui disant
– mot sur lequel culmine la scène – que « leur salut à
eux, c'était sa santé à lui » (43, 1-2). La scène débouche
sur un commentaire plus large (43, 3-5) qui explique
leur attitude en dressant le portrait d'Antoine en général
commandant l'armée la plus brillante et endurante de son
temps, et objet d'un attachement de ses troupes « qui ne
le cédait pas même aux anciens Romains », grâce à des
qualités connues depuis le ch. 4 et que Plutarque récapi-
tule une dernière fois. Enfin, le retour au moment présent,
où il s'associe aux peines et souffrances des soldats (τότε
δὲ καὶ συμπονῶν καὶ συναλγῶν, 43, 6), renoue, par-delà
le commentaire, avec la tonalité paradoxale de la scène
de visite : les blessés, en sa présence, ressentent plus
d'ardeur encore que les valides. Ce passage exceptionnel,
qui associe récit dramatique, petite scène et commentaire
descriptif, constitue comme l'*akmè* du thème positif du
grand général, qui trouve son point d'orgue dans la remise
en route des troupes au chapitre suivant : illustration de
l'attachement réciproque d'Antoine et de ses hommes,
Plutarque y conclut son discours, résumé en quelques
mots, et les invitations, rapides aussi, des hommes, à
avoir confiance et à punir ceux qui ont démérité, par une
belle image du général « tendant les bras vers le ciel et
pria(nt) les dieux, si d'aventure quelque jalousie divine le
poursuivait pour ses succès passés, de la faire tomber sur
lui et d'accorder au reste de l'armée salut et victoire[78] ».
Plutarque a évoqué auparavant les Romains d'autrefois :
Antoine ne dit ici pas autre chose que Camille (*Cam.*, 5,

---

78. On a ainsi tout un « bloc » à sa gloire, 42, 2-44.

8-9) ou Paul-Émile (*Aem.*, 36). Dangers et dramatisation l'emportent dans la suite où pèse la menace du sort de Crassus (46, 7), marquée par des harcèlements nocturnes insolites (47, 4), exposée aux pièges de la nature (47, 6) – et si l'on y voit encore Antoine parcourir les rangs pour conjurer ses hommes de ne pas boire de l'eau toxique (47, 7), il n'est guère possible de renchérir sur l'image du chef donnée dans la séquence précédente. C'est un autre thème, dont la menace reste encore en mineur, qui est introduit : au cœur de la panique nocturne semée dans le camp par certains soldats, Antoine, croyant l'ennemi sur le point de s'en rendre maître, songe pour la première fois au suicide (48, 5).

Les mêmes éléments se retrouvent à Actium, et la belle séquence sur le chef exceptionnel devient alors l'aune à laquelle mesurer la déchéance d'Antoine. On trouve sans doute encore, avant Actium, réunies au ch. 63, des traces de ses qualités : un stratagème réussi (63, 2), un retranchement opportunément creusé autour du point d'eau des ennemis (63, 2, εὐμηχάνως) et une attitude généreuse envers Domitius, malgré sa défection (63, 3, εὐγνωμόνως) et surtout « contre l'avis de Cléopâtre[79] » ; mais la forme même choisie, celle du regroupement thématique, participe d'un choix littéraire qui est aussi interprétation biographique. De ce face à face d'Octavien et d'Antoine[80], Plutarque, qui accepte l'inter-

---

79. La générosité, qui reste un trait indestructible d'Antoine, se retrouve encore après la fuite (67, 8-9).

80. On ne trouve aucun exposé précis des opérations ni des stratégies (pas plus que pour la campagne parthique), mais quelques « gros plans » sur les deux protagonistes : affrontement verbal en 62, 2-4 (ἀντικομπάζων), 65, description des troupes de chaque côté, opposition à distance de 64, 2-3 (Antoine et le vétéran) et 65, 5 (Octavien rencontrant l'ânier Fortuné).

prétation augustéenne d'une confrontation décisive[81],
en fait le sommet du thème de l'inféodation d'Antoine
à Cléopâtre – comme 42, 2 – 44 couronnait le thème du
grand général – et ne retient que les détails militaires
qui s'inscrivent dans cette ligne : s'il y a donc encore
quelques belles actions, elles ne dessinent pas une action
cohérente, elles sont d'ultimes résistances qui finissent
par céder lorsque le chef qu'aveugle la passion trahit
l'armée qui lui est si profondément attachée. Lui qui,
déjà chez les Parthes, dans sa hâte, se montrait « incapable de s'en tenir à ses propres *logismoi* » (οὐκ ὄντα
τῶν ἑαυτοῦ λογισμῶν) et « avait les regards tournés
vers elle sans cesse » (παπταίνοντα πρὸς ἐκείνην ἀεί,
37, 6), dès que ses yeux la voient fuir, la suit aussitôt[82].
Avant même de décrire son action, Plutarque pose le
« diagnostic » qui vaut condamnation : « C'est alors
qu'Antoine montra qu'il n'usait pour diriger sa conduite
ni du raisonnement d'un chef, ni de celui d'un homme,
ni, en un mot, de son propre raisonnement (οὔτ' ἄρχοντος
οὔτ' ἀνδρὸς οὔθ' ὅλως ἰδίοις λογισμοῖς διοικούμενον)
mais, illustrant le mot badin d'un auteur, selon qui "l'âme
d'un amant vit dans un corps étranger", il fut entraîné
par cette femme, comme s'il ne faisait qu'un avec elle,
qu'un avec ses mouvements (ὥσπερ συμπεφυκὼς καὶ
συμμεταφερόμενος, 66, 7) ». Une telle inféodation,

---

81. Les historiens modernes inclinent à y voir une tentative de
se dégager du blocus et de sauver la plus grande partie de la flotte :
voir FREYBURGER-RODDAZ 1991, p. LXVI-LXXI (« le choix tactique
d'Antoine »), à compléter éventuellement par J.-M. RODDAZ, *Agrippa*,
École Française de Rome, 1984 – lequel note, p. 175 : « En interprétant
de cette façon [*sc.* une véritable bataille] l'affrontement des deux
flottes, l'auteur semble avoir été surtout préoccupé de revaloriser la
fidélité des troupes d'Antoine. »

82. 66, 8 : οὐ γὰρ ἔφθη τὴν ἐκείνης ἰδὼν ναῦν ἀποπλέουσαν...

coupable en soi, devient plus grave encore pour un chef si aimé qui « oublie tout » pour elle, « abandonnant et trahissant ceux qui combattaient et mouraient pour lui » (66, 8).

Tirant alors parti d'un procédé courant dans la biographie[83], Plutarque « oublie » aussi le récit d'Actium et suit Antoine qui s'en va, s'attarde sur sa prostration[84], son arrivée au Ténare, où il fait mander à Canidius de se retirer avec l'armée de terre, sa générosité toujours aussi grande pour ses compagnons, qu'il envoie assurer leur salut à Corinthe. Ce n'est qu'alors, après une conclusion qui accuse la séparation entre Antoine et les autres (Ταῦτα μὲν οὖν τὰ κατ' Ἀντώνιον, 68, 1), qu'il reprend le récit à Actium, au point où Antoine l'avait quitté. Peut-on d'ailleurs parler même de « récit » ? Là où Dion Cassius, qui a poursuivi la narration sans suivre Antoine, consacre trois pages au détail des affrontements et à l'incendie de la flotte (L 33, 4-35), les quelques lignes de Plutarque, dépourvues de tout détail précis, se bornent à noter la longue résistance, proportionnelle à la fidélité et à la confiance en leur chef, de troupes qui ne cèdent que lorsque Canidius lui-même les abandonne[85]. Mieux, les

---

83. Frazier 1996, p. 46-48 (« Des séquences "exhaustives" »).

84. 67, 1 : « sans un regard ni de lui à elle, ni d'elle à lui, il alla s'asseoir seul à la proue, en silence et tenant sa tête entre ses mains » ; et encore, 67, 5 : « il passa trois jours ainsi, seul à la proue, soit par colère, soit qu'il eût honte à la vue de Cléopâtre », à comparer à son abattement au moment de battre en retraite en 40, 8.

85. Cet abandon s'inscrit bien dans le schéma interprétatif de Plutarque, mais est sans doute faux ; c'est le renoncement des troupes privées de chef qui, au contraire, a dû amener Canidius à rejoindre seul Antoine. Stylistiquement on retrouve en 68, 4 la structure consécutive (τοσαύτην ἐπεδείξαντο πίστιν καὶ ἀρετήν, ὥστε …) qui a scandé les abandons successifs du héros à Cléopâtre (28, 1, 53, 11 et 62, 1), inversion discrètement significative ?

réflexions qu'ils se font alors transforment ce qui devrait être une suite narrative en une sorte de commentaire de l'action, proche des réactions de l'opinion dont Plutarque ponctue volontiers son récit[86] : ils « ne pouvaient croire d'abord qu'il fût parti en abandonnant dix-neuf légions et douze mille cavaliers qui n'avaient pas subi de défaite, *comme s'il n'avait pas éprouvé maintes fois la bonne et la mauvaise fortune au cours de combats et de guerres innombrables, et acquis une longue expérience des vicissitudes de la guerre* » (68, 2). Cette phrase résume toute la carrière militaire d'Antoine, sur laquelle il a tiré un trait en fuyant ; dans sa formulation même, elle évoque *a contrario* la brillante réaction au moment de Modène (17, 4-5) et, plus proche, la retraite de la campagne parthique. À l'intérieur même du récit d'Actium, elle répond à l'intervention du vétéran qui ouvre le récit *stricto sensu* de la bataille (64, 2-3)[87]. Lui aussi, avec une proximité qui rappelait encore la campagne parthique, avait, au style direct, invité Antoine à se fier à leur expérience sur terre et à ne pas mettre ses espoirs dans les mauvais bois des Égyptiens. Et, évolution subtile mais nette, Antoine, toujours si habile à parler et à réconforter ses troupes, était passé sans un mot, signe qu'il « n'avait pas bon espoir » (64, 4).

Est ainsi mis en lumière, avant l'engagement, le seul élément « stratégique » que considère Plutarque, le choix du combat naval, entièrement mis au compte de Cléopâtre

---

86. Frazier 1996, p. 112-114 (« Les réactions de l'opinion comme élément de conclusion ») ; Pelling parle à ce propos de « caractérisation indirecte ».

87. On peut ainsi dégager un nouvel effet d'encadrement, où la correspondance thématique entre 64, 2-3 et 68, 3-5 vient appuyer l'interprétation de Plutarque.

et de la soumission d'Antoine à la Reine. C'est évidemment faire bon marché des manœuvres d'Agrippa[88] et
de la situation difficile dans laquelle il avait enfermé les
antoniens que permet de suivre Dion Cassius[89]. À l'été,
Antoine, qui a quitté Patras pour prendre position face
à Octavien, voit sa cavalerie défaite (L 13, 1) ; et, début
août, Sosius, à son tour, échoue sur mer (L 14, 2) : l'étau
se resserre et, selon l'analyse des historiens modernes –
car Dion Cassius comme Plutarque donnent une interprétation « augustéenne » –, il devient difficile de sauver
à la fois la flotte et l'armée de terre, de passer avec le
maximum de vaisseaux sans perdre la confiance de
l'armée de terre, laissée aux soins de Canidius. C'est ce
qu'a sans doute tenté Antoine, mais Plutarque se contente
d'exploiter la défaite de Sosius (63, 5) pour reposer le
problème de la stratégie choisie. Ainsi – nouvel effet
d'encadrement – les chapitres (62-63) qui préludent à
l'engagement, après l'énumération des troupes (61),
s'ouvrent par une nouvelle consécutive : « Mais Antoine
était tellement à la remorque de cette femme que, malgré
la grande supériorité de ses forces de terre, il voulut, à
cause de Cléopâtre, que la victoire fût celle de la flotte »
(62, 1[90]) ; et ils se concluent, la question remise sur le
tapis, par une nouvelle victoire de la Reine (ἐξενίκησε
Κλεοπάτρα, 63, 8). Il y a cependant un changement :
c'est que Canidius, qu'elle était censée avoir gagné à prix
d'argent pour qu'il s'oppose à son renvoi en Égypte (56,

88. À peine mentionné dans la description des positions à Actium
(65, 2) et des premiers mouvements (66, 4).

89. Pour le détail des mouvements, voir FREYBURGER-RODDAZ 1991,
p. LXVI-LXXI et la carte qu'ils ont établie, reprise en appendice, p. 236.

90. Οὕτω δ' ἄρα προσθήκη τῆς γυναικὸς ἦν, ὥστε … ; à comparer
à 26, 1 et 28, 1.

4-6[91]), s'est ravisé ; et il ne dit guère autre chose (63, 7) que ce que dira encore le vétéran « une fois décidé qu'on combattrait sur mer » (64,1) : la « surdité » d'Antoine s'en trouve mise en relief, comme son inaptitude à saisir l'occasion.

Sa fuite en effet est l'aboutissement de toute une série d'erreurs, à commencer par cette mauvaise utilisation du temps qui s'était déjà manifestée à Alexandrie (28, 1) et s'est poursuivie chez les Parthes (37, 6-38). Plutarque suggère ainsi comme une des fautes majeures d'Antoine (58.3) de n'avoir pas attaqué à l'été 32 – attaque dont la possibilité est douteuse –, et de n'avoir pas profité du trouble ressenti par Octavien devant la rapidité de ses préparatifs[92]. Au contraire il lui a laissé le temps de se préparer et de prendre l'initiative du conflit (60, 1). Dans les escarmouches qui précèdent Actium, il est désormais toujours devancé[93], la seule parade trouvée, alors qu'Octavien a pris position à Torynè, étant une plaisanterie de Cléopâtre qui rappelle à nouveau les badinages alexandrins[94], tout à fait hors de saison en ces circonstances décisives. L'échec consommé, Antoine le joyeux compagnon, en vient à prendre pour modèle le misanthrope Timon ; il a touché le fond et songe au suicide (69, 3) : le temps des abandons successifs commence, qui est

---

91. Son avis, favorable à la présence de la Reine, l'avait alors emporté, ταῦτ᾽ ἐνίκα (56, 5).

92. On peut mettre en parallèle 58, 1 : Καῖσαρ δὲ τὸ τάχος καὶ τὸ μέγεθος τῆς παρασκευῆς ἀκούσας ἐθορυβήθη … et 37, 5 : τοσαύτην μέντοι παρασκευὴν καὶ δύναμιν, ἣ καὶ τοὺς πέραν Βάκτρων Ἰνδοὺς ἐφόβησε καὶ πᾶσαν ἐκράδανε τὴν Ἀσίαν…, deux cas où Antoine gâche ses chances.

93. 62, 5 : φθάνει δὲ Καῖσαρ ; 63, 7 : τὸ δὲ ναυτικὸν ἐν παντὶ δυσπραγοῦν καὶ πρὸς ἅπασαν ὑστερίζον βοήθειαν. C'est le seul point retenu de la remarquable stratégie d'Agrippa !

94. 62, 6, à rapprocher de 29, 5-7.

aussi paradoxalement celui qui va unir à jamais Antoine et Cléopâtre dans la mémoire des hommes – supériorité de la littérature sur la politique *damnatio memoriae…*

La fin des amants et leur entrée dans l'éternité littéraire (70-86)

Cette fin constitue, à n'en pas douter, un passage exceptionnel, que l'on peine à définir exactement : tragique, romanesque, sublime ? L'écriture en tout cas se modifie, se fait plus mimétique et dramatique. On peut y voir une des plus belles réalisations de cette « sympathie » que Plutarque dit éprouver pour « ses » héros dans la préface de *Paul-Émile*, on peut en chercher les modèles littéraires ou, à l'inverse, en scruter la descendance – et tenter d'estimer la part de déformation que ce filtre moderne apporte à notre regard : la diversité des approches est à la mesure de la richesse du passage, dont il faut néanmoins essayer de dégager au plus près les traits majeurs.

Après la condamnation, directe d'abord, du chef dépossédé de lui-même, prononcée au moment où il fuit dans le sillage de Cléopâtre (66, 7-8), puis indirecte, à travers l'incrédulité des soldats qui se découvrent abandonnés par celui qu'ils vénèrent (68), plus aucun jugement n'est porté sur le héros ; tout éclairage moral n'en disparaît pas pour autant, mais comme c'est l'attitude d'Octavien qui suscite désormais des réserves[95], tandis

---

95. Dans le déclenchement des hostilités, l'exploitation des mécomptes de sa sœur (53.1), l'extorsion du testament d'Antoine aux Vestales (58, 6-8), l'encouragement probablement prodigué aux dénonciations de son ami Calvisius (58, 9-11), dénoncées par Plutarque comme mensongères (59, 1), ne sont déjà guère à sa gloire ; et les négociations après Actium ne sont pas plus brillantes, inspirées par la convoitise (74, 3 et 78, 4) et mettant la vie de Cléopâtre au prix de

que la réprobation s'abat sur ceux qui, dans l'entourage d'Antoine, le trahissent[96], celui-ci – sans en être pour autant lavé de ses fautes antérieures – prend des allures de victime. La compassion ainsi suscitée se renforce encore par la focalisation sur lui, à travers images, mots ou scènes, et, dès lors qu'aucune interprétation morale n'est indiquée, la dimension psychologique tend à prendre le dessus[97] dans un récit qui suit pas à pas toutes ses émotions et réactions : colère et soupçons (73, 4), fierté de la victoire (74, 5), décision d'une ultime tentative (75, 1), mots désabusés, puis encouragements adressés à ses amis à son dernier repas (75, 2-3, au style indirect) ; enfin, à son dernier jour, c'est sa voix que Plutarque ne cesse de faire entendre, avant qu'elle se taise à jamais, à travers cris de colère (76, 2) ou d'agonie (76, 11), paroles au moment de se frapper (76, 5 et 9, au style direct), puis *ultima verba* (77, 7, au style indirect).

C'est l'aboutissement d'une période, après Actium, présentée comme une longue suite d'abandons, de ses proches, mais aussi de ses espoirs, où la mort plane de plus en plus tandis que l'espace se réduit, de tout l'Orient qu'il dominait – ce qu'a aussi permis de rappeler, avant l'engagement, le « catalogue » attendu des forces en

la trahison d'Antoine (73, 1), ce qu'il reprendra, après le suicide du triumvir, en menaçant cette fois ses enfants si elle veut attenter à ses jours (82, 5).

96. La condamnation s'exprime en particulier par la mention de leur châtiment futur – ou immédiat : Domitius en 63, 4 (le seul que retienne Shakespeare, qui tire de sa mort désespérée un effet saisissant), Alexas de Laodicée (72, 4) et, après sa mort, le précepteur félon responsable de la mort d'Antyllus (81, 1) ; celui de Césarion est moralement condamné sans que son sort soit précisé (81, 4).

97. Ce que C. Pelling exprime clairement par l'opposition entre *prescriptive* (ou *protreptic*) et *descriptive moralism* (plus parlante peut-être que l'opposition française moralisateur / moraliste ?).

présence[98], renforcé encore par l'énumération des terres dominées par Antoine et Octavien[99]– jusqu'au mausolée, celui de Cléopâtre où on le hisse (77), et enfin le tertre où on l'ensevelit (82, 2 et 84, 3). Sur le plan militaire, Plutarque, de même qu'il a précédemment parsemé le texte de notations temporelles propres à suggérer l'abandon progressif d'Antoine à sa passion fatale[100], choisit de différer aussi les informations sur le sort de l'armée d'Actium et de prolonger sur ce point les espoirs d'Antoine, créant une séquence où alternent dépressions et réactions : ainsi, à la prostration silencieuse du trajet (67, 1 et 5[101]) succèdent ordres envoyés à Canidius et mesures pour le salut de ses amis avant l'embarquement pour l'Afrique (67, 8-9). Là il se retire de nouveau avec deux amis fidèles, avec qui il « erre et vagabonde », en proie à un désarroi qui peut rappeler *mutatis mutandis* – mais ce qui a changé est de soi lourd de sens – celui que, naguère, il éprouvait en Syrie, à attendre Cléopâtre[102] ; seule leur amitié le retient alors de se suicider

---

98. La disproportion est frappante entre le passage consacré aux forces d'Antoine (61, 1-3) et la phrase, sans aucun détail géographique, dévolue à Octavien (« César de son côté avait deux cent cinquante vaisseaux de guerre, quatre-vingt mille hommes d'infanterie et presque autant de cavalerie que son ennemi », 61, 4).

99. Ce passage est plus équilibré et s'inscrit peut-être davantage dans la perspective « impériale » et l'affrontement de l'Orient et de l'Occident.

100. 25, 1 (ἔτι) ; 31, 3 (ἔτι) ; 36, 1 (αὖθις) et 2 (καὶ τέλος) – précédés, avant la rencontre, de 21, 1 (αὖθις) et 24, 2 (ἀνεκυκλεῖτο) ; on retrouve encore πάλιν en 57, 1.

101. Plutarque observe et se contente d'hypothèses psychologiques : εἴθ᾿ ὑπ᾿ ὀργῆς εἴτ᾿ αἰδούμενος ἐκείνην (67, 5).

102. 69, 1 : ἀλύων καὶ πλανώμενος, à comparer à 51, 3 : ἀδημονῶν ἤλυε ; ces « errances » ont aussi fait partie de sa vie dissolue et les mêmes verbes étaient employés durant l'hiver d'Alexandrie, où Cléopâtre συνεπλανᾶτο καὶ συνήλυε (29, 2).

quand l'armée d'Afrique fait défection (69, 3), mais s'il se laisse convaincre de gagner Alexandrie, c'est pour s'isoler bien vite dans une demeure maritime[103], où il proclame vouloir suivre l'exemple de Timon : à la profession de misanthropie de celui qui se sent trahi et que Plutarque présente comme φυγὰς ἀνθρώπων, un « exilé du monde humain[104]» (69, 7) – expression frappante qui en fait une sorte d'étranger sur la terre –, succède, comme une pause qui remplit ce temps « vide », une série de traits prêtés par la tradition au dit Timon. Ces développements informatifs, si peu en accord avec notre goût littéraire, sont familiers aux *Vies*[105]: sans doute les lecteurs de Plutarque n'avaient-ils pas les mêmes attentes dramatiques que nous, mais cet écart permet d'insérer des anecdotes où la mort plane aussi, que l'atrabilaire Athénien invite ses compatriotes à venir se faire pendre ou qu'il soit fait état de ses épitaphes ; en outre la coupure met en valeur le coup de grâce que reçoit Antoine. Avant sa retraite, il avait détourné Cléopâtre de ses rocambolesques projets de fuite en Arabie « parce qu'il croyait que ses troupes d'Actium tenaient encore » (69, 5), espoir dénoncé comme invraisemblable par tous les commentateurs modernes, mais qui permet

---

103. PELLING 1988, p. 291, suggère aussi de possibles raisons de sécurité, Antoine craignant de subir le sort de Pompée.

104. Le substantif n'est pas un simple équivalent au verbe et R. Flacelière (CUF) comme A.-M. Ozanam (Quarto) me paraissent affaiblir le texte en traduisant par un participe « *fuyant* la société des hommes » ; ce n'est pas une simple action qui est signalée, mais la *qualité* même de l'être, son état, qui est en jeu.

105. FRAZIER 1996, p. 34-36. Il faut ajouter ici que Timon avait salué en Alcibiade un grand fléau d'Athènes et que le trait, avec quelques variantes, se trouve dans les deux *Vies* (*Ant.*, 70, 2, à rapprocher de *Alc.*, 16, 9) : indice d'une certaine proximité temporelle entre deux *Vies* dont les héros sont des « grandes natures » platoniciennes ?

de reprendre le récit principal sur le choc de l'abandon : mieux même, après les défections de Domitius du côté romain (63, 3-4), d'Amyntas et Déjotarus du côté des rois (63, 5), la perte de sa flotte (67, 7) et de son armée d'Afrique (69, 3), il apprend en même temps la défection de son armée d'Actium et celle d'Hérode et des autres dynastes. Alors, nouvelle expression forte, il ne lui reste *plus rien* des territoires *extérieurs* (μηδὲν ἔτι συμμένειν τῶν ἐκτός, 71, 1), manière de suggérer une sorte d'enfermement en Égypte, devenue un « dedans » d'où il ne pourra plus s'échapper[106]. Mais, paradoxalement, son état d'esprit change, la tension inhérente aux ambitions et aux grandes espérances tombe.

L'analyse psychologique se fait plus pénétrante et Plutarque peint un Antoine « loin d'en être en rien troublé, mais comme heureux d'avoir quitté (ἀποτεθειμένος, avec tout ce qu'a de définitif le parfait) tout espoir pour quitter aussi tout souci » (71, 2). Ces quelques lignes font écho à l'expérience parallèle, et plus longuement développée, de son parèdre Démétrios prisonnier de Séleucos qui peu à peu s'abandonne à la mollesse, au jeu et à la boisson :

> soit qu'il cherchât à fuir les réflexions qui lui venaient sur sa situation présente quand il était à jeun et à jeter sur sa pensée le voile de l'ivresse, soit qu'il eût compris que c'était là le genre de vie qu'il avait toujours désiré et poursuivi vainement, quand il errait, égaré par le fol amour d'une vaine gloire, et se causait à lui-même et aux autres des tracas sans fin en cherchant dans les armes, les flottes et les camps ce bonheur qu'il trouvait maintenant, contre toute attente, dans l'inaction, l'oisiveté et le repos (52, 3)[107].

---

106. Dans le même esprit, Cléopâtre avait envisagé de ἔξω κατοικεῖν (69, 4).

107. Traduction de R. Flacelière légèrement modifiée.

Et ce passage, à son tour, fait écho aux avertissements dispensés à l'insatiable Pyrrhos par Cinéas dans leur célèbre dialogue (*Pyr.*, 14). Les deux héros hellénistiques se rejoignent dans la poursuite jamais lassée de nouvelles « espérances ». À cet égard, le parèdre romain de Pyrrhos, Marius, n'est pas en reste[108], taraudé jusqu'à son lit de mort par le désir de l'action, submergé par les soucis (45, 4), redoutant l'avenir et mécontent du présent (45, 7), et ne cessant, dans le délire de l'agonie, de refaire la guerre contre Mithridate (45, 10-12) : toutes manifestations dignes des « oublieux et des insensés [ ] toujours vides de biens et remplis d'espérances » (46, 3). Tous ces passages semblent témoigner d'une réflexion de Plutarque sur les ambitions insatiables et les troubles de l'esprit qu'elles induisent[109], qui, plus encore que chez Alexandre et César, conquérants hors norme[110], trouvait matière dans les couples *Pyrrhos-*

---

108. C'est aussi le point de rapprochement que met en lumière Cl. Mossé, dans l'introduction de l'édition Quarto (p. 722) : « Rien *a priori* n'appelait une comparaison (que Plutarque n'a d'ailleurs pas faite) entre le brillant roi d'Épire qui se rêvait à la fois un nouvel Achille et un nouvel Alexandre, et le Romain de modeste origine, mais stratège de génie, qui fut sept fois consul et contribua plus que tout autre à jeter sa patrie dans les guerres civiles qui allaient entraîner la ruine de la République. Rien, sinon une ambition démesurée que les succès ne rassasiaient jamais, suscitant au contraire de nouvelles "espérances". »

109. On est ici au-delà de la simple thématique de la *philotimia*, passion ambiguë, qui peut facilement verser dans l'excès, mais qui constitue aussi une impulsion nécessaire à l'action : F. FRAZIER, « À propos de la *philotimia* dans les *Vies*. Quelques jalons dans l'histoire d'une notion », *R.Ph.* LXII (1988), p. 109-127, et « The Perils of Ambition », in BECK 2014, p. 488-502.

110. Voir, en part., *Alex.*, 26, 14 et 58, 2 (et peut-être aussi déjà l'épisode de Bucéphale et la conclusion de Philippe, 6, 8) et *Caes.*, 58, 4-7 ; une section particulière leur est consacrée in BECK 2014, p. 498-501.

Marius, et *Démétrios-Antoine*. Confronter en tout cas Antoine à ces trois autres ambitieux permet de mieux cerner sa personnalité propre, qui est plus celle d'un jouisseur que d'un conquérant. On a cru dégager d'entrée une opposition implicite entre son ambition et celle de César[111], mais la chose éclate ici : débarrassé de tout espoir[112], Antoine, dès longtemps manœuvré par Cléopâtre et ses flatteurs, quitte en quelque sorte la galerie des hommes d'action – il envisagera même une retraite comme simple particulier à Athènes (72, 1). S'ouvre le temps de l'attente de la mort, un temps nouveau et ultime, qu'accompagne une nouvelle inflexion du style, où l'on croit reconnaître des motifs du théâtre antique, trait exceptionnel chez Plutarque[113], et entendre des accents tragiques.

Une nouvelle association est créée, la société de Ceux qui vont mourir ensemble, οἱ Συναποθανούμενοι (71, 4-5), et cette bravade ultime, si elle s'assortit toujours des mêmes débordements de fastes, ne manque sans doute pas de grandeur dans les circonstances dramatiques qu'ils vivent : danse au bord du volcan. Dans le registre pathétique, le récit fait planer la menace de la mort qui s'approche : Cléopâtre fait essayer les poisons (71, 6-8), construire des tombeaux (74, 2) ; Antoine, provoquant Octavien en duel à la manière des héros épiques[114], se voit rappeler « qu'il ne manquait

111. Voir p. XXIII.
112. Le thème de l'espérance, beaucoup plus discret que dans la *Vie de Démétrios*, apparaissait en 14, 5, 39, 6 et 52, 3 ; mais, dès le moment d'Actium, il semble s'affaiblir (64, 3-4).
113. FRAZIER 1992, p. 4493-4495.
114. Le modèle premier est sans doute le duel de Pâris et Ménélas dans l'*Iliade*, mais la chose est attestée à l'époque hellénistique pour Pyrrhos (*Pyr.*, 7, 7-9, évoqué aussi en *Demetr.*, 41, 2-3) et la proposition

pas de chemins pour aller à la mort » (75, 1) et envisage
alors sérieusement une mort au combat – laquelle se
précise avec l'évocation, lors de son dernier repas, à la
veille du combat décisif, du squelette[115] qu'il sera peut-
être devenu le lendemain (75, 2), où il croit disparu avec
Cléopâtre « le seul motif qui (lui) restât pour tenir à
la vie » (76, 5), voit Éros se frapper (76, 8) et tâche
de les suivre dans la mort, sans réussir à se porter un
coup immédiatement mortel, εὐθυθάνατος (76, 10[116]) :
il lui reste à la rejoindre dans son tombeau, lieu ultime
qui est aussi l'aboutissement extrême de cette sorte
de réduction de l'espace qui l'a peu à peu acculé à la
solitude[117]. Déjà au temps où ils cherchaient encore à
négocier, les amants avaient du mal à trouver un émis-
saire φίλων ἀπορίᾳ καὶ ἀπιστίᾳ (72, 1[118]) ; l'hiver passé,
Péluse a été prise (74, 2) et Octavien, poursuivant
sa marche, s'est installé aux portes, près de l'hippodrome, à l'est d'Alexandrie (74, 4) : c'est là qu'Antoine

en a déjà été faite par Antoine en réplique à l'invitation d'Octavien de
venir en Italie (62, 2-4) : ce qui n'était alors qu'« escrime verbale »
(CHAMOUX 1986, p. 345-346) apparaît ici étrange au savant français
(*ibid.*, p. 373), tandis que PELLING 1988 (p. 302) y voit le symptôme
d'une certaine perte de contact avec le réel.

115. Le mot est rare ; on le trouve dans les *Quaest. conv.*, VIII
10, 736 A et dans le *Conv. sept. sap.*, 148 A : Plutarque a-t-il à l'esprit
l'usage des Égyptiens dont il est fait état dans ce dernier texte, lesquels
« apportent au banquet un *skeletos* qu'ils exposent, invitant les convives
à se souvenir que bientôt ils seront comme lui ». Ce *memento mori*
antique est signalé par Hérodote (II, 78) et mis en œuvre jusque par
Trimalcion (*Satir.*, 34).

116. L'adjectif est un *hapax*.

117. Il faudrait là aussi comparer avec Démétrios, pour lequel
l'image du fauve pris dans les filets est explicite (48, 1).

118. Le rappel, hors chronologie, de la défection d'Alexas, envoyé
à Hérode (72, 3-4) pour expliquer cette pénurie, participait de la syntaxe
narrative expressive utilisée pour souligner le pathétique.

remporte une ultime victoire et revient auprès de Cléopâtre, comme Hector auprès d'Andromaque (74, 4-5),
mais le soldat qu'elle a richement récompensé au soir
de cet ultime succès, déserte dans la nuit (74, 6). Et
cette même nuit, du côté de « la porte extérieure qui
regardait vers l'ennemi[119] » – la porte de Canope–,
sort à son tour un cortège fantomatique : défection de
Dionysos (75, 4-6), pensent certains, et comme eux, le
lecteur sait bien, depuis Homère, que les dieux aban-
donnent les causes perdues, cités ou héros[120]. Au matin,
les choses s'accélèrent encore et Antoine, spectateur
impuissant, *voit* sa flotte se rallier à celle d'Octavien
(76, 2), avant d'être « *aussitôt* abandonné par sa cavalerie et vaincu du côté de l'infanterie » (76, 3). Rentrant
dans la ville (76, 3), puis dans sa chambre (76, 5), après
qu'Éros s'est dérobé en se suicidant, il supplie en vain
les présents, qui fuient plutôt que de l'achever (76, 11).
Vient alors le moment des retrouvailles, à l'intérieur du
tombeau[121], lieu clos où il est péniblement hissé (77, 2),
et la lumière se focalise sur le corps des amants : sur le
corps lourd, sanglant, d'Antoine, porté dans leurs bras
par ses serviteurs (77, 1, διὰ χειρῶν) et tendant ses bras
vers elle (77, 3, τὰς χεῖρας) ; sur les bras de Cléopâtre,
qui agrippe la corde à deux mains (77, 4, ταῖν χεροῖν),
et son visage contracté, ses mains qui, une fois Antoine
près d'elle, déchirent ses vêtements pour l'en couvrir et
meurtrissent sa poitrine (77, 5, ταῖς χερσί). On atteint ici
un sommet de pathétique que l'auteur souligne en introduction : « Jamais, à en croire les témoins, il n'y eut

---

119. 75, 3 : ἐπὶ τὴν πύλην ἔξω τὴν τετραμμένην πρὸς τοὺς πολεμίους.
120. Ce que montre aussi avec éclat le prologue des *Troyennes*.
121. Dion Cassius confirme l'historicité du fait, qui n'empêche pas
Plutarque de le doter d'une valeur symbolique.

spectacle plus digne de pitié[122] ». Cette atmosphère de
compassion se prolonge tout au long de la pénible ascension, accompagnée qu'elle est par les encouragements
de ceux qui sont en bas et « partagent son angoisse »
(77, 4, συναγωνιώντων). Les héros eux-mêmes, dans
le malheur, semblent enfin à l'unisson : en une sorte
de duo, répond à la grandeur de Cléopâtre qui s'oublie elle-même dans sa compassion pour lui (77, 5), la
sollicitude d'Antoine qui l'invite à veiller à son propre
salut « autant qu'elle le pourrait sans déshonneur » (77,
7) ; aux noms qu'elle lui donne de « maître, époux, et
imperator » (77, 5) fait écho la propre revendication
de celui-ci d'un destin enviable où il succombe « non
sans noblesse, Romain, par un Romain vaincu » (77,
7). Tout est dit dans ces derniers mots, de la grandeur
du Romain, et de la défaite de l'homme, de la « grande
nature » qui n'a pas su se maintenir sans faiblesse sur les
hauteurs, mais n'a jamais non plus totalement abdiqué
sa noblesse.

Tout devrait être fini, mais tout continue tant que
Cléopâtre vit : à travers elle, comme elle le soulignera
plus loin (84, 4), c'est Antoine qu'on atteint encore et
rien ne sera achevé qu'ils ne soient réunis dans le même
tombeau. Dès lors, aucun des soupçons de trahison – que
Plutarque, sans jamais les confirmer, au rebours de Dion
Cassius, n'avait néanmoins pas tus[123] –, n'a plus de raison
d'être, et l'amour de l'ensorceleuse, le jeu de la comé-

---

122. 77, 3 (avec un ordre des mots très remarquable, qui
« égrène » au long de la phrase les accusatifs) : οὐδὲν ἐκείνου λέγουσιν
οἰκτρότερον γενέσθαι οἱ παραγενόμενοι θέαμα.
123. 72, 1, 73, 2-4, 74, 2-3 et 76, 1-3 ; en revanche (et la chose est
remarquable), il ne semblait pas douteux au biographe qu'elle fût prête
à la trahison *au moment d'Actium* : 63, 8.

dienne, font place brusquement à un sentiment vrai, irré-
futable : avantage sans doute de l'auteur ancien, qui ne
se soucie pas des exigences de la psychologie moderne et
peut montrer sans expliquer, renforçant le caractère énig-
matique et fascinant d'un personnage dont la mort elle-
même reste, dans son détail, un mystère (86). Dès lors,
avec l'actrice inimitable qu'est la Reine, le modèle théâtral et l'importance du corps[124], déjà forte dans la scène
de mort d'Antoine qui peut évoquer Hippolyte agonisant
dans la pièce du même nom ou Héraclès dans les *Trachi-
niennes*, s'accusent. Enfermée dans le tombeau et refu-
sant d'en sortir (78, 5), Cléopâtre se retrouve ceinturée
par les bras de Proculéius (79, 4), et le cri dramatique
de ses femmes, qui l'en préviennent en vain, accuse le
caractère théâtral de cette embuscade (79, 3[125]). Ce corps
immobilisé, consumé par la douleur et la fièvre, qui est
tout ce qui lui reste, devient l'enjeu ultime de son affrontement avec Octavien, comme une place forte dont la
résistance est sapée par les menaces du Romain[126] : alors
qu'elle souhaiterait se laisser mourir (82, 3), elle doit le
livrer à ceux qui veulent le soigner et le nourrir (82, 5) ;
regrettant le temps où ses mains « encore libres » enseve-
lissaient Antoine, elle plaint encore, dans la prière qu'elle

---

124. Liée à la théâtralité ou à une certaine qualité picturale ? ou
aux deux ?

125. "τάλαινα Κλεοπάτρα, ζωγρεῖ" ; on peut relever aussi le détail
des mouvements donné par Plutarque à travers les participes, pour
Cléopâtre (μεταστραφεῖσα καὶ θεασαμένη) comme pour Proculéius
(προσδραμὼν δὲ ταχὺ καὶ περισχὼν αὐτὴν ταῖς χερσὶν ἀμφοτέραις).

126. Là encore les verbes sont bien choisis et suggèrent la place
forte qui doit se livrer : καθάπερ μηχανήμασιν ὑπηρείπετο, καὶ
παρεδίδου τὸ σῶμα … *Contra*, PELLING 1988, *ad loc.*, p. 313 : « Not
one of P.'s happiest similes. » (« Pas une des comparaisons les plus
heureuses de P. »)

fait au tombeau de l'aimé, « ce corps esclave, que l'on réserve pour le triomphe célébré sur (lui) » (85, 4[127]).

Cette objectivation théâtrale s'inscrit dans une admirable *rhèsis* « au tombeau » qui n'est pas sans rappeler l'invocation du défunt Agamemnon par ses enfants dans les *Choéphores* – et qui, par la multiplication des 2ᵉ personnes, donne une véritable présence au mort appelé au secours, tandis que le parfait final ἔζηκα la fait déjà sortir de la vie pour rejoindre Antoine : apothéose d'une séquence marquée par le modèle théâtral, où la reine, réduite à elle-même, a puisé dans ses ressources intérieures pour retourner la situation, et qui s'est ouverte sur une scène de tromperie (83), d'où Octavien est reparti « croyant qu'elle avait été sa dupe, alors qu'il avait bien plutôt été la sienne[128] ». Au dialogue inégal entre la Reine et le nouveau maître du monde répond ainsi l'ultime « dialogue » au tombeau avec Antoine, tout comme le portrait qui ouvrait cette rencontre de Cléopâtre et d'Octavien (83, 1-3) faisait écho au portrait initial de la Reine (27, 3-5) : accusant la déchéance d'un « corps (qui) ne semblait pas en meilleur état que son âme » (83, 2), il n'en mettait que mieux en valeur cet éclat puisé au tréfonds de son être que rien ne saurait éteindre et qui se peint encore sur son visage[129]. Ce n'est plus alors le seul son de sa voix qui ensorcelle ; le contenu même des paroles compte, qui la font apparaître comme une femme attachée à la vie, et elles sont seules à résonner quand celles d'Octavien

127. On l'empêche αἰκίσασθαι τὸ δοῦλον τοῦτο σῶμα καὶ τηρούμενον ἐπὶ τοὺς κατὰ σοῦ θριάμβους.

128. Le jeu de l'actif et du passif ressort plus encore en grec ἐξηπατηκέναι μὲν οἰόμενος, ἐξηπατημένος δὲ μᾶλλον (83, 7).

129. 82, 3 : ἔνδοθέν ποθεν ἐξέλαμπε – faut-il y voir l'ultime étape de ce mouvement d'enfermement, de réduction de « l'extérieur » qui s'est ouvert au ch. 71 ?

ne sont résumées qu'en substance. Dans le même sens, la construction syntaxique donne aussi la prééminence à Cléopâtre, sujet de toutes les propositions principales – tandis que la direction, illusoire, d'Octavien qui décide la rencontre et y met fin, dirige le débat, la réfute, sourit et l'apaise quand elle s'en prend à son intendant, est reléguée dans des génitifs absolus, simple cadre au jeu de la protagoniste. Ironiquement, ce n'est que dans l'épilogue que le gros plan se déplace enfin sur Octavien, mais pour souligner son erreur et le succès de Cléopâtre qui a réussi à lui faire croire à son attachement à la vie. Informée des intentions d'Octavien par Dolabella, dont le rôle peut évoquer le messager de théâtre (84, 1), il ne lui reste plus qu'à mourir en Reine – comme Antoine est mort en Romain. De nouveau le modèle théâtral s'impose à l'esprit du lecteur, avec la tablette envoyée à Octavien (85, 4) qui rappelle le procédé utilisé par Phèdre et, plus encore, la porte close qui ne se rouvrira que « le drame consommé ». Une phrase marque la découverte – avec toute l'irréversibilité du plus-que-parfait : ἐγεγόνει δ' ὀξὺ τὸ πάθος (85, 5) – et, comme si l'eccyclème tournait pour révéler l'intérieur du palais, les envoyés d'Octavien, impuissants, trouvent la Reine morte sur un lit d'or, royalement vêtue[130], Iras mourante à ses pieds ; et le dernier mot reste à Charmion, comme le commentaire du coryphée, pour saluer cette mort très belle, « digne de la descendante de tant de rois » (85, 8). La pièce est jouée : toutes les hypothèses peuvent courir sur les modalités

---

130. Les interprétations picturales modernes qui ont privilégié une Cléopâtre nue, ou, à tout le moins, avec le sein dénudé pour être piqué par le serpent (http://www.historia-del-arte-erotico.com/cleopatra/cleopatra/home.htm), constituent une version érotisée totalement à contresens par rapport au texte de Plutarque.

exactes du suicide (86) ; Octavien, à son tour, reconnaît le rang de Cléopâtre en faisant « enterrer son corps avec Antoine avec une magnificence royale » (86, 7).

« La Reine et le Romain » : les sonorités mêmes du français les unissent dans cet espace verbal et imaginaire que leur ont ouvert la biographie et le talent littéraire du biographe, avant que, quelques siècles plus tard, Shakespeare les évoque aux côtés d'Hercule et d'Omphale, de Didon et d'Énée, de Mars et de Vénus. Par les prestiges de la poésie dramatique, l'auteur élisabéthain, développant certaines interrogations en germe dans la *Vie*, éternise l'ambiguïté des personnages, de leurs rêves, de leur amour : amour destructeur ou amour dilaté aux dimensions du monde, qui excède toutes les grandeurs humaines[131]? Dans cette dilatation mythique, n'y a-t-il qu'illusoire fantasmagorie de vaincus ou réelle victoire sur les représentations romaines – triomphe et *damnatio memoriae*[132] ? Qui l'emporte, du pouvoir ou de l'amour ? Il est certain qu'une telle question ne se posait pas pour Plutarque : le sujet de Trajan ne doutait pas que l'Empire romain *devait* se former (56, 6), qu'il avait mis fin aux souffrances des guerres civiles dont la Grèce – et son bisaïeul – avait été la victime (68, 8), que la grande nature d'Antoine avait fait naufrage et qu'il n'était pas question de le réhabiliter. Mais au-delà de ses faiblesses,

---

131. Exemples parmi d'innombrables études, Fr. Laroque, « *Antoine et Cléopâtre* et les intermittences du cœur » (http://www.univ-paris3.fr/articles-en-ligne-50324.kjsp), semble incliner vers la première vision, tandis qu'Y. Bonnefoy privilégie la seconde dans la préface de sa traduction (Folio théâtre, 61, Gallimard, 1999).

132. Ch. Coffin, « Le langage fantasmatique du mythe dans *Anthony and Cleopatra* », *Anglophonia. Mythe et Littérature. Shakespeare et ses contemporains*, Toulouse, Presses Univ. du Mirail, 2003, p. 155-167.

le goût du plaisir, et peut-être plus encore cette *philotimia* inégale, cette volonté défaillante qui en fait « un de ces héros manqués, dont la vie n'est plus tout entière dans leur ambition[133] », demeurent sa générosité et quelques fidélités indéfectibles, Lucilius, Éros et surtout Cléopâtre. Cette importance de l'amour, de l'union jusqu'à la mort, doit sans doute beaucoup à un certain « esprit romanesque » dont témoignerait, par exemple, *Chairéas et Callirhoé*, roman à peu près contemporain, tout empli de nobles personnages, mais dont on peut aussi discerner l'influence chez Plutarque dans les *Vertus des femmes* ou dans l'*Érotikos*. Comme sujet de fiction ou comme objet de réflexion, l'amour « non philosophique[134] », qui lie un homme et une femme, a sa place dans la culture impériale, avec des nuances. Si le roman semble mettre plus ou moins à égalité jeune homme et jeune fille et exalte leur fidélité, le philosophe et moraliste Plutarque réfléchit à ce qui pouvait poser un problème théorique, l'aptitude des femmes à l'amour – jusqu'à la mort[135]. À cet égard, Cléopâtre ressemble plus aux femmes héroïques qu'il prend pour *exempla* qu'aux héroïnes romanesques et, si l'on compare à l'*Érotikos*, on voit que Cléopâtre commence en quelque sorte comme Sémiramis, la femme fatale à celui qui l'aime, pour finir comme Camma, qui suit son époux dans la mort[136] – et passe ainsi du rôle de

---

133. J. Sirinelli, notice à *Antoine, Plutarque, Vies Parallèles*, T. I, Paris, GF-Flammarion, 1995, p. 343.

134. Le seul qui mérite vraiment le nom d'ἔρως, selon *Comm. Not.*, 1073 B-C – là où l'amour philosophique est φιλία.

135. C'est la thèse développée dans la dernière partie de l'*Érotikos* 21-25 – analysée *in* Plutarque, *Érotikos*, Paris, Les Belles Lettres, Classique en poche n° 85, 2008, p. XXXIV-XXXVIII.

136. *Amat.*, 753 D-E et 768 B-D – pour Camma, présente aussi dans le *Virt. Mul.*, Fr. Frazier, « La "prouesse de Camma" et la fonction

« suprême flatteuse » et mal ultime à celui d'héroïne de
la *Vie*, sans la moindre explication psychologique. Sur ce
point la différence demeure, irréductible, avec le personnage d'Antoine, héros de la *Vie* pour lequel, au contraire,
Plutarque déploie tous ses talents de biographe, rendant
sensible sa déchéance progressive, par des notations
temporelles et des leitmotive, développant de subtiles
analyses morales où métaphores et références platoniciennes se soutiennent mutuellement. Pour Cléopâtre,
c'est davantage le modèle théâtral – esquissé avec la
scène de mort d'Antoine – qui prévaut, mais dégagé de
tout ce qu'il peut comporter de vaine ostentation pour
ne garder que pathétique et grandeur, et aussi un certain
mystère sur ce qui n'est pas donné à voir. À n'en pas
douter, la *Vie d'Antoine* constitue un des sommets de
l'écriture biographique, par les scènes et tableaux créés,
par la finesse des analyses et jusque dans le détail de la
création verbale. Cette flamboyance stylistique, absente
du premier tiers de la *Vie*, et qui va s'accentuant à partir
du tournant du Cydnos, n'est sans doute pas pour rien
dans le « destin littéraire » des amants, du théâtre de la
Renaissance au cinéma d'Hollywood… mais Plutarque
n'est ni Shakespeare ni Mankiewicz, et la *Vie d'Antoine*,
si elle peut se lire comme l'« aventure », exceptionnelle,
d'un héros et d'une écriture, ne quitte pas plus le genre
biographique qu'elle n'idéalise le héros. Le chapitre 87
mentionne la descendance d'Antoine et – avec la mention
de Caligula et, plus encore, de Néron, « celui qui a régné
de nos jours, qui a tué sa mère, et qui, par sa démence et

des *exempla* dans le *Dialogue Sur l'Amour* », *in* A. Pérez Jiménez &
F. Titchener (éd.), *Historical and Biographical Values of Plutarch's
Works. Studies devoted to Professor Philip Stadter by the International
Plutarch Society*, 2005, p. 197-212.

son égarement, a failli renverser l'empire romain » (87, 9) –, jette une nouvelle ombre sur l'homme qui fut l'ancêtre de tels descendants[137], avant que la *Comparaison de Démétrios et d'Antoine*[138] ne revienne à une plus stricte pesée morale : ultime « oscillation » dans une *Vie* qui, plus que toute autre, se modèle, dans son rythme même, sur les traits de son héros et épouse ses ambiguïtés.

---

137. Cl. Mossé (édition Quarto, p. 1628) parle pour ce rappel conclusif de *venenum in cauda* ; long développement préliminaire sur ce sujet, lié à l'hérédité du vice (« The Rotten Tree »), chez Brenk 1992, p. 4348-4375 (« The Neronian Background to the Life »).

138. Citée en appendice, p. 206-210.

VIE D'ANTOINE

ΑΝΤΩΝΙΟΣ

1. 1 Ἀντωνίου πάππος μὲν ἦν ὁ ῥήτωρ Ἀντώνιος, 915 ὃν τῆς Σύλλα γενόμενον στάσεως Μάριος ἀπέκτεινε, πατὴρ δ᾽ ὁ Κρητικὸς ἐπικληθεὶς Ἀντώνιος, οὐχ οὕτω μὲν εὐδόκιμος ἐν τοῖς πολιτικοῖς ἀνὴρ οὐδὲ λαμπρός, εὐγνώμων δὲ καὶ χρηστός, ἄλλως τε καὶ πρὸς τὰς μεταδόσεις ἐλευθέριος, ὡς ἀφ᾽ ἑνὸς ἄν τις ἔργου καταμάθοι. 2 Κεκτημένος γὰρ οὐ πολλὰ καὶ διὰ τοῦτο 916 τῇ φιλανθρωπίᾳ χρῆσθαι κωλυόμενος ὑπὸ τῆς γυναικός, ἐπεί τις ἀφίκετο τῶν συνήθων πρὸς αὐτὸν ἀργυρίου δεόμενος, ἀργύριον μὲν οὐκ εἶχε, παιδαρίῳ δὲ προσέταξεν εἰς ἀργυροῦν σκύφον ὕδωρ ἐμβαλόντι κομίσαι · καὶ κομίσαντος, ὡς ξύρεσθαι μέλλων κατέβρεχε τὰ γένεια. 3 Τοῦ δὲ παιδαρίου καθ᾽ ἑτέραν πρόφασιν ἐκποδὼν γενομένου, τὸν μὲν σκύφον ἔδωκε τῷ φίλῳ χρῆσθαι κελεύσας, ζητήσεως δὲ πολλῆς ἐν τοῖς οἰκέταις οὔσης, ὁρῶν χαλεπαίνουσαν τὴν γυναῖκα καὶ βουλομένην καθ᾽ ἕκαστον ἐξετάζειν, ὡμολόγησε συγγνώμην ἔχειν δεηθείς.

1. Consul en 99 av. J.-C., il est le personnage principal du *De oratore* et Cicéron le juge le plus grand orateur de son temps. Sur sa mort, voir la *Vie de Marius*, 44, 1-7.

ANTOINE

1. 1 Le grand-père d'Antoine était l'orateur Antonius[1] que Marius fit mettre à mort pour avoir embrassé le parti de Sylla ; son père, Antonius surnommé Creticus, qui ne se distingua ni ne s'illustra autant en politique mais qui était un brave homme plein de bienveillance et, en particulier, fort libéral et enclin à donner[2], comme on peut s'en rendre compte par un seul exemple. 2 Alors que sa fortune était médiocre et que, pour cette raison, sa femme l'empêchait de donner libre cours à sa philanthropie, voici qu'un jour un de ses amis vint lui demander de l'argent : de l'argent, il n'en avait pas, mais il ordonna à un jeune esclave de mettre de l'eau dans un bassin d'argent et de le lui apporter, et, quand il l'eut apporté, il se mouilla les joues comme s'il voulait se raser. 3 Puis, s'étant débarrassé du jeune esclave sous un autre prétexte, il donna le bassin à son ami, en lui disant d'en disposer ; après quoi, comme une recherche active était menée parmi les gens de la maison, voyant sa femme fort en colère et prête à les faire mettre à la question l'un après l'autre, il avoua en implorant son pardon.

---

2. Plutarque est le seul à brosser un tableau aussi positif. Salluste, par ex. (*Hist.*, 3, 3), le présente comme *perdundae pecuniae genitus et vacuus a curis nisi instantibus*.

2. 1 ῍Ην δ' αὐτῷ γυνὴ ᾿Ιουλία τοῦ Καισάρων b
οἴκου, ταῖς ἀρίσταις τότε καὶ σωφρονεστάταις ἐνά-
μιλλος. ῾Υπὸ ταύτης ὁ υἱὸς ᾿Αντώνιος ἐτράφη, μετὰ
τὴν τοῦ πατρὸς τελευτὴν Κορνηλίῳ Λέντλῳ γαμηθεί-
σης, ὃν Κικέρων ἀπέκτεινε τῶν Κατιλίνα συνωμοτῶν
γενόμενον. 2 Αὕτη δοκεῖ τῆς σφοδρᾶς ἔχθρας ᾿Αν-
τωνίῳ πρὸς Κικέρωνα πρόφασις καὶ ἀρχὴ γενέσθαι.
Φησὶ γοῦν ᾿Αντώνιος οὐδὲ τὸν νεκρὸν αὐτοῖς ἀπο-
δοθῆναι τοῦ Λέντλου πρότερον ἢ τῆς γυναικὸς τοῦ
Κικέρωνος τὴν μητέρα δεηθῆναι. 3 Τοῦτο μὲν οὖν c
ὁμολογουμένως ψεῦδός ἐστιν · οὐδεὶς γὰρ εἴρχθη
ταφῆς τῶν τότε κολασθέντων ὑπὸ τοῦ Κικέρωνος.

4 ᾿Αντωνίῳ δὲ λαμπρῷ καθ' ὥραν γενομένῳ τὴν
Κουρίωνος φιλίαν καὶ συνήθειαν ὥσπερ τινὰ κῆρα
προσπεσεῖν λέγουσιν, αὐτοῦ τε περὶ τὰς ἡδονὰς
ἀπαιδεύτου γενομένου, καὶ τὸν ᾿Αντώνιον, ὡς μᾶλλον
εἴη χειρόηθης, εἰς πότους καὶ γύναια καὶ δαπάνας
πολυτελεῖς καὶ ἀκολάστους ἐμβάλλοντος. 5 ᾿Εξ ὧν
ὄφλημα βαρὺ καὶ παρ' ἡλικίαν αὐτῷ συνήχθη πεντήκοντα καὶ διακοσίων ταλάντων. Τοῦτο πᾶν ἐγγυησα-
μένου τοῦ Κουρίωνος, ὁ πατὴρ αἰσθόμενος ἐξήλασε
τὸν ᾿Αντώνιον ἐκ τῆς οἰκίας. 6 ῾Ο δὲ βραχὺν μέν

---

3. Publius Cornelius Lentulus Sura.

4. Les présents de ce type signalent le recours à une source écrite ;
on entrevoit les discours d'Antoine à travers les réfutations de Cicéron
(*Phil.*, 2, 17).

5. On aura, réciproquement, le rejet d'une accusation de Cicéron
infra, en 6, 1-3.

6. La « Kère » (cf. *Il.*, XXII, 209 *sq.*) qui, initialement, « participe à la fois aux notions de destin, de mort et de destin personnel »
(*D.E.L.G. sv*), a pris aussi le sens de « vices » (par ex., Platon, *Lois* 937
d) – sens que l'on trouve en *Cic.*, 24, 3 (pour sa manie de se vanter)

2. 1 Cette femme était Julia, de la maison des Césars, qui rivalisait avec les meilleures et les plus sages de son temps. C'est par elle que leur fils, Antoine, fut élevé : après la mort du père, elle se remaria avec Cornelius Lentulus, que Cicéron fit exécuter comme complice de Catilina[3]. 2 Ce fut là, semble-t-il, la cause et l'origine de la haine violente qu'Antoine portait à Cicéron. Antoine en tout cas prétend que le corps de Lentulus ne leur fut même pas rendu que sa mère ne fût allée implorer la femme de Cicéron[4]. 3 Mais c'est là un mensonge reconnu, car aucun de ceux que Cicéron fit condamner alors ne fut privé de sépulture[5].

4 Antoine était dans tout l'éclat de sa beauté juvénile lorsque s'abattirent sur lui, dit-on, comme une sorte de peste[6], l'amitié et la familiarité avec Curion[7], lequel ignorait pour lui-même toute retenue dans les plaisirs et, pour avoir Antoine plus à sa main[8], le jetait dans les beuveries, les filles et les dépenses fastueuses et immodérées[9], 5 qui lui firent contracter une dette énorme et impensable à son âge de deux cent cinquante talents[10]. De tout cela Curion s'était porté garant, mais son père, l'ayant appris, chassa Antoine de sa maison. 6 Celui-ci s'associa brièvement à

---

ou encore *Cim.*, 2, 5, *Lys.*, 17, 1, *Cleom.*, 10, 7, *Cras.*, 2, 5 et 6, 6. Ici, comme en 24, 3, Plutarque le réserve à des personnes : marque que ce sont ses relations et son caractère influençable qui perdront Antoine, Cléopâtre ressemblant à la « Kère » suprême, même si l'image n'est pas reprise (voir 28, 1 et 36, 1).

7. Sur ces relations, *Cic.*, *Phil.*, 2, 44-47 (Appendice, II 1), qui accentue la responsabilité d'Antoine.

8. L'adjectif χειροήθης reviendra en 10, 6 avec Fulvia.

9. Le dernier adjectif résume l'effet délétère de Curion, lui-même *apaideutos*, et qui « apprend » à Antoine l'*akolasia* : comparer l'effet des flatteurs sur le jeune bien doué de Platon, *Resp.*, VI 494 b.

10. Soit six millions de sesterces, conformément aux indications de Cicéron (*Phil.*, 2, 45).

τινα χρόνον τῇ Κλωδίου τοῦ θρασυτάτου καὶ βδελυ- d
ρωτάτου τῶν τότε δημαγωγῶν φορᾷ πάντα τὰ πράγματα ταραττούσῃ προσέμιξεν ἑαυτόν · 7 ταχὺ δὲ
τῆς ἐκείνου μανίας μεστὸς γενόμενος καὶ φοβηθεὶς τοὺς
συνισταμένους ἐπὶ τὸν Κλώδιον, ἀπῆρεν ἐκ τῆς Ἰταλίας
εἰς τὴν Ἑλλάδα, καὶ διέτριβε τό τε σῶμα γυμνάζων
πρὸς τοὺς στρατιωτικοὺς ἀγῶνας καὶ λέγειν μελετῶν.
8 Ἐχρῆτο δὲ τῷ καλουμένῳ μὲν Ἀσιανῷ ζήλῳ τῶν
λόγων, ἀνθοῦντι μάλιστα κατ' ἐκεῖνον τὸν χρόνον,
ἔχοντι δὲ πολλὴν ὁμοιότητα πρὸς τὸν βίον αὐτοῦ κομ-
πώδη καὶ φρυαγματίαν ὄντα καὶ κενοῦ γαυριάματος
καὶ φιλοτιμίας ἀνωμάλου μεστόν.

3. 1 Ἐπεὶ δὲ Γαβίνιος ἀνὴρ ὑπατικὸς εἰς Συρίαν e
πλέων ἀνέπειθεν αὐτὸν ὁρμῆσαι πρὸς τὴν στρατείαν,
ἰδιώτης μὲν οὐκ ἂν ἔφη συνεξελθεῖν, ἀποδειχθεὶς δὲ
τῶν ἱππέων ἄρχων συνεστράτευε. 2 Καὶ πρῶτον μὲν
ἐπ' Ἀριστόβουλον Ἰουδαίους ἀφιστάντα πεμφθεὶς
αὐτὸς μὲν ἐπέβη τοῦ μεγίστου τῶν ἐρυμάτων πρῶτος,
ἐκεῖνον δὲ πάντων ἐξήλασεν · 3 εἶτα μάχην συνάψας
καὶ τρεψάμενος ὀλίγοις τοῖς σὺν αὐτῷ τοὺς ἐκείνου

---

11. Sur l'asianisme, L. PERNOT, *La Rhétorique dans l'Antiquité*,
Paris, 2000, p. 112-114.

12. Sur le défaut qu'est l'*anômalia*, FRAZIER 1996, p. 86 *sqq.* Le
voyage de formation en Grèce, traditionnel, n'est pas autrement documenté. Sur le style d'Antoine, Suétone, *Aug.*, 86, 5 : « Il [sc. Auguste]
blâmait dans Antoine sa manie d'écrire des choses qu'il est plus aisé
d'admirer que de comprendre ; et, le plaisantant sur la bizarrerie et
l'inconstance de son goût dans le genre oratoire, il lui écrivait : "Tu
balances entre Annius Cimber et Veranius Flaccus comme modèles de
style. Tu ne sais si tu emploieras les mots que Crispus Salluste a tirés
des Origines de Caton, ou si tu feras passer dans notre langue la stérile
et verbeuse abondance des orateurs d'Asie". »

l'agitation de Clodius, le plus impudent et le plus infâme des démagogues de l'époque, qui semait le trouble dans toutes les affaires publiques. 7 Mais il ne tarda pas à se lasser de la folie de cet homme et, craignant ceux qui se liguaient contre Clodius, il quitta l'Italie pour la Grèce, où il passait son temps à s'exercer aux luttes militaires et à travailler l'éloquence. 8 Il cultivait ce que l'on appelle l'asianisme, style particulièrement florissant à cette époque[11] et qui avait beaucoup de ressemblance avec son genre de vie, fait de vantardise et de morgue, et tout plein de vaine arrogance et d'ambition capricieuse[12].

3. 1 Comme le consulaire Gabinius[13], qui faisait voile pour la Syrie, voulait le persuader de s'engager dans cette expédition, Antoine répondit qu'il ne saurait l'accompagner comme simple particulier, et ce n'est qu'après avoir été nommé chef de la cavalerie qu'il s'associa à sa campagne. Envoyé d'abord contre Aristobule, qui soulevait les Juifs[14], il monta lui-même à l'assaut de la plus forte place du pays[15] le premier et chassa Aristobule de toutes ; 3 puis, ayant engagé la bataille, il mit en déroute, avec la poignée d'hommes qui l'accompagnait, ses troupes très supérieures en nombre, et fit périr presque

---

13. Il avait été consul en 58 et fut proconsul de Syrie de 57 à 55.

14. Le soulèvement contre Hyrcan, mis sur le trône par Pompée qui avait emmené en captivité son frère Aristobule en 63, fut d'abord le fait d'Alexandre, fils d'Aristobule – vaincu dans un engagement où Gabinius lance Marc Antoine aux avant-postes (Jos., *B. J.*, 1, 163), puis obligé, par le siège d'Alexandreion, de se rendre (1, 165 souligne le rôle d'Antoine). L'évasion d'Aristobule et la reprise des troubles se produisit dans un second temps (sur des « télescopages », voir PELLING, p. 34) : Gabinius envoie alors contre lui une armée commandée par Sisenna, Antoine et Servianus (*ibid.*, 171).

15. Les places fortes principales étaient, d'après *B. J.*, 1, 161, Alexandreion, Hyrcania et Machéronte – où eut lieu l'ultime bataille après le retour d'Aristobule (1, 171-174).

πολλαπλασίους ὄντας ἀπέκτεινε πλὴν ὀλίγων ἅπαντας·
αὐτὸς δὲ μετὰ τοῦ παιδὸς ᾿Αριστόβουλος ἥλω.

4 Μετὰ ταῦτα Γαβίνιον ἐπὶ μυρίοις ταλάντοις Πτο-	f
λεμαίου πείθοντος εἰς Αἴγυπτον ἅμα συνεμβαλεῖν
αὐτῷ καὶ τὴν βασιλείαν ἀναλαβεῖν, οἱ μὲν πλεῖστοι
τῶν ἡγεμόνων ἠναντιοῦντο, καὶ Γαβίνιον δ᾿ ὄκνος τις
εἶχε τοῦ πολέμου, καίπερ ἐξηνδραποδισμένον κομιδῇ
τοῖς μυρίοις ταλάντοις, 5 ᾿Αντώνιος δὲ καὶ πράξεων
μεγάλων ἐφιέμενος καὶ τῷ Πτολεμαίῳ χαριζόμενος
δεομένῳ, συνέπεισε μὲν καὶ συνεξώρμησεν ἐπὶ τὴν
στρατείαν τὸν Γαβίνιον, 6 ἐπεὶ δὲ τοῦ πολέμου
μᾶλλον ἐφοβοῦντο τὴν ἐπὶ τὸ Πηλούσιον ὁδόν, ἅτε δὴ
διὰ ψάμμου βαθείας καὶ ἀνύδρου παρὰ τὸ ἔκρηγμα 917
καὶ τὰ τῆς Σερβωνίδος ἕλη γινομένης αὐτοῖς τῆς
πορείας, ἃς Τυφῶνος μὲν ἐκπνοὰς Αἰγύπτιοι καλοῦσι,
τῆς δ᾿ ᾿Ερυθρᾶς θαλάσσης ὑπονόστησις εἶναι δοκεῖ
καὶ διήθησις, ᾗ βραχυτάτῳ διορίζεται πρὸς τὴν ἐντὸς
θάλασσαν ἰσθμῷ, 7 πεμφθεὶς μετὰ τῶν ἱππέων ὁ
᾿Αντώνιος οὐ μόνον τὰ στενὰ κατέσχεν, ἀλλὰ καὶ
Πηλούσιον ἑλών, πόλιν μεγάλην, καὶ τῶν ἐν αὐτῇ
φρουρῶν κρατήσας, ἅμα καὶ τὴν ὁδὸν ἀσφαλῆ τῷ
στρατεύματι καὶ τὴν ἐλπίδα τῆς νίκης ἐποίησε τῷ
στρατηγῷ βέβαιον. 8 ᾿Απέλαυσαν δὲ τῆς φιλοτιμίας
αὐτοῦ καὶ οἱ πολέμιοι. Πτολεμαίου γὰρ ἅμα τῷ παρελ-
θεῖν εἰς τὸ Πηλούσιον ὑπ᾿ ὀργῆς καὶ μίσους ὡρμημέ-	b

16. Antigonos, qui s'était échappé de Rome avec lui (et qu'Antoine
fera mettre à mort, *infra*, 36, 4).

17. Ptolémée XII Aulète, le père de Cléopâtre, qui avait été chassé
d'Égypte en 58 ; sa restauration eut lieu en 55. Dans cette période le
trône fut occupé par sa fille Bérénice IV.

tous les ennemis : quant à Aristobule, il fut fait prisonnier avec son fils[16].

4 Sur ces entrefaites, Ptolémée[17] offrant dix mille talents à Gabinius pour envahir avec lui l'Égypte et le rétablir sur le trône, alors que la plupart des officiers s'y opposaient et que Gabinius lui-même hésitait devant cette guerre, tout subjugué qu'il était par les dix mille talents, 5 Antoine, qui rêvait de grandes actions et voulait complaire à Ptolémée qui le sollicitait, joignit ses instances aux siennes et poussa Gabinius à cette expédition. 6 Mais comme, plus que la guerre, ils craignaient la route de Péluse, parce qu'ils devaient cheminer à travers des sables profonds, sans eau, le long de la faille et des marais de Serbonis que les Égyptiens appellent les Soupiraux de Typhon[18]– mais qui sont, semble-t-il, un bras souterrain de la Mer Rouge, un courant d'infiltration passant au plus court de l'isthme qui sépare cette mer de la Méditerranée –, 7 Antoine fut envoyé avec la cavalerie ; il ne se contenta pas alors de s'emparer des défilés, mais il prit aussi Péluse, une ville importante, et se rendit maître de sa garnison, assurant ainsi la route pour l'armée et en même temps affermissant chez le général l'espoir de la victoire. 8 Son désir de se distinguer[19] profita aussi aux ennemis car, comme Ptolémée, à peine entré dans Péluse, n'écou-

---

18. Sur ces marais et Typhon, Hér., III, 5, et Apoll. de Rhodes, *Argon.*, II, 1213-15 ; c'est la plus orientale des lagunes du bord de mer égyptien, aujourd'hui lac Baudouin : voir J.-Y. CARREZ-MARATRAY, « Les 'soupiraux de Typhon' et l'imaginaire du Sinaï antique », in E. FOULON (éd.), *Connaissance et représentations des volcans dans l'Antiquité*, Presses univ. Blaise Pascal, 2004, p. 119-126, à qui j'emprunte la traduction.

19. Sur la *philotimia*, Fr. FRAZIER, « À propos de la philotimia dans les *Vies*. Quelques jalons dans l'histoire d'une notion », *R.Ph.*, LXII, 1988, p. 109-127.

νου φονεύειν τοὺς Αἰγυπτίους, ἐνέστη καὶ διεκώλυσεν.
9 Ἐν δὲ ταῖς μάχαις καὶ τοῖς ἀγῶσι μεγάλοις καὶ
συχνοῖς γενομένοις πολλὰ καὶ τόλμης ἔργα καὶ προ-
νοίας ἡγεμονικῆς ἀποδειξάμενος, ἐμφανέστατα δὲ
τῷ κυκλώσασθαι καὶ περιβαλεῖν κατόπιν τοὺς πολεμίους τὴν νίκην τοῖς κατὰ στόμα παρασχών, ἀριστεῖα
καὶ τιμὰς ἔλαβε πρεπούσας. 10 Οὐ διέλαθε δὲ τοὺς
πολλοὺς οὐδ' ἡ πρὸς Ἀρχέλαον αὐτοῦ τεθνηκότα
φιλανθρωπία · γεγονὼς γὰρ αὐτῷ συνήθης καὶ ξένος
ἐπολέμει μὲν ἀναγκαίως ζῶντι, τὸ δὲ σῶμα πεσόντος
ἐξευρὼν καὶ κοσμήσας βασιλικῶς ἐκήδευσεν. 11 Ἐπὶ
τούτοις Ἀλεξανδρεῦσί τε πλεῖστον αὐτοῦ λόγον   c
κατέλιπε καὶ Ῥωμαίων τοῖς στρατευομένοις ἀνὴρ
ἔδοξε λαμπρότατος εἶναι.

4. 1 Προσῆν δὲ καὶ μορφῆς ἐλευθέριον ἀξίωμα,
καὶ πώγων τις οὐκ ἀγεννὴς καὶ πλάτος μετώπου καὶ
γρυπότης μυκτῆρος ἐδόκει τοῖς γραφομένοις καὶ πλατ-
τομένοις Ἡρακλέους προσώποις ἐμφερὲς ἔχειν τὸ ἀρρε-
νωπόν. 2 Ἦν δὲ καὶ λόγος παλαιὸς Ἡρακλείδας
εἶναι τοὺς Ἀντωνίους, ἀπ' Ἄντωνος παιδὸς Ἡρακλέους γεγονότας. 3 Καὶ τοῦτον ᾤετο τὸν λόγον
τῇ τε μορφῇ τοῦ σώματος, ὥσπερ εἴρηται, καὶ τῇ στολῇ
βεβαιοῦν. Ἀεὶ γάρ, ὅτε μέλλοι πλείοσιν ὁρᾶσθαι,
χιτῶνα εἰς μηρὸν ἔζωστο, καὶ μάχαιρα μεγάλη παρήρ-   d
τητο, καὶ σάγος περιέκειτο τῶν στερεῶν. 4 Οὐ μὴν

---

20. Sur ces deux qualités complémentaires dans le stéréotype de
l'homme d'action, Fr. FRAZIER, 1996, p. 180 sq.
21. C'était l'époux de Bérénice, fille de Ptolémée XII qui s'était
emparée du trône après l'exil de son père.
22. Topos du bon vainqueur.

tant que la colère et la haine, voulait massacrer les Égyptiens, il s'y opposa et l'en empêcha. 9 Dans les batailles et les combats importants et continuels qui eurent lieu alors, il accomplit maintes actions où se marquaient audace et prévoyance dignes d'un général[20], qualités qui éclatèrent particulièrement lorsqu'il enveloppa et chargea les ennemis par derrière, assurant ainsi la victoire à ceux qui les attaquaient de front : aussi reçut-il le prix de la valeur et les honneurs qu'il méritait. 10 Le peuple ne fut pas sans remarquer non plus l'humanité qu'il montra envers Archélaos mort[21] : alors qu'il était son ami et son hôte, il avait été forcé de le combattre de son vivant mais, ayant retrouvé son corps sur le champ de bataille, il le fit parer et fit célébrer des funérailles royales[22]. 11 Par cette conduite il laissa de lui aux Alexandrins un très grand souvenir et s'acquit auprès des Romains qui servaient une réputation des plus brillantes.

4. 1 Il avait aussi dans son allure une distinction pleine de noblesse : une barbe majestueuse, un large front et un nez aquilin lui donnaient l'air mâle qu'on voit sur les portraits et les statues d'Héraclès[23]. 2 Il existait d'ailleurs une ancienne tradition selon laquelle les Antonii étaient des Héraclides, descendants d'Anton, fils d'Héraclès, 3 et Antoine pensait confirmer cette tradition à la fois par son allure physique, comme il a été dit, et par sa tenue : toutes les fois qu'il devait paraître en public, il portait sa tunique attachée sur la cuisse, une grande épée pendue à son côté et, l'enveloppant, un sayon grossier[24]. 4 Il n'est jusqu'à ce

---

23. O. J. Brendel, « The Iconography of Mark Antony », *Latomus* 58 (1962), p. 359-367.

24. Santi Amantini, dans ses notes, signale l'inconvenance invraisemblable d'un tel accoutrement ; pour l'exploitation de la figure d'Héraclès par Antoine, voir *infra* 36, 7.

ἀλλὰ καὶ τὰ τοῖς ἄλλοις φορτικὰ δοκοῦντα, μεγαλαυχία
καὶ σκῶμμα καὶ κώθων ἐμφανὴς καὶ καθίσαι παρὰ τὸν
ἐσθίοντα καὶ φαγεῖν ἐπιστάντα τραπέζῃ στρατιωτικῇ,
θαυμαστὸν ὅσον εὐνοίας καὶ πόθου πρὸς αὐτὸν ἐνεποίει
τοῖς στρατιώταις. 5 Ἦν δέ που καὶ τὸ ἐρωτικὸν οὐκ
ἀναφρόδιτον, ἀλλὰ καὶ τούτῳ πολλοὺς ἐδημαγώγει,
συμπράττων τε τοῖς ἐρῶσι καὶ σκωπτόμενος οὐκ ἀηδῶς
εἰς τοὺς ἰδίους ἔρωτας. 6 Ἡ δ' ἐλευθεριότης
καὶ τὸ μηδὲν ὀλίγῃ χειρὶ μηδὲ φειδομένῃ χα-
ρίζεσθαι στρατιώταις καὶ φίλοις ἀρχήν τε λαμ- e
πρὰν ἐπὶ τὸ ἰσχύειν αὐτῷ παρέσχε, καὶ μεγάλου
γενομένου τὴν δύναμιν ἐπὶ πλεῖον ἐπῆρεν, ἐκ μυρίων
ἄλλων ἁμαρτημάτων ἀνατρεπομένη. 7 Ἕν δέ τι τοῦ
μεγαλοδώρου παράδειγμα διηγήσομαι. Τῶν φίλων
τινὶ μυριάδας ἐκέλευσε πέντε καὶ εἴκοσι δοθῆναι · τοῦτο
Ῥωμαῖοι δεκίης καλοῦσι. 8 Τοῦ δ' ἐπιτρόπου θαυμάσαντος καὶ ἵνα δείξῃ τὸ πλῆθος αὐτῷ καταβαλόντος
ἐν μέσῳ τὸ ἀργύριον, ἠρώτησε παριὼν ὅ τι δὴ τοῦτ'
εἴη. 9 Τοῦ δ' ἐπιτρόπου φήσαντος ὡς ὃ κελεύσειε
δοθῆναι, συμβαλὼν αὐτοῦ τὴν κακοήθειαν ὁ Ἀντώνιος
« Ἐγὼ πλεῖον ᾤμην » ἔφη « τὸ δεκίης εἶναι · τοῦτο δὲ
μικρόν ἐστιν · ὥστ' ἄλλο πρόσθες αὐτῷ τοσοῦτον. »

25. On trouve, avec la μεγαλαυχία, un premier dévoiement de la
grandeur (ou un second, si l'on considère que l'énormité des dettes du
ch. 2 en a été un premier échantillon).
26. Un des thèmes majeurs de la Vie (voir, autour de σκώπτειν ou
παιδιά, 10, 7, 15, 4, 23, 2, 24, 11-12, 27, 1-2, 28, 1, 29, 2-5, 32, 6, 43, 6,
57, 1, 59, 3, 62, 6, et aussi 9, 5, son goût pour les γελωτοποιοί).

que les civils trouvaient vulgaire – sa jactance[25], ses railleries[26], sa manière de boire en public, de s'asseoir près
des dîneurs ou de manger debout à la table des soldats –
qui n'inspirât à ses soldats un dévouement et une affection[27] extraordinaires à son égard. 5 Il y avait encore dans
son comportement amoureux quelque chose de la grâce
d'Aphrodite[28] et il se gagnait par là aussi beaucoup de
partisans, en servant leurs passions et en se laissant railler
sans déplaisir sur ses propres amours. 6 Sa libéralité et les
largesses qu'il distribuait à pleines mains et sans compter
à soldats et amis lui ouvrirent une route brillante vers le
pouvoir et, quand il fut devenu grand, accrurent de plus
en plus son influence, malgré les fautes sans nombre
qui la menaçaient par ailleurs. 7 Je ne donnerai qu'un
exemple de sa prodigalité. Il avait ordonné de donner à un
de ses amis deux cent cinquante mille drachmes, ce que
les Romains appellent *decies*[29]. 8 Comme son intendant,
surpris, avait, pour lui montrer l'énormité de la somme,
étalé tout cet argent par terre bien en vue, il demanda, en
passant, ce que c'était. 9 L'intendant lui ayant répondu
que c'était ce qu'il avait ordonné de donner, Antoine, qui
avait compris sa malice, reprit alors : « Je croyais, moi,
que le *decies* faisait beaucoup plus ; c'est vraiment peu
ce que tu as là ! Ajoutes-en donc encore une fois autant. »

---

27. Ce sentiment demeurera jusqu'à Actium (68, 4 reprend le
même mot).

28. Une jolie phrase, mais dont on peine un peu à voir ce qu'elle
recouvre exactement : aider les autres et se laisser plaisanter parti-
cipent-ils de ce charme d'Aphrodite ?

29. C'est une somme énorme, qui correspond à un million de
sesterces.

5. 1 Ταῦτα μὲν οὖν ὕστερον· ἐπεὶ δὲ τὰ ʽΡωμαίων f
πράγματα διέστη, τῶν μὲν ἀριστοκρατικῶν Πομπηΐῳ
παρόντι προσθεμένων, τῶν δὲ δημοτικῶν Καίσαρα καλούντων ἐκ Γαλατίας ἐν τοῖς ὅπλοις ὄντα, 2 Κουρίων
ὁ ʼΑντωνίου φίλος ἐκ μεταβολῆς θεραπεύων τὰ Καίσαρος
ʼΑντώνιον προσηγάγετο, καὶ μεγάλην μὲν ἀπὸ τοῦ
λέγειν ἐν τοῖς πολλοῖς ἔχων ἰσχύν, χρώμενος δὲ καὶ
δαπάναις ἀφειδῶς ἀφ' ὧν Καῖσαρ ἐχορήγει, δήμαρχον
ἀπέδειξε τὸν ʼΑντώνιον, εἶτα τῶν ἐπ' οἰωνοῖς ἱερέων
οὓς αὔγουρας καλοῦσιν. 3 ʽΟ δ' εὐθὺς εἰς τὴν ἀρχὴν 918
παρελθὼν οὐ μικρὸν ἦν ὄφελος τοῖς πολιτευομένοις
ὑπὲρ Καίσαρος. 4 ʼΑλλὰ πρῶτον μὲν Μαρκέλλου
τοῦ ὑπάτου Πομπηΐῳ τούς τε συνειλεγμένους ἤδη
στρατιώτας παρεγγυῶντος καὶ καταλέγειν ἑτέρους
διδόντος, ἐμποδὼν ἔστη διάταγμα γράψας ὅπως ἡ μὲν
ἠθροισμένη δύναμις εἰς Συρίαν πλέῃ καὶ Βύβλῳ βοηθῇ

πολεμοῦντι Πάρθοις, οὓς δὲ Πομπήιος καταλέγει, μὴ
προσέχωσιν αὐτῷ· 5 δεύτερον δὲ τὰς Καίσαρος ἐπισ-
τολὰς οὐ προσιεμένων οὐδ' ἐώντων ἀναγινώσκεσθαι τῶν
συγκλητικῶν, αὐτὸς ἰσχύων διὰ τὸ ἄρχειν ἀνέγνω, καὶ b
πολλοὺς μετέστησε τῇ γνώμῃ, δίκαια καὶ μέτρια Καίσαρος ἀξιοῦν ἀφ' ὧν ἔγραψε δόξαντος. 6 Τέλος δὲ

---

30. Sur le ralliement de Curion à César moyennant le paiement de
ses dettes, *Pomp.*, 58, 2 ; Plutarque, de même, y adjoint Antoine « qui,
en qualité d'ami de Curion, partageait ses profits ».

31. Plutarque omet de dire qu'Antoine, après la campagne avec
Gabinius, était parti en 54 servir en Gaule sous les ordres de César et y
avait été questeur en 52.

32. Les prises de fonction sont chronologiquement inverses :
Antoine devint d'abord augure en 50 et fut élu tribun en décembre de
la même année, pour l'année 49. PELLING (note *ad loc.*) suggère que

5.1 Mais cela n'eut lieu que plus tard. Comme Rome était alors divisée en deux factions : les *optimates*, rangés du côté de Pompée, alors présent dans la Ville, et les *populares*, qui rappelaient César de Gaule où il faisait la guerre, 2 Curion, l'ami d'Antoine qui était passé dans le camp de César[30], y attira Antoine[31] et grâce à la grande influence que son éloquence lui donnait sur la foule et aussi aux dépenses qu'il faisait sans compter avec les fonds que César lui fournissait, il fit élire Antoine tribun du peuple, puis membre du collège des prêtres affectés aux présages donnés par les oiseaux qu'on appelle augures[32]. 3 Lequel Antoine, à peine entré en charge, apporta une aide non négligeable aux partisans de César. 4 Il s'opposa d'abord au consul Marcellus, qui garantissait à Pompée les troupes déjà levées et l'autorisait à de nouveaux recrutements[33], et il fit décréter que l'armée rassemblée cinglerait vers la Syrie pour renforcer celle de Bibulus qui faisait la guerre aux Parthes, et que les hommes que Pompée voulait enrôler ne devaient pas l'écouter. 5 En second lieu, comme le Sénat refusait de recevoir les lettres de César et ne permettait pas qu'on les lût, il en donna lui-même lecture, en vertu du pouvoir que lui donnait sa charge, et en retourna plus d'un, car César ne semblait, d'après ce qu'il écrivait, ne rien demander que de juste et de raisonnable. 6 Enfin, deux questions

---

Plutarque suit peut-être l'ordre des élections. Sur les augures, *Quaest. Rom.*, 72, 281 A-B et surtout 99, 287 D-E.

33. Les faits sont ici très stylisés et recomposés pour culminer sur la fuite rocambolesque et les cris des tribuns ; le § 4 (πρῶτον μὲν…) correspond à *Pomp.*, 58, 10-59, 2 – où c'est le climax du récit – et, sous forme très allusive, à *Caes.*, 29, 4 ; le § 5 (δεύτερον δὲ…) à *Pomp.*, 59, 3-4 et *Caes.*, 30, 3 ; les §§ 6-8 (Τέλος δὲ…) télescopent *Pomp.*, 58, 4-9 et 59, 5-6 (pour les détails, Pelling, note *ad loc.*).

δυεῖν ἐρωτήσεων ἐν τῇ βουλῇ γενομένων, τῆς μὲν εἰ
δοκεῖ Πομπήιον ἀφεῖναι τὰ στρατεύματα, τῆς δ' εἰ
Καίσαρα, καὶ Πομπήιον μὲν ὀλίγων τὰ ὅπλα καταθέσθαι,
Καίσαρα δὲ πάντων παρ' ὀλίγους κελευόντων, ἀναστὰς
Ἀντώνιος ἠρώτησεν εἰ δοκεῖ καὶ Πομπήιον ὁμοῦ καὶ
Καίσαρα τὰ ὅπλα καταθέσθαι καὶ τὰς δυνάμεις ἀφεῖναι.
7 Ταύτην ἐδέξαντο λαμπρῶς τὴν γνώμην ἅπαντες,
καὶ μετὰ βοῆς ἐπαινοῦντες τὸν Ἀντώνιον ἠξίουν c
ἐπιψηφίζεσθαι. 8 Μὴ βουλομένων δὲ τῶν ὑπάτων,
αὖθις ἑτέρας οἱ Καίσαρος φίλοι προὔτειναν ἐπιεικεῖς
εἶναι δοκούσας ἀξιώσεις, αἷς ὅ τε Κάτων ἀντέπιπτε καὶ
Λέντλος ὑπατεύων ἐξέβαλε τῆς βουλῆς τὸν Ἀντώνιον.
9 Ὁ δὲ πολλὰ μὲν αὐτοῖς ἐξιὼν ἐπηράσατο, λαβὼν
δὲ θεράποντος ἐσθῆτα καὶ μισθωσάμενος μετὰ Κασσίου
Κοίντου ζεῦγος ἐξώρμησε πρὸς Καίσαρα · 10 καὶ
κατεβόων εὐθὺς ὀφθέντες ὡς οὐδένα κόσμον ἔτι τῶν ἐν
Ῥώμῃ πραγμάτων ἐχόντων, ὅτε μηδὲ δημάρχοις
παρρησίας μέτεστιν, ἀλλ' ἐλαύνεται καὶ κινδυνεύει πᾶς
ὁ φθεγξάμενος ὑπὲρ τῶν δικαίων.

6. 1 Ἐκ τούτου λαβὼν τὴν στρατιὰν ὁ Καῖσαρ
εἰς Ἰταλίαν ἐνέβαλε. Διὸ καὶ Κικέρων ἐν τοῖς Φιλιππι- d
κοῖς ἔγραψε τοῦ μὲν Τρωϊκοῦ πολέμου τὴν Ἑλένην,
τοῦ δ' ἐμφυλίου τὸν Ἀντώνιον ἀρχὴν γενέσθαι, περι-
φανῶς ψευδόμενος. 2 Οὐ γὰρ οὕτως εὐχερὴς ἦν
οὐδὲ ῥάδιος ὑπ' ὀργῆς ἐκπεσεῖν τῶν λογισμῶν Γάιος
Καῖσαρ ὥστ' εἰ μὴ ταῦτα πάλαι ἔγνωστο πράττειν,
οὕτως ἂν ἐπὶ καιροῦ τὸν κατὰ τῆς πατρίδος ἐξενεγκεῖν

ayant été posées au Sénat, la première, si l'on jugeait
que Pompée devait congédier ses légions, la seconde,
si c'était à César de le faire, comme il y en avait peu à
vouloir que Pompée déposât les armes alors que presque
tous l'exigeaient de César, Antoine se leva pour suggérer
que César et Pompée déposent les armes et congé-
dient leurs troupes en même temps. 7 Tous réservèrent
un accueil brillant à son avis et, approuvant Antoine à
grands cris, demandèrent un vote. 8 Devant le refus des
consuls, les amis de César firent en son nom de nouvelles
propositions, qui semblaient modérées, mais Caton les
combattit vigoureusement et Lentulus, l'un des consuls,
chassa Antoine du Sénat. 9 Lequel sortit en les accablant
d'imprécations ; puis, prenant un vêtement d'esclave, il
loua une voiture avec Quintus Cassius[34] et partit rejoindre
César. 10 Et de clamer tous deux, dès qu'ils furent en
vue, qu'il n'y avait plus aucun ordre à Rome, du moment
que même les tribuns n'avaient plus la liberté de parler, et
qu'on chassait et menaçait quiconque avait fait entendre
la voix de la justice.

6. 1 Sur quoi César prit son armée et entra en Italie[35].
Voilà ce qui fit écrire à Cicéron, dans ses *Philippiques*,
que si Hélène fut la cause de la guerre de Troie, Antoine
fut celle de la guerre civile[36] : mensonge manifeste, 2 car
Gaïus César n'était pas à ce point malléable ni enclin
à s'écarter sous l'effet de la colère des plans mûris par
la réflexion que, s'il n'en avait dès longtemps formé le
dessein, il eût ainsi tout à coup porté la guerre dans sa

34. Quintus Cassius Longinus était aussi tribun de la plèbe en 49.

35. César, en fait, était déjà entré en Italie et le franchissement du
Rubicon est antérieur à la rencontre des tribuns à Ariminum (César,
BC, 1, 8, 10).

36. Voir Appendice, p. 212-213.

πόλεμον, ὅτι φαύλως ἠμφιεσμένον εἶδεν Ἀντώνιον καὶ Κάσσιον ἐπὶ ζεύγους μισθίου πεφευγότας πρὸς αὐτόν, ἀλλὰ ταῦτα πάλαι δεομένῳ προφάσεως σχῆμα καὶ λόγον εὐπρεπῆ τοῦ πολέμου παρέσχεν. 3 Ἦγε δ' αὐτὸν ἐπὶ πάντας ἀνθρώπους ἃ καὶ πρότερον Ἀλέξαν- e δρον καὶ πάλαι Κῦρον, ἔρως ἀπαρηγόρητος ἀρχῆς καὶ περιμανὴς ἐπιθυμία τοῦ πρῶτον εἶναι καὶ μέγιστον · ὧν τυχεῖν οὐκ ἦν μὴ Πομπηίου καταλυθέντος.

4 Ὡς δ' οὖν ἐπελθὼν ἐκράτησε τῆς Ῥώμης καὶ Πομπήιον ἐξήλασε τῆς Ἰταλίας καὶ πρὸς τὰς ἐν Ἰβηρίᾳ Πομπηίου δυνάμεις ἐπιστρέφειν ἔγνω πρότερον, εἶθ' οὕτως παρασκευασάμενος στόλον ἐπὶ Πομπήιον διαβαίνειν, Λεπίδῳ μὲν στρατηγοῦντι τὴν Ῥώμην, Ἀντωνίῳ δὲ δημαρχοῦντι τὰ στρατεύματα καὶ τὴν Ἰταλίαν ἐπέτρεψεν. 5 Ὁ δὲ τοῖς μὲν στρατιώταις εὐθὺς προσφιλὴς ἦν συγγυμναζόμενος καὶ συνδιαιτώ- f μενος τὰ πολλὰ καὶ δωρούμενος ἐκ τῶν παρόντων, τοῖς δ' ἄλλοις ἐπαχθής. 6 Καὶ γὰρ ἀδικουμένων ὑπὸ ῥαθυμίας ὠλιγώρει καὶ πρὸς ὀργὴν ἠκροᾶτο τῶν ἐντυγχανόντων, καὶ κακῶς ἐπὶ γυναιξὶν ἀλλοτρίαις ἤκουε. 7 Καὶ ὅλως τὴν Καίσαρος ἀρχήν, πάντα μᾶλλον ἢ τυραννίδα δι' αὐτὸν ἐκεῖνον φανεῖσαν, οἱ φίλοι διέβαλλον, ὧν Ἀντώνιος ἀπ' ἐξουσίας μεγίστης ἁμαρτάνειν μέγιστα δόξας τὴν πλείστην αἰτίαν ἔλαβεν.

---

37. César partage avec les grands fondateurs d'empire (cités dans l'ordre chronologique inverse) un *éros* politique qu'ignore Antoine, future victime de l'*éros* de Cléopâtre (25, 1, 31, 4 et 36, 1).

38. Pompée était proconsul d'Espagne depuis 54, mais était resté à Rome ; ses légats que battit César en 49, étaient L. Afranius, M. Petreius et Varron l'antiquaire.

39. Lépide est le futur triumvir. Antoine agissait aussi en qualité de propréteur.

patrie parce qu'il avait vu Antoine et Cassius en piètre équipage venus se réfugier auprès de lui dans une voiture de louage. Mais cet événement ne lui fournit que l'apparence d'un mobile et une justification spécieuse pour la guerre qu'il cherchait depuis longtemps. 3 Ce qui le poussait à attaquer le monde entier, c'est ce qui avait avant lui déjà poussé Alexandre et, aux temps anciens, Cyrus : une passion[37] insatiable du pouvoir et un désir furieux d'être le premier et le plus grand ; à quoi il ne pouvait parvenir sans abattre Pompée.

4 César donc s'étant dès son arrivée rendu maître de Rome, ayant chassé Pompée de l'Italie, et résolu de se tourner d'abord contre les troupes pompéiennes d'Espagne[38] puis, quand il aurait équipé une flotte, de passer la mer pour attaquer Pompée, confia Rome au préteur Lépide, et à Antoine, tribun du peuple, l'Italie avec ses troupes[39]. 5 Et lui eut tôt fait sans doute de gagner l'affection des soldats, en partageant leurs exercices et la plupart de leurs activités, et en leur faisant toutes les largesses possibles, mais il se rendit odieux aux autres : 6 quand ils étaient victimes d'injustices, il ne s'en occupait pas par indolence et il écoutait les solliciteurs avec irritation[40] ; enfin son comportement avec les femmes des autres faisait jaser. 7 Bref, la domination de César qui, à ne s'en tenir qu'à lui-même, n'aurait paru rien moins qu'une tyrannie, était discréditée par ses amis ; et parmi eux c'est Antoine, qui unissait très grand pouvoir et très grandes fautes[41], qui porta la responsabilité la plus lourde.

---

40. Extrapolation de Plutarque, à partir des défauts « classiques » du mauvais gouvernant – dont souffre Démétrios – ou, plus précisément, d'une lettre de Cicéron (*Att.*, 205 [10, 13], 1) ?

41. Nouvelle forme de grandeur dévoyée.

7. 1 Οὐ μὴν ἀλλ' ἐπανελθὼν ὁ Καῖσαρ ἐκ τῆς Ἰβηρίας τὰ μὲν ἐγκλήματα παρεῖδεν αὐτοῦ, πρὸς δὲ τὸν
πόλεμον ὡς ἐνεργῷ καὶ ἀνδρείῳ καὶ ἡγεμονικῷ χρώ- 919
μενος οὐδαμῇ διήμαρτεν. 2 Αὐτὸς μὲν οὖν μετ' ὀλίγων ἀπὸ Βρεντεσίου διαπεράσας τὸν Ἰόνιον, ἔπεμψεν
ὀπίσω τὰ πλοῖα Γαβινίῳ καὶ Ἀντωνίῳ τὰς δυνάμεις
ἐμβιβάζειν καὶ περαιοῦν κατὰ τάχος εἰς Μακεδονίαν
ἐπιστείλας. 3 Γαβινίου δὲ πρὸς τὸν πλοῦν χαλεπὸν
ὄντα χειμῶνος ὥρᾳ καταδειλιάσαντος καὶ πεζῇ μακρὰν
ὁδὸν περιάγοντος τὸν στρατόν, Ἀντώνιος ὑπὲρ Καίσαρος ἐν πολλοῖς ἀπειλημμένου πολεμίοις φοβηθεὶς
Λίβωνα μὲν ἐφορμοῦντα τῷ στόματι τοῦ λιμένος
ἀπεκρούσατο, πολλὰ τῶν λεπτῶν ἀκατίων ταῖς τριή-   b
ρεσιν αὐτοῦ περιστήσας, ἐμβιβάσας δὲ ταῖς ναυσὶν
ἱππεῖς ὀκτακοσίους καὶ δισμυρίους ὁπλίτας ἀνήχθη.
4 Καὶ γενόμενος καταφανὴς τοῖς πολεμίοις καὶ διωκόμενος τὸν μὲν ἐκ τούτων κίνδυνον διέφυγε, λαμπροῦ
νότου κῦμα μέγα καὶ κοίλην θάλατταν ταῖς τριήρεσιν
αὐτῶν περιστήσαντος, ἐκφερόμενος δὲ ταῖς ναυσὶ
πρὸς κρημνοὺς καὶ φάραγγας ἀγχιβαθεῖς οὐδεμίαν
ἐλπίδα σωτηρίας εἶχεν. 5 Ἄφνω δὲ τοῦ κόλπου πολὺν ἐκπνεύσαντος λίβα καὶ τοῦ κλύδωνος ἀπὸ τῆς γῆς
εἰς τὸ πέλαγος διαχεομένου, μεταβαλόμενος ἀπὸ τῆς
γῆς καὶ πλέων σοβαρῶς ὁρᾷ ναυαγίων περίπλεων τὸν
αἰγιαλόν. 6 Ἐνταῦθα γὰρ ἐξέβαλε τὸ πνεῦμα τὰς   c
διωκούσας αὐτὸν τριήρεις, καὶ διεφθάρησαν οὐκ
ὀλίγαι · καὶ σωμάτων πολλῶν καὶ χρημάτων ἐκράτησεν
Ἀντώνιος, καὶ Λίσσον εἷλε, καὶ μέγα Καίσαρι παρέσχε
θάρσος ἐν καιρῷ μετὰ τηλικαύτης ἀφικόμενος δυνάμεως.

7.1 Toutefois, de retour d'Espagne, César ne tint pas compte des plaintes contre lui, et voyant en lui un homme énergique, courageux et apte au commandement, il l'employa pour la guerre et ne fut nullement déçu. 2 Lui-même partit donc de Brindes avec peu de troupes et, après avoir traversé la mer Ionienne, il renvoya ses vaisseaux à Gabinius et Antoine, avec ordre d'embarquer leurs troupes et de passer rapidement en Macédoine. 3 Comme Gabinius, cédant à l'effroi que lui inspirait une navigation si périlleuse en cette saison hivernale, menait son armée par terre au prix d'un long détour[42], Antoine, ne craignant que pour César, bloqué au milieu d'ennemis nombreux, repoussa d'abord Libon, qui mouillait à l'entrée du port, en encerclant ses trirèmes avec un grand nombre de navires légers, puis il embarqua sur ses vaisseaux huit cents cavaliers et vingt mille fantassins et prit la mer. 4 Devenu visible aux yeux des ennemis et poursuivi par eux, il échappa à ce danger grâce à un fort vent du sud qui souleva autour de leurs vaisseaux les grandes vagues d'une mer houleuse, mais, poussé lui-même avec sa flotte contre des rochers escarpés et des falaises abruptes bordées de précipices, il n'avait aucun espoir de salut. 5 Et tout à coup, voici que s'éleva du fond du golfe un fort vent de sud-ouest qui fit refluer les flots de la terre vers la haute mer : s'étant ainsi éloigné de la côte, alors qu'il filait fièrement, il voit le rivage tout couvert d'épaves. 6 C'est là en effet que le vent avait jeté les trirèmes qui le poursuivaient et plus d'une s'y était brisée. Antoine s'empara de beaucoup d'hommes et de butin, prit Lissos et releva grandement l'audace de César en arrivant à propos avec de si grands renforts[43].

---

42. Gabinius ne passa en fait en Illyrie qu'après Pharsale (*B. Alex.*, 42, 4) : si l'erreur chronologique vient de sa source (Pelling, note *ad loc.*), Plutarque l'exploite pour mettre en valeur Antoine par le parallèle.
43. Le scénario de 3, 7 se reproduit.

8. 1 Πολλῶν δὲ γινομένων καὶ συνεχῶν ἀγώνων, ἐν πᾶσι μὲν ἦν διαπρεπής, δὶς δὲ φεύγοντας προτροπάδην τοὺς Καίσαρος ἀπαντήσας ἀνέστρεψε καὶ στῆναι καὶ συμβαλεῖν αὖθις τοῖς διώκουσιν ἀναγκάσας ἐνίκησεν. 2 Ἦν οὖν αὐτοῦ μετὰ Καίσαρα πλεῖστος ἐν τῷ στρατοπέδῳ λόγος. Ἐδήλωσε δὲ Καῖσαρ ἣν ἔχοι περὶ αὐτοῦ δόξαν. 3 Ἐπεὶ γὰρ ἔμελλε τὴν τελευταίαν καὶ τὰ ὅλα κρίνασαν ἐν Φαρσάλῳ μάχην   d
μάχεσθαι, τὸ μὲν δεξιὸν αὐτὸς εἶχε κέρας, τοῦ δ' εὐωνύμου τὴν ἡγεμονίαν Ἀντωνίῳ παρέδωκεν, ὡς πολεμικωτάτῳ τῶν ὑφ' ἑαυτῷ.

4 Μετὰ δὲ τὴν νίκην, δικτάτωρ ἀναγορευθείς, αὐτὸς μὲν ἐδίωκε Πομπήιον, Ἀντώνιον δ' ἵππαρχον ἑλόμενος εἰς Ῥώμην ἔπεμψεν. 5 Ἔστι δ' ἡ ἀρχὴ δευτέρα τοῦ δικτάτορος παρόντος · ἂν δὲ μὴ παρῇ, πρώτη καὶ μόνη σχεδόν · ἡ γὰρ δημαρχία διαμένει, τὰς δ' ἄλλας καταλύουσι πάσας δικτάτορος αἱρεθέντος.

9. 1 Οὐ μὴν ἀλλὰ τότε δημαρχῶν Δολοβέλλας, νέος ἀνὴρ καὶ νέων πραγμάτων ὀρεγόμενος, εἰσηγεῖτο χρεῶν ἀποκοπάς, καὶ τὸν Ἀντώνιον αὐτῷ τε φίλον   e
ὄντα καὶ βουλόμενον ἀεὶ τοῖς πολλοῖς ἀρέσκειν ἔπειθε συμπράττειν καὶ κοινωνεῖν τοῦ πολιτεύματος. 2 Ἀσινίου δὲ καὶ Τρεβελλίου τἀναντία παρακαλούντων, ὑπόνοια δεινὴ κατὰ τύχην τῷ Ἀντωνίῳ προσέπεσεν ὡς ἀδικουμένῳ περὶ τὸν γάμον ὑπὸ τοῦ Δολοβέλλα.

44. La *lex de dictatore* due au préteur Lépide est antérieure à Pharsale et fut prise en 49 pendant que César était en Espagne (*BC*, 2, 21, 5). La nomination d'Antoine est par contre bien postérieure à la bataille (voir Dion Cassius, XLII 21).

8.1 Dans les nombreux et incessants combats qui suivirent, il n'y en eut pas où Antoine ne se distinguât ; par deux fois, alors que les troupes de César étaient en pleine déroute, il se présenta devant elles, leur fit faire volte-face et, les ayant forcées à tenir bon et à reprendre le combat contre leurs poursuivants, il remporta la victoire. 2 Aussi, dans le camp, jouissait-il, après César, de la plus grande réputation, et César lui-même fit assez connaître l'opinion qu'il avait de lui : 3 au moment de livrer à Pharsale la bataille finale et décisive, il prit lui-même l'aile droite et confia à Antoine le commandement de la gauche, comme au meilleur guerrier qu'il eût sous ses ordres.

4 Et, après la victoire, César, qui avait été proclamé dictateur[44], s'attacha lui-même à la poursuite de Pompée et, ayant choisi Antoine comme maître de la cavalerie, il l'envoya à Rome. 5 Cette charge est la seconde quand le dictateur est présent mais, en son absence, c'est la première et presque la seule car, à l'exception du tribunat, toutes les magistratures sont supprimées dès qu'un dictateur est désigné[45].

9. 1 Cependant Dolabella, alors tribun de la plèbe, qui était un homme jeune et aspirait à une révolution[46], proposait une remise des dettes et tâchait de persuader Antoine, qui était son ami et voulait toujours complaire à la foule, de lui prêter main forte et de se joindre à lui pour faire passer cette mesure. 2 Mais Asinius et Trebellius lui donnaient des conseils inverses, et il se trouva en outre qu'un violent soupçon vint à Antoine, qui se crut un mari outragé par

---

45. Sur le dictateur, *Marc.*, 24, 11-13 et *Quaest. Rom.*, 283 B.
46. L'expression, rare en grec, νέα πράγματα, semble modelée sur *novae res* ; elle fait aussi une sorte d'anaphore (νέος / νέων).

3 Καὶ τὸ πρᾶγμα βαρέως ἐνεγκὼν τήν τε γυναῖκα τῆς οἰκίας ἐξήλασεν ἀνεψιὰν οὖσαν αὐτοῦ (θυγάτηρ γὰρ ἦν Γαΐου Ἀντωνίου τοῦ Κικέρωνι συνυπατεύσαντος), καὶ τοὺς περὶ Ἀσίνιον δεξάμενος ἐπολέμει τῷ Δολο-βέλλᾳ. 4 Κατέλαβε γὰρ τὴν ἀγορὰν ἐκεῖνος ὡς βίᾳ ꟑ κυρώσων τὸν νόμον. Ἀντώνιος δέ, καὶ τῆς βουλῆς ψηφισαμένης ὅπλων δεῖν ἐπὶ τὸν Δολοβέλλαν, ἐπελ-θὼν καὶ μάχην συνάψας ἀπέκτεινέ τέ τινας τῶν ἐκείνου καὶ τῶν ἰδίων ἀπέβαλε. 5 Τοῖς μὲν οὖν πολλοῖς ἐκ τούτων ἀπηχθάνετο, τοῖς δὲ χρηστοῖς καὶ σώφροσι διὰ τὸν ἄλλον βίον οὐκ ἦν ἀρεστός, ὡς Κικέρων φησίν, ἀλλ' ἐμισεῖτο, βδελυττομένων αὐτοῦ μέθας ἀώρους καὶ 920 δαπάνας ἐπαχθεῖς καὶ κυλινδήσεις ἐν γυναίοις, καὶ μεθ' ἡμέραν μὲν ὕπνους καὶ περιπάτους ἀλύοντος καὶ κραιπαλῶντος, νύκτωρ δὲ κώμους καὶ θέατρα καὶ δια-τριβὰς ἐν γάμοις μίμων καὶ γελωτοποιῶν. 6 Λέγεται γοῦν, ὡς ⟨ἐν⟩ Ἱππίου ποτὲ τοῦ μίμου γάμοις ἑστιαθεὶς καὶ πιὼν διὰ νυκτός, εἶτα πρωὶ τοῦ δήμου καλοῦντος εἰς ἀγορὰν προελθὼν ἔτι τροφῆς μεστὸς ἐμέσειε, τῶν φίλων τινὸς ὑποσχόντος τὸ ἱμάτιον. 7 Ἦν δὲ καὶ Σέργιος ὁ μῖμος τῶν μέγιστον παρ' αὐτῷ δυναμένων, καὶ Κυθηρὶς ἀπὸ τῆς αὐτῆς παλαίστρας γύναιον ἀγαπώμενον, ὃ δὴ καὶ τὰς πόλεις ἐπιὼν ἐν φορείῳ περιήγετο, καὶ τὸ φορεῖον οὐκ ἐλάττους ἢ τὸ τῆς

---

47. L'importance du motif privé s'accorde avec l'image que Plutarque se fait d'Antoine et vient de *Phil.*, 2, 99 : « devant le Sénat en nombre, aux calendes de janvier, en présence de ton oncle, tu as osé dire que ta haine contre Dolabella avait pour cause la certitude où tu étais qu'il avait fait des avances à ta cousine, ta femme » ; pour une inter-prétation en termes de rivalité politique, Dion Cassius, XLII 31, 1-2.

Dolabella[47]. 3 Ne pouvant supporter la chose, il répudia sa femme, qui était sa cousine germaine (elle était en effet la fille du Gaïus Antonius qui avait été le collègue de Cicéron au consulat), et il se rangea au parti d'Asinius pour combattre Dolabella. 4 De fait celui-ci s'était emparé du Forum pour faire passer sa loi en force, et Antoine, en vertu d'un décret du Sénat qui ordonnait de prendre les armes contre Dolabella, alla l'attaquer, engagea le combat, tua quelques-uns de ses partisans et en perdit des siens. 5 Cette action le rendit odieux à la foule[48], alors que les gens honnêtes et rangés ne se satisfaisaient pas, comme le dit Cicéron[49], du reste de sa conduite : ils le détestaient, dégoûtés de le voir s'enivrer jusqu'à point d'heure, dépenser scandaleusement, traîner avec des filles[50], dormir en plein jour, déambuler et flâner en état d'ivresse et passer ses nuits en parties de plaisir, au théâtre ou aux noces de mimes et de bouffons. 6 On raconte par exemple qu'aux noces du mime Hippias, il passa la nuit entière à festoyer et boire et que, au matin, le peuple l'appelant au Forum, il se présenta encore si gorgé de nourriture qu'il vomit sur le manteau que lui avait tendu un de ses amis[51]. 7 Il y avait aussi le mime Sergius qui avait sur lui une très grande influence, et Cythéris, une fille de la même troupe, dont il était épris et qu'il faisait porter en litière dans toutes les cités, et cette litière n'avait pas une suite moins nombreuse

---

48. Sur la violence de la répression, Dion Cassius, XLII 33.

49. Plutarque s'inspire à nouveau de la *2ᵉ Philippique*, pour faire des débauches odieuses d'Antoine une sorte de leitmotiv.

50. On retrouve le trio des défauts dénoncés dans l'introduction de la paire (*Démétr.*, 1, 7) : ποτικοί, ἐρωτικοί, … πολυτελεῖς, déjà présent dans les manœuvres de Curion (*supra* 2, 4).

51. Appendice, p. 214-215 ; le passage était très célèbre et a été commenté par grammairiens et rhéteurs, en particulier Quintilien.

μητρὸς αὐτοῦ περιέποντες ἠκολούθουν. 8 Ἐλύπουν
δὲ καὶ χρυσῶν ἐκπωμάτων ὥσπερ ἐν πομπαῖς ταῖς b
ἀποδημίαις διαφερομένων ὄψεις, καὶ στάσεις ἐνόδιοι
σκηνῶν καὶ πρὸς ἄλσεσι καὶ ποταμοῖς ἀρίστων πολυ-
τελῶν διαθέσεις, καὶ λέοντες ἅρμασιν ὑπεζευγμένοι,
καὶ σωφρόνων ἀνδρῶν καὶ γυναικῶν οἰκίαι χαμαιτύ-
παις καὶ σαμβυκιστρίαις ἐπισταθμευόμεναι. 9 Δεινὸν
γὰρ ἐποιοῦντο Καίσαρα μὲν αὐτὸν ἔξω τῆς Ἰταλίας
θυραυλεῖν, τὰ περιόντα τοῦ πολέμου μεγάλοις πόνοις
καὶ κινδύνοις ἀνακαθαιρόμενον, ἑτέρους δὲ δι’ ἐκεῖνον
τρυφᾶν τοῖς πολίταις ἐνυβρίζοντας.

10. 1 Ταῦτα καὶ τὴν στάσιν αὐξῆσαι δοκεῖ καὶ τὸ
στρατιωτικὸν εἰς ὕβρεις δεινὰς καὶ πλεονεξίας ἀνεῖναι. c
2 Διὸ καὶ Καῖσαρ ἐπανελθὼν Δολοβέλλᾳ τε συγγνώμην ἔδωκε, καὶ τὸ τρίτον αἱρεθεὶς ὕπατος οὐκ Ἀντώνιον,
ἀλλὰ Λέπιδον εἵλετο συνάρχοντα. 3 Τὴν δὲ Πομπηίου πωλουμένην οἰκίαν ὠνήσατο μὲν Ἀντώνιος,
ἀπαιτούμενος δὲ τὴν τιμὴν ἠγανάκτει· καί φησιν
αὐτὸς διὰ τοῦτο μὴ μετασχεῖν Καίσαρι τῆς εἰς Λιβύην
στρατείας, ἐπὶ τοῖς προτέροις κατορθώμασιν οὐ τυχὼν
ἀμοιβῆς. 4 Ἔοικε μέντοι τὸ πολὺ τῆς ἀβελτερίας
αὐτοῦ καὶ ἀσωτίας ἀφελεῖν ὁ Καῖσαρ, οὐκ ἀναισθήτως
τὰ πλημμελήματα δεξάμενος. 5 Ἀπαλλαγεὶς γὰρ

---

52. Appendice, p. 213.
53. À la débauche s’ajoute avec insistance le thème du déclassement et de l’indignité.
54. Sur le thème de l’*hybris*, annoncé dès la préface de *Démétrios*
(1, 7), voir l’Introduction, p. XI et n. 14.
55. L’exemplarité négative est appuyée par le vocabulaire
employé : 9, 9 s’achève sur ἐνυβρίζοντας, et ὕβρεις ouvre le groupe
prépositionnel de 10, 1 ; comparer à Dion Cassius, XLII 27, 3 : καὶ γὰρ
ἁρπαγαὶ καὶ ὕβρεις καὶ σφαγαὶ πολλαὶ ἐγίγνοντο.

que celle de sa propre mère pour l'escorter[52]. 8 On se
choquait aussi du spectacle des coupes d'or qu'il transportait dans ses voyages comme à des processions, des tentes
qu'il faisait dresser en chemin, des dîners somptueux qu'il
faisait servir près des bois sacrés et des rivières, et encore
des lions attelés à ses chars, des maisons d'hommes et
de femmes rangés réquisitionnées pour loger des prostituées et des joueuses de sambuque[53]. 9 Car on s'indignait
de voir que, pendant que César dormait à la belle étoile
hors d'Italie – s'attachant, au prix de grands efforts et de
grands périls, à nettoyer les restes de la guerre –, d'autres,
grâce à lui, menaient une vie de plaisir outrageant leurs
concitoyens[54].

10. 1 Ces excès, semble-t-il, augmentèrent encore
la sédition et permirent à la soldatesque de se laisser
aller à des actes de violence et de cupidité scandaleux[55].
2 Voilà pourquoi César, de retour[56], pardonna à Dolabella
et, nommé consul pour la troisième fois, choisit non pas
Antoine, mais Lépide pour collègue. 3 La maison de
Pompée, mise en vente, fut achetée par Antoine[57] – mais
quand on lui en demanda le prix, il s'indigna et il dit lui-
même que c'est pour cette raison qu'il ne participa pas à
l'expédition d'Afrique de César, faute d'avoir obtenu le
juste retour de ses succès précédents. 4 Il paraît cependant
que César, qui n'était pas resté insensible à ses débordements, l'amena à en rabattre beaucoup de sa débauche
et de sa grossièreté. 5 De fait, renonçant à sa vie passée,

56. En 46 av. J.-C.
57. Appendice, p. 215 ; la maison sert ici à expliquer la brouille et
le retrait d'Antoine, qui ne participe pas aux campagnes de César (la
réponse d'Antoine s'inspire peut-être de *Phil.*, 2, 72) ; ses mentions
réitérées (*infra* 21, 2 et 32, 4) en font comme un symbole des excès et
outrages d'Antoine.

ἐκείνου τοῦ βίου γάμῳ προσέσχε, Φουλβίαν ἀγαγό-
μενος τὴν Κλωδίῳ τῷ δημαγωγῷ συνοικήσασαν, οὐ
ταλασίαν οὐδ' οἰκουρίαν φρονοῦν γύναιον, οὐδ' ἀνδρὸς   d
ἰδιώτου κρατεῖν ἀξιοῦν, ἀλλ' ἄρχοντος ἄρχειν καὶ
στρατηγοῦντος στρατηγεῖν βουλόμενον,   6   ὥστε
Κλεοπάτραν διδασκάλια Φουλβίᾳ τῆς Ἀντωνίου
γυναικοκρατίας ὀφείλειν, πάνυ χειροήθη καὶ πεπαι-
δαγωγημένον ἀπ' ἀρχῆς ἀκροᾶσθαι γυναικῶν παρα-
λαβοῦσαν αὐτόν.   7   Οὐ μὴν ἀλλὰ κἀκείνην ἐπειρᾶτο
προσπαίζων καὶ μειρακιευόμενος ἱλαρωτέραν ποιεῖν
ὁ Ἀντώνιος · οἷον ὅτε, Καίσαρι πολλῶν ἀπαντώντων
μετὰ τὴν ἐν Ἰβηρίᾳ νίκην, καὶ αὐτὸς ἐξῆλθεν · εἶτ'
ἄφνω φήμης εἰς τὴν Ἰταλίαν ἐμπεσούσης ὡς ἐπίασιν   e
οἱ πολέμιοι Καίσαρος τεθνηκότος, ἀνέστρεψεν εἰς Ῥώμην.   8   Λαβὼν δὲ θεράποντος ἐσθῆτα νύκτωρ ἐπὶ τὴν
οἰκίαν ἦλθε, καὶ φήσας ἐπιστολὴν Φουλβίᾳ παρ' Ἀντωνίου κομίζειν εἰσήχθη πρὸς αὐτὴν ἐγκεκαλυμμένος.
9   Εἶθ' ἡ μὲν ἐκπαθὴς οὖσα, πρὶν ἢ τὰ γράμματα λαβεῖν ἠρώτησεν εἰ ζῇ ὁ Ἀντώνιος · ὁ δὲ τὴν ἐπιστολὴν
σιωπῇ προτείνας ἀρξαμένην λύειν καὶ ἀναγινώσκειν
περιβαλὼν κατεφίλησε.   10   Ταῦτα μὲν οὖν ὀλίγα
πολλῶν ὄντων ἕνεκα δείγματος ἐξενηνόχαμεν.

11.   1   Ἐκ δ' Ἰβηρίας ἐπανιόντι Καίσαρι πάντες
μὲν οἱ πρῶτοι πολλῶν ἡμερῶν ὁδὸν ἀπήντων, ἐτιμήθη   f
δ' Ἀντώνιος ἐκπρεπῶς ὑπ' αὐτοῦ.   2   Κομιζόμενος γὰρ
ἐπὶ ζεύγους διὰ τῆς Ἰταλίας Ἀντώνιον εἶχε μεθ'
ἑαυτοῦ συνοχούμενον, ὄπισθεν δὲ Βροῦτον Ἀλβῖνον
καὶ τὸν τῆς ἀδελφιδῆς υἱὸν Ὀκταουϊανόν, ὃς μετὰ 921
ταῦτα Καῖσαρ ὠνομάσθη καὶ Ῥωμαίων ἦρξε πλεῖστον

Antoine songea à se remarier et épousa Fulvia, qui avait
été la femme de Clodius le démagogue, une femme peu
faite pour filer la laine ou veiller au foyer, qui dédaignait
de régenter un simple particulier et aspirait à gouverner
un gouvernant et commander un commandant. 6 Aussi
Cléopâtre fut-elle redevable à Fulvia des leçons de gyné-
cocratie[58] données à Antoine, qu'elle reçut parfaitement
soumis et formé, dès l'origine, à obéir aux femmes.
7 Cependant, il cherchait aussi à la rendre plus gaie en
plaisantant et folâtrant. Ainsi, lorsqu'on sortit en foule
à la rencontre de César, après sa victoire d'Espagne, il
y alla lui aussi, puis, le bruit s'étant répandu tout à coup
en Italie que César était mort et que les ennemis avan-
çaient en armes, il revint à Rome 8 et, ayant pris un habit
d'esclave, il arriva chez lui de nuit, dit qu'il apportait à
Fulvia une lettre d'Antoine et fut introduit auprès d'elle,
la tête couverte. 9 Sur quoi elle, qui était dans une inquié-
tude mortelle, lui demanda, avant de prendre la lettre, si
Antoine était vivant, mais lui, tendit la lettre sans mot
dire et, quand elle se fut mise à la décacheter et à la lire,
il l'enlaça et l'embrassa tendrement. 10 J'ai rapporté ce
petit trait, entre beaucoup d'autres, à titre d'exemple[59].

11. 1 Au retour d'Espagne de César, les premiers
citoyens allèrent tous à sa rencontre à plusieurs journées
de la ville et Antoine en reçut des honneurs éclatants[60].
2 Ainsi, lorsqu'il traversa l'Italie en voiture, il avait
Antoine à ses côtés, voyageant avec lui, et, derrière lui,
Brutus Albinus et le fils de sa nièce, Octavien, qui prit
plus tard le nom de César et gouverna Rome très long-

---

58. Le mot grec est relativement rare et c'est pour rendre cette
rareté que j'ai choisi de le garder en français.
59. Appendice, p. 216-217.
60. On est à l'été 45 : voir *Phil.*, 2, 78.

χρόνον. 3 Ἐπεὶ δὲ τὸ πέμπτον ἀπεδείχθη Καῖσαρ
ὕπατος, προσείλετο μὲν εὐθὺς συνάρχοντα τὸν Ἀντώνιον, ἐβούλετο δὲ τὴν ἀρχὴν ἀπειπάμενος Δολοβέλλᾳ
παρεγγυῆσαι · καὶ τοῦτο πρὸς τὴν σύγκλητον ἐξήνεγ-
κεν. 4 Ἀντωνίου δὲ τραχέως ἀντιπεσόντος καὶ πολλὰ
μὲν εἰπόντος κακὰ Δολοβέλλαν, οὐκ ἐλάττονα δ᾽ ἀκού-
σαντος, τότε μὲν αἰσχυνθεὶς τὴν ἀκοσμίαν ὁ Καῖσαρ
ἀπηλλάγη. 5 Μετὰ δὲ ταῦτα προελθὼν ἀναγορεῦσαι
τὸν Δολοβέλλαν, Ἀντωνίου [δὲ] τοὺς οἰωνοὺς ἐναν-
τιοῦσθαι βοῶντος, εἶξε καὶ προήκατο Δολοβέλλαν
ἀχθόμενον. 6 Ἐδόκει δὲ κἀκεῖνον οὐδὲν ἧττον τοῦ
Ἀντωνίου βδελύττεσθαι. Λέγεται γὰρ ὡς, ἀμφοτέρους   b
τινὸς ὁμοῦ διαβάλλοντος πρὸς αὐτόν, εἴποι μὴ δεδιέναι
τοὺς παχεῖς τούτους καὶ κομήτας, ἀλλὰ τοὺς ὠχροὺς
καὶ λεπτοὺς ἐκείνους, Βροῦτον ⟨λέγων⟩ καὶ Κάσσιον,
ὑφ᾽ ὧν ἔμελλεν ἐπιβουλευθεὶς ἀναιρεῖσθαι.

12. 1 Κἀκείνοις δὲ τὴν εὐπρεπεστάτην πρόφασιν
ἄκων παρέσχεν Ἀντώνιος. Ἦν μὲν γὰρ ἡ τῶν Λυκαίων
ἑορτὴ Ῥωμαίοις, ἣν Λουπερκάλια καλοῦσι, Καῖσαρ δὲ
κεκοσμημένος ἐσθῆτι θριαμβικῇ καὶ καθήμενος ὑπὲρ
βήματος ἐν ἀγορᾷ τοὺς διαθέοντας ἐθεᾶτο · 2 δια-
θέουσι δὲ τῶν εὐγενῶν νέοι πολλοὶ καὶ τῶν ἀρχόντων,

ἀληλιμμένοι λίπα, σκύτεσι λασίοις καθικνούμενοι μετὰ   c
παιδιᾶς τῶν ἐντυγχανόντων. 3 Ἐν τούτοις ὁ Ἀντώνιος διαθέων τὰ μὲν πάτρια χαίρειν εἴασε, διάδημα
δὲ δάφνης στεφάνῳ περιελίξας προσέδραμε τῷ βήματι
καὶ συνεξαρθεὶς ὑπὸ τῶν συνθεόντων ἐπέθηκε τῇ κε-

61. Pour l'année 44.
62. Phil., 2, 79-84.

temps. 3 Nommé consul pour la cinquième fois[61], César choisit aussitôt Antoine pour collègue, mais dans un second temps il renonça à sa charge et voulait la remettre à Dolabella. Il s'en ouvrit donc au Sénat. 4 Antoine s'y opposa avec tant d'âpreté et injuria tant Dolabella, qui lui rendit la pareille, que sur le moment, César, honteux de cet esclandre, se retira. 5 Plus tard il revint proclamer Dolabella consul, mais comme Antoine criait que les présages étaient contraires, il finit par céder et abandonna Dolabella au grand dam de l'intéressé[62]. 6 Il paraissait d'ailleurs n'être pas moins dégoûté de lui que d'Antoine, car on raconte que, quelqu'un les lui ayant dénoncés l'un et l'autre comme suspects, il déclara ne pas craindre ces gens bien en chair et chevelus, mais ces hommes pâles et maigres, désignant par-là Brutus et Cassius, qui devaient conspirer contre lui et le tuer[63].

12. 1 À ceux-ci précisément le prétexte le plus spécieux fut donné, malgré lui, par Antoine[64]. C'était, à Rome, la fête des Lycaia, qu'ils appellent Lupercales[65], et César, en costume de triomphateur et assis au Forum sur la tribune, regardait les coureurs. 2 Y courent en effet beaucoup des jeunes patriciens et des magistrats, frottés d'huile, qui frappent, par manière de jeu, avec des lanières de cuir, ceux qu'ils rencontrent. 3 Antoine, qui était un des coureurs, envoyant promener les usages ancestraux[66], entrelaça un diadème avec une couronne de laurier, puis, courant vers la tribune et soulevé par ses

---

63. Même mot en *Caes.*, 62, 10 et *Brut.*, 8, 2, qui sert ici de transition vers l'assassinat de César.

64. Retour du même processus qu'en 6, 7.

65. On est le 15 février 44. Plutarque explique aussi cette fête in *Rom.*, 21, 4 *sq.*, *Numa*, 19, 8, *Quaest. Rom.*, 280 B et 290 D.

66. Préfiguration de ce qu'il parachèvera auprès de Cléopâtre ?

φαλῇ τοῦ Καίσαρος, ὡς δὴ βασιλεύειν αὐτῷ προσῆκον.
4 Ἐκείνου δὲ θρυπτομένου καὶ διακλίνοντος, ἡσθεὶς
ὁ δῆμος ἀνεκρότησε · καὶ πάλιν ὁ Ἀντώνιος ἐπῆγε,
καὶ πάλιν ἐκεῖνος ἀπετρίβετο. 5 Καὶ πολὺν χρόνον
οὕτω διαμαχομένων, Ἀντωνίῳ μὲν ὀλίγοι τῶν φίλων
βιαζομένῳ, Καίσαρι δ' ἀρνουμένῳ πᾶς ὁ δῆμος ἐπε-
κρότει μετὰ βοῆς · ὃ καὶ θαυμαστὸν ἦν, ὅτι τοῖς ἔργοις
τὰ τῶν βασιλευομένων ὑπομένοντες, τοὔνομα τοῦ   d
βασιλέως ὡς κατάλυσιν τῆς ἐλευθερίας ἔφευγον.
6 Ἀνέστη μὲν οὖν ὁ Καῖσαρ ἀχθεσθεὶς ἀπὸ τοῦ
βήματος, καὶ τὸ ἱμάτιον ἀπάγων ἀπὸ τοῦ τραχήλου
τῷ βουλομένῳ παρέχειν τὴν σφαγὴν ἐβόα. 7 Τὸν δὲ
στέφανον ἑνὶ τῶν ἀνδριάντων αὐτοῦ περιτεθέντα
δήμαρχοί τινες κατέσπασαν, οὓς ὁ δῆμος εὐφημῶν
μετὰ κρότου παρείπετο, Καῖσαρ δὲ τῆς ἀρχῆς ἀπέστησεν.

13. 1 Ταῦτα τοὺς περὶ Βροῦτον καὶ Κάσσιον
ἐπέρρωσε · καὶ τῶν φίλων τοὺς πιστοὺς καταλέγοντες
ἐπὶ τὴν πρᾶξιν ἐσκέπτοντο περὶ Ἀντωνίου. 2 Τῶν
δ' ἄλλων προσιεμένων τὸν ἄνδρα, Τρεβώνιος ἀντεῖπεν ·
ἔφη γὰρ ὑφ' ὃν χρόνον ἀπήντων ἐξ Ἰβηρίας ἐπανιόντι   e
Καίσαρι, τοῦ Ἀντωνίου συσκηνοῦντος αὐτῷ καὶ
συνοδεύοντος, ἅψασθαι τῆς γνώμης ἀτρέμα πως καὶ
μετ' εὐλαβείας, τὸν δὲ νοῆσαι μέν, οὐ δέξασθαι δὲ τὴν
πεῖραν, οὐ μὴν οὐδὲ πρὸς Καίσαρα κατειπεῖν, ἀλλὰ

67. Dans la *Vie de César* (60, 6), ce mot est dit aux Rostres aussi
(*contra* Suétone 78, 2 et Dion Cassius, XLIV 8, 1, placent la scène dans
l'atrium du récent temple de Vénus Génitrix), au moment où César blesse
toutes les autorités romaines venues lui conférer des honneurs extraordinaires, en ne se levant pas. Dans la scène des Lupercales qui suit (61),
l'accent est mis de même sur l'outrage fait aux tribuns (note suivante).

compagnons de course, il le plaça sur la tête de César, comme s'il lui appartenait d'être roi. 4 Comme César se faisait prier et se dérobait, le peuple, ravi, battit des mains. Et derechef Antoine de le lui présenter et César derechef de le repousser. 5 Cette espèce de combat dura un bon moment : lorsqu'Antoine voulait lui forcer la main, il n'était applaudi que par une poignée d'amis, mais, quand César refusait, c'était tout le peuple qui applaudissait à grands cris : étrange contradiction de ce peuple, qui souffrait qu'on exerçât sur lui de fait une puissance royale et qui rejetait le titre de roi comme signifiant la ruine de la liberté ! 6 César, dépité, finit par se lever de son siège et, tirant le pan de son manteau, dégagea son cou, en criant qu'il offrait sa gorge à qui voulait l'égorger[67]. 7 La couronne ayant été posée sur une de ses statues, des tribuns de la plèbe l'en arrachèrent et le peuple les applaudit et les suivit en les comblant de bénédictions ; mais César les démit de leur charge[68].

13. 1 Ces événements ne firent que fortifier Brutus et Cassius dans leur dessein. Et comme ils dressaient la liste des amis sûrs pour cette entreprise, ils examinèrent le cas d'Antoine. 2 Alors que la plupart songeaient à se l'adjoindre, Trebonius s'y opposa, disant que, lorsqu'on était allé au-devant de César à son retour d'Espagne, il avait profité de ce qu'il voyageait et logeait avec Antoine pour lui faire, sans trop y toucher, quelque ouverture sur la conspiration, mais qu'Antoine, qui l'avait fort bien compris, n'avait point accueilli sa proposition, sans pour autant le dénoncer non plus à César : il avait loyalement

---

68. Le récit de la *Vie de César* (61), plus détaillé, explique que l'on découvre les statues couronnées et que les tribuns les arrachent et traînent en prison ceux qui l'ont acclamé comme roi.

πιστῶς κατασιωπῆσαι τὸν λόγον. 3 Ἐκ τούτου πάλιν ἐβουλεύοντο Καίσαρα κτείναντες ἐπισφάττειν Ἀντώνιον · ἐκώλυσε δὲ Βροῦτος, ἀξιῶν τὴν ὑπὲρ τῶν νόμων καὶ τῶν δικαίων τολμωμένην πρᾶξιν εἰλικρινῆ καὶ καθαρὰν ἀδικίας εἶναι. 4 Φοβούμενοι δὲ τήν τε ῥώμην τοῦ Ἀντωνίου καὶ τὸ τῆς ἀρχῆς ἀξίωμα, τάττουσιν ἐπ' αὐτὸν ἐνίους τῶν ἐκ τῆς συνωμοσίας, ὅπως,   f ὅταν εἰσίη Καῖσαρ εἰς τὴν βουλὴν καὶ μέλλη δρᾶσθαι τὸ ἔργον, ἔξω διαλεγόμενοί τι καὶ σπουδάζοντες κατέχωσιν αὐτόν.

14. 1 Τούτων δὲ πραττομένων ὡς συνετέθη, καὶ πεσόντος ἐν τῇ βουλῇ τοῦ Καίσαρος, εὐθὺς μὲν ὁ Ἀντώνιος ἐσθῆτα θεράποντος μεταλαβὼν ἔκρυψεν αὐτόν. 2 Ὡς δ' ἔγνω τοὺς ἄνδρας ἐπιχειροῦντας μὲν οὐδενί, συνηθροισμένους δ' εἰς τὸ Καπιτώλιον, ἔπεισε καταβῆναι λαβόντας ὅμηρον παρ' αὐτοῦ τὸν υἱόν · καὶ Κάσσιον μὲν αὐτὸς ἐδείπνισε, Βροῦτον δὲ 922 Λέπιδος. 3 Συναγαγὼν δὲ βουλὴν αὐτὸς μὲν ὑπὲρ ἀμνηστίας εἶπε καὶ διανομῆς ἐπαρχιῶν τοῖς περὶ Κάσσιον καὶ Βροῦτον, ἡ δὲ σύγκλητος ἐκύρωσε ταῦτα καὶ τῶν ὑπὸ Καίσαρος γεγονότων ἐψηφίσαντο μηδὲν ἀλλάττειν. 4 Ἐξήει δὲ τῆς βουλῆς λαμπρότατος ἀνθρώπων ὁ Ἀντώνιος, ἀνηρηκέναι δοκῶν ἐμφύλιον πόλεμον καὶ πράγμασι δυσκολίας ἔχουσι καὶ ταραχὰς οὐ τὰς τυχούσας ἐμφρονέστατα κεχρῆσθαι καὶ πολιτικώτατα. 5 Τούτων μέντοι ταχὺ τῶν λογισμῶν ἐξέσεισεν αὐτὸν ἡ παρὰ τῶν ὄχλων δόξα, πρῶτον ἐλπίσαντα βεβαίως ἔσεσθαι Βρούτου καταλυθέντος. 6 Ἔτυχε μὲν οὖν   b

gardé le secret. 3 Sur quoi une seconde délibération porta sur
le point de savoir s'il fallait, après avoir tué César, égorger
aussi Antoine, mais Brutus s'y opposa, estimant qu'une
entreprise lancée pour la défense de la justice et des lois
devait être sans tache et pure de toute injustice[69]. 4 Cependant, craignant la force d'Antoine et l'autorité de sa charge,
ils attachent à sa personne quelques-uns des conjurés afin
que, lorsque César serait entré au Sénat et qu'on serait au
moment d'exécuter l'entreprise, ils le retiennent au dehors
en l'entretenant de quelque sujet sérieux.

14. 1 Les choses faites selon leurs plans et César
tombé en plein Sénat, Antoine aussitôt prit un habit d'esclave et se cacha. 2 Mais, quand il se fut rendu compte
que les conjurés n'attentaient à la vie de personne et
qu'ils s'étaient rassemblés au Capitole, il les persuada
d'en descendre en leur donnant son fils pour otage ; et
il reçut lui-même Cassius à dîner chez lui, tandis que
Lépide recevait Brutus. 3 Puis il réunit le Sénat et parla
en personne en faveur d'une amnistie et de l'attribution
de provinces à Brutus, Cassius et leurs amis. Le Sénat
ratifia ces propositions et décréta de ne rien toucher à ce
qu'avait fait César. 4 Antoine sortit du Sénat plus couvert
de gloire qu'aucun homme au monde, car il semblait avoir
étouffé dans l'œuf une guerre civile et traité de la façon
la plus avisée et la plus utile à l'État une situation difficile et extraordinairement troublée. 5 Mais sa popularité
auprès de la foule eut tôt fait de l'écarter de cette façon de
penser, lui inspirant le ferme espoir d'être le premier s'il
abattait Brutus[70]. 6 Il se trouva, lors du convoi de César,

---

70. On retrouve le schéma de toutes les guerres civiles, l'affrontement de deux hommes – qui amène ici Plutarque à oublier Cassius – et
qui était appliqué à César et Pompée au ch. 6 (voir aussi *Caes.*, 28, 1) ; sur
la différence entre Antoine et César, voir l'Introduction, p. XXII-XXIII.

ἐκκομιζομένου Καίσαρος, ὥσπερ ἔθος ἦν, ἐν ἀγορᾷ
διεξιὼν ἐγκώμιον · 7 ὁρῶν δὲ τὸν δῆμον ὑπερφυῶς
ἀγόμενον καὶ κηλούμενον, ἐνέμιξε τοῖς ἐπαίνοις οἶκτον
ἅμα καὶ δείνωσιν ἐπὶ τῷ πάθει, καὶ τῷ λόγῳ τελευτῶντι
τοὺς χιτωνίσκους τοῦ τεθνηκότος ἡμαγμένους καὶ
διακεκομμένους τοῖς ξίφεσιν ἀνασείων, καὶ τοὺς
εἰργασμένους ταῦτα καλῶν παλαμναίους καὶ ἀνδρο-
φόνους, τοσοῦτον ὀργῆς ἐνέβαλε τοῖς ἀνθρώποις
8 ὥστε τὸ μὲν σῶμα τοῦ Καίσαρος ἐν ἀγορᾷ καθαγίσαι
συνενεγκαμένους τὰ βάθρα καὶ τὰς τραπέζας, ἁρπά-
ζοντας δὲ τοὺς ἀπὸ τῆς πυρᾶς δαλοὺς ἐπὶ τὰς οἰκίας
θεῖν τῶν ἀπεκτονότων καὶ προσμάχεσθαι.   c

15. 1 Διὰ ταῦτα τῶν περὶ Βροῦτον ἐκ τῆς πόλεως
ἀπελθόντων, οἵ τε φίλοι τοῦ Καίσαρος συνίσταντο πρὸς
τὸν Ἀντώνιον, ἥ τε γυνὴ Καλπουρνία πιστεύσασα τῶν
χρημάτων τὰ πλεῖστα κατέθετο πρὸς αὐτὸν ἐκ τῆς
οἰκίας, εἰς λόγον τὰ σύμπαντα τετρακισχιλίων ταλάντων. 2 Ἔλαβε δὲ καὶ τὰ βιβλία τοῦ Καίσαρος, ἐν
οἷς ὑπομνήματα τῶν κεκριμένων καὶ δεδογμένων ἦν
ἀναγεγραμμένα · 3 καὶ τούτοις παρεγγράφων οὓς
ἐβούλετο, πολλοὺς μὲν ἄρχοντας ἀπεδείκνυε, πολλοὺς
δὲ βουλευτάς, ἐνίους δὲ καὶ κατῆγε πεφυγαδευμένους
καὶ καθειργμένους ἔλυεν, ὡς δὴ ταῦτα τῷ Καίσαρι
δόξαντα. 4 Διὸ τούτους ἅπαντας ἐπισκώπτοντες οἱ
Ῥωμαῖοι Χαρωνίτας ἐκάλουν · ἐλεγχόμενοι γὰρ εἰς   d
τοὺς τοῦ νεκροῦ κατέφευγον ὑπομνηματισμούς. 5 Καὶ
τἄλλα δ' ἔπραττεν αὐτοκρατορικῶς ὁ Ἀντώνιος,
αὐτὸς μὲν ὑπατεύων, τοὺς δ' ἀδελφοὺς ἔχων συνάρ-
χοντας, Γάιον μὲν στρατηγόν, Λεύκιον δὲ δήμαρχον.

71. Le verbe employé évoque une sorte de levée en masse où l'on
« arrache » les armes pour partir au combat.

qu'il eut à prononcer l'oraison funèbre au Forum, suivant l'usage, 7 et voyant le peuple singulièrement transporté et électrisé, il mêla aux éloges ce qu'il jugea propre à exciter à la fois la pitié et l'indignation devant ce crime ; à la fin de son discours, il agita les vêtements du mort, tout ensanglantés et percés de coups d'épée, traitant les auteurs de cet acte de scélérats et de meurtriers et, par là, il échauffa tellement les esprits 8 que, après avoir brûlé le corps de César sur le Forum en entassant les bancs et les tables, ils prirent[71] les tisons enflammés du bûcher et coururent à l'assaut des maisons des meurtriers.

15. 1 Cette violence ayant amené Brutus et les autres conjurés à quitter la ville, les amis de César se joignirent à Antoine et Calpurnia, sa veuve, se fiant à lui, fit porter en dépôt chez lui presque tout ce qu'elle avait d'argent, pour un total de quatre mille talents[72]. 2 Il reçut aussi les registres de César où se trouvaient consignés ses choix et ses intentions 3 et y inséra ceux qu'il voulait, nommant ainsi beaucoup de magistrats et beaucoup de sénateurs, rappelant quelques bannis et libérant des prisonniers en présentant le tout comme des décisions de César. 4 Aussi les Romains appelaient-ils railleusement tous ces gens des Charonites[73] parce que, quand on les sommait de produire leurs titres, ils étaient réduits à les aller chercher dans les Mémoires du mort. 5 Antoine disposa aussi de tout le reste avec une puissance absolue[74], étant alors lui-même consul et ayant ses frères pour l'assister, Gaïus en qualité de préteur, et Lucius comme tribun de la plèbe.

---

72. Soit vingt-quatre millions de drachmes ; *Cic.*, 43, 8.
73. Amenés par Charon, le passeur des Enfers – l'original latin donné par Suétone (*Aug.*, 35, 1) est *orcivos*.
74. On atteint ici un premier sommet de pouvoir, avant la victoire de Philippes.

16. 1 Ἐνταῦθα δὲ τῶν πραγμάτων ὄντων, ὁ νέος ἀφικνεῖται Καῖσαρ εἰς Ῥώμην, ἀδελφιδῆς μὲν ὢν τοῦ τεθνηκότος υἱός, ὡς εἴρηται, κληρονόμος δὲ τῆς οὐσίας ἀπολελειμμένος, ἐν Ἀπολλωνίᾳ δὲ διατρίβων ὑφ' ὃν χρόνον ἀνῄρητο Καῖσαρ. 2 Οὗτος εὐθὺς Ἀντώνιον, ὡς δὴ πατρῷον φίλον, ἀσπασάμενος τῶν παρακαταθηκῶν ἐμέμνητο. Καὶ γὰρ ὤφειλε Ῥωμαίων ἑκάστῳ δραχμὰς ἑβδομήκοντα πέντε δοῦναι, Καίσαρος ἐν ταῖς διαθήκαις γράψαντος. 3 Ἀντώνιος δὲ τὸ μὲν πρῶτον ὡς μειρακίου καταφρονῶν ἔλεγεν οὐχ ὑγιαίνειν αὐτόν, ἀλλὰ καὶ φρενῶν ἀγαθῶν καὶ φίλων ἔρημον ὄντα φορτίον ἀβάστακτον αἴρεσθαι τὴν Καίσαρος διαδοχήν · 4 μὴ πειθομένου δὲ τούτοις, ἀλλ' ἀπαιτοῦντος τὰ χρήματα, πολλὰ καὶ λέγων πρὸς ὕβριν αὐτοῦ καὶ πράττων διετέλει. 5 Δημαρχίαν τε γὰρ ἐνέστη μετιόντι, καὶ δίφρον χρυσοῦν τοῦ πατρός, ὥσπερ ἐψήφιστο, τιθέντος, ἠπείλησεν εἰς φυλακὴν ἀπάξειν, εἰ μὴ παύσαιτο δημαγωγῶν. 6 Ἐπεὶ μέντοι Κικέρωνι δοὺς ἑαυτὸν ὁ νεανίας καὶ τοῖς ἄλλοις ὅσοι τὸν Ἀντώνιον ἐμίσουν, δι' ἐκείνων μὲν ᾠκειοῦτο τὴν βουλήν, αὐτὸς δὲ τὸν δῆμον ἀνελάμβανε καὶ τοὺς στρατιώτας ἀπὸ τῶν κατοικιῶν συνῆγε, δείσας ὁ Ἀντώνιος εἰς λόγους αὐτῷ συνῆλθεν ἐν Καπιτωλίῳ, καὶ διηλλάγησαν. 7 Εἶτα κοιμώμενος ἐκείνης τῆς νυκτὸς ὄψιν εἶδεν ἄτοπον ὁ Ἀντώνιος. Ἐδόκει γὰρ αὐτοῦ τὴν δεξιὰν χεῖρα βεβλῆσθαι κεραυνῷ. Καὶ μεθ' ἡμέρας ὀλίγας ἐνέπεσε λόγος ὡς ἐπιβουλεύοι Καῖσαρ αὐτῷ. 8 Καῖσαρ δ' ἀπε-

e

f

923

75. Première de la série des réconciliations provisoires qui jalonnent le texte, que l'on peut suivre à travers les emplois de mots de la famille de διαλλάττομαι (16, 6, 30, 5), διαλύω (19, 1, 30, 6, 56, 4),

16. 1 La situation en était là quand le jeune César arrive à Rome. Il était, comme il a été dit, le fils d'une nièce du défunt qui l'avait fait héritier de tous ses biens, et il séjournait à Apollonie au moment de l'assassinat de César. 2 Dès son arrivée, il alla saluer Antoine comme un ami de son père et lui rappela le dépôt fait, car il devait donner à chaque citoyen romain soixante-quinze drachmes, selon les dispositions testamentaires de César. 3 Antoine d'abord, méprisant sa jeunesse, répondit que ce serait folie à lui, ayant si peu de capacité et d'amis, que de se charger du fardeau écrasant de la succession de César. 4 Et comme le jeune homme, loin de se laisser convaincre, persistait à lui réclamer l'argent, il ne cessa plus dès lors de multiplier paroles et actions outrageantes : 5 il s'opposa à lui lorsqu'il brigua le tribunat et, quand il voulut faire placer le siège d'or qu'on avait voté à son père, il menaça de le faire traîner en prison s'il ne cessait sa démagogie. 6 Cependant, après que le jeune homme s'en fut remis à Cicéron et à tous ceux qui haïssaient Antoine et que, par leur entremise, il se fut concilié le Sénat, tandis que lui-même se gagnait le peuple et rassemblait les soldats venus des colonies, alors Antoine prit peur : il eut avec lui une entrevue au Capitole et ils se réconcilièrent[75]. 7 Puis, la nuit suivante, Antoine fit un rêve étrange : il lui sembla que la foudre l'avait frappé à la main droite. Peu de jours après, il lui arriva aux oreilles que César conspirait à sa perte. 8 César s'en défendait,

---

διανέμομαι (19, 2, 54, 5, à quoi on peut ajouter διάμειψις en 19.4), jusqu'au moment où le partage de l'empire effectué à Brindes (30, 6, διῄρουν τὴν ἡγεμονίαν) ne convient plus à Octavien, décidé à en découdre (53, 1, 55, 1) et qui tourne désormais en dérision l'idée d'un partage avec celui qui vient d'échouer dans sa campagne parthique (55, 4, νεμήσεσθαι).

λογεῖτο μέν, οὐκ ἔπειθε δέ · καὶ πάλιν ἦν ἐνεργὸς ἡ
ἔχθρα, καὶ περιθέοντες ἀμφότεροι τὴν Ἰταλίαν τὸ μὲν
ἱδρυμένον ἐν ταῖς κατοικίαις ἤδη τοῦ στρατιωτικοῦ
μεγάλοις ἀνίστασαν μισθοῖς, τὸ δ' ἐν ὅπλοις ἔτι τεταγμένον ὑποφθάνοντες ἀλλήλους προσήγοντο.

17. 1 Τῶν δ' ἐν τῇ πόλει Κικέρων μέγιστον δυνάμενος καὶ παροξύνων ἐπὶ τὸν Ἀντώνιον ἅπαντας ἀνθρώπους, τέλος ἔπεισε τὴν βουλὴν ἐκεῖνον μὲν πολέ-
μιον ψηφίσασθαι, Καίσαρι δὲ ῥαβδουχίαν πέμψαι
καὶ στρατηγικὰ κόσμια, Πάνσαν δὲ καὶ Ἴρτιον ἀποστέλλειν ἐξελῶντας Ἀντώνιον ἐκ τῆς Ἰταλίας. 2 Οὗτοι
δ' ἦσαν ὕπατοι τότε · καὶ συμβαλόντες Ἀντωνίῳ   b
περὶ πόλιν Μυτίνην, Καίσαρος παρόντος καὶ συμμαχο-
μένου, τοὺς μὲν πολεμίους ἐνίκων, αὐτοὶ δ' ἀπέθανον.
3 Φεύγοντι δ' Ἀντωνίῳ πολλὰ συνέπιπτε τῶν ἀπό-
ρων, ὁ δὲ λιμὸς ἀπορώτατον. 4 Ἀλλὰ φύσει παρὰ
τὰς κακοπραγίας ἐγίνετο βέλτιστος ἑαυτοῦ, καὶ
δυστυχῶν ὁμοιότατος ἦν ἀγαθῷ, κοινοῦ μὲν ὄντος
τοῦ αἰσθάνεσθαι τῆς ἀρετῆς τοῖς δι' ἀπορίαν τινὰ
σφαλλομένοις, οὐ μὴν ἁπάντων ἃ ζηλοῦσι μιμεῖσθαι
καὶ φεύγειν ἃ δυσχεραίνουσιν ἐρρωμένων ἐν ταῖς
μεταβολαῖς, ἀλλὰ καὶ μᾶλλον ἐνίων τοῖς ἔθεσιν ἐν-
διδόντων ὑπ' ἀσθενείας καὶ θραυομένων τὸν λογισμόν.
5 Ὁ δ' οὖν Ἀντώνιος τότε θαυμαστὸν ἦν παράδειγμα

---

76. Dion Cassius, XLV 12, 1-2.

77 Cicéron le demandait depuis décembre 44 et ne l'obtint en fait
que le 26 avril, après la défaite militaire du 21 avril 43 : la fusion de
tous les éléments au début du ch. 17 dramatise la situation à laquelle
Antoine va devoir réagir.

mais sans le convaincre. Alors leur haine se raviva : ils coururent tous deux l'Italie pour se rallier, par de fortes sommes, les soldats déjà établis dans les colonies, et attirer chacun avant l'autre à son parti les légions encore sous les armes[76].

17. 1 Cicéron, qui avait alors la plus grande autorité dans l'État et qui montait tout le monde contre Antoine, finit par persuader le Sénat de le déclarer ennemi public[77], d'envoyer à César les faisceaux et les insignes de la préture et de dépêcher pour chasser Antoine d'Italie Pansa et Hirtius, 2 qui étaient les deux consuls d'alors. Ils attaquèrent Antoine près de Modène en présence de César, qui combattit avec eux, et l'emportèrent sur les ennemis, mais au prix de leur vie. 3 Dans sa fuite[78], Antoine rencontra de grandes difficultés, dont la plus grande fut la famine. 4 Mais telle était sa nature que l'adversité l'élevait au-dessus de lui-même et que le malheur lui donnait tous les dehors d'un homme de bien[79]. Or, si c'est une chose assez commune à ceux qui sont en situation difficile de bien sentir où est la vertu, il n'est pas donné à tous d'avoir, dans les vicissitudes, assez de force d'âme pour imiter ce qu'ils approuvent et fuir ce qu'ils condamnent : plus d'un retombe même, par faiblesse, dans ses ornières habituelles et laisse voler en éclats ce que lui dicte sa raison. 5 Antoine, lui, fut en cette occasion un merveilleux

---

78. Appien, *BC*, III 72 (295) fait état d'un conseil où ses amis, à raison selon lui, conseillent à Antoine de tenir le siège de Modène, tandis qu'Antoine met l'accent sur la nécessaire jonction avec Ventidius, Lépide et Plancus.

79. À comparer à *Démétrios*, 2, 3 et surtout 19, 5 (ἐν δὲ τοῖς πολέμοις ὡς οἱ φύσει σώφρονες ἔνηφε) ; les superlatifs grecs marquent bien l'élévation au-dessus de soi-même tout en l'inscrivant dans un moment particulier et exceptionnel.

τοῖς στρατιώταις, ἀπὸ τρυφῆς τοσαύτης καὶ πολυτελείας ὕδωρ τε πίνων διεφθαρμένον εὐκόλως καὶ καρποὺς ἀγρίους καὶ ῥίζας προσφερόμενος. 6 Ἐβρώθη δὲ καὶ φλοιός, ὡς λέγεται, καὶ ζῴων ἀγεύστων πρότερον c ἥψαντο τὰς Ἄλπεις ὑπερβάλλοντες.

18. 1 Ἦν δ' ὁρμὴ τοῖς ἐπέκεινα στρατεύμασιν ἐντυχεῖν, ὧν Λέπιδος ἦρχε, φίλος εἶναι δοκῶν Ἀντωνίου καὶ πολλὰ τῆς Καίσαρος φιλίας ἀπολελαυκέναι δι' αὐτόν. 2 Ἐλθὼν δὲ καὶ παραστρατοπεδεύσας πλησίον, ὡς οὐθὲν ἀπήντα φιλάνθρωπον, ἔγνω παραβαλέσθαι. Καὶ κόμη μὲν ἀτημελὴς καὶ βαθὺς πώγων μετὰ τὴν ἧτταν εὐθὺς ἦν αὐτῷ καθειμένος, λαβὼν δὲ φαιὸν ἱμάτιον ἐγγὺς προσῆγε τῷ χάρακι τοῦ Λεπίδου d καὶ λέγειν ἤρξατο. 3 Πολλῶν δὲ καὶ πρὸς τὴν ὄψιν ἐπικλωμένων καὶ τοῖς λόγοις ἀγομένων, δείσας ὁ Λέπιδος τὰς σάλπιγγας ἐκέλευσε συνηχούσας ἀφελέσθαι τὸ κατακούεσθαι τὸν Ἀντώνιον. 4 Οἱ δὲ στρατιῶται μᾶλλον ᾤκτειραν καὶ διελέγοντο κρύφα, Λαίλιον καὶ Κλώδιον ἀποστείλαντες πρὸς αὐτὸν ἐσθῆτας λαβόντας ἑταιρευομένων γυναικῶν, οἳ τὸν Ἀντώνιον ἐκέλευον ἐπιχειρεῖν θαρροῦντα τῷ χάρακι · πολλοὺς γὰρ εἶναι δεξομένους καὶ τὸν Λέπιδον, εἰ βούλοιτο, κτενοῦντας. 5 Ἀντώνιος δὲ Λεπίδου μὲν οὐκ εἴασεν ἅψασθαι, μεθ' ἡμέραν δὲ τὸν στρατὸν ἔχων ἀπεπειρᾶτο τοῦ ποταμοῦ. Καὶ πρῶτος αὐτὸς ἐμβὰς e ἐπορεύετο πρὸς τὴν ἀντιπέρας ὄχθην, ὁρῶν ἤδη πολλοὺς τῶν Λεπίδου στρατιωτῶν τάς τε χεῖρας ὀρέγοντας αὐτῷ καὶ τὸν χάρακα διασπῶντας. 6 Εἰσελθὼν δὲ καὶ κρατήσας ἁπάντων, ἡμερώτατα Λεπίδῳ προση-

exemple pour ses soldats : après tant de délices et de luxe, il buvait de bon cœur de l'eau croupie et se nourrissait de racines et de fruits sauvages. 6 On alla, dit-on, jusqu'à dévorer de l'écorce et l'on consomma durant le passage des Alpes des animaux que nul n'avait goûtés jusque-là.

18. 1 Son dessein était d'aller rejoindre les légions de l'autre côté des Alpes commandées par Lépide, qu'il regardait comme son ami et qui lui était redevable de la foule d'avantages qu'il avait retirés de l'amitié de César. 2 Une fois arrivé et son camp installé à proximité, voyant qu'il ne recevait aucune marque d'amitié, il résolut de tenter le tout pour le tout. Il avait déjà les cheveux négligés et une barbe épaisse, qu'il avait laissés pousser aussitôt après sa défaite ; il prit aussi un vêtement sombre, s'approcha du retranchement de Lépide et se mit à parler[80]. 3 Comme beaucoup s'attendrissaient à sa vue et se laissaient entraîner par ses discours, Lépide, pris de peur, fit sonner les trompettes ensemble afin de couvrir la voix d'Antoine. 4 Mais les soldats n'en ressentirent que plus de compassion et ils parlementèrent avec lui secrètement en lui envoyant Laelius et Clodius, déguisés en courtisanes, pour l'inviter à attaquer hardiment le camp : beaucoup d'entre eux étaient en effet disposés à le recevoir et, s'il le désirait, à tuer Lépide. 5 Antoine ne permit pas qu'on touchât à Lépide, mais, le lendemain, il tenta de passer le fleuve avec ses troupes. Lui-même entra le premier dans l'eau[81] et marcha vers l'autre rive où il voyait déjà beaucoup de soldats de Lépide lui tendre les mains et arracher les palissades. 6 Entré dans le camp et maître de tout, il traita Lépide avec la plus grande douceur : en le saluant,

---

80. Démonstration du sens de la mise en scène d'Antoine.
81. Thème « héroïque » entrevu au moment des premières armes (3, 2).

νέχθη. Πατέρα γὰρ προσηγόρευσεν αὐτὸν ἀσπασάμενος, καὶ τῷ μὲν ἔργῳ πάντων αὐτὸς ἦν κύριος,
ἐκείνῳ δ᾽ ὄνομα καὶ τιμὴν αὐτοκράτορος διετέλει
φυλάττων. 7 Τοῦτο καὶ Πλάγκον αὐτῷ Μουνά-
τιον ἐποίησε προσθέσθαι, καθήμενον οὐ πρόσω μετὰ   f
συχνῆς δυνάμεως. 8 Οὕτω δὲ μέγας ἀρθεὶς αὖθις
ὑπερέβαλε τὰς Ἄλπεις, εἰς τὴν Ἰταλίαν ἄγων ἑπτα-
καίδεκα τέλη πεζῶν σὺν αὐτῷ καὶ μυρίους ἱππεῖς ·
χωρὶς δὲ φρουρὰν Γαλατίας ἓξ τάγματα λελοίπει μετὰ
Οὐαρίου τινὸς τῶν συνήθων καὶ συμποτῶν, ὃν Κοτύ-
λωνα προσηγόρευον.

19. 1 Καῖσαρ δὲ Κικέρωνι μὲν οὐκέτι προσεῖχε, 924
τῆς ἐλευθερίας ὁρῶν περιεχόμενον, Ἀντώνιον δὲ
⟨καὶ Λέπιδον⟩ προὐκαλεῖτο διὰ τῶν φίλων εἰς διαλύσεις. Καὶ συνελθόντες οἱ τρεῖς εἰς νησῖδα ποταμῷ
περιρρεομένην ἐπὶ τρεῖς ἡμέρας συνήδρευσαν. 2 Καὶ
τἆλλα μὲν ἐπιεικῶς ὡμολογεῖτο, καὶ διενείμαντο τὴν
σύμπασαν ἀρχὴν ὥσπερ οὐσίαν πατρῴαν [ἐν] ἀλλήλοις, ἡ δὲ περὶ τῶν ἀπολουμένων ἀνδρῶν ἀμφισβήτησις
αὐτοῖς πλεῖστα πράγματα παρέσχε, τοὺς μὲν ἐχθροὺς
ἀνελεῖν ἑκάστου, σῶσαι δὲ τοὺς προσήκοντας ἀξιοῦν-
τος. 3 Τέλος δὲ τῇ πρὸς τοὺς μισουμένους ὀργῇ
καὶ συγγενῶν τιμὴν καὶ φίλων εὔνοιαν προέμενοι,
Κικέρωνος μὲν Ἀντωνίῳ Καῖσαρ ἐξέστη, τούτῳ δ᾽ Ἀν-   b
τώνιος Λευκίου Καίσαρος, ὃς ἦν θεῖος αὐτῷ πρὸς
μητρός · ἐδόθη δὲ καὶ Λεπίδῳ Παῦλον ἀνελεῖν τὸν
ἀδελφόν · οἱ δέ φασιν ἐκστῆναι τοῦ Παύλου τὸν Λέ-

---

82. Causalité morale chère à Plutarque. L. Munatius Plancus était
proconsul de la Gaule Transalpine.

il lui donna le nom de père et, bien qu'il eût lui-même en fait toute l'autorité, il continua de laisser à Lépide le titre et les honneurs de général en chef. 7 C'est ce qui détermina aussi Munatius Plancus[82], qui campait non loin de là avec des troupes considérables, à venir se joindre à lui. 8 Ainsi relevé, il repassa les Alpes et rentra en Italie à la tête de dix-sept légions et de dix mille cavaliers ; en outre, il avait laissé six légions pour garder la Gaule, sous les ordres d'un certain Varius, un de ses amis et son compagnon de beuverie, qu'on surnommait Cotylon[83].

19. 1 César cependant, sans plus écouter Cicéron, qu'il voyait attaché à la liberté, faisait faire à Antoine et Lépide[84], par ses amis, des propositions d'accommodement. Et, s'étant réunis tous les trois dans une petite île au milieu d'une rivière[85], ils discutèrent trois jours. 2 Sur presque tout ils s'accordèrent sans heurt, se partageant tout l'empire comme un héritage paternel, mais leur désaccord sur les hommes à éliminer leur causa mille problèmes, chacun prétendant faire périr ses ennemis et sauver ses proches. 3 À la fin, sacrifiant à leur colère contre ceux qu'ils haïssaient jusqu'au respect des liens du sang et aux sentiments d'amitié, César livra Cicéron à Antoine et Antoine lui livra Lucius César, son oncle maternel ; on accorda aussi à Lépide la tête de son frère, Paulus – encore que, selon certains, Lépide ne fit que livrer Paulus

83. L'homme du cotyle, mot qui désigne à la fois une mesure de capacité utile à qui a le goût de la boisson et une coupe (quelque chose comme « le pintard »). Ce bel épisode du chef dans l'adversité se termine ainsi sur une note discordante, qui rappelle ses faiblesses.

84. La phrase suivante évoque les trois hommes, mais cela n'implique pas nécessairement qu'il faille introduire Lépide ici : le conflit est, depuis 16, celui d'Antoine et d'Octavien, et l'on a déjà eu une semblable simplification en 14, 5, où Cassius aussi a été laissé de côté et la rivalité circonscrite à Antoine et Brutus (voir aussi *infra* 77, 4).

85. Dans une île du Reno, près de Bologne.

πιδον ἐκείνοις, ἀποθανεῖν αὐτὸν αἰτησαμένοις. 4 Οὐδὲν ὠμότερον οὐδ᾽ ἀγριώτερον τῆς διαμείψεως ταύτης
δοκῶ γενέσθαι. Φόνων γὰρ ἀντικαταλλασσόμενοι φόνους, ὁμοίως μὲν οἷς ἐλάμβανον ἀνῄρουν οὓς ἐδίδοσαν,
ἀδικώτεροι δὲ περὶ τοὺς φίλους ἦσαν οὓς ἀπεκτίννυσαν
μηδὲ μισοῦντες.

20. 1 Ἐπὶ δ᾽ οὖν ταῖς διαλλαγαῖς ταύταις οἱ
στρατιῶται περιστάντες ἠξίουν καὶ γάμῳ τινὶ τὴν
φιλίαν συνάψαι Καίσαρα, λαβόντα τὴν **Φουλβίας** c
τῆς Ἀντωνίου γυναικὸς θυγατέρα Κλωδίαν. 2 Ὁμο-
λογηθέντος δὲ καὶ τούτου, τριακόσιοι μὲν ἐκ προγρα-
φῆς ἐθανατώθησαν ὑπ᾽ αὐτῶν. 3 Κικέρωνος δὲ σφα-
γέντος ἐκέλευσεν Ἀντώνιος τήν τε κεφαλὴν ἀποκοπῆ-
ναι καὶ τὴν χεῖρα τὴν δεξιάν, ᾗ τοὺς κατ᾽ αὐτοῦ λόγους
ἔγραψε. 4 Καὶ κομισθέντων ἐθεᾶτο γεγηθὼς καὶ
ἀνακαγχάζων ὑπὸ χαρᾶς πολλάκις · εἶτ᾽ ἐμπλησθεὶς
ἐκέλευσεν ὑπὲρ τοῦ βήματος ἐν ἀγορᾷ τεθῆναι, καθάπερ εἰς τὸν νεκρὸν ὑβρίζων, οὐχ αὑτὸν ἐνυβρίζοντα
τῇ τύχῃ καὶ καταισχύνοντα τὴν ἐξουσίαν ἐπιδεικνύμενος. 5 Ὁ δὲ θεῖος αὐτοῦ Καῖσαρ ζητούμενος d
καὶ διωκόμενος κατέφυγε πρὸς τὴν ἀδελφήν. Ἡ δέ,
τῶν σφαγέων ἐπιστάντων καὶ βιαζομένων εἰς τὸ δωμάτιον αὐτῆς, ἐν ταῖς θύραις στᾶσα καὶ διασχοῦσα τὰς
χεῖρας ἐβόα πολλάκις · « Οὐκ ἀποκτενεῖτε Καίσαρα
Λεύκιον, ἐὰν μὴ πρότερον ἐμὲ ἀποκτείνητε τὴν τὸν
αὐτοκράτορα τεκοῦσαν. » 6 Ἐκείνη μὲν οὖν τοιαύτη
γενομένη διέκλεψε καὶ διέσωσε τὸν ἀδελφόν.

dont ils exigeaient la mort. 4 Rien, à mon sens, ne se fit jamais de plus inhumain ni de plus féroce que ce troc, car, en échangeant ainsi meurtre contre meurtre, s'ils tuaient tout autant ceux qu'ils livraient que ceux qu'on leur accordait, leur iniquité était plus grande à l'égard de leurs amis qu'ils faisaient périr sans même les haïr.

20. 1 Lors de ces accords, les soldats qui les entouraient demandèrent à César de sceller cette amitié aussi par un mariage en épousant Clodia, la fille de Fulvia, qui était la femme d'Antoine. 2 Ce point entériné aussi, ils firent mettre à mort trois cents proscrits. 3 Cicéron égorgé, Antoine exigea qu'on lui coupât la tête et la main droite, avec laquelle il avait écrit ses discours contre lui. 4 Et quand on les lui eut apportées, il resta à les contempler avec ravissement et, dans les transports de sa joie, éclata plusieurs fois de rire ; puis, une fois repu, il les fit placer au Forum, au-dessus de la tribune : il s'imaginait ainsi outrager le mort, au lieu qu'il n'outrageait que sa propre Fortune et déshonorait son pouvoir aux yeux de tous[86]. 5 Son oncle César, se voyant recherché et poursuivi, se réfugia chez sa sœur. Et elle, comme les meurtriers se présentaient et voulaient entrer de force dans sa chambre, se tint à la porte, les bras écartés, et leur cria plusieurs fois : « Vous ne tuerez point Lucius César qu'auparavant vous ne m'ayez tuée, moi, la mère de votre général ». 6 C'est par cette attitude qu'elle déroba son frère aux coups et le sauva[87].

---

86. À comparer au texte non moins saisissant de *Cic.*, 49, 2, avec un « spectacle qui fit frissonner les Romains convaincus de voir, non le visage de Cicéron, mais l'image de l'âme d'Antoine ».

87. Comme souvent, le chapitre est construit en opposition entre l'attitude d'Antoine et celle de sa mère, faisant davantage ressortir l'horreur de la première.

21. 1 Ἦν δὲ καὶ τὰ πολλὰ Ῥωμαίοις ἐπαχθὴς ἡ τῶν τριῶν ἀρχή · καὶ τὸ πλεῖστον ὁ Ἀντώνιος τῆς αἰτίας εἶχε, πρεσβύτερος μὲν ὢν Καίσαρος, Λεπίδου δὲ δυνατώτερος, εἰς δὲ τὸν βίον ἐκεῖνον αὖθις τὸν ἡδυπαθῆ καὶ ἀκόλαστον, ὡς πρῶτον ἀνεχαίτισε τῶν e πραγμάτων, ἐκκεχυμένος. 2 Προσῆν δὲ τῇ κοινῇ κακοδοξίᾳ τὸ διὰ τὴν οἰκίαν οὐ μικρὸν μῖσος ἣν ᾤκει, Πομπηίου τοῦ Μεγάλου γενομένην, ἀνδρὸς οὐχ ἧττον ἐπὶ σωφροσύνῃ καὶ τῷ τεταγμένως καὶ δημοτικῶς διαιτᾶσθαι θαυμασθέντος ἢ διὰ τοὺς τρεῖς θριάμβους. 3 Ἤχθοντο γὰρ ὁρῶντες αὐτὴν τὰ πολλὰ κεκλεισμένην μὲν ἡγεμόσι καὶ στρατηγοῖς καὶ πρέσβεσιν, ὠθουμένοις πρὸς ὕβριν ἀπὸ τῶν θυρῶν, μεστὴν δὲ μίμων καὶ θαυματοποιῶν καὶ κολάκων κραιπαλώντων, εἰς οὓς τὰ πλεῖστα κατανηλίσκετο τῶν χρημάτων τῷ βιαιοτάτῳ καὶ χαλεπωτάτῳ τρόπῳ ποριζομένων. 4 Οὐ γὰρ μόνον ἐπώλουν οὐσίας τῶν φονευομένων, ἐπισυκοφαντοῦντες οἰκείους καὶ γυναῖκας αὐτῶν, f οὐδὲ τελῶν πᾶν ἐκίνησαν γένος, ἀλλὰ καὶ παρὰ ταῖς Ἑστίασι πυθόμενοι παρθένοις παρακαταθήκας τινὰς κεῖσθαι καὶ ξένων καὶ πολιτῶν, ἔλαβον ἐπελθόντες. 5 Ὡς δ᾽ οὐδὲν ἦν ἱκανὸν Ἀντωνίῳ, Καῖσαρ ἠξίωσε νείμασθαι τὰ χρήματα πρὸς αὐτόν. Ἐνείμαντο δὲ καὶ τὸν στρατόν, ἐπὶ Βροῦτον καὶ Κάσσιον εἰς Μακεδονίαν 925 στρατεύοντες ἀμφότεροι, Λεπίδῳ δὲ τὴν Ῥώμην ἐπέτρεψαν.

---

88. Récurrence d'un thème déjà apparu en 6, 7.

89. L'image est celle du cheval qui secoue la crinière pour vider son cavalier ; ce retour à l'*akolasia* apprise avec Curion (2, 4) inverse la réaction énergique de 17, 4.

90. Sur cette manière d'être proche des gouvernés et le *dèmotikon*, voir FRAZIER, 1996, p. 246 *sqq.*

21. 1 Le triumvirat pesait aux Romains par bien des points, mais on en imputait la plus grande responsabilité[88] à Antoine, qui était plus âgé que César et plus puissant que Lépide, et qui avait replongé dans sa vie d'avant, voluptueuse et intempérante, dès qu'il avait jeté bas le fardeau des affaires[89]. 2 S'ajoutait à cette réprobation générale la haine violente que lui valut la maison où il habitait, qui avait appartenu au grand Pompée, un homme qui ne s'était pas fait moins admirer par sa tempérance, sa vie rangée et proche du peuple[90] que par ses trois triomphes. 3 On était choqué de voir cette maison le plus souvent fermée aux chefs, aux généraux et aux ambassadeurs, qu'on refoulait outrageusement, et remplie au contraire de mimes, de faiseurs de tours et de flatteurs avinés[91], pour lesquels il engloutissait la plupart des sommes qu'il se procurait par les violences les plus intolérables. 4 Car ce n'était point assez pour ces hommes de vendre les biens de ceux qu'ils faisaient tuer en accusant encore leurs proches et leurs femmes, ni de faire donner tous les genres d'impôts : informés qu'il y avait chez les Vestales des dépôts faits par des étrangers et des citoyens, ils osèrent aller les saisir[92] ! 5 Comme rien ne pouvait suffire à Antoine, César demanda à partager avec lui les revenus publics[93]. Ils se partagèrent aussi l'armée pour aller combattre ensemble Brutus et Cassius en Macédoine et ils confièrent Rome à Lépide.

---

91. Première occurrence du thème qui va culminer avec Cléopâtre et son entourage (voir 24, 5 et 12, 29, 1, 53, 8, 59, 6).

92. Antoine sera victime d'une action violente du même type quand Octavien ira saisir son testament (58, 4-8). Cette saisie n'est pas documentée par ailleurs. Sur la nécessité pour les triumvirs de se procurer des fonds, R. Scuderi, « Problemi fiscali a Roma in età triumvirale », *Clio* XV, 1979, p. 341-368.

93. Extension du thème du partage qui n'est pas documentée non plus.

22. 1 Ὡς μέντοι διαβάντες ἥψαντο πολέμου καὶ παρεστρατοπέδευσαν τοῖς πολεμίοις, Ἀντωνίου μὲν ἀντιτεταγμένου Κασσίῳ, Βρούτῳ δὲ Καίσαρος, οὐθὲν ἔργον ἐφάνη μέγα τοῦ Καίσαρος, ἀλλ' Ἀντώνιος ἦν ὁ νικῶν πάντα καὶ κατορθῶν. 2 Τῇ μέν γε προτέρᾳ μάχῃ Καῖσαρ ὑπὸ Βρούτου κατὰ κράτος ἡττηθεὶς ἀπέβαλε τὸ στρατόπεδον καὶ μικρὸν ἔφθη τοὺς διώ-κοντας ὑπεκφυγών · ὡς δ' αὐτὸς ἐν τοῖς Ὑπομνήμασι γέγραφε, τῶν φίλων τινὸς ὄναρ ἰδόντος ἀνεχώρησε πρὸ τῆς μάχης. 3 Ἀντώνιος δὲ Κάσσιον ἐνίκησε ·   b καίτοι γεγράφασιν ἔνιοι μὴ παραγενέσθαι τῇ μάχῃ τὸν Ἀντώνιον, ἀλλὰ προσγενέσθαι μετὰ τὴν μάχην ἤδη διώκουσι. 4 Κάσσιον δὲ Πίνδαρος τῶν πιστῶν τις ἀπελευθέρων αὐτοῦ δεομένου καὶ κελεύοντος ἔσφα-ξεν (οὐ γὰρ ἔγνω νενικηκότα Βροῦτον). 5 Ὀλίγων δ' ἡμερῶν διαγενομένων πάλιν ἐμαχέσαντο · καὶ Βροῦτος μὲν ἡττηθεὶς ἑαυτὸν ἀνεῖλεν, Ἀντώνιος δὲ τῆς νίκης ἠνέγκατο τῇ δόξῃ τὸ πλεῖστον, ἅτε δὴ καὶ νοσοῦντος τοῦ Καίσαρος. 6 Ἐπιστὰς δὲ τῷ Βρούτου νεκρῷ, μικρὰ μὲν ὠνείδισεν ὑπὲρ τῆς Γαΐου τοῦ ἀδελφοῦ τελευτῆς, ἀνῃρήκει γὰρ ἐκεῖνον ὁ Βροῦτος ἐν Μακε-δονίᾳ Κικέρωνι τιμωρῶν, φήσας δὲ μᾶλλον Ὁρτήσιον ἢ Βροῦτον αἰτιᾶσθαι τῆς τοῦ ἀδελφοῦ σφαγῆς, Ὁρτή-   c σιον μὲν ἐκέλευσεν ἐπισφάξαι τῷ μνήματι, 7 Βρούτῳ δὲ τὴν αὑτοῦ φοινικίδα πολλῶν χρημάτων ἀξίαν οὖσαν ἐπέρριψε, καὶ τῶν ἀπελευθέρων τινὶ τῶν ἑαυτοῦ προσέταξε τῆς ταφῆς ἐπιμεληθῆναι. 8 Τοῦτον ὕστε-

---

94. Le grec souligne qu'il s'agit de la première de deux batailles : sur la première, *Brut.*, 40-46 : échec d'Octavien (42), rêve invoqué par Octavien (41, 7-8) ; du côté de Cassius (43). Entre les deux, Plutarque

22. 1 Lorsque, la mer traversée, ils eurent entamé la guerre et établi leur camp auprès des ennemis, Antoine se trouvant rangé face à Cassius et César à Brutus, on ne vit rien faire de grand à César : celui qui remportait toutes les victoires et tous les succès, c'était Antoine. 2 À la première bataille[94], César, vaincu de vive force par Brutus, perdit son camp et n'échappa que de justesse à ses poursuivants. Toutefois il a écrit lui-même, dans ses *Mémoires*, que d'après le songe d'un ami, il s'était retiré avant le combat. 3 Antoine défit Cassius : certains ont écrit cependant qu'il n'avait pas assisté à la bataille et qu'il ne s'y était joint qu'après la victoire, quand on en était déjà à la poursuite. 4 Cassius, mêlant prières et ordres, se fit égorger par Pindarus, un de ses fidèles affranchis, car il ignorait que Brutus était vainqueur. 5 À peu de jours d'intervalle il se livra un second combat et Brutus, vaincu, se donna la mort. C'est Antoine qui tira le plus d'honneur de cette victoire, car César était alors malade. 6 Arrêté près du corps de Brutus, il lui adressa quelques reproches au sujet de la mort de son frère Gaïus (Brutus l'avait fait périr en Macédoine pour venger la mort de Cicéron[95]), ajoutant néanmoins qu'il reprochait bien plus à Hortensius qu'à Brutus l'égorgement de son frère : aussi fit-il égorger Hortensius sur le tombeau de son frère, 7 tandis que, pour Brutus, il jeta sur son corps son manteau de pourpre, qui était d'un grand prix, et ordonna à un de ses affranchis de veiller aux funérailles. 8 Ayant appris plus tard que

signale qu'Antoine s'est retiré dans les marais et l'échec est attribué plutôt à un malheureux concours de circonstances : « La seule chose qui gâta leurs affaires, c'est que Brutus ne se porta pas au secours de Cassius, qu'il croyait vainqueur, et que Cassius n'attendit pas Brutus, qu'il croyait perdu » (42, 5).

95. *Brut.*, 28, 1-2, à comparer à Appien, *BC*, 3, 79.

ρον γνοὺς οὐ συγκατακαύσαντα τὴν φοινικίδα τῷ
νεκρῷ καὶ πολλὰ τῆς εἰς τὴν ταφὴν δαπάνης ὑφῃρη-
μένον ἀπέκτεινεν.

23. 1 Ἐκ τούτου Καῖσαρ μὲν εἰς Ῥώμην ἐκομίζετο,
δοκῶν οὐ περιέσεσθαι πολὺν χρόνον ἐκ τῆς ἀρρωστίας,
Ἀντώνιος δὲ τὰς πρὸς ἕω πάσας ἐπαρχίας ἀργυρολο-
γήσων διέβαινεν εἰς τὴν Ἑλλάδα, πολλὴν στρατιὰν
ἄγων · ὑπεσχημένοι γὰρ ἑκάστῳ στρατιώτῃ δραχμὰς   d
πεντακισχιλίας, ἐδέοντο συντονωτέρου χρηματισμοῦ
καὶ δασμολογίας. 2 Τοῖς μὲν οὖν Ἕλλησιν οὐκ
ἄτοπος οὐδὲ φορτικὸς συνηνέχθη τό γε πρῶτον, ἀλλὰ
καὶ τὸ παῖζον αὐτοῦ πρὸς ἀκροάσεις φιλολόγων καὶ
θέας ἀγώνων καὶ μυήσεις ἔτρεπε, καὶ περὶ τὰς κρίσεις
ἦν ἐπιεικής, καὶ φιλέλλην ἀκούων ἔχαιρεν, ἔτι δὲ
μᾶλλον φιλαθήναιος προσαγορευόμενος, καὶ τῇ πόλει
πλείστας δωρεὰς ἔδωκε. 3 Βουλομένων δέ τι καὶ
Μεγαρέων καλὸν ἀντεπιδείξασθαι ταῖς Ἀθήναις καὶ
τὸ βουλευτήριον ἰδεῖν αὐτὸν ἀξιωσάντων, ἀναβὰς   e
καὶ θεασάμενος, ὡς ἐπυνθάνοντο τί δοκοίη, « Μικρὸν
μέν, » ἔφη « σαπρὸν δέ. » 4 Πρὸς δὲ καὶ τὸν τοῦ
Πυθίου νεὼν κατεμέτρησεν ὡς συντελέσων · τοῦτο γὰρ
ὑπέσχετο πρὸς τὴν σύγκλητον.

96. Appien, *BC* 5, 3, 11 sq ; Dion Cassius, XLVIII, 1 *sqq.*

97. Le grec comporte une particule μέν à laquelle répond le δέ de
24, 1 : Plutarque oppose ainsi l'attitude en Grèce et l'attitude en Asie
Mineure (voir Introduction) ; de même le πρῶτον qui suit est ponctué
en grec d'un « du moins », γε, qui peut annoncer le comportement ulté-
rieur lors de la guerre civile (68, 6-8).

98. Ces titres, significatifs, sont peut-être à mettre en rapport avec
les épiclèses chères aux rois hellénistiques (*Demetr.*, 42, 10).

99. Voir Habicht, 1999, p. 391-394.

cet homme n'avait pas brûlé le manteau de pourpre avec le corps et qu'il avait soustrait une grande partie de la somme assignée pour les obsèques, il le fit mettre à mort.

23. 1 À la suite de cela[96], César se fit porter à Rome, où la faiblesse de sa santé donnait à penser qu'il ne vivrait pas longtemps. Quant à Antoine, il passa en Grèce avec une armée nombreuse pour lever des contributions dans toutes les provinces de l'Orient. La promesse de cinq mille drachmes faite à chacun de leurs soldats faisait en effet qu'ils avaient besoin de faire rentrer de l'argent et de percevoir les impôts avec plus de rigueur. 2 Envers les Grecs[97], il ne se montra d'abord ni extravagant ni grossier ; au contraire, il cherchait de quoi satisfaire ses penchants ludiques dans l'audition de conférences de lettrés, ou le spectacle de concours et d'initiations et il rendait la justice avec équité, aimant à s'entendre appeler « Philhellène » et, plus encore, « Philathènaios » (ami des Athéniens[98]), et il fit à cette cité des présents considérables[99]. 3 Les Mégariens, voulant rivaliser avec Athènes en lui montrant quelque chose de beau, et l'ayant invité à venir voir leur salle du Conseil, il y monta, la visita, et comme ils lui demandaient comment il la trouvait : « Petite, répondit-il, et menaçant ruine. » 4 Il fit aussi prendre les mesures du temple du dieu Pythien dans l'intention de l'achever : il en avait en effet fait la promesse au Sénat[100].

100. Est-il toujours question de Mégare, où Apollon Pythien, bâtisseur mythique de la cité, tenait une place prééminente (cf. Paus., 1, 42, 5) ? Rien n'est documenté avant la restauration réalisée par Hadrien dont fait état le Périégète (A. Robu, « Notes sur les dédicaces mégariennes pour Hadrien et Sabine », *Dacia*, n. s. LI (2007), p. 171-176, en part. p. 174-175 sur la figure d'Apollon à Mégare), mais on n'en sait pas davantage pour les temples d'Athènes ou de Delphes, qui ont été aussi évoqués par les commentateurs de ce paragraphe obscur.

24. 1 Ἐπεὶ δὲ Λεύκιον Κηνσωρῖνον ἐπὶ τῆς Ἑλλάδος καταλιπὼν εἰς Ἀσίαν διέβη καὶ τῶν ἐκεῖ πλούτων
ἥψατο, καὶ βασιλεῖς ἐπὶ θύρας ἐφοίτων καὶ βασιλέων
γυναῖκες ἁμιλλώμεναι δωρεαῖς πρὸς ἀλλήλας καὶ
κάλλεσιν ἐφθείροντο πρὸς αὐτόν, ἐν Ῥώμῃ δὲ Καίσαρος στάσεσι καὶ πολέμοις ἀποτρυχομένου, 2 πολλὴν
αὐτὸς ἄγων σχολὴν καὶ εἰρήνην ἀνεκυκλεῖτο τοῖς πά-
θεσιν εἰς τὸν συνήθη βίον, Ἀναξήνορες δὲ κιθαρῳδοὶ
καὶ Ξοῦθοι χοραῦλαι καὶ Μητρόδωρός τις ὀρχηστὴς   f
καὶ τοιοῦτος ἄλλος Ἀσιανῶν ἀκροαμάτων θίασος,
ὑπερβαλλομένων λαμυρίᾳ καὶ βωμολοχίᾳ τὰς ἀπὸ
τῆς Ἰταλίας κῆρας, εἰσερρύη καὶ διῴκει τὴν αὐλήν,
οὐδὲν ἦν ἀνεκτόν, εἰς ταῦτα φορουμένων ἁπάντων.
3 Ἡ γὰρ Ἀσία πᾶσα, καθάπερ ἡ Σοφόκλειος ἐκείνη 926
πόλις, ὁμοῦ μὲν θυμιαμάτων ἔγεμεν,

> ὁμοῦ δὲ παιάνων τε καὶ στεναγμάτων.

4 Εἰς γοῦν Ἔφεσον εἰσιόντος αὐτοῦ, γυναῖκες μὲν
εἰς Βάκχας, ἄνδρες δὲ καὶ παῖδες εἰς Σατύρους καὶ
Πᾶνας ἡγοῦντο διεσκευασμένοι, κιττοῦ δὲ καὶ θύρσων
καὶ ψαλτηρίων καὶ συρίγγων καὶ αὐλῶν ἡ πόλις ἦν
πλέα, Διόνυσον αὐτὸν ἀνακαλουμένων Χαριδότην καὶ
Μειλίχιον. 5 Ἦν γὰρ ἀμέλει τοιοῦτος ἐνίοις, τοῖς δὲ
πολλοῖς Ὠμηστὴς καὶ Ἀγριώνιος. Ἀφῃρεῖτο γὰρ

---

101. Il faisait face, en particulier, à l'épineux problème de la dota-
tion des vétérans, d'où sortit la guerre de Pérouse, sans parler de Sextus
Pompée (*infra* 30, 1 et 32 et Suét., *Aug.*, 13, 4-16, 9).

102. Le verbe ἀνεκυκλεῖτο suggère bien ce « cycle » qui fait
alterner énergie militaire et relâchement civil chez Antoine.

24. 1 Mais lorsque, laissant à Lucius Censorinus
le gouvernement de la Grèce, il fut passé en Asie et eut
commencé à goûter les richesses de là-bas, lorsqu'il eut vu
des rois venir à sa porte et des épouses royales rivaliser de
présents et de charmes, prêtes à se perdre pour lui, alors qu'à
Rome César s'usait dans les séditions et les guerres[101], 2 lui,
au sein du loisir et de la paix, s'abandonna à ses passions
et revint[102] à sa vie coutumière. Des citharèdes comme
Anaxénor, des aulètes comme Xothos, un danseur comme
Métrodore, et toute une troupe d'artistes asiatiques du
même genre, qui surpassaient en effronterie et plaisanteries
grossières les pestes qu'il avait amenées d'Italie, affluèrent
à sa cour et la régentèrent : la situation était dès lors insupportable, tout le monde se laissant aller dans ce sens. 3 De
fait, l'Asie entière, semblable à la ville dont parle Sophocle,
était pleine tout ensemble et de fumées d'encens

> Et aussi de péans et de gémissements[103].

4 C'est ainsi qu'il entra dans Éphèse précédé par
des femmes déguisées en bacchantes et des hommes
et enfants déguisés en Satyres et en Pans[104]. Ce n'était
dans toute la ville que lierre, thyrses, psaltérions, syrinx
et *auloi*, tandis qu'on l'acclamait comme Dionysos
Donneur de Joie et Melliflu. 5 Il l'était sans doute pour
quelques-uns, mais pour le plus grand nombre, il était

---

103. *OR*, 4-5 : le premier vers (πόλις δ' ὁμοῦ μὲν θυμιαμάτων
γέμει) est intégré dans la phrase, avec une cité pourvue d'un qualificatif
et un changement de temps ; le second est cité tel quel et, hors contexte,
évoque un mélange de joie (les péans) et de douleur – dans le contexte
de la tragédie, les péans sont simplement des appels à Apollon.

104. Plutarque introduit avec éclat un thème (l'assimilation à
Dionysos) qui joue un rôle important ensuite (26, 5, 60, 3-5 et 75, 4-6).
Qu'il majore ou non le thème à ce moment (cf. PELLING, note *ad loc.*), il
en tire un grand tableau qui prépare l'entrée en scène de Cléopâtre. Sur
la politique religieuse d'Antoine et Cléopâtre, JEANMAIRE, 1924.

εὐγενεῖς ἀνθρώπους τὰ ὄντα μαστιγίαις καὶ κόλαξι χαριζόμενος. 6 Πολλῶν δὲ καὶ ζώντων ὡς τεθνηκότων αἰτησάμενοί τινες οὐσίας ἔλαβον. Ἀνδρὸς δὲ Μάγνητος οἶκον ἐδωρήσατο μαγείρῳ περὶ ἕν, ὡς λέγεται, δεῖπνον b εὐδοκιμήσαντι. 7 Τέλος δέ, ταῖς πόλεσι δεύτερον ἐπιβάλλοντος φόρον, ἐτόλμησεν Ὑβρέας ὑπὲρ τῆς Ἀσίας λέγων εἰπεῖν ἀγοραίως μὲν ἐκεῖνα καὶ πρὸς τὸν Ἀντωνίου ζῆλον οὐκ ἀηδῶς · « Εἰ δύνασαι δὶς λαβεῖν ἑνὸς ἐνιαυτοῦ φόρον, δύνασαι καὶ δὶς ἡμῖν ποιήσασθαι θέρος καὶ δὶς ὀπώραν; » 8 πρακτικῶς δὲ καὶ παραβόλως συναγαγών, ὅτι μυριάδας εἴκοσι ταλάντων ἡ Ἀσία δέδωκε, « Ταῦτα » εἶπεν « εἰ μὲν οὐκ εἴληφας, ἀπαίτει παρὰ τῶν λαβόντων · εἰ δὲ λαβὼν οὐκ ἔχεις, ἀπολώλαμεν. » 9 Ἐτρέψατο τούτῳ δεινῶς τὸν Ἀντώνιον · ἠγνόει γὰρ τὰ πολλὰ τῶν γιγνομένων, οὐχ οὕτω ῥάθυμος ὢν ὡς δι' ἁπλότητα πιστεύων τοῖς περὶ c αὑτόν. 10 Ἐνῆν γὰρ ἁπλότης τῷ ἤθει καὶ βραδεῖα μὲν αἴσθησις, αἰσθανομένῳ δὲ τῶν ἁμαρτανομένων ἰσχυρὰ μετάνοια καὶ πρὸς αὐτοὺς ἐξομολόγησις τοὺς ἀγνωμονηθέντας, μέγεθος δὲ καὶ περὶ τὰς ἀμοιβὰς καὶ περὶ τὰς τιμωρίας. Μᾶλλον γε μὴν ἐδόκει χαριζό-

105. Sur ces épiclèses cultuelles et leur usage littéraire par Antoine, S. Lebreton, « Dionysos "Ômèstès" : Plutarque, Thémistocle 13, Antoine 24 », in L. Bodiou et al. (éd.), Chemin faisant : mythes, cultes et sociétés en Grèce ancienne. Mélanges en l'honneur de Pierre Brulé, Rennes, 2009, p. 193-203 ; pour un jeu polémique semblable, aux dépens d'Auguste, voir l'« Apollon Bourreau », in Suét., Aug., 70.

106. Voir supra 2, 8. Sur ce personnage, un des orateurs les plus célèbres de son temps, F. Delrieux, M.-Cl. Ferriès, « Euthydème, Hybréas et Mylasa : une cité grecque de Carie dans les conflits romains de la fin du Iᵉʳ s. A.C. », REA 106, 2004, p. 49-71 et p. 499-516 (ce qui concerne l'époque d'Antoine se trouve dans la première partie).

107. Plutarque lui avait attribué ce défaut plus haut (6, 5) – Introduction, p. XXIV.

Dionysos Carnassier et Sauvage[105]. Car il dépouillait de leurs biens des gens distingués par leur naissance pour en gratifier des vauriens et des flatteurs. 6 Plus d'un même, toujours en vie, vit ses biens réclamés par certains comme s'il était mort et ces demandes obtinrent satisfaction. Il donna, dit-on, la maison d'un citoyen de Magnésie à un cuisinier qui n'avait pour gloire qu'un seul repas. 7 Enfin, il imposa aux cités un second tribut ; c'est alors que Hybréas, parlant au nom de l'Asie, osa lui dire dans un style déclamatoire qui ne déplaisait pas aux goûts d'Antoine[106] : « Si tu as le pouvoir d'exiger de nous deux tributs par an, as-tu donc aussi celui de nous donner deux étés et deux automnes ? » 8 Puis, ramassant son propos dans un style percutant et hardi, à propos des deux cent mille talents que l'Asie avait déjà payés : « Ces sommes, dit-il, si tu ne les as pas reçues, réclame-les à ceux qui les ont reçues ; mais si, les ayant reçues, tu ne les as plus, c'en est fait de nous. » 9 Cette parole d'Hybréas fit faire à Antoine un retour sur lui-même, car il ignorait la plupart des choses qui se faisaient, moins par indolence[107] que sous l'effet d'une simplicité[108] qui le portait à se fier à son entourage. 10 Il entrait en effet dans son caractère de la simplicité et de la lenteur à percevoir les choses, mais quand il percevait les fautes commises, il s'en repentait vivement et les reconnaissait devant ceux-là mêmes qui en avaient souffert. Il avait de la grandeur dans les récompenses comme dans les punitions, mais il semblait dépasser davantage la mesure dans

---

108. Sur l'*haplotès*, voir *supra* l'Introduction, p. XXIV-XXV ; Appien (*BC*, 5, 136), au moment où Antoine reçoit des ambassadeurs pompéiens, en fait aussi un de ces traits positifs, lié là encore à la confiance : οἷς ὁ Ἀντώνιος ἐπίστευσεν, ὧν καὶ τὰ ἄλλα αἰεὶ τὸ φρόνημα ἁπλοῦς καὶ μέγας καὶ ἄκακος.

μενος ἢ κολάζων ὑπερβάλλειν τὸ μέτριον. 11 Ἡ δὲ
περὶ τὰς παιδιὰς καὶ τὰς ἐπισκώψεις ὕβρις ἐν αὐτῇ τὸ
φάρμακον εἶχεν. Ἀντισκῶψαι γὰρ ἐξῆν καὶ ἀνθυβρίσαι, καὶ γελώμενος οὐχ ἧττον ἢ γελῶν ἔχαιρε. 12 Καὶ
τοῦτο διελυμήνατο τὰ πολλὰ τῶν πραγμάτων. Τοὺς
γὰρ ἐν τῷ παίζειν παρρησιαζομένους οὐκ ἂν οἰηθεὶς   d
σπουδάζοντας κολακεύειν αὐτόν, ἡλίσκετο ῥᾳδίως ὑπὸ
τῶν ἐπαίνων, ἀγνοῶν ὅτι τὴν παρρησίαν τινὲς ὡς
ὑποστῦφον ἥδυσμα τῇ κολακείᾳ παραμιγνύντες ἀφῄ-
ρουν τὸ πλήσμιον, τῇ παρὰ τὴν κύλικα θρασύτητι
καὶ λαλιᾷ διαμηχανώμενοι τὴν ἐπὶ τῶν πραγμάτων
ὕφεσιν καὶ συγκατάθεσιν μὴ πρὸς χάριν ὁμιλούντων,
ἀλλὰ τῷ φρονεῖν ἡττωμένων φαίνεσθαι.

25. 1 Τοιούτῳ δ' οὖν ὄντι τὴν φύσιν Ἀντωνίῳ τελευταῖον κακὸν ὁ Κλεοπάτρας ἔρως ἐπιγενόμενος καὶ
πολλὰ τῶν ἔτι κρυπτομένων ἐν αὐτῷ καὶ ἀτρεμούντων
παθῶν ἐγείρας καὶ ἀναβακχεύσας, εἴ τι χρηστὸν ἢ   e
σωτήριον ὅμως ἀντεῖχεν, ἠφάνισε καὶ προσδιέφθειρεν.
Ἁλίσκεται δὲ τοῦτον τὸν τρόπον. 2 Ἁπτόμενος τοῦ
Παρθικοῦ πολέμου, ἔπεμψε πρὸς αὐτὴν κελεύων εἰς
Κιλικίαν ἀπαντῆσαι, λόγον ὑφέξουσαν ὧν ἐνεκαλεῖτο
τοῖς περὶ Κάσσιον δοῦναι πολλὰ καὶ συμβαλέσθαι
πρὸς τὸν πόλεμον. 3 Ὁ δὲ πεμφθεὶς Δέλλιος, ὡς
εἶδε τὴν ὄψιν καὶ κατέμαθε τὴν ἐν τοῖς λόγοις δεινό-
τητα καὶ πανουργίαν, εὐθὺς αἰσθόμενος ὅτι κακὸν
μὲν οὐδὲ μελλήσει τι ποιεῖν γυναῖκα τοιαύτην Ἀντώ-   f
νιος, ἔσται δὲ μεγίστη παρ' αὐτῷ, τρέπεται πρὸς τὸ

ses faveurs que dans les châtiments. 11 L'insolence de
ses plaisanteries et de ses railleries portait en elle-même
son remède, car il permettait qu'on lui rendît raillerie
pour raillerie et insolence pour insolence, et il ne prenait
pas moins de plaisir à être moqué qu'à se moquer. 12 Et
c'est là ce qui ruina le plus souvent ses affaires : persuadé
que ceux qui montraient tant de franc-parler dans la plaisanterie ne pouvaient le flatter quand ils étaient sérieux,
il se laissait aisément prendre à leurs louanges, faute de
savoir que certains mêlaient la franchise à leurs flatte-
ries comme une épice un peu relevée propre à prévenir la
satiété et, par la hardiesse de leur bavardage au banquet,
travaillaient à lui faire croire que, quand ils lui cédaient et
l'approuvaient dans les affaires importantes, c'était non
pour lui complaire, mais parce qu'ils s'inclinaient devant
la supériorité de son intelligence.

25. 1 Avec un tel caractère, Antoine reçut le coup de
grâce quand vint s'y ajouter l'amour pour Cléopâtre qui
éveilla et déchaîna en lui la bacchanale de nombreuses
passions encore latentes et stationnaires[109], achevant de
perdre et d'anéantir ce que, malgré tout, il pouvait lui
rester de bon et de salutaire. Voici comment il fut pris.
2 Au moment d'entreprendre la guerre contre les Parthes,
il manda à Cléopâtre de venir le trouver en Cilicie pour
s'y justifier d'avoir donné beaucoup d'argent à Cassius
et d'avoir contribué à la guerre. 3 Dellius, son envoyé,
n'eut pas plus tôt vu son allure et reconnu l'habileté et
la rouerie qu'elle déployait dans la conversation, qu'il
sentit bien qu'Antoine ne ferait jamais le moindre mal à
une telle femme et qu'elle aurait la plus grande influence

---

109. Sur le caractère médical du vocabulaire employé, PELLING,
1988, note *ad loc.*

θεραπεύειν καὶ προτρέπεσθαι τὴν Αἰγυπτίαν, τοῦτο δὴ
τὸ Ὁμηρικόν, « ἐλθεῖν εἰς Κιλικίαν εὖ ἐντύνασαν ἓ
αὐτὴν » καὶ μὴ φοβεῖσθαι τὸν Ἀντώνιον, ἥδιστον
ἡγεμόνων ὄντα καὶ φιλανθρωπότατον. 4 Ἡ δὲ καὶ
Δελλίῳ πεισθεῖσα, καὶ τοῖς πρὸς Καίσαρα καὶ Γναῖον
τὸν Πομπηίου παῖδα πρότερον αὐτῇ γενομένοις ἀφ᾿
ὥρας συμβολαίοις τεκμαιρομένη, ῥᾷον ἤλπιζεν ὑπά-
ξεσθαι τὸν Ἀντώνιον. 5 Ἐκεῖνοι μὲν γὰρ αὐτὴν ἔτι
κόρην καὶ πραγμάτων ἄπειρον ἔγνωσαν, πρὸς δὲ
τοῦτον ἔμελλε φοιτήσειν ἐν ᾧ μάλιστα καιροῦ γυναῖκες 927
ὥραν τε λαμπροτάτην ἔχουσι καὶ τὸ φρονεῖν ἀκμά-
ζουσι. 6 Διὸ πολλὰ μὲν συνεσκευάσατο δῶρα καὶ
χρήματα καὶ κόσμον οἷον εἰκὸς ἦν ἀπὸ πραγμάτων
μεγάλων καὶ βασιλείας εὐδαίμονος κομίζειν, τὰς δὲ
πλείστας ἐν ἑαυτῇ καὶ τοῖς περὶ αὐτὴν μαγγανεύμασι
καὶ φίλτροις ἐλπίδας θεμένη παρεγένετο.

26. 1 Πολλὰ δὲ καὶ παρ᾿ αὐτοῦ καὶ παρὰ τῶν φίλων δεχομένη γράμματα καλούντων, οὕτω κατεφρόνησε
καὶ κατεγέλασε τοῦ ἀνδρὸς ὥστε πλεῖν ἀνὰ τὸν Κύδνον
ποταμὸν ἐν πορθμείῳ χρυσοπρύμνῳ, τῶν μὲν ἱστίων
ἁλουργῶν ἐκπεπετασμένων, τῆς δ᾿ εἰρεσίας ἀργυραῖς   b
κώπαις ἀναφερομένης πρὸς αὐλὸν ἅμα σύριγξι καὶ
κιθάραις συνηρμοσμένον. 2 Αὐτὴ δὲ κατέκειτο μὲν
ὑπὸ σκιάδι χρυσοπάστῳ, κεκοσμημένη γραφικῶς
ὥσπερ Ἀφροδίτη, παῖδες δὲ τοῖς γραφικοῖς Ἔρωσιν
εἰκασμένοι παρ᾿ ἑκάτερον ἑστῶτες ἐρρίπιζον. 3 Ὁμοίως
δὲ καὶ θεραπαινίδες αἱ καλλιστεύουσαι Νηρηίδων

110. *Iliade*, XIV, 162 – c'est le moment où Héra se pare pour
séduire et endormir Zeus.

sur lui. Il s'attache donc à faire sa cour à l'Égyptienne et à la pousser, selon le mot d'Homère, à « aller en Cilicie, pompeusement parée[110] » sans craindre Antoine, qui était le plus charmant et le plus humain des généraux. 4 Et elle, convaincue, et s'appuyant sur les liaisons que sa beauté lui avait permis de nouer précédemment avec César et avec Cnaeus, le fils de Pompée, comptait bien séduire Antoine plus facilement. 5 Car elle était encore une toute jeune fille sans expérience des affaires quand les premiers l'avaient connue, au lieu qu'elle allait fréquenter Antoine à l'âge où la beauté des femmes est dans tout son éclat et leur esprit dans toute sa force[111]. 6 Aussi prépara-t-elle beaucoup de présents et d'argent, et tout l'apparat qu'on pouvait attendre dans la haute situation et avec le royaume florissant qui étaient les siens, mais c'était sur elle-même, sur ses charmes et ses sortilèges[112], qu'elle fondait ses plus grandes espérances lorsqu'elle alla trouver Antoine.

26. 1 Elle recevait beaucoup de lettres, de lui comme de ses amis, qui l'appelaient, mais elle en fit assez peu de cas et se moqua suffisamment d'Antoine pour remonter le Cydnos sur un navire à la poupe d'or, avec des voiles de pourpre largement déployées et des rames d'argent, dont le mouvement était cadencé au son de l'*aulos* marié à celui des syrinx et des cithares. 2 Elle-même était étendue sous un dais brodé d'or, parée comme l'est Aphrodite sur les tableaux, tandis que des enfants, ayant pris l'apparence des Amours des peintres, debout autour d'elle, l'éventaient. 3 Pareillement, les plus belles de ses servantes,

111. On situe la naissance de Cléopâtre en 69 av. J.-C. ; en 41, elle avait donc 28 ans.
112. Le thème, utilisé au sens propre par la propagande augustéenne, oscille chez Plutarque entre réalité et métaphore.

ἔχουσαι καὶ Χαρίτων στολάς, αἱ μὲν πρὸς οἴαξιν, αἱ
δὲ πρὸς κάλοις ἦσαν. Ὀδμαὶ δὲ θαυμασταὶ τὰς ὄχθας
ἀπὸ θυμιαμάτων πολλῶν κατεῖχον. 4 Τῶν δ' ἀνθρώπων οἱ μὲν εὐθὺς ἀπὸ τοῦ ποταμοῦ παρωμάρτουν
ἑκατέρωθεν, οἱ δ' ἀπὸ τῆς πόλεως κατέβαινον ἐπὶ
τὴν θέαν. Ἐκχεομένου δὲ τοῦ κατὰ τὴν ἀγορὰν ὄχλου, c
τέλος αὐτὸς ὁ Ἀντώνιος ἐπὶ βήματος καθεζόμενος
ἀπελείφθη μόνος. 5 Καί τις λόγος ἐχώρει διὰ πάντων ὡς ἡ Ἀφροδίτη κωμάζοι πρὸς τὸν Διόνυσον
ἐπ' ἀγαθῷ τῆς Ἀσίας. 6 Ἔπεμψε μὲν οὖν καλῶν
αὐτὴν ἐπὶ τὸ δεῖπνον· ἡ δὲ μᾶλλον ἐκεῖνον ἠξίου
πρὸς ἑαυτὴν ἥκειν. Εὐθὺς οὖν τινὰ βουλόμενος εὐκο-
λίαν ἐπιδείκνυσθαι καὶ φιλοφροσύνην ὑπήκουσε καὶ
ἦλθεν. Ἐντυχὼν δὲ παρασκευῇ λόγου κρείττονι,
μάλιστα τῶν φώτων τὸ πλῆθος ἐξεπλάγη. 7 Τοσαῦτα
γὰρ λέγεται καθίεσθαι καὶ ἀναφαίνεσθαι πανταχόθεν d
ἅμα, καὶ τοιαύταις πρὸς ἄλληλα κλίσεσι καὶ θέσεσι
διακεκοσμημένα καὶ συντεταγμένα πλαισίων καὶ περι-
φερῶν τρόπῳ, ὥστε τῶν ἐν ὀλίγοις ἀξιοθεάτων καὶ
καλῶν ἐκείνην γενέσθαι τὴν ὄψιν.

27. 1 Τῇ δ' ὑστεραίᾳ πάλιν ἀνθεστιῶν αὐτὴν
ἐφιλοτιμήθη μὲν ὑπερβαλέσθαι τὴν λαμπρότητα καὶ
τὴν ἐμμέλειαν, ἀμφοῖν δὲ λειπόμενος καὶ κρατούμενος
ἐν αὐτοῖς ἐκείνοις, πρῶτος ἔσκωπτεν εἰς αὐχμὸν καὶ
ἀγροικίαν τὰ παρ' αὐτῷ. 2 Πολὺν δ' ἡ Κλεοπάτρα
καὶ τοῖς σκώμμασι τοῦ Ἀντωνίου τὸν στρατιώτην
ἐνορῶσα καὶ βάναυσον, ἐχρῆτο καὶ τούτῳ πρὸς αὐτὸν
ἀνειμένως ἤδη καὶ κατατεθαρρηκότως. 3 Καὶ γὰρ ἦν, θ
ὡς λέγουσιν, αὐτὸ μὲν καθ' αὑτὸ τὸ κάλλος αὐτῆς οὐ

portant les costumes des Néréides et des Grâces, étaient, les unes au gouvernail, les autres au cordage. De merveilleuses odeurs, exhalées par mille parfums, embaumaient les rives. 4 Et les gens, pour partie, l'accompagnaient de chaque côté depuis l'embouchure du fleuve, pour partie, descendaient de la ville voir le spectacle. La foule qui était sur la place publique se répandant au dehors, Antoine finit par rester seul sur son tribunal. 5 Et le bruit se répandait partout que c'était Aphrodite qui était venue faire la fête avec Dionysos pour le bonheur de l'Asie. 6 Il l'envoya donc prier à dîner, mais elle lui demanda de venir plutôt chez elle. Aussitôt, pour lui montrer sa complaisance et ses bonnes dispositions, il se rendit à son invitation. Il y trouva des apprêts au-delà de toute expression, mais il fut surtout frappé par la multitude des lumières. 7 Il y en avait tant, dit-on, suspendues et brillant de toutes parts à la fois, disposées entre elles de telles façons, soit droites soit inclinées, et formant des figures rectangulaires et circulaires, que, de tous les spectacles magnifiques et qui valent d'être contemplés, il en est peu qui soient comparables à celui-là.

27. 1 Le lendemain, Antoine, la traitant à son tour, mit un point d'honneur à la surpasser en splendeur et en goût, mais se trouvant inférieur et vaincu sur ces deux points, il fut le premier à railler la mesquinerie et la grossièreté de son festin. 2 Cléopâtre, voyant par ses plaisanteries tout ce qu'il y avait en Antoine de soudard mal dégrossi, se mit au diapason et le traita dès lors sans gêne et hardiment. 3 Et de fait sa beauté en elle-même n'était pas, dit-on, incomparable ni susceptible d'éblouir les regards, mais son commerce avait un charme prenant dont on ne pouvait se dégager[113] et son physique,

---

113. L'image, difficile à rendre, est celle de la prise du lutteur qui immobilise.

πάνυ δυσπαράβλητον οὐδ' οἷον ἐκπλῆξαι τοὺς ἰδόν-
τας, ἀφὴν δ' εἶχεν ἡ συνδιαίτησις ἄφυκτον, ἥ τε μορφὴ
μετὰ τῆς ἐν τῷ διαλέγεσθαι πιθανότητος καὶ τοῦ
περιθέοντος ἅμα πως περὶ τὴν ὁμιλίαν ἤθους ἀνέφερέ
τι κέντρον. 4 Ἡδονὴ δὲ καὶ φθεγγομένης ἐπῆν τῷ
ἤχῳ · καὶ τὴν γλῶτταν, ὥσπερ ὄργανόν τι πολύχορδον,
εὐπετῶς τρέπουσα καθ' ἣν βούλοιτο διάλεκτον, ὀλίγοις παντάπασι δι' ἑρμηνέως ἐνετύγχανε βαρβάροις,
τοῖς δὲ πλείστοις αὐτὴ δι' αὑτῆς ἀπεδίδου τὰς ἀποκρίσεις, οἷον Αἰθίοψι, Τρωγλοδύταις, Ἑβραίοις,
Ἄραψι, Σύροις, Μήδοις, Παρθυαίοις. 5 Πολλῶν δὲ   f
λέγεται καὶ ἄλλων ἐκμαθεῖν γλώττας, τῶν πρὸ αὐτῆς
βασιλέων οὐδὲ τὴν Αἰγυπτίαν ἀνασχομένων παρα-
λαβεῖν διάλεκτον, ἐνίων δὲ καὶ τὸ μακεδονίζειν ἐκλι-
πόντων.

28. 1 Οὕτω δ' οὖν τὸν Ἀντώνιον ἥρπασεν ὥστε,
πολεμούσης μὲν ἐν Ῥώμῃ Καίσαρι Φουλβίας τῆς
γυναικὸς ὑπὲρ τῶν ἐκείνου πραγμάτων, αἰωρουμένης
δὲ Παρθικῆς στρατιᾶς περὶ τὴν Μεσοποταμίαν, ἧς
Λαβιηνὸν οἱ βασιλέως στρατηγοὶ Παρθικὸν ἀναγορεύ- 928
σαντες αὐτοκράτορα Συρίας ἐπιβατεύσειν ἔμελλον,
οἴχεσθαι φερόμενον ὑπ' αὐτῆς εἰς Ἀλεξάνδρειαν,
ἐκεῖ δὲ μειρακίου σχολὴν ἄγοντος διατριβαῖς καὶ
παιδιαῖς χρώμενον ἀναλίσκειν καὶ καθηδυπαθεῖν τὸ
πολυτελέστατον, ὡς Ἀντιφῶν εἶπεν, ἀνάλωμα, τὸν

114. L'expression est de nouveau difficile ; tout ce portrait est écrit
dans un style complexe qui se modèle sur le caractère extraordinaire de
Cléopâtre ; mot à mot, Plutarque évoque un « caractère qui entourait
pour ainsi dire sa fréquentation ».
115. Peut-être un souvenir de l'aiguillon du désir de *Resp.*, IX 573
a-b, ou de celui qui point chez l'amoureux du *Phèdre* (251 e).

joint à la séduction de sa parole et au caractère particulier qui émanait de son contact[114], laissait un aiguillon qui pénétrait jusqu'au vif[115]. 4 Le plaisir naissait même du simple son de sa voix, quand elle parlait, et sa langue était comme un instrument à plusieurs cordes qu'elle pliait sans peine au dialecte qu'elle voulait, en sorte qu'il était peu de barbares avec qui elle parlât par le truchement d'un interprète[116]; à la plupart elle rendait elle-même et par elle-même sa réponse : ainsi aux Éthiopiens, aux Troglodytes, aux Hébreux, aux Arabes, aux Syriens, aux Mèdes et aux Parthes. 5 Elle savait encore, dit-on, plusieurs autres langues, alors que les rois d'Égypte qui l'avaient précédée n'avaient pas même pris la peine d'apprendre l'égyptien et que quelques-uns d'entre eux étaient allés jusqu'à oublier le macédonien.

28. 1 Aussi conquit-elle si bien l'esprit d'Antoine que, alors que Fulvia, sa femme, luttait à Rome contre César pour les intérêts de son mari et que le menaçait, en Mésopotamie, l'armée des Parthes, dont les généraux du roi avaient donné le commandement en chef à Labienus[117] et s'apprêtaient à entrer en Syrie, lui se laissa entraîner par Cléopâtre à Alexandrie, et là, adonné à des amusements et des badinages de jeune désœuvré, il gaspillait dans l'abandon à la volupté[118] la chose la plus précieuse au jugement d'Antiphon, le temps[119]. 2 Ils avaient formé

116. Sur le mélange de connaissances linguistiques réelles et d'aura mythique de la femme à la voix ensorcelante, Brillante, 2008.

117. Sur Quintus Labienus, fils de Titus Labienus mort à Munda en 45, voir Dion Cassius, XLVIII, 24, 4-8.

118. Plutarque emploie un verbe composé rare, qui rappelle l'adjectif de 21, 1 et la vie de volupté chère à Antoine.

119. Cette perte de la maîtrise du temps est un des effets les plus désastreux de l'amour de Cléopâtre (voir *infra* 30, 1, 37, 6 et 38,3, 58, 1-3). Les spécialistes discutent pour savoir s'il faut distinguer deux Antiphon, mais l'un et l'autre appartiennent au ve s. athénien.

χρόνον. 2 Ἦν γάρ τις αὐτοῖς σύνοδος Ἀμιμητο-
βίων λεγομένη · καὶ καθ᾽ ἡμέραν εἰστίων ἀλλήλους,
ἄπιστόν τινα ποιούμενοι τῶν ἀναλισκομένων ἀμετρίαν.
3 Διηγεῖτο γοῦν ἡμῶν τῷ πάππῳ Λαμπρίᾳ Φιλώτας
ὁ Ἀμφισσεὺς ἰατρὸς εἶναι μὲν ἐν Ἀλεξανδρείᾳ τότε
μανθάνων τὴν τέχνην, γενόμενος δέ τινι τῶν βασιλικῶν ὀψοποιῶν συνήθης ἀναπεισθῆναι νέος ὢν
ὑπ᾽ αὐτοῦ τὴν πολυτέλειαν καὶ τὴν παρασκευὴν τοῦ
δείπνου θεάσασθαι. 4 Παρεισαχθεὶς οὖν εἰς τοὐπτα-
νεῖον, ὡς τά τ᾽ ἄλλα πάμπολλα ἑώρα καὶ σῦς ἀγρίους
ὀπτωμένους ὀκτώ, θαυμάσαι τὸ πλῆθος τῶν δειπνούν-
των. 5 Τὸν δ᾽ ὀψοποιὸν γελάσαι καὶ εἰπεῖν ὅτι
πολλοὶ μὲν οὐκ εἰσὶν οἱ δειπνοῦντες, ἀλλὰ περὶ δώδεκα ·
δεῖ δ᾽ ἀκμὴν ἔχειν τῶν παρατιθεμένων ἕκαστον, ἣν
ἀκαρὲς ὥρας μαραίνει. 6 Καὶ γὰρ αὐτίκα γένοιτ᾽ ἂν
Ἀντώνιον δείπνου δεηθῆναι καὶ μετὰ μικρόν, ἂν δ᾽ οὕτω
τύχῃ, παραγαγεῖν αἰτήσαντα ποτήριον ἢ λόγου τινὸς
ἐμπεσόντος. Ὅθεν οὐχ ἕν, ἀλλὰ πολλά, φάναι, δεῖπνα
συντέτακται · δυσστόχαστος γὰρ ὁ καιρός. 7 Ταῦτ᾽
οὖν ὁ Φιλώτας ἔλεγε, καὶ χρόνου προϊόντος ἐν τοῖς
θεραπεύουσι γενέσθαι τὸν πρεσβύτατον τῶν Ἀντωνίου παίδων, ὃν ἐκ Φουλβίας εἶχε, καὶ συνδειπνεῖν
παρ᾽ αὐτῷ μετὰ τῶν ἄλλων ἑταίρων ἐπιεικῶς, ὁπότε
μὴ δειπνοίη μετὰ τοῦ πατρός. 8 Ἰατρὸν οὖν ποτε
θρασυνόμενον καὶ πράγματα πολλὰ παρέχοντα δειπ-
νοῦσιν αὐτοῖς ἐπιστομίσαι τοιούτῳ σοφίσματι · · Τῷ
πως πυρέττοντι δοτέον ψυχρόν · πᾶς δ᾽ ὁ πυρέττων

120. Litt. « de ceux qui ont une vie inimitable ».

une association, dite de la Vie inimitable[120], et ils se trai-
taient mutuellement tous les jours avec une incroyable
débauche de dépenses. 3 C'est ainsi que le médecin
Philotas d'Amphissa[121] racontait à mon grand-père
Lamprias que, au temps où il apprenait son art à Alexandrie, ayant lié connaissance avec un des cuisiniers royaux,
il s'était laissé convaincre, en jeune homme qu'il était,
de venir voir les somptueux apprêts du dîner. 4 Introduit donc dans la cuisine, voyant, entre plusieurs autres
choses, huit sangliers à la broche, il s'étonna du nombre
de convives ; 5 le cuisinier se mit à rire et lui dit que les
convives n'étaient pas bien nombreux, douze personnes
environ, mais chaque mets devait être à point et donc
servi à la minute ; 6 or il se pouvait qu'Antoine demandât
à dîner sur-le-champ, ou dans peu de temps ; mais si
cela se trouvait, il se pouvait aussi qu'il le remît à plus
tard, parce qu'il avait demandé à boire ou s'était lancé
dans quelque conversation ; aussi n'était-ce pas un seul
souper, disait-il, mais plusieurs qu'on tenait prêts, faute
de pouvoir présumer de l'heure du service. 7 Voilà donc
ce que Philotas racontait. Dans la suite, disait-il, il était
devenu un des médecins du fils aîné d'Antoine, qu'il avait
eu de Fulvia[122], et il mangeait assez souvent à sa table
avec ses autres familiers quand celui-ci ne dînait pas avec
son père. 8 Un soir qu'il y avait au nombre des convives
un médecin présomptueux qui ennuyait ferme les dîneurs,
il lui cloua le bec par un sophisme de ce style : « il faut
donner de l'eau froide à celui qui a une certaine fièvre.

---

121. Il est connu en particulier par un décret honorifique de Delphes :
E. SAMAMA, *Les Médecins dans le monde grec ; sources épigraphiques
sur la naissance d'un corpus médical*, Genève, 2003, p. 165.

122. M. Antonius Antyllus était né à la fin de 47 ou en 46 et mourut
en 30 (81, 1 *infra*) ; il ne vécut à Alexandrie qu'à partir de 37.

πως πυρέττει · παντὶ ἄρα πυρέττοντι δοτέον ψυχρόν. »
9 Πληγέντος δὲ τοῦ ἀνθρώπου καὶ σιωπήσαντος,
ἠσθέντα τὸν παῖδα γελάσαι καὶ εἰπεῖν « Ταῦτ', ὦ
Φιλώτα, χαρίζομαι πάντα σοι », δείξαντα πολλῶν
τινων καὶ μεγάλων ἐκπωμάτων μεστὴν τράπεζαν. d
10 Αὐτοῦ δὲ τὴν μὲν προθυμίαν ἀποδεξαμένου,
πόρρω δ' ὄντος τοῦ νομίζειν ἐξουσίαν εἶναι παιδὶ
τηλικούτῳ δωρεῖσθαι τοσαῦτα, μετὰ μικρὸν ἁψάμενόν
τινα τῶν παίδων ἐν ἀγγείῳ τὰ ἐκπώματα προσφέρειν
καὶ σημήνασθαι κελεύειν. 11 Ἀφοσιουμένου δ' αὐτοῦ καὶ δεδοικότος λαβεῖν, « Τί, ὦ πόνηρε, » φάναι τὸν
ἄνθρωπον « ὀκνεῖς; οὐκ οἶδας ὡς ὁ διδοὺς Ἀντωνίου
παῖς ἐστιν, ᾧ τοσαῦτα πάρεστι χρυσᾶ χαρίσασθαι;
Ἐμοὶ μέντοι πειθόμενος πάντα διάμειψαι πρὸς ἀργύριον ἡμῖν · ἴσως γὰρ ἂν καὶ ποθήσειεν ὁ πατὴρ ἔνια
τῶν παλαιῶν ὄντα καὶ σπουδαζομένων κατὰ τὴν e
τέχνην ἔργων. » 12 Ταῦτα μὲν οὖν ἡμῖν ἔλεγεν ὁ
πάππος ἑκάστοτε διηγεῖσθαι τὸν Φιλώταν.

29. 1 Ἡ δὲ Κλεοπάτρα τὴν κολακείαν οὐχ, ὥσπερ
ὁ Πλάτων φησί, τετραχῇ, πολλαχῇ δὲ διελοῦσα, καὶ
σπουδῆς ἁπτομένῳ καὶ παιδιᾶς ἀεί τινα καινὴν ἡδονὴν
ἐπιφέρουσα καὶ χάριν, [ᾗ] διεπαιδαγώγει τὸν Ἀντώνιον οὔτε νυκτὸς οὔθ' ἡμέρας ἀνιεῖσα. 2 Καὶ γὰρ
συνεκύβευε καὶ συνέπινε καὶ συνεθήρευε καὶ γυμναζό-
μενον ἐν ὅπλοις ἐθεᾶτο, καὶ νύκτωρ προσισταμένῳ
θύραις καὶ θυρίσι δημοτῶν καὶ σκώπτοντι τοὺς ἔνδον
συνεπλανᾶτο καὶ συνήλυε, θεραπαινιδίου στολὴν
λαμβάνουσα. 3 Καὶ γὰρ ἐκεῖνος οὕτως ἐπειρᾶτο f

Or tout fiévreux a une certaine fièvre. Donc il faut donner
de l'eau froide à tout fiévreux. » 9 Comme l'autre, saisi,
restait sans voix, l'enfant, ravi, éclata de rire et dit : « Tout
cela, Philotas, je t'en fais cadeau », en montrant une table
couverte d'un monceau de grandes coupes. 10 Philotas
le remercia de sa bonne intention, mais il était loin de
croire qu'un enfant de cet âge pût faire des cadeaux d'un
tel prix. Peu après pourtant, un esclave lui apportait les
coupes attachées dans une grande corbeille et l'invitait
à y mettre son sceau. 11 Comme il y répugnait et craignait d'accepter : « Pourquoi, lui dit cet homme, hésites-
tu, malheureux ? Ignores-tu donc que celui qui te fait ce
don est le fils d'Antoine et qu'il peut t'en offrir autant
en or ? Cependant, si tu m'en crois, échange-nous le tout
contre de l'argent ; car il se pourrait que le père regrettât
quelques-unes de ces pièces qui sont anciennes et recher-
chées pour l'excellence de leur travail. » 12 Voilà ce que
mon grand-père nous disait avoir maintes fois entendu
raconter à Philotas.

29. 1 Cléopâtre, divisant la flatterie, non en quatre,
selon l'analyse de Platon, mais en mille, ne cessait
de présenter à Antoine, qu'il s'attachât à des affaires
sérieuses ou à des amusements, quelque plaisir, quelque
agrément nouveau et ainsi le menait comme un enfant[123],
ne le quittant ni jour ni nuit : 2 elle jouait aux dés avec lui,
buvait avec lui, chassait avec lui ; elle assistait à ses exercices militaires et la nuit, quand il s'arrêtait aux portes
ou aux fenêtres des habitants et lançait des brocards
aux gens de l'intérieur, elle courait les rues avec lui et
vagabondait avec lui, costumée en servante. 3 C'est que

---

123. Le verbe se trouvait déjà en 10, 6 avec Fulvia ; telle un
pédagogue, elle l'accompagne ici partout.

σκευάζειν ἑαυτόν. Ὅθεν ἀεὶ σκωμμάτων, πολλάκις δὲ καὶ πληγῶν ἀπολαύσας ἐπανήρχετο · τοῖς δὲ πλείστοις ἦν δι' ὑπονοίας. 4 Οὐ μὴν ἀλλὰ προσέχαιρον αὐτοῦ τῇ βωμολοχίᾳ καὶ συνέπαιζον οὐκ ἀρρύθμως οὐδ' ἀμούσως οἱ Ἀλεξανδρεῖς, ἀγαπῶντες καὶ λέγοντες ὡς τῷ τραγικῷ πρὸς τοὺς Ῥωμαίους χρῆται προσώπῳ, τῷ δὲ κωμικῷ πρὸς αὐτούς. 5 Τὰ μὲν οὖν πολλὰ τῶν τόθ' ὑπ' αὐτοῦ παιζομένων διηγεῖσθαι πολὺς ἂν εἴη 929 φλύαρος · ἐπεὶ δ' ἁλιεύων ποτὲ καὶ δυσαγρῶν ἤχθετο παρούσης τῆς Κλεοπάτρας, ἐκέλευσε τοὺς ἁλιεῖς ὑπονηξαμένους κρύφα τῷ ἀγκίστρῳ περικαθάπτειν ἰχθῦς τῶν προεαλωκότων, καὶ δὶς ἢ τρὶς ἀνασπάσας οὐκ ἔλαθε τὴν Αἰγυπτίαν. 6 Προσποιουμένη δὲ θαυμάζειν τοῖς φίλοις διηγεῖτο, καὶ παρεκάλει τῇ ὑστεραίᾳ γενέσθαι θεατάς. Ἐμβάντων δὲ πολλῶν εἰς τὰς ἁλιάδας καὶ τοῦ Ἀντωνίου τὴν ὁρμιὰν καθέντος, ἐκέλευσέ τινα τῶν αὐτῆς ὑποφθάσαντα καὶ προσνηξάμενον τῷ ἀγκίστρῳ περιπεῖραι Ποντικὸν τάριχος. 7 Ὡς δ' b ἔχειν πεισθεὶς ὁ Ἀντώνιος ἀνεῖλκε, γέλωτος, οἷον εἰκός, γενομένου, « Παράδος ἡμῖν » ἔφη « τὸν κάλαμον, αὐτόκρατορ, τοῖς Φαρίταις καὶ Κανωβίταις βασιλεῦσιν · ἡ δὲ σὴ θήρα πόλεις εἰσὶ καὶ βασιλεῖαι καὶ ἤπειροι. »

30. 1 Τοιαῦτα ληροῦντα καὶ μειρακιευόμενον τὸν Ἀντώνιον ἀγγελίαι δύο καταλαμβάνουσιν, ἡ μὲν ἀπὸ Ῥώμης, Λεύκιον τὸν ἀδελφὸν αὐτοῦ καὶ Φουλβίαν τὴν γυναῖκα πρῶτον ἀλλήλοις στασιάσαντας, εἶτα

---

124. Le tragique présente des personnages « supérieurs », pleins de grandeur et de dignité, la comédie des personnages « inférieurs » (*Poét.*, 48 a 16-18) : c'est l'aboutissement du goût d'Antoine pour les

lui aussi tâchait à se déguiser de même, si bien qu'il ne rentrait guère sans avoir récolté des quolibets et souvent même des coups ; la plupart des gens cependant soupçonnaient son identité. 4 Mais les Alexandrins s'amusaient de ses bouffonneries et s'associaient à ses jeux avec assez de finesse et d'esprit, disant complaisamment qu'Antoine prenait le masque tragique pour les Romains et pour eux le comique[124]. 5 Il serait bien vain de rapporter la plupart de ses blagues d'alors : je rappellerai seulement ce jour où, pêchant à la ligne sans rien prendre, ce qui le mortifiait devant Cléopâtre, il commanda aux pêcheurs d'aller discrètement sous l'eau attacher à son hameçon des poissons qu'ils avaient pris auparavant, et retira ainsi deux ou trois fois sa ligne chargée d'un poisson sans tromper l'Égyptienne. 6 Elle feignit l'admiration et en parla à ses amis, puis elle les invita à revenir le lendemain voir la pêche. Lorsqu'ils furent montés en grand nombre dans les barques des pêcheurs et qu'Antoine eut jeté sa ligne, elle commanda à un de ses gens de prendre les devants et d'aller sous l'eau attacher à l'hameçon un poisson salé du Pont. 7 Et quand Antoine, persuadé d'avoir un poisson, retira sa ligne, au milieu des rires qui, comme on pense, avaient éclaté, elle lui dit : « Laisse-nous la ligne, *Imperator*, à nous qui régnons sur Pharos et Canope : ta pêche à toi, ce sont cités, royaumes et continents. »

30. 1 Telles sont les sottes gamineries auxquelles Antoine passait son temps, quand il reçoit deux nouvelles : l'une, de Rome, lui mandait que Lucius, son frère, et Fulvia, sa femme, après s'être d'abord brouillés, avaient ensuite engagé la guerre contre César, qu'ils avaient

plaisanteries et sa tendance au déclassement ; et littérairement, l'image couronne les mentions récurrentes des divers mimes et acteurs dans l'entourage d'Antoine (9, 6-8, 21, 3 et 24, 2).

Καίσαρι πολεμήσαντας, ἀποβεβληκέναι τὰ πράγματα
καὶ φεύγειν ἐξ Ἰταλίας, 2 ἑτέρα δὲ ταύτης οὐδὲν
ἐπιεικεστέρα, Λαβιηνὸν ἐπάγοντα Πάρθους τὴν ἀπ' c
Εὐφράτου καὶ Συρίας ἄχρι Λυδίας καὶ Ἰωνίας Ἀσίαν
καταστρέφεσθαι. 3 Μόλις οὖν ὥσπερ ἐξυπνισθεὶς καὶ
ἀποκραιπαλήσας, ὥρμησε μὲν Πάρθοις ἐνίστασθαι
καὶ μέχρι Φοινίκης προῆλθε, Φουλβίας δὲ γράμματα
θρήνων μεστὰ πεμπούσης, ἐπέστρεψεν εἰς τὴν Ἰταλίαν,
ἄγων ναῦς διακοσίας. 4 Ἀναλαβὼν δὲ κατὰ πλοῦν
τῶν φίλων τοὺς πεφευγότας, ἐπυνθάνετο τοῦ πολέμου
τὴν Φουλβίαν αἰτίαν γεγονέναι, φύσει μὲν οὖσαν πο-
λυπράγμονα καὶ θρασεῖαν, ἐλπίζουσαν δὲ τῆς Κλεοπάτρας ἀπάξειν τὸν Ἀντώνιον, εἴ τι γένοιτο κίνημα περὶ
τὴν Ἰταλίαν. 5 Συμβαίνει δ' ἀπὸ τύχης καὶ Φουλ- d
βίαν πλέουσαν πρὸς αὐτὸν ἐν Σικυῶνι νόσῳ τελευτῆ-
σαι · διὸ καὶ μᾶλλον αἱ πρὸς Καίσαρα διαλλαγαὶ καιρὸν ἔσχον. 6 Ὡς γὰρ προσέμιξε τῇ Ἰταλίᾳ καὶ
Καῖσαρ ἦν φανερὸς ἐκείνῳ μὲν οὐθὲν ἐγκαλῶν, αὐτὸς
δ' ὧν ἐνεκαλεῖτο τὰς αἰτίας τῇ Φουλβίᾳ προστριβό-
μενος, οὐκ εἴων [δ'] ἐξελέγχειν οἱ φίλοι τὴν πρόφασιν,
ἀλλὰ διέλυον ἀμφοτέρους καὶ διῄρουν τὴν ἡγεμονίαν,
ὅρον ποιούμενοι τὸν Ἰόνιον, καὶ τὰ μὲν ἑῷα νέμοντες
Ἀντωνίῳ, τὰ δ' ἑσπέρια Καίσαρι, Λέπιδον δὲ Λιβύην
ἔχειν ἐῶντες, ὑπατεύειν δὲ τάξαντες, ὅτε μὴ δόξειεν
αὐτοῖς, φίλους ἑκατέρων παρὰ μέρος.

---

125. Sur le détail de la guerre de Pérouse, Dion Cassius, XLVIII,
4-16 et Freyburger-Roddaz 1994, p. xxxviii-lxxi.
126. Dion Cassius, XLVIII, 25 et Freyburger-Roddaz 1994, p. cxi.
127. Appien aussi souligne le mobile de la jalousie (*BC*, V, xix, 75).

perdu la partie et fui l'Italie[125] ; 2 l'autre, qui n'était pas plus engageante, lui apprenait que Labienus, à la tête des Parthes, envahissait l'Asie depuis l'Euphrate et la Syrie jusqu'à la Lydie et l'Ionie[126]. 3 Alors, comme tiré à grand-peine d'un long sommeil ou d'une profonde ivresse, il se lança d'abord contre les Parthes et s'avança jusqu'en Phénicie. Mais, ayant reçu de Fulvia une lettre éplorée, il fit demi-tour vers l'Italie avec une flotte de deux cents navires.   4 Durant la traversée, ayant recueilli ceux de ses amis qui s'étaient enfuis, il apprit que Fulvia avait été à l'origine de la guerre : déjà entreprenante et hardie de nature, elle espérait arracher Antoine des bras de Cléo-pâtre s'il se produisait quelque mouvement en Italie[127]. 5 Mais, sur ces entrefaites, il se trouva que Fulvia, en route pour le rejoindre, mourut de maladie à Sicyone[128], ce qui facilita la réconciliation avec César 6 car, dès qu'Antoine eut abordé en Italie, dès qu'on vit que César ne lui faisait aucun reproche, et que lui-même rejetait sur Fulvia tous les torts qu'on lui imputait, leurs amis, sans leur laisser le temps d'approfondir leurs sujets de mécontentement, les remirent en bonne intelligence et partagèrent entre eux l'empire avec la mer Ionienne pour borne, assignant à Antoine les provinces de l'Orient, à César celles de l'Oc-cident, et laissant l'Afrique à Lépide ; puis ils convinrent que, quand ils ne voudraient pas exercer eux-mêmes le consulat, ils y nommeraient à tour de rôle leurs amis[129].

---

128. Sur la mort de Fulvia et son incidence sur les accords de Brindes, Dion Cassius, XLVIII 28 et Appien, *BC*, V, LIX, 249-250 ; ce dernier donne plus de détails, *ibid.*, LII, 216-217 (les époux se revoient à Athènes), LV, 230 (il la laisse souffrante à Sicyone : entre les deux, LIV, 224-229 est consacré à Lucius Antonius, si effacé chez le biographe, et à une entrevue avec Octavien).

129. Ainsi est organisé le second triumvirat.

31. 1 Ταῦτ' ἔχειν καλῶς δοκοῦντα πίστεως ἐδεῖτο ε σφοδροτέρας, ἣν ἡ τύχη παρέσχεν. Ὀκταουία γὰρ ἦν ἀδελφὴ πρεσβυτέρα μέν, οὐχ ὁμομητρία δὲ Καίσαρι· ἐγεγόνει γὰρ ἐξ Ἀγχαρίας, ὁ δ' ὕστερον ἐξ Ἀτίας. 2 Ἔστεργε δ' ὑπερφυῶς τὴν ἀδελφήν, χρῆμα θαυμαστόν, ὡς λέγεται, γυναικὸς γενομένην. Αὕτη, Γαΐου Μαρκέλλου τοῦ γήμαντος αὐτὴν οὐ πάλαι τεθνηκότος, ἐχήρευεν. 3 Ἐδόκει δὲ καὶ Φουλβίας ἀποιχομένης χηρεύειν Ἀντώνιος, ἔχειν μὲν οὐκ ἀρνούμενος Κλεοπάτραν, γάμῳ δ' οὐχ ὁμολογῶν, ἀλλ' ἔτι τῷ λόγῳ περί γε τούτου πρὸς τὸν ἔρωτα τῆς Αἰγυπτίας μαχό- f μενος. 4 Τοῦτον ἅπαντες εἰσηγοῦντο τὸν γάμον, ἐλπίζοντες τὴν Ὀκταουίαν ἐπὶ κάλλει τοσούτῳ σεμνότητα καὶ νοῦν ἔχουσαν εἰς ταὐτὸν τῷ Ἀντωνίῳ παραγενομένην καὶ στερχθεῖσαν, ὡς εἰκὸς τοιαύτην γυναῖκα, πάντων πραγμάτων αὐτοῖς σωτηρίαν ἔσεσθαι καὶ σύγκρασιν. 5 Ὡς οὖν ἔδοξεν ἀμφοτέροις, ἀναβάντες εἰς Ῥώμην ἐπετέλουν τὸν Ὀκταουίας γάμον, οὐκ ἐῶντος μὲν νόμου πρὸ δέκα μηνῶν ἀνδρὸς τελευτήσαντος γαμεῖσθαι, τῆς δὲ συγκλήτου δόγματι τὸν 9³⁰ χρόνον ἐκείνοις ἀνείσης.

32. 1 Σέξτου δὲ Πομπηίου Σικελίαν μὲν ἔχοντος, Ἰταλίαν δὲ πορθοῦντος, λῃστρίσι δὲ ναυσὶ πολλαῖς, ὧν Μηνᾶς ὁ πειρατὴς καὶ Μενεκράτης ἦρχον, ἄπλουν τὴν θάλασσαν πεποιηκότος, Ἀντωνίῳ δὲ κεχρῆσθαι δοκοῦντος φιλανθρώπως (ὑπεδέξατο γὰρ αὐτοῦ τὴν μητέρα τῇ Φουλβίᾳ συνεκπεσοῦσαν), ἔδοξε καὶ πρὸς

---

130. Plutarque confond Octavie l'aînée qui est fille d'Ancharia, et Octavie (la Jeune), qui est aussi fille d'Attia.

31. 1 Ces accords, qui paraissaient bons, réclamaient une garantie plus solide que les circonstances leur fournirent. César avait une sœur, nommée Octavie, qui était son aînée et qui n'était pas de la même mère que lui : elle était fille d'Ancharia[130] et César était né plus tard d'Atia. 2 Il aimait singulièrement sa sœur qui fut, à ce qu'on dit, une merveille de femme. Or celle-ci venait de perdre son mari, Marcellus, et se trouvait donc veuve. 3 Depuis la mort de Fulvia, Antoine aussi passait pour veuf, car s'il ne niait point sa liaison avec Cléopâtre, il ne se reconnaissait pas comme marié avec elle : en parole il combattait encore, au moins sur ce point, son amour pour l'Égyptienne. 4 Tout le monde poussait à ce mariage, dans l'espérance qu'Octavie, qui joignait dignité et intelligence à une grande beauté[131], une fois unie à Antoine et forte de son affection, comme il était vraisemblable pour une telle femme, assurerait salut général et harmonie. 5 Ce projet agréé par l'un et l'autre, ils retournèrent à Rome et célébrèrent les noces d'Octavie, bien que la loi défendît de se remarier moins de dix mois après la mort du mari, mais un décret du Sénat les dispensa de ce délai[132].

32. 1 Comme Sextus Pompée occupait la Sicile, ravageait l'Italie et, avec un grand nombre de vaisseaux corsaires que commandaient le pirate Ménas et Ménécratès[133], avait rendu la mer impraticable à la navigation ; comme, par ailleurs, il semblait avoir eu un comportement plein d'humanité avec Antoine (il avait accueilli sa mère au moment où elle s'était enfuie de Rome avec Fulvia), ils

131. C'est « l'anti-portrait » de Cléopâtre et l'incarnation de la *dignitas* de la matrone romaine.

132. Le mariage eut lieu en octobre 40.

133. Velleius Paterculus (2, 73, 3) les présente comme des affranchis de son père Pompée.

τοῦτον διαλυθῆναι. 2 Καὶ συνῆλθον εἰς ταὐτὸν κατὰ τὴν ἐν Μισηνοῖς ἄκραν καὶ τὸ χῶμα, Πομπηίῳ μὲν τοῦ στόλου παρορμοῦντος, Ἀντωνίῳ δὲ καὶ b Καίσαρι τῶν πεζῶν παρακεκριμένων. 3 Ἐπεὶ δὲ συνέθεντο Πομπήιον ἔχοντα Σαρδόνα καὶ Σικελίαν καθαράν τε ληστηρίων παρέχειν τὴν θάλατταν καὶ σίτου τι τεταγμένον ἀποστέλλειν εἰς Ῥώμην, ἐκάλουν ἐπὶ δεῖπνον ἀλλήλους. Κληρουμένων δὲ πρῶτος ἑστιᾶν αὐτοὺς ἔλαχε Πομπήιος. 4 Ἐρομένου δ' αὐτὸν Ἀντωνίου ποῦ δειπνήσουσιν, « Ἐνταῦθα, » ἔφη δείξας τὴν στρατηγίδα ναῦν οὖσαν ἑξήρη, « πατρῷος γὰρ οἶκος αὕτη Πομπηίῳ λέλειπται. » Ταῦτα δ' εἰς τὸν Ἀντώνιον ὀνειδίζων ἔλεγεν, ἐπεὶ τὴν Πομπηίου τοῦ πατρὸς γενομένην οἰκίαν ἐκεῖνος εἶχεν. 5 Ὁρμίσας δὲ τὴν ναῦν ἐπ' ἀγκυρῶν καὶ διάβασίν τινα γεφυρώσας ἀπὸ τῆς ἄκρας, ἀνελάμβανεν αὐτοὺς προθύμως. 6 Ἀκμαζούσης δὲ τῆς συνουσίας καὶ τῶν εἰς Κλεοπάτραν καὶ Ἀντώνιον ἀνθούντων σκωμμάτων, Μηνᾶς c ὁ πειρατὴς τῷ Πομπηίῳ προσελθών, ὡς μὴ κατακούειν ἐκείνους « Βούλει » φησὶ « τὰς ἀγκύρας τῆς νεὼς ὑποτέμω καὶ ποιήσω σε μὴ Σικελίας καὶ Σαρδόνος, ἀλλὰ τῆς Ῥωμαίων κύριον ἡγεμονίας; » 7 Ὁ δὲ Πομπήιος ἀκούσας καὶ πρὸς αὐτῷ γενόμενος βραχὺν χρόνον « Ἔδει σε, » φησὶν « ὦ Μηνᾶ, τοῦτ' ἐμοὶ μὴ προειπόντα ποιῆσαι · νυνὶ δὲ τὰ παρόντα στέργωμεν · ἐπιορκεῖν γὰρ οὐκ ἐμόν. » 8 Οὗτος μὲν οὖν πάλιν ἀνθεστιαθεὶς ὑπ' ἀμφοτέρων εἰς τὴν Σικελίαν ἀπέπλευσεν.

134. L'interprétation de Plutarque rappelle 10, 3 et 21, 2-3 et transforme en blâme une plaisanterie, selon le récit de Dion Cassius, XLVIII, 38, 2 : « Bien qu'il [sc. Sextus] eût lancé une raillerie de manière fort plaisante contre Antoine, puisque celui-ci occupait la maison de son père

décidèrent de se réconcilier aussi avec lui. 2 Ils se réunirent sur le promontoire et le môle de Misène : Pompée y avait sa flotte à l'ancre et Antoine et César leurs armées de terre rangées en face. 3 Quand ils furent convenus que Pompée, maître de la Sardaigne et de la Sicile, devait purger la mer des pirates et envoyer à Rome une certaine quantité de blé, ils s'invitèrent mutuellement à dîner. Le tirage au sort auquel ils procédèrent désigna Pompée pour être le premier à les régaler. 4 Antoine lui ayant demandé où ils dîneraient : « Là, répondit Pompée en montrant son navire amiral à six rangs de rames, car c'est la seule maison paternelle qu'on ait laissée à Pompée. » C'était là un reproche fait à Antoine, puisque c'est lui qui occupait à Rome l'ancienne maison de Pompée, son père[134]. 5 Ayant donc mis son navire à l'ancre et jeté une passerelle du promontoire à son bord, il les accueillit avec empressement. 6 Au beau milieu de la réunion, alors que fusaient les railleries sur Antoine et Cléopâtre, le pirate Ménas s'approcha de Pompée et lui dit, de manière à n'être entendu que de lui : « Veux-tu que je coupe les câbles des ancres du navire et que je te rende maître non seulement de la Sicile et de la Sardaigne, mais de tout l'empire romain ? » 7 Pompée, à ces mots, réfléchit un petit moment en lui-même, puis répondit : « Il aurait fallu le faire sans m'en prévenir, Ménas. Maintenant, contentons-nous de ce que nous avons ; car le parjure n'est pas mon fait. » 8 Et après avoir été régalé à son tour par les deux autres, il remit le cap sur la Sicile.

dans les "Carènes" (il y a un quartier de Rome qui s'appelle ainsi) en disant qu'il recevait à dîner dans les carènes (car la même appellation vaut aussi pour les carènes des navires), il ne fit rien qui montrât du ressentiment à leur égard. »

33. 1 Ἀντώνιος δὲ μετὰ τὰς διαλύσεις Οὐεντίδιον
μὲν εἰς Ἀσίαν προὔπεμπε Πάρθοις ἐμποδὼν ἐσόμε-   d
νον τοῦ πρόσω χωρεῖν, αὐτὸς δὲ Καίσαρι χαριζόμενος
ἱερεὺς ἀπεδείχθη τοῦ προτέρου Καίσαρος · καὶ τἆλλα
κοινῶς καὶ φιλικῶς ἐν τοῖς πολιτικοῖς καὶ μεγίστοις
ἔπραττον. 2 Αἱ δὲ περὶ τὰς παιδιὰς ἅμιλλαι τὸν
Ἀντώνιον ἐλύπουν, ἀεὶ τοῦ Καίσαρος ἔλαττον φερόμενον. Ἦν γάρ τις ἀνὴρ σὺν αὐτῷ μαντικὸς ἀπ' Αἰγύπτου τῶν τὰς γενέσεις ἐπισκοπούντων, ὃς εἴτε Κλεοπάτρᾳ
χαριζόμενος, εἴτε χρώμενος ἀληθείᾳ πρὸς τὸν Ἀντώνιον ἐπαρρησιάζετο, λέγων τὴν τύχην αὐτοῦ λαμπροτάτην οὖσαν καὶ μεγίστην ὑπὸ τῆς Καίσαρος ἀμαυροῦσ-
θαι, καὶ συνεβούλευε πορρωτάτω τοῦ νεανίσκου
ποιεῖν ἑαυτόν. 3 « Ὁ γὰρ σὸς » ἔφη « δαίμων τὸν   e
τούτου φοβεῖται · καὶ γαῦρος ὢν καὶ ὑψηλὸς ὅταν ᾖ
καθ' ἑαυτόν, ὑπ' ἐκείνου γίνεται ταπεινότερος ἐγγίσαν-
τος καὶ ἀγεννέστερος. » 4 Καὶ μέντοι τὰ γινόμενα
τῷ Αἰγυπτίῳ μαρτυρεῖν ἐδόκει. Λέγεται γὰρ ὅτι κληρουμένων μετὰ παιδιᾶς ἐφ' ὅτῳ τύχοιεν ἑκάστοτε καὶ
κυβευόντων ἔλαττον ἔχων ὁ Ἀντώνιος ἀπῄει. Πολλάκις
δὲ συμβαλόντων ἀλεκτρυόνας, πολλάκις δὲ μαχίμους
ὄρτυγας, ἐνίκων οἱ Καίσαρος. 5 Ἐφ' οἷς ἀνιώμενος
ἀδήλως ὁ Ἀντώνιος καὶ μᾶλλόν τι τῷ Αἰγυπτίῳ
προσέχων, ἀπῆρεν ἐκ τῆς Ἰταλίας, ἐγχειρίσας Καίσαρι τὰ οἰκεῖα · τὴν δ' Ὀκταουίαν ἄχρι τῆς Ἑλλάδος
ἐπήγετο, θυγατρίου γεγονότος αὐτοῖς. 6 Διαχει-   f
μάζοντι δ' αὐτῷ περὶ Ἀθήνας ἀπαγγέλλεται τὰ πρῶτα
τῶν Οὐεντιδίου κατορθωμάτων, ὅτι μάχῃ τοὺς Πάρθους κρατήσας Λαβιηνὸν ἀπεκτόνοι καὶ Φρανιπάτην
ἡγεμονικώτατον τῶν Ὀρώδου βασιλέως στρατηγῶν.
7 Ἐπὶ τούτοις εἱστία τοὺς Ἕλληνας, ἐγυμνασιάρχει 931

33. 1 Après ces accords, Antoine envoya Ventidius en avant en Asie pour arrêter les progrès des Parthes ; et lui-même, pour complaire à César, consentit à être nommé prêtre du premier César[135]. Dès lors ils traitèrent en commun et amicalement les affaires politiques les plus importantes, 2 mais quand ils se mesuraient au jeu, Antoine avait toujours le désagrément de se voir vaincu par César. Or il avait avec lui un devin d'Égypte, de ceux qui tirent l'horoscope ; cet homme, soit qu'il voulût complaire à Cléopâtre, soit qu'il parlât à Antoine avec sincérité, lui déclarait sans ambages que sa Fortune, toute grande, toute éclatante qu'elle était, était éclipsée par celle de César et il lui conseillait de mettre le plus de distance possible entre le jeune homme et lui : 3 « Ton Génie, disait-il, tremble devant le sien : fier et hautain quand il est seul, il devient devant le sien plus modeste et plus humble[136]. » 4 Et véritablement ce qui se passait semblait témoigner en faveur de l'Égyptien car, toutes les fois, dit-on, qu'Antoine s'amusait à tirer quelque chose au sort ou à jouer aux dés, il en sortait vaincu. Dans les fréquents combats de cailles ou de coqs, la victoire revenait à ceux de César. 5 Secrètement blessé par ces échecs, Antoine commençait à écouter davantage l'Égyptien et il quitta l'Italie, laissant ses affaires personnelles aux mains de César ; il emmenait avec lui jusqu'en Grèce Octavie, dont il avait eu une fille. 6 Il passait l'hiver à Athènes quand on lui annonce les premiers succès de Ventidius, qui avait défait les Parthes en bataille rangée et tué Labienus ainsi que Phranipatès, le meilleur des généraux du roi Orodès. 7 À cette occasion, il offrit aux

135. C'est-à-dire flamine du culte du divin Jules ; il avait été désigné apparemment dès 44, mais l'inauguration n'eut lieu qu'alors.
136. Même mot in *De Fort. Rom.*, 319 E-320 A.

δ' Ἀθηναίοις, καὶ τὰ τῆς ἡγεμονίας παράσημα καταλιπὼν οἴκοι, μετὰ τῶν γυμνασιαρχικῶν ῥάβδων ἐν
ἱματίῳ καὶ φαικασίοις προῄει καὶ διαλαμβάνων τοὺς
νεανίσκους ἐτραχήλιζεν.

34. 1 Ἐξιέναι δὲ μέλλων ἐπὶ τὸν πόλεμον, ἀπὸ
τῆς ἱερᾶς ἐλαίας στέφανον ἔλαβε, καὶ κατά τι λόγιον
ἀπὸ τῆς Κλεψύδρας ὕδατος ἐμπλησάμενος ἀγγεῖον
ἐκόμιζεν. 2 Ἐν τούτῳ δὲ Πάκορον τὸν ⟨τοῦ⟩ βασιλέως παῖδα μεγάλῳ στρατῷ Πάρθων αὖθις ἐπὶ Συρίαν
ἐλαύνοντα συμπεσὼν Οὐεντίδιος ἐν τῇ Κυρρηστικῇ
τρέπεται, καὶ διαφθείρει παμπόλλους, ἐν πρώτοις
Πακόρου πεσόντος. 3 Τοῦτο τὸ ἔργον ἐν τοῖς ἀοιδι-
μωτάτοις γενόμενον Ῥωμαίοις τε τῶν κατὰ Κράσσον   b
ἀτυχημάτων ἔκπλεω ποινὴν παρέσχε, καὶ Πάρθους
αὖθις εἴσω Μηδίας καὶ Μεσοποταμίας συνέστειλε,
τρισὶ μάχαις ἐφεξῆς κατὰ κράτος ἡττημένους. 4 Οὐεντίδιος δὲ Πάρθους μὲν προσωτέρω διώκειν ἀπέγνω,
φθόνον Ἀντωνίου δείσας, τοὺς δ' ἀφεστῶτας ἐπιὼν
κατεστρέφετο καὶ τὸν Κομμαγηνὸν Ἀντίοχον ἐν
πόλει Σαμοσάτοις ἐπολιόρκει. 5 Δεομένου δὲ χίλια
τάλαντα δοῦναι καὶ ποιεῖν Ἀντωνίῳ τὸ προστατό-
μενον, ἐκέλευε πέμπειν πρὸς Ἀντώνιον. 6 Ἤδη γὰρ
ἐγγὺς ἦν ἐπιών, καὶ τὸν Οὐεντίδιον οὐκ εἴα σπένδεσθαι
τῷ Ἀντιόχῳ, βουλόμενος ἕν γε τοῦτο τῶν ἔργων
ἐπώνυμον αὐτοῦ γενέσθαι καὶ μὴ πάντα διὰ Οὐεντιδίου   c
κατορθοῦσθαι. 7 Τῆς δὲ πολιορκίας μῆκος λαμβα-
νούσης καὶ τῶν ἔνδον, ὡς ἀπέγνωσαν τὰς διαλύσεις,

137. Sur ces fonctions, Fontani 1999 ; voir aussi Habicht 1999,
p. 395-396.

Grecs des banquets et se chargea à Athènes de la fonction de gymnasiarque[137] : laissant chez lui les insignes du
commandement, il s'avançait en manteau et en sandales
blanches avec la baguette du gymnasiarque et il séparait
les jeunes gens en les attrapant par le cou.

34. 1 Sur le point de partir à la guerre, il prit une
couronne à l'olivier sacré et, pour obéir à quelque oracle,
il remplit un vase d'eau de la Clepsydre et l'emporta
avec lui[138]. 2 Pendant ce temps, Ventidius, tombant sur
Pacoros, le fils du roi, qui marchait à nouveau contre la
Syrie à la tête d'une puissante armée parthe, le met en
déroute dans la Cyrrhestique et fait beaucoup de morts, au
nombre desquels Pacoros tomba dans les premiers. 3 Cet
exploit, parmi les plus fameux, procura aux Romains une
vengeance complète des malheurs du temps de Crassus,
et refoula les Parthes à l'intérieur de la Médie et de la
Mésopotamie, après qu'ils eurent été vaincus de vive
force dans trois combats consécutifs. 4 Mais Ventidius
renonça à poursuivre les Parthes plus loin de peur d'exciter la jalousie d'Antoine : il se borna à aller soumettre
ceux qui avaient fait défection et il assiégea Antiochos de
Commagène dans la ville de Samosate. 5 Comme celui-
ci offrait mille talents et promettait d'obéir aux ordres
d'Antoine, il l'invita à envoyer faire des propositions
à Antoine, 6 qui déjà était tout proche dans sa marche
et n'entendait pas laisser Ventidius faire la paix avec
Antiochos, pour qu'il y eût au moins là une action qui
portât son nom et que tous les succès ne fussent pas dus
à Ventidius. 7 Mais comme le siège traînait en longueur
et comme les assiégés, ayant perdu tout espoir d'accom-

---

138. Ces dévotions à Athéna contrastent avec l'attitude de son
parèdre Démétrios.

πρὸς ἀλκὴν τραπομένων, πράττων οὐδέν, ἐν αἰσχύνῃ
δὲ καὶ μεταγνώσει γενόμενος, ἀγαπητῶς ἐπὶ τριακοσίοις
σπένδεται ταλάντοις πρὸς τὸν Ἀντίοχον · 8 καὶ μικρὰ τῶν ἐν Συρίᾳ καταστησάμενος εἰς Ἀθήνας ἐπαν-
ῆλθε, καὶ τὸν Οὐεντίδιον οἷς ἔπρεπε τιμήσας ἔπεμψεν
ἐπὶ τὸν θρίαμβον. 9 Οὗτος ἀπὸ Πάρθων ἄχρι δεῦρο
τεθριάμβευκε μόνος, ἀνὴρ γένει μὲν ἀφανής, ἀπολαύσας δὲ τῆς Ἀντωνίου φιλίας τὸ λαβεῖν ἀφορμὰς
πράξεων μεγάλων, αἷς κάλλιστα χρησάμενος ἐβε-   d
βαίωσε τὸν περὶ Ἀντωνίου λεγόμενον καὶ Καίσαρος
λόγον, ὡς εὐτυχέστεροι δι' ἑτέρων ἦσαν ἢ δι' αὑτῶν
στρατηγεῖν. 10 Καὶ γὰρ Σόσσιος Ἀντωνίου στρα-
τηγὸς ἐν Συρίᾳ πολλὰ διεπράττετο, καὶ Κανίδιος
ἀπολειφθεὶς ὑπ' αὐτοῦ περὶ Ἀρμενίαν, τούτους τε
νικῶν καὶ τοὺς Ἰβήρων καὶ Ἀλβανῶν βασιλέας ἄχρι
τοῦ Καυκάσου προῆλθεν. Ἀφ' ὧν ἐν τοῖς βαρβάροις
ὄνομα καὶ κλέος ηὔξετο τῆς Ἀντωνίου δυνάμεως.

35. 1 Αὐτὸς δὲ πάλιν ἔκ τινων διαβολῶν παρ-
οξυνθεὶς πρὸς Καίσαρα, ναυσὶ τριακοσίαις ἔπλει πρὸς
τὴν Ἰταλίαν · οὐ δεξαμένων δὲ τῶν Βρεντεσινῶν τὸν
στόλον εἰς Τάραντα περιώρμισεν. 2 Ἐνταῦθα τὴν   e
Ὀκταουίαν (συνέπλει γὰρ ἀπὸ τῆς Ἑλλάδος αὐτῷ)
δεηθεῖσαν ἀποπέμπει πρὸς τὸν ἀδελφόν, ἔγκυον μὲν
οὖσαν, ἤδη δὲ καὶ δεύτερον ἐξ αὐτοῦ θυγάτριον ἔχουσαν. 3 Ἡ δ' ἀπαντήσασα καθ' ὁδὸν Καίσαρι καὶ

---

139. Sur ces campagnes, présentées ici hors contexte, Dion Cassius,
XLIX, 24, 1 et FREYBURGER-RODDAZ 1994, p. CXXXVI – les Ibères dont il
est question ici occupent l'actuelle Géorgie.

140. La pomme de discorde, que ne précise pas Plutarque, est la
guerre de Sicile contre Sextus Pompée ; Appien, V, 93, suggère au
contraire que ses vaisseaux étaient un renfort pour Octavien et tait le

modement, avaient résolu de se défendre, Antoine, faute
d'arriver à rien, fut pris de honte et de repentir et se trouva
trop heureux de conclure la paix avec Antiochos pour trois
cents talents. 8 Après avoir réglé en Syrie quelques affaires
peu importantes, il retourna à Athènes et, ayant rendu à
Ventidius les honneurs qui convenaient, il l'envoya à Rome
pour le triomphe. 9 C'est, jusqu'à nos jours, le seul général
romain à avoir triomphé des Parthes : de naissance obscure,
il dut à l'amitié d'Antoine l'occasion de se signaler par des
actions d'éclat, et il sut si bien en profiter qu'il confirma le
mot qu'on disait d'Antoine comme de César, qu'ils étaient
plus heureux quand ils faisaient la guerre par leurs lieutenants que quand ils la faisaient en personne. 10 Et en
effet Sossius, lieutenant d'Antoine, remporta de grands
succès en Syrie, et Canidius, qu'il avait laissé en Arménie,
vainquit les Arméniens ainsi que le roi des Ibères et des
Albans et s'avança jusqu'au Caucase[139] : tous exploits qui
augmentèrent, parmi les barbares, la gloire et le renom de
la puissance d'Antoine.

35. 1 Lui-même, irrité de nouveau contre César par
certains rapports calomnieux, cingla vers l'Italie avec
trois cents vaisseaux[140]. Les habitants de Brindes ayant
refusé l'entrée de leur port à sa flotte, il alla mouiller à
Tarente. 2 Là, Octavie (elle était venue de Grèce avec lui)
est, sur sa demande, envoyée à son frère ; elle était alors
enceinte après lui avoir déjà donné une seconde fille[141].
3 Elle alla donc à la rencontre de César sur la route, ayant

---

refus du port de Brindes, pour voir dans les atermoiements de ce dernier
et l'attente de troupes italiennes par Antoine la cause de la brouille que
règle l'intervention d'Octavie.

141. Plutarque semble se tromper, Octavie est alors enceinte de sa
seconde fille, Antonia Minor – Appien, *BC*,V, 95, 399, indique qu'Antoine laisse Octavie « avec la fille qu'ils avaient déjà ».

παραλαβοῦσα τῶν ἐκείνου φίλων Ἀγρίππαν καὶ
Μαικήναν, ἐνετύγχανε πολλὰ ποτνιωμένη καὶ πολλὰ
δεομένη μὴ περιδεῖν αὐτὴν ἐκ μακαριωτάτης γυναικὸς ἀθλιωτάτην γενομένην. 4 Νῦν μὲν γὰρ ἅπαντας
ἀνθρώπους εἰς αὐτὴν ἀποβλέπειν αὐτοκρατόρων δυεῖν,
τοῦ μὲν γυναῖκα, τοῦ δ᾽ ἀδελφὴν οὖσαν · « Εἰ δὲ τὰ   f
χείρω κρατήσειεν » ἔφη « καὶ γένοιτο πόλεμος, ὑμῶν
μὲν ἄδηλον ὅτῳ κρατεῖν ἢ κρατεῖσθαι πέπρωται, τὰ
ἐμὰ δ᾽ ἀμφοτέρως ἄθλια. » 5 Τούτοις ἐπικλασθεὶς ὁ
Καῖσαρ ἧκεν εἰρηνικῶς εἰς Τάραντα, καὶ θέαμα κάλ-
λιστον οἱ παρόντες ἐθεῶντο, πολὺν μὲν ἐκ γῆς στρατὸν
ἡσυχάζοντα, πολλὰς δὲ ναῦς ἀτρέμα πρὸς τοῖς αἰγια-
λοῖς ἐχούσας, αὐτῶν δὲ καὶ φίλων ἀπαντήσεις καὶ
φιλοφροσύνας. 6 Εἱστία δ᾽ Ἀντώνιος πρότερος, καὶ
τοῦτο τῇ ἀδελφῇ Καίσαρος δόντος. 7 Ἐπεὶ δ᾽ ὡμο-
λόγητο Καίσαρα μὲν Ἀντωνίῳ δοῦναι δύο τάγματα 932
πρὸς τὸν Παρθικὸν πόλεμον, Ἀντώνιον δὲ Καίσαρι
χαλκεμβόλους ἑκατόν, Ὀκταουία τῶν ὡμολογημένων
χωρὶς ᾐτήσατο τῷ μὲν ἀδελφῷ παρὰ τοῦ ἀνδρὸς εἴκοσι
μυοπάρωνας, τῷ δ᾽ ἀνδρὶ παρὰ τοῦ ἀδελφοῦ στρατιώτας χιλίους. 8 Οὕτω δ᾽ ἀλλήλων διακριθέντες, ὁ μὲν
εὐθὺς εἴχετο τοῦ πρὸς Πομπήιον πολέμου, Σικελίας
ἐφιέμενος, Ἀντώνιος δ᾽ Ὀκταουίαν μετὰ τῶν ἐξ ἐκείνης
καὶ τοὺς ἐκ Φουλβίας παῖδας αὐτῷ παρακαταθέμενος
εἰς τὴν Ἀσίαν ἀπεπέρασεν.

pris avec elle deux de ses amis à lui, Agrippa et Mécène, et au cours de leur entrevue, multiplia les prières, multiplia les supplications, afin qu'il ne la laissât pas devenir, de la plus heureuse des femmes qu'elle était, la plus malheureuse. 4 À cette heure le monde entier avait les yeux fixés sur elle, femme d'un des deux maîtres du monde et sœur de l'autre. « Or, si le pire venait à l'emporter, poursuivait-elle, et que la guerre s'allumât, pour vous, on ne sait à qui le destin réserve la victoire ou la défaite mais, pour moi, dans les deux cas, il n'y a que malheur.[142] » 5 César, attendri par ces mots, se rendit à Tarente dans des dispositions pacifiques et c'était un magnifique spectacle pour l'assistance que de contempler, sur terre, une nombreuse armée immobile, et, près du rivage, une flotte puissante qui ne bougeait pas, tandis que les chefs et leurs amis se rencontraient en de cordiales entrevues[143]. 6 Antoine fut le premier à recevoir à dîner César, qui avait concédé aussi cela à sa sœur. 7 Après qu'ils furent convenus que César donnât à Antoine deux légions pour la guerre contre les Parthes et Antoine cent navires à éperon de bronze à César, Octavie demanda en outre à son mari vingt navires légers pour son frère, et à son frère mille hommes pour son mari. 8 Les deux hommes s'étant séparés sur cet accord, César se mit aussitôt à la guerre contre Pompée pour reconquérir la Sicile et Antoine, après lui avoir confié Octavie avec ses deux enfants, ainsi que ceux qu'il avait eus de Fulvia, reprit la route de l'Asie.

---

142. À comparer à Appien V 93 (Appendice, p. 220-221) ; sur ce type d'intervention féminine, L. GOESSLER, *Plutarchs Gedanken über die Ehe*, Zürich, 1962.

143. On n'a rien de cette superbe mise en scène (qui répond au Cydnos ?) chez Appien (Appendice, p. 221-222).

36. 1 Εὕδουσα δ' ἡ δεινὴ συμφορὰ χρόνον πολύν, ὁ Κλεοπάτρας ἔρως, δοκῶν κατευνάσθαι καὶ κατα- κεκηλῆσθαι τοῖς βελτίοσι λογισμοῖς, αὖθις ἀνέλαμπε καὶ ἀνεθάρρει Συρίᾳ πλησιάζοντος αὐτοῦ. 2 Καὶ τέ- b λος, ὥσπερ φησὶν ὁ Πλάτων τὸ δυσπειθὲς καὶ ἀκό- λαστον τῆς ψυχῆς ὑποζύγιον, ἀπολακτίσας τὰ καλὰ καὶ σωτήρια πάντα, Καπίτωνα Φοντήιον ἔπεμψεν ἄξοντα Κλεοπάτραν εἰς Συρίαν. 3 Ἐλθούσῃ δὲ χαρίζεται καὶ προστίθησι μικρὸν οὐδὲν οὐδ' ὀλίγον, ἀλλὰ Φοινίκην, Κοίλην Συρίαν, Κύπρον, Κιλικίας πολλήν · ἔτι δὲ τῆς τ' Ἰουδαίων τὴν τὸ βάλσαμον φέρουσαν καὶ τῆς Ναβαταίων Ἀραβίας ὅση πρὸς τὴν ἐκτὸς ἀποκλίνει θάλασσαν. 4 Αὗται μάλιστα Ῥω- μαίους ἠνίασαν αἱ δωρεαί. Καίτοι πολλοῖς ἐχαρίζετο τετραρχίας καὶ βασιλείας ἐθνῶν μεγάλων, ἰδιώταις c οὖσι, πολλοὺς δ' ἀφῃρεῖτο βασιλείας, ὡς Ἀντίγονον τὸν Ἰουδαῖον, ὃν καὶ προαγαγὼν ἐπελέκισεν, οὐδενὸς πρότερον ἑτέρου βασίλεως οὕτω κολασθέντος. Ἀλλὰ τὸ αἰσχρὸν ἦν τῶν Κλεοπάτρας τιμῶν ἀνιαρότατον. 5 Ηὔξησε δὲ τὴν διαβολὴν παῖδας ἐξ αὐτῆς διδύμους ἀνελόμενος καὶ προσαγορεύσας τὸν μὲν Ἀλέξανδρον, τὴν δὲ Κλεοπάτραν, ἐπίκλησιν δὲ τὸν μὲν Ἥλιον, τὴν δὲ Σελήνην. 6 Οὐ μὴν ἀλλ' ἀγαθὸς ὢν ἐγκαλλω-

---

144. *Phaedr.*, 254 a-e (où le *nous*-cocher réussit au contraire à maîtriser le cheval) ; passage à comparer à 25, 1.
145. Ces cadeaux reconstituaient l'empire lagide tel qu'il était à son apogée, sous Philadelphe ; FREYBURGER-RODDAZ 1994, p. cxxv, soulignent aussi que ces régions qui sont soit côtières, soit boisées, pouvaient fournir la matière nécessaire à la construction navale tout en donnant satisfaction à la reine dans son conflit avec Hérode.

36. 1 Mais la funeste calamité en sommeil depuis un bon moment, l'amour pour Cléopâtre, qui semblait endormi et comme charmé par de plus sages raisonnements, reprit éclat et audace au fur et à mesure qu'il approchait de la Syrie 2 et, à la fin, ayant – comme le dit Platon du coursier indocile et intempérant de l'âme[144]– jeté bas toute pensée noble et salutaire, il envoya Fonteius Capito pour ramener Cléopâtre en Syrie. 3 À son arrivée, il la comble de cadeaux et lui attribue des présents qui n'avaient rien de chiche ni de mesquin : la Phénicie, la Cœlé-Syrie, Chypre et une grande partie de la Cilicie, et encore la province de Judée qui produit le baume et toute la partie de l'Arabie des Nabatéens qui touche à la mer Extérieure[145]. 4 Ce furent là les dons qui affligèrent au plus haut point les Romains, et cependant il gratifiait de tétrarchies et de vastes royaumes bien des gens qui n'étaient que de simples particuliers ; beaucoup à l'inverse étaient dépouillés de leur royaume, entre autres Antigonos le Juif, qu'il fit même décapiter publiquement, supplice que jusque-là aucun roi n'avait jamais subi[146]. Mais ce qui affligeait le plus les Romains, c'était la honte des honneurs prodigués à Cléopâtre. 5 Il augmenta encore son discrédit en reconnaissant les jumeaux qu'elle lui avait donnés et en nommant l'un, Alexandre, et l'autre, Cléopâtre, avec comme surnoms, Hélios pour l'un et Séléné pour l'autre[147]. 6 Et cependant

---

146. Dion Cassius, XLIX, 22 – Antigonos, fils d'Aristobule II (*supra* 3, 3), était le dernier représentant de la dynastie asmonéenne et avait été installé sur le trône par les Parthes.

147. Sur le problème de datation posé par la reconnaissance des enfants et le mariage avec Cléopâtre (mentionné par Plutarque dans la *Comp. Demetr.-Ant.*, 1, 5, citée en Appendice), sans doute contemporain (en 37-36 ?), FREYBURGER-RODDAZ 1994, p. CXXVI-CXXVI.

πίσασθαι τοῖς αἰσχροῖς, ἔλεγε τῆς μὲν Ῥωμαίων
ἡγεμονίας οὐ δι' ὧν λαμβάνουσιν, ἀλλ' ἐν οἷς χαρί-
ζονται φαίνεσθαι τὸ μέγεθος · διαδοχαῖς δὲ καὶ τεκνώ-
σεσι πολλῶν βασιλέων πλατύνεσθαι τὰς εὐγενείας.
7 Οὕτω γοῦν ὑφ' Ἡρακλέους τεκνωθῆναι τὸν αὑτοῦ
πρόγονον, οὐκ ἐν μιᾷ γαστρὶ θεμένου τὴν διαδοχὴν   d
οὐδὲ νόμους Σολωνείους καὶ κυήσεως εὐθύνας δεδοικότος, ἀλλὰ τῇ φύσει πολλὰς γενῶν ἀρχὰς καὶ κα-
ταβολὰς ἀπολιπεῖν ἐφιέντος.

37. 1 Ἐπεὶ δὲ Φραάτου κτείναντος Ὀρώδην τὸν
πατέρα καὶ τὴν βασιλείαν κατασχόντος, ἄλλοι τε
Πάρθων ἀπεδίδρασκον οὐκ ὀλίγοι, καὶ Μοναίσης, ἀνὴρ
ἐπιφανὴς καὶ δυνατός, ἧκε φεύγων πρὸς Ἀντώνιον,
τὰς μὲν ἐκείνου τύχας ταῖς Θεμιστοκλέους εἰκάσας,
περιουσίαν δὲ τὴν ἑαυτοῦ καὶ μεγαλοφροσύνην τοῖς

Περσῶν βασιλεῦσι παραβαλών, ἐδωρήσατο τρεῖς πόλεις αὐτῷ Λάρισσαν καὶ Ἀρέθουσαν καὶ Ἱερὰν πόλιν,   e
ἣν Βαμβύκην πρότερον ἐκάλουν. 2 Τοῦ δὲ Πάρθων
βασιλέως τῷ Μοναίσῃ δεξιὰν καταπέμψαντος, ἄσμενος
αὐτὸν ἀπέστειλεν ὁ Ἀντώνιος, ἐξαπατᾶν μὲν ἐγνωκὼς
τὸν Φραάτην ὡς εἰρήνης ἐσομένης, ἀξιῶν δὲ τὰς
ἁλούσας ἐπὶ Κράσσου σημαίας καὶ τῶν ἀνδρῶν ἀπολαβεῖν τοὺς περιόντας. 3 Αὐτὸς δὲ Κλεοπάτραν εἰς

148. *Supra* 4, 2.
149. *Solon* 22, 4 mentionne, d'après Héraclide du Pont, une loi
selon laquelle l'homme qui avait eu des enfants hors mariage, ne
pouvait prétendre être nourri par eux, dont la naissance était par sa
faute objet d'opprobre. C'est à quoi songe peut-être Plutarque dans
une phrase bâtie de manière plus générale sur l'opposition entre loi,
imposée dans la cité humaine, et nature, que suit seule un héros comme
Héraclès

comme il excellait à enjoliver les actions honteuses, il disait que la grandeur de l'empire romain ne paraissait pas tant dans leurs conquêtes que dans leurs libéralités et que la noblesse du sang se propageait par les successions et la procréation de nombreux rois. 7 C'était bien ainsi que le premier auteur de sa race avait été engendré par Héraclès[148] qui n'avait pas fait assurer sa descendance par un seul ventre et, n'ayant pas à craindre de lois soloniennes[149] ni le contrôle des grossesses, s'en était remis à la nature pour laisser après lui les semences et les souches de multiples lignées.

37. 1 Après que Phraate eut tué son père Orodès et se fut emparé du trône, un nombre non négligeable de Parthes s'enfuirent, entre autres Monaisès, un homme illustre et puissant, qui vint se réfugier auprès d'Antoine, lequel, rapprochant ses vicissitudes de celles de Thémistocle et mettant sa propre munificence et sa magnanimité en balance avec celles des rois de Perse, lui fit présent de trois cités : Larissa, Aréthuse et Hiérapolis, l'ancienne Bambycè[150]. 2 Et lorsque le roi des Parthes eut donné des assurances[151] à Monaisès, Antoine le laissa partir volontiers[152], bien décidé à berner Phraate en lui faisant miroiter des espoirs de paix et en ne lui demandant que la restitution des enseignes prises à Crassus et des prisonniers survivants. 3 Lui-même, ayant renvoyé Cléopâtre

---

150. Ce sont trois cités de la Syrie actuelle : Larissa (Shaizar) et Aréthuse (Rastane) sont sur l'Oronte, Hiérapolis (Manbij) se trouve sur la rive droite de l'Euphrate, dans le gouvernorat d'Alep ; son temple avait été pillé par Crassus en 53 (*Cras.*, 17, 9-10).

151. L'emploi métonymique de δεξίαν dans cette expression est le premier écho de Xénophon dans ce qui va devenir « l'Anabase » parthique (cf. *Anab.*, 1, 1, 6 ; 2, 4, 1 et 7, 3, 1).

152. La version de Dion Cassius insiste sur la colère d'Antoine, XLIX, 24, 4-5.

Αἴγυπτον ἀποπέμψας, ἐχώρει δι' 'Αραβίας καὶ 'Αρμενίας, ὅπου συνελθούσης αὐτῷ τῆς δυνάμεως καὶ τῶν
συμμάχων βασιλέων (πάμπολλοι δ' ἦσαν οὗτοι, μέ-
γιστος δὲ πάντων ὁ τῆς 'Αρμενίας 'Αρταουάσδης,
ἑξακισχιλίους ἱππεῖς καὶ πεζοὺς ἑπτακισχιλίους παρ-
έχων) ἐξήτασε τὸν στρατόν. 4 Ἦσαν δὲ 'Ρωμαίων
μὲν αὐτῶν ἑξακισμύριοι πεζοὶ καὶ τὸ 'Ρωμαίοις συντε-   f
ταγμένον ἱππικόν, 'Ιβήρων καὶ Κελτῶν μύριοι, τῶν
δ' ἄλλων ἐθνῶν ἐγένοντο τρεῖς μυριάδες σὺν ἱππεῦσιν
ὁμοῦ καὶ ψιλοῖς. 5 Τοσαύτην μέντοι παρασκευὴν
καὶ δύναμιν, ἣ καὶ τοὺς πέραν Βάκτρων 'Ινδοὺς ἐφόβησε καὶ πᾶσαν ἐκράδανε τὴν 'Ασίαν, ἀνόνητον αὐτῷ 933
διὰ Κλεοπάτραν γενέσθαι λέγουσι. 6 Σπεύδοντα γὰρ
ἐκείνῃ συνδιαχειμάσαι, τὸν πόλεμον ἐξενεγκεῖν πρὸ
καιροῦ καὶ πᾶσι χρήσασθαι τεταραγμένως, οὐκ ὄντα
τῶν ἑαυτοῦ λογισμῶν, ἀλλ' ὑπὸ φαρμάκων τινῶν ἢ
γοητείας παπταίνοντα πρὸς ἐκείνην ἀεί, καὶ πρὸς τὸ
τάχιον ἐπανελθεῖν μᾶλλον ἢ πρὸς τὸ κρατῆσαι τῶν
πολεμίων γενόμενον.

38. 1 Πρῶτον μὲν οὖν αὐτοῦ δέον ἐν 'Αρμενίᾳ
διαχειμάσαι καὶ διαναπαῦσαι τὸν στρατόν, ὀκτακισχι-
λίων σταδίων ἀποτετρυμένον πορείᾳ, καὶ πρὶν ἢ
κινεῖν ἐκ τῶν χειμαδίων Πάρθους ἔαρος ἀρχῇ Μηδίαν
καταλαβεῖν, οὐκ ἠνέσχετο τὸν χρόνον, ἀλλ' εὐθὺς   b
ἦγεν ἐν ἀριστερᾷ λαβὼν 'Αρμενίαν, καὶ τῆς 'Ατροπα-
τηνῆς ἁψάμενος ἐπόρθει τὴν χώραν. 2 Ἔπειτα μη-

---

153. Plutarque doit confondre avec l'Aravène, c'est-à-dire le Nord
de la Commagène (FREYBURGER-RODDAZ 1994, p. CXLII, n. 520).
154. Sur les *logismoi* d'Antoine, aux prises avec sa passion, voir
déjà *supra* 36, 1 et *infra* 66, 7.

en Égypte, se mit en marche par l'Arabie[153] et l'Arménie, où il fut rejoint par ses troupes et par celles des rois, ses alliés (ils étaient très nombreux, mais le plus puissant de tous était Artavasdès, roi d'Arménie, qui amenait six mille cavaliers et sept mille fantassins). Alors il passa en revue son armée 4 qui comptait, pour les Romains eux-mêmes, soixante mille fantassins et la cavalerie enrôlée sous les enseignes romaines, soit dix mille Ibères et Celtes ; et, pour les autres peuples, s'étaient réunis trente mille hommes, y compris la cavalerie et les troupes légères. 5 Pourtant, un si grand déploiement de forces, qui jeta l'effroi jusque parmi les Indiens au-delà de Bactres et fit trembler l'Asie entière, ne lui rapporta rien, par la faute, dit-on, de Cléopâtre : 6 impatient d'aller passer l'hiver avec elle, il commença la guerre hors de saison et agit en tout en brouillon. Incapable de faire usage de sa raison[154] et comme charmé par quelque philtre ou quelque magie, il avait les regards tournés vers elle sans cesse[155], plus occupé d'accélérer son retour auprès d'elle que de vaincre l'ennemi.

38. 1 Et d'abord, au lieu d'hiverner sur place en Arménie, comme il l'aurait dû, et de faire reposer son armée fatiguée par une marche de huit mille stades[156], puis d'aller, avant que les Parthes eussent quitté leurs quartiers d'hiver, s'emparer de la Médie aux premiers jours du printemps, il ne supporta pas ce délai : il se mit aussitôt en route en laissant l'Arménie à sa gauche, se jeta sur l'Atropatène[157] et ravagea le pays. 2 Puis, alors

---

155. L'expression peut s'inspirer du vers de Parménide (DK 28 B 15) décrivant la lune αἰεὶ παπταίνουσα πρὸς αὐγὰς ἠελίοιο cité in *De facie*, 928 B ; le déplacement de l'adverbe ἀεί à la fin accentue ici le caractère obsessionnel que prend la passion d'Antoine.

156. Soit environ 1 500 kilomètres.

157. L'actuel Azerbaïdjan.

χανημάτων αὐτῷ πρὸς πολιορκίαν ἀναγκαίων τριακοσίαις ἁμάξαις παραπεμπομένων (ἐν οἷς καὶ κριὸς ἦν
ὀγδοήκοντα ποδῶν μῆκος) ὧν οὐδὲν ἐνεχώρει διαφθα-
ρὲν ἐπὶ καιροῦ πάλιν γενέσθαι διὰ τὸ τὴν ἄνω χώραν
πᾶν ξύλον ἀγεννὲς εἰς μῆκος καὶ μαλθακὸν ἐκφέρειν,
3 ἐπειγόμενος ὡς ἐμπόδια τοῦ ταχύνειν ἀπέλιπε, φυ-
λακήν τινα καὶ Στατιανὸν ἡγεμόνα τῶν ἁμαξῶν ἐπιστή-
σας, αὐτὸς δὲ Φραάτα μεγάλην πόλιν, ἐν ᾗ καὶ τέκνα
καὶ γυναῖκες ἦσαν τοῦ τῆς Μηδίας βασιλέως, ἐπολιόρκει. 4 Τῆς δὲ χρείας εὐθὺς ὅσον ἥμαρτε τὰς μη-   c
χανὰς ἀπολιπὼν ἐξελεγχούσης, ὁμόσε χωρῶν ἔχου
πρὸς τὴν πόλιν χῶμα σχολῇ καὶ πολυπόνως ἀνιστά-
μενον. 5 Ἐν τούτῳ δὲ καταβαίνων στρατιᾷ μεγάλῃ
Φραάτης, ὡς ἤκουσε τὴν ἀπόλειψιν τῶν μηχανοφόρων
ἁμαξῶν, ἔπεμψε τῶν ἱππέων πολλοὺς ἐπ' αὐτάς,
ὑφ' ὧν περιληφθεὶς ὁ Στατιανὸς ἀποθνήσκει μὲν αὐ-
τός, ἀποθνήσκουσι δὲ μύριοι τῶν μετ' αὐτοῦ. 6 Τὰς
δὲ μηχανὰς ἑλόντες οἱ βάρβαροι διέφθειραν. Εἷλον δὲ
παμπόλλους, ἐν οἷς καὶ Πολέμων ἦν ὁ βασιλεύς.

39. 1 Τοῦτο πάντας μέν, ὡς εἰκός, ἠνίασε τοὺς
περὶ Ἀντώνιον, ἀνελπίστως ἐν ἀρχῇ πληγέντας · ὁ
δ' Ἀρμένιος Ἀρταουάσδης ἀπογνοὺς τὰ Ῥωμαίων   d
ᾤχετο τὴν αὑτοῦ στρατιὰν ἀναλαβών, καίπερ αἰτιώτα-
τος τοῦ πολέμου γενόμενος. 2 Ἐπιφανέντων δὲ λαμπρῶς τοῖς πολιορκοῦσι τῶν Πάρθων καὶ χρωμένων
ἀπειλαῖς πρὸς ὕβριν, οὐ βουλόμενος Ἀντώνιος ἡσυχά-

---

158. Dion Cassius, XLIX, 25, 4-5 ; 26 mentionne le secours d'Antoine, arrivé trop tard.
159. Sur le rôle, discuté, d'Artavasdès, voir *infra* 50, 4-5, Dion
Cassius, XLIX, 25, 5 et FREYBURGER-RODDAZ 1994, p. CXLVI.

qu'il faisait suivre sur trois cents chariots toutes les machines nécessaires (entre autres, un bélier de quatre-vingts pieds de long) – dont aucune, si elle avait été endommagée, ne pouvait être réparée à temps, parce que le haut pays produit un bois impropre à la taille en longueur et mou –, 3 regardant dans sa hâte ces machines comme un obstacle à la rapidité de sa marche, il les laissa en arrière sous la garde d'un corps de troupes commandé par Statianus, et lui-même alla mettre le siège devant Phraata, ville considérable où étaient les femmes et les enfants du roi de Médie. 4 Mais, à l'usage, il eut tôt fait de comprendre la faute qu'il avait commise en laissant derrière lui ses machines ; et, au moment d'attaquer, il fit dresser contre la ville une levée qui coûta beaucoup de temps et de peine. 5 Pendant ce temps Phraate descendait avec une puissante armée et, ayant appris l'abandon des chariots qui portaient les machines, il envoya pour s'en emparer un gros corps de cavalerie. Ils enveloppèrent Statianus qui fut tué lui-même, en même temps que dix mille hommes de son détachement.   6 Maîtres des machines, les barbares les détruisirent ; ils firent aussi un nombre impressionnant de prisonniers, parmi lesquels se trouvait le roi Polémon[158].

39. 1 Les soldats d'Antoine, comme on peut penser, furent tous vivement affligés de cet échec qu'ils éprouvaient, contre toute attente, au commencement de l'entreprise ; et le roi d'Arménie Artavasdès, désespérant de la situation des Romains, se retira avec ses troupes, bien qu'il eût été le principal artisan de la guerre[159]. 2 Les Parthes se présentèrent alors fièrement devant les assiégeants, proférant d'insolentes menaces, et Antoine, qui

ζοντι τῷ στρατῷ τὸ δυσθυμοῦν καὶ καταπεπληγμένον
ἐμμένειν καὶ αὔξεσθαι, δέκα τάγματα λαβὼν καὶ τρεῖς
στρατηγίδας σπείρας ὁπλιτῶν, τοὺς δ' ἱππεῖς ἅπαντας,
ἐξήγαγε πρὸς σιτολογίαν, οἰόμενος οὕτως ἂν ἐπισπασ-
θέντων μάλιστα τῶν πολεμίων ἐκ παρατάξεως μάχην
γενέσθαι. 3 Προελθὼν δὲ μιᾶς ὁδὸν ἡμέρας, ὡς
ἑώρα τοὺς Πάρθους κύκλῳ περιχεομένους καὶ προσπε-   e
σεῖν καθ' ὁδὸν αὐτῷ ζητοῦντας, ἐξέθηκε μὲν τὸ τῆς μάχης
σύμβολον ἐν τῷ στρατοπέδῳ, καθελὼν δὲ τὰς σκηνὰς
ὡς οὐ μαχησόμενος, ἀλλ' ἀπάξων, παρημείβετο τῶν
βαρβάρων τὴν τάξιν οὖσαν μηνοειδῆ, κελεύσας, ὅταν
οἱ πρῶτοι τοῖς ὁπλίταις ἐν ἐφικτῷ δοκῶσιν εἶναι,
τοὺς ἱππεῖς ἐναντίους εἰσελαύνειν. 4 Τοῖς δὲ Πάρθοις παρακεκριμένοις λόγου κρείττων ἡ τάξις ἐφαίνετο
τῶν Ῥωμαίων, καὶ κατεθεῶντο παρεξιόντας ἐν διαστή-
μασιν ἴσοις ἀθορύβως καὶ σιωπῇ τοὺς ὑσσοὺς κρα-
δαίνοντας. 5 Ὡς δὲ τὸ σημεῖον ἤρθη καὶ προσεφέροντο μετὰ κραυγῆς ἐπιστρέψαντες οἱ ἱππεῖς, τούτους   f
μὲν ἠμύνοντο δεξάμενοι, καίπερ εὐθὺς ἐντὸς τοξεύμα-
τος γενομένους, τῶν δ' ὁπλιτῶν συναπτόντων ἅμα βοῇ
καὶ πατάγῳ τῶν ὅπλων, οἵ θ' ἵπποι τοῖς Πάρθοις ἐξ-
ίσταντο ταρβοῦντες καὶ αὐτοὶ πρὶν εἰς χεῖρας ἐλθεῖν
ἔφευγον. 6 Ὁ δ' Ἀντώνιος ἐνέκειτο τῇ διώξει καὶ
μεγάλας εἶχεν ἐλπίδας, ὡς τοῦ πολέμου τὸ σύμπαν ἢ   934
τὸ πλεῖστον ἐκείνῃ τῇ μάχῃ διαπεπραγμένος. 7 Ἐπεὶ
δὲ τῆς διώξεως γενομένης τοῖς μὲν πεζοῖς ἐπὶ πεντήκοντα στάδια, τοῖς δ' ἱππεῦσιν ἐπὶ τρὶς τοσαῦτα, τοὺς
πεπτωκότας τῶν πολεμίων καὶ τοὺς ἡλωκότας ἐπισκο-

160. Environ 9 kilomètres.

ne voulait pas, en laissant ses troupes dans l'inaction, voir persister et s'accroître leur découragement et leur abattement, prit dix légions, trois cohortes prétoriennes d'infanterie et toute sa cavalerie et il les mena s'approvisionner, persuadé que ce serait le moyen le plus sûr d'attirer l'ennemi et d'en venir à une bataille rangée. 3 Après une journée de marche, quand il vit les Parthes se répandre autour de lui et chercher à tomber sur ses troupes en chemin, il fit élever le signal de la bataille à l'intérieur du camp, mais aussi plier les tentes comme s'il ne voulait pas combattre mais se retirer, et il passa devant l'armée des barbares disposée en forme de croissant, après avoir commandé à sa cavalerie de s'élancer sur eux dès que les premiers bataillons ennemis sembleraient à sa portée. 4 Les Parthes, rangés en bataille en face, trouvaient que l'ordonnance des Romains était au-delà de toute expression et ils les regardaient défiler, rangés à intervalles réguliers, en bon ordre et en silence, leurs javelots brandis. 5 Lorsque le signal du combat eut été donné et que la cavalerie, tournant bride, eut chargé en poussant de grands cris, les barbares soutinrent le choc avec vigueur, quoique l'ennemi fût aussitôt trop près pour leur permettre de tirer des traits, mais l'attaque des fantassins, accompagnée à la fois de grands cris et du cliquetis des armes, effraya les chevaux des Parthes qui se débandèrent, et les cavaliers eux-mêmes, sans attendre d'en venir aux mains, prirent la fuite. 6 Antoine pressa leur poursuite dans l'espérance que ce combat lui permettrait d'en finir avec la guerre dans son ensemble ou, du moins, de faire l'essentiel.   7 Mais, après une poursuite d'environ cinquante stades[160], pour l'infanterie et trois fois plus longue pour la cavalerie, lorsque l'examen des ennemis qui étaient tombés au combat et de ceux qui

ποῦντες εὗρον αἰχμαλώτους μὲν τριάκοντα, νεκροὺς
δ' ὀγδοήκοντα μόνους, ἀπορία καὶ δυσθυμία πᾶσι
παρέστη, δεινὸν εἶναι λογιζομένοις εἰ νικῶντες μὲν
οὕτως ὀλίγους κτείνουσιν, ἡττώμενοι δὲ στερήσονται
τοσούτων ὅσους ἀπέβαλον περὶ ταῖς ἁμάξαις. 8 Τῇ
δ' ὑστεραίᾳ συσκευασάμενοι τὴν ἐπὶ Φραάτων καὶ
τοῦ στρατοπέδου προῆγον. Ἐντυχόντες δὲ κατὰ τὴν   b
ὁδὸν πρῶτον μὲν ὀλίγοις τῶν πολεμίων, ἔπειτα πλείοσι,
τέλος δὲ πᾶσιν ὥσπερ ἀηττήτοις καὶ νεαλέσι προκα-
λουμένοις καὶ προσβάλλουσι πανταχόθεν, μοχθηρῶς
καὶ πολυπόνως ἀπεσώθησαν εἰς τὸ στρατόπεδον.
9 Τῶν δὲ Μήδων ἐκδρομήν τινα ποιησαμένων ἐπὶ τὸ
χῶμα καὶ τοὺς προμαχομένους φοβησάντων, ὀργισ-
θεὶς ὁ Ἀντώνιος ἐχρήσατο τῇ λεγομένῃ δεκατείᾳ
πρὸς τοὺς ἀποδειλιάσαντας. Διελὼν γὰρ εἰς δεκάδας
τὸ πλῆθος, ἀφ' ἑκάστης ἕνα τὸν λαχόντα κλήρῳ
διέφθειρε, τοῖς δ' ἄλλοις ἀντὶ πυρῶν ἐκέλευε κριθὰς
μετρεῖσθαι.

40. 1 Χαλεπὸς δ' ἀμφοτέροις ἦν ὁ πόλεμος, καὶ
τὸ μέλλον αὐτοῦ φοβερώτερον, Ἀντωνίῳ μὲν προσδο-
κῶντι λιμόν · οὐκέτι γὰρ ἦν ἄνευ τραυμάτων καὶ   c
νεκρῶν πολλῶν ἐπισιτίσασθαι · 2 Φραάτης δὲ τοὺς
Πάρθους ἐπιστάμενος πάντα μᾶλλον ἢ χειμῶνος ἔξω
προσταλαιπωρεῖν καὶ θυραυλεῖν δυναμένους, ἐφοβεῖτο
μὴ τῶν Ῥωμαίων ἐγκαρτερούντων καὶ παραμενόντων
ἀπολίπωσιν αὐτόν, ἤδη τοῦ ἀέρος συνισταμένου μετὰ
φθινοπωρινὴν ἰσημερίαν. 3 Δόλον οὖν συντίθησι

161. Dion Cassius est beaucoup plus lapidaire et ne fait aucune
place aux relations fortes d'Antoine et de ses hommes ; XLIX, 26,
3-27, 1 expose, de manière générale, les problèmes de ravitaillement

avaient été pris ne leur découvrit que trente prisonniers
et quatre-vingts morts, doute et découragement s'abattirent sur toute l'armée, consternée de voir que la victoire
leur fît tuer si peu de monde quand la défaite devait leur
coûter autant d'hommes que lors de la prise des chariots.
8 Le lendemain ils plièrent bagage et reprirent le chemin
de Phraata et du camp. Dans leur marche ils rencontrèrent
d'abord une poignée d'ennemis, puis davantage, et finalement, l'armée entière, qui, comme des troupes invain-
cues et fraîches, les défiaient et les harcelaient de tous
côtés, ce qui rendit leur retour au camp pénible et labo-
rieux. 9 Les Mèdes ayant fait une sortie contre la levée de
terre et mis en fuite ceux qui la gardaient, Antoine, pris
de colère, employa contre les lâches le châtiment dit de
la décimation : il partagea leur effectif par dizaines, puis
il fit mettre à mort dans chacune un homme désigné par
le sort ; quant aux autres, il leur fit donner pour nourriture
des rations d'orge au lieu de blé[161].

40. 1 La guerre était difficile pour les deux camps et la
suite s'annonçait plus terrible encore. Antoine prévoyait
une famine, car il ne pouvait plus sortir se ravitailler sans
avoir beaucoup de blessés et de morts, 2 et Phraate, de
son côté, sachant les Parthes capables de tout plutôt que
de résister dehors aux rigueurs de l'hiver et de dormir à
la belle étoile, craignait, si les Romains s'obstinaient à
demeurer dans le pays, de voir ses troupes l'abandonner,
alors que déjà l'air commençait à se refroidir après l'équi-
noxe d'automne. 3 Il imagine donc la ruse suivante[162] :

et la décimation, tandis que 27, 2 résume la situation autour du paradoxe
de gens qui « semblant assiéger une ville, subissaient le lot des assiégés ».
	162. Comparer l'ensemble de l'épisode à Xén., *Anab.*, 3, 3, 1-5
(émissaires trompeurs) et 3, 6-7 (harcèlement de l'arrière-garde par
l'ennemi).

τοιόνδε. Πάρθων οἱ γνωριμώτατοι περὶ τὰς σιτολογίας καὶ τὰς ἄλλας ἀπαντήσεις μαλακώτερον τοῖς Ῥωμαίοις προσεφέροντο, λαμβάνειν τε παριέντες αὐτοῖς ἔνια καὶ τὴν ἀρετὴν ἐπαινοῦντες ὡς πολεμικωτάτων ἀνδρῶν καὶ θαυμαζομένων ὑπὸ τοῦ σφετέρου βασιλέως δικαίως. 4 Ἐκ δὲ τούτου προσελαύνοντες ἐγγυτέρω d καὶ τοὺς ἵππους ἀτρέμα παραβάλλοντες, ἐλοιδόρουν τὸν Ἀντώνιον, ὅτι βουλομένῳ Φραάτῃ διαλλαγῆναι καὶ φείσασθαι τοιούτων ἀνδρῶν καὶ τοσούτων ἀφορμὴν οὐ δίδωσιν, ἀλλὰ τοὺς χαλεποὺς καὶ μεγάλους κάθηται πολεμίους ἀναμένων, λιμὸν καὶ χειμῶνα, δι' ὧν ἔργον ἐστὶ καὶ προπεμπομένους ὑπὸ Πάρθων ἀποφεύγειν. 5 Πολλῶν δὲ ταῦτα πρὸς τὸν Ἀντώνιον ἀναφερόντων, μαλασσόμενος ὑπὸ τῆς ἐλπίδος, ὅμως οὐ πρότερον ἐπεκηρυκεύσατο πρὸς τὸν Πάρθον ἢ πυθέσθαι τῶν φιλοφρονουμένων ἐκείνων βαρβάρων, εἰ τοῦ βασιλέως ταῦτα φρονοῦντος διαλέγοιντο. 6 Φασκόντων δὲ καὶ παρακαλούντων μὴ δεδιέναι μηδ' ἀπιστεῖν, ἔπεμψέ e τινας τῶν ἑταίρων πάλιν τὰς σημαίας ἀξιῶν ἀπολαβεῖν καὶ τοὺς αἰχμαλώτους, ὡς δὴ μὴ παντάπασιν ἀγαπᾶν τὸ σωθῆναι καὶ διαφυγεῖν νομισθείη. 7 Τοῦ δὲ Πάρθου ταῦτα μὲν ἐᾶν κελεύοντος, ἀπιόντι δ' εὐθὺς εἰρήνην καὶ ἀσφάλειαν εἶναι φήσαντος, ὀλίγαις ἡμέραις συσκευασάμενος ἀνεζεύγνυεν. 8 Ὧν δὲ καὶ δήμῳ πιθανὸς ἐντυχεῖν καὶ στρατὸν ἄγειν διὰ λόγου παρ' ὁντινοῦν τῶν τότε πεφυκώς, ἐξέλιπεν αὐτὸς αἰσχύνῃ καὶ κατηφείᾳ τὸ παραθαρρῦναι τὸ πλῆθος, Δομίτιον δ' Ἀηνόβαρβον ἐκέλευε τοῦτο ποιῆσαι. 9 Καί τινες

les plus distingués d'entre les Parthes attaquèrent plus mollement les Romains au moment des approvisionnements ou dans les autres rencontres ; ils les laissaient prendre quelques vivres et louaient leur valeur, disant qu'ils étaient des guerriers hors pair et qu'ils inspiraient à leur roi une juste admiration. 4 Puis, s'approchant davantage en faisant avancer paisiblement leurs chevaux, ils accablaient Antoine d'injures, disant que Phraate voulait un accommodement qui épargnât tant de braves et que, lui, ne donnait aucune ouverture et restait à attendre les ennemis puissants et redoutables que sont la famine et l'hiver, auxquels il est bien difficile d'échapper, même avec l'escorte des Parthes. 5 Ces propos furent rapportés à Antoine par plusieurs des siens, mais si flatteuse que fût cette espérance, il ne voulut pas néanmoins entrer en négociations avec le Parthe avant de savoir si ces barbares aux dispositions si amicales exprimaient bien la pensée de leur roi. 6 Devant leur réponse affirmative et leurs invitations à bannir crainte et défiance, il envoya quelques-uns de ses amis redemander les enseignes et les prisonniers pour ne pas avoir l'air trop heureux de s'en tirer avec la vie sauve[163]. 7 Mais comme le Parthe lui demandait de renoncer à ces prétentions et lui promettait paix et sûreté s'il se retirait sans délai, il fit ses préparatifs en quelques jours et leva le camp. 8 Malgré un talent naturel pour persuader le peuple et entraîner une armée par sa parole qui n'avait pas son pareil parmi ses contemporains, la honte et l'abattement le retinrent alors d'aller en personne encourager ses troupes et il chargea de ce soin Domitius Ahenobarbus. 9 Quelques-uns s'en indi-

---

163. Dion Cassius (XLIX, 27, 3-5) raconte l'audience accordée par Phraate, mais il donne une version augustéenne en insistant sur la naïveté d'Antoine.

μὲν ἠγανάκτησαν ὡς ὑπερορώμενοι, τὸ δὲ πλεῖστον f
ἐπεκλάσθη καὶ συνεφρόνησε τὴν αἰτίαν · διὸ καὶ μᾶλλον
ᾤοντο δεῖν ἀνταιδεῖσθαι καὶ πείθεσθαι τῷ στρατηγῷ.

41. 1 Μέλλοντος δ᾽ αὐτοῦ τὴν αὐτὴν ὁδὸν ἄγειν
ὀπίσω πεδινὴν καὶ ἄδενδρον οὖσαν, ἀνὴρ τῷ γένει
Μάρδος, πολλὰ τοῖς Πάρθων ἤθεσιν ἐνωμιληκώς, ἤδη
δὲ Ῥωμαίοις πιστὸς ἐν τῇ μάχῃ τῇ περὶ τὰς μηχανὰς 935
γεγονώς, Ἀντωνίῳ προσελθὼν ἐκέλευε φεύγειν ἐν δεξιᾷ
τῶν ὀρῶν ἐπιλαβόμενον, καὶ μὴ στρατὸν ὁπλίτην καὶ
βαρὺν ἐν δρόμοις γυμνοῖς καὶ ἀναπεπταμένοις ὑποβα-
λεῖν ἵππῳ τοσαύτῃ καὶ τοξεύμασιν, ὃ δὴ τεχνώμενον
τὸν Φραάτην ἀναστῆσαι τῆς πολιορκίας αὐτὸν ὁμολο-
γίαις φιλανθρώποις · 2 ἔσεσθαι δ᾽ αὐτὸς ἡγεμὼν
ὁδοῦ βραχυτέρας καὶ μᾶλλον εὐπορίαν τῶν ἐπιτηδείων
ἐχούσης. 3 Ταῦτ᾽ ἀκούσας ὁ Ἀντώνιος ἐβουλεύετο,
καὶ Πάρθοις μὲν οὐκ ἐβούλετο δοκεῖν ἀπιστεῖν μετὰ
σπονδάς, τὴν δὲ συντομίαν τῆς ὁδοῦ καὶ τὸ παρὰ b
κώμας οἰκουμένας ἔσεσθαι τὴν πορείαν ἐπαινῶν,
πίστιν ᾔτει τὸν Μάρδον. 4 Ὁ δὲ δῆσαι παρεῖχεν
αὐτὸν ἄχρι οὗ καταστῆσαι τὸν στρατὸν εἰς Ἀρμενίαν,
καὶ δεθεὶς ἡγεῖτο δύο ἡμέρας καθ᾽ ἡσυχίαν. 5 Τῇ δὲ
τρίτῃ παντάπασι τοὺς Πάρθους ἀπεγνωκότος Ἀντωνίου καὶ βαδίζοντος ἀνειμένως διὰ τὸ θαρρεῖν, ἰδὼν ὁ
Μάρδος ἀπόχωσιν ἐμβολῆς ποταμοῦ νεωστὶ διεσπασμέ-
νην καὶ τὸ ῥεῦμα πολὺ πρὸς τὴν ὁδὸν ᾗ πορευτέον ἦν

---

164. Un guide local dans ces contrées inconnues est une nécessité
réelle, mais dont la littérature s'est aussi emparée : voir la délibération
sur le chemin à prendre in Xén., *Anab.*, 2, 2, 1 (où la meilleure route
est plus longue).

gnèrent, se croyant méprisés, mais le gros de la troupe en
fut ému et en comprit la cause : aussi jugèrent-ils qu'ils
devaient redoubler de respect et d'obéissance à l'égard
de leur général.

41. 1 Comme il se disposait à reprendre le chemin
par où il était venu, qui était en plaine et sans arbres, un
homme d'origine marde, qui avait une longue expérience
des mœurs des Parthes et qui déjà, lors du combat pour
les machines, s'était montré loyal envers les Romains,
vint trouver Antoine et lui conseilla de faire sa retraite en
prenant à droite par les montagnes plutôt que d'engager
de l'infanterie lourde dans des pistes nues et découvertes,
l'exposant ainsi à une cavalerie si nombreuse et à ses
flèches – ce que précisément Phraate avait en tête en lui
accordant pour lever le siège des conditions si pleines
d'humanité ; 2 lui-même serait son guide et le conduirait
par un chemin plus court et mieux pourvu des ressources
nécessaires[164]. 3 Antoine, à ce discours, délibéra : d'un
côté, il ne voulait pas, après l'accord conclu, avoir l'air
de se méfier des Parthes, mais, d'un autre côté, il approu-
vait l'idée d'abréger le trajet et de passer par des villages
habités[165] ; aussi demanda-t-il au Marde un gage de sa
bonne foi. 4 Lequel lui proposa de l'enchaîner jusqu'à
ce qu'il eût amené l'armée en Arménie, et c'est enchaîné
qu'il les guida pendant deux jours sans encombres[166].
5 Le troisième jour, alors qu'Antoine ne songeait à
rien moins qu'aux Parthes et que, plein de confiance, il
marchait sans trop de précaution, le Marde, voyant une
digue du fleuve fraîchement rompue et le flot qui se

---

165. L'emploi adjectival de οἰκουμένας, hapax chez Plutarque, est
un trait de Xénophon (cf. *Anab.*, 1, 2, 6 ; 6, 4, 6 etc.).
166. Usage attesté (*Flam.*, 4, 7, par ex.), mais à comparer aussi à
Anab., 4, 2, 1.

ἐκχεόμενον, συνῆκεν ὅτι τῶν Πάρθων ἔργον εἴη τοῦτο δυσκολίας ἕνεκα καὶ διατριβῆς ἐμποδὼν αὐτοῖς τὸν ποταμὸν τιθεμένων, καὶ τὸν Ἀντώνιον ὁρᾶν ἐκέλευε καὶ προσέχειν, ὡς τῶν πολεμίων ἐγγὺς ὄντων. 6 Ἄρτι δ' αὐτοῦ καθιστάντος εἰς τάξιν τὰ ὅπλα καὶ δι' αὐτῶν τοῖς ἀκοντισταῖς καὶ σφενδονήταις ἐκδρομὴν ἐπὶ c τοὺς πολεμίους παρασκευάζοντος, ἐπεφάνησαν οἱ Πάρθοι καὶ περιήλαυνον ὡς κυκλωσόμενοι καὶ συνταράξοντες πανταχόθεν τὸν στρατόν. 7 Ἐκδραμόντων δὲ τῶν ψιλῶν ἐπ' αὐτούς, πολλὰς μὲν δόντες ἀπὸ τόξων, οὐκ ἐλάττονας δὲ ταῖς μολυβδίσι καὶ τοῖς ἀκοντίοις πληγὰς λαβόντες ἀνεχώρουν. 8 Εἶτ' ἐπῆγον αὖθις, ἄχρι οὗ συστρέψαντες οἱ Κελτοὶ τοὺς ἵππους ἐνέβαλον καὶ διεσκέδασαν αὐτούς, οὐκέτι τῆς ἡμέρας ἐκείνης † ὑπόδειγμα γενομένους.

42. 1 Ἐκ τούτου μαθὼν ὁ Ἀντώνιος ὃ ποιεῖν ἔδει, πολλοῖς ἀκοντισταῖς καὶ σφενδονήταις οὐ μόνον τὴν d οὐραγίαν, ἀλλὰ καὶ τὰς πλευρὰς ἑκατέρας στομώσας ἐν πλαισίῳ τὸν στρατὸν ἦγε, καὶ τοῖς ἱππόταις εἴρητο προσβάλλοντας τρέπεσθαι, τρεψαμένους δὲ μὴ πόρρω διώκειν, ὥστε τοὺς Πάρθους τὰς ἐφεξῆς τέσσαρας ἡμέρας οὐθὲν πλέον δράσαντας ἢ παθόντας ἀμβλυτέρους γεγονέναι καὶ τὸν χειμῶνα ποιουμένους πρόφασιν ἀπιέναι διανοεῖσθαι. 2 Τῇ δὲ πέμπτῃ Φλαούϊος Γάλλος, ἀνὴρ πολεμικὸς καὶ δραστήριος ἐφ' ἡγεμονίας τεταγμένος, ᾔτησεν Ἀντώνιον προσελθὼν πλείονας

---

167. Le mot transmis ὑπόδειγμα est certainement fautif et la traduction est conjecturale ; Reiske a proposé ἐμπόδισμα, « si bien qu'ils ne firent plus obstacle » ; Pelling – en supposant mélecture et mécoupure – ὑπὸ δέους μαχησομένους, « pour ne plus combattre (?) sous l'effet de la crainte ».

déversait sur le chemin qu'il leur fallait prendre, comprit
que c'était là l'ouvrage des Parthes qui leur suscitaient
l'obstacle du fleuve pour gêner et retarder leur marche.
Il le fit remarquer à Antoine et l'avertit de se tenir
sur ses gardes, car l'ennemi était proche. 6 Et à peine
Antoine eut-il rangé ses troupes en ordre de bataille et
disposé entre les lignes lanceurs de javelots et frondeurs
en vue d'une charge contre l'ennemi que les Parthes se
montrèrent et se répandirent de tous côtés, cherchant
à envelopper l'armée et à y semer partout le désordre.
7 Mais les troupes légères les ayant chargés, les Parthes,
après en avoir blessé plusieurs de leurs flèches et avoir
eu au moins autant des leurs blessés par les balles de
plomb et les javelots, se retirèrent. 8 Ils revinrent ensuite
à la charge, jusqu'au moment où la cavalerie celte fondit
en masse sur eux et les dispersa si bien qu'ils ne repa-
rurent[167] plus de tout le jour.

42. 1 Cette tentative montra assez à Antoine ce qu'il
devait faire : il renforça avec de nombreux lanceurs de
javelots et frondeurs non seulement son arrière-garde,
mais aussi ses deux ailes et disposa son armée en forme
de rectangle[168]. Ordre avait été donné à la cavalerie de
mettre l'ennemi en déroute s'il revenait à la charge, mais
cela fait, de ne pas le poursuivre loin. De cette manière,
les Parthes, incapables durant les quatre jours suivants de
faire plus de mal aux Romains qu'ils n'en subissaient,
sentirent leur ardeur s'émousser, et, prenant prétexte de
l'hiver, ils songeaient à se retirer. 2 Mais le cinquième
jour, Flavius Gallus, un homme belliqueux et énergique qui avait un poste de commandement, vint trouver

---

168. On a aussi un changement d'ordre de marche en *Anab.*, 3, 4,
19 ; ce même ordre avait été adopté par Crassus (*Cras.*, 23, 3).

ψιλοὺς ἀπ' οὐρᾶς καὶ τῶν ἀπὸ τοῦ στόματος ἱππέων
τινὰς ὡς μέγα κατόρθωμα ποιήσων. 3 Δόντος δέ,
προσβάλλοντας ἀνέκοπτε τοὺς πολεμίους, οὐχ, ὡς   e
πρότερον, ὑπάγων ἅμα πρὸς τοὺς ὁπλίτας καὶ ἀναχω-
ρῶν, ἀλλ' ὑφιστάμενος καὶ συμπλεκόμενος παραβολώ-
τερον. 4 Ὁρῶντες δ' αὐτὸν οἱ τῆς οὐραγίας ἡγεμόνες
ἀπορρηγνύμενον ἐκάλουν πέμποντες · ὁ δ' οὐκ ἐπεί-
θετο. Τίτιον δέ φασι τὸν ταμίαν καὶ τῶν σημαιῶν ἐπιλαβόμενον στρέφειν ὀπίσω καὶ λοιδορεῖν τὸν Γάλλον ὡς
ἀπολλύντα πολλοὺς καὶ ἀγαθοὺς ἄνδρας. 5 Ἀντιλοι-
δοροῦντος δ' ἐκείνου καὶ διακελευομένου τοῖς περὶ
αὐτὸν μένειν, ὁ μὲν Τίτιος ἀπεχώρει · τὸν δὲ Γάλλον
ὠθούμενον εἰς τοὺς κατὰ στόμα λανθάνουσι πολλοὶ   f
περισχόντες ἐκ τῶν ὄπισθεν. 6 Βαλλόμενος δὲ πανταχόθεν ἐκάλει πέμπων ἀρωγήν. Οἱ δὲ τοὺς ὁπλίτας
ἄγοντες, ὧν καὶ Κανίδιος ἦν, ἀνὴρ παρ' Ἀντωνίῳ
δυνάμενος μέγιστον, οὐ μικρὰ δοκοῦσι διαμαρτεῖν.
7 Δέον γὰρ ἀθρόαν ἐπιστρέψαι τὴν φάλαγγα, πέμ-   936
ποντες κατ' ὀλίγους ἐπιβοηθοῦντας καὶ πάλιν ἡττωμένων τούτων ἑτέρους ἀποστέλλοντες, ἔλαθον ὀλίγου
δεῖν ἥττης καὶ φυγῆς ὅλον ἀναπλήσαντες τὸ στρατόπεδον, 8 εἰ μὴ ταχὺ μὲν αὐτὸς Ἀντώνιος μετὰ τῶν
ὅπλων ἀπὸ τοῦ στόματος ἧκεν ὑπαντιάζων, ταχὺ δὲ
τὸ τρίτον τάγμα διὰ τῶν φευγόντων ἐπὶ τοὺς πολεμίους
ὠσάμενον ἔσχε τοῦ πρόσω διώκειν.

43. 1 Ἀπέθανον δὲ τρισχιλίων οὐκ ἐλάττους, ἐκο-
μίσθησαν δ' ἐπὶ σκηνὰς τραυματίαι πεντακισχίλιοι ·
καὶ Γάλλος ἦν ἐν τούτοις, τέτταρσιν ἐναντίοις διαπε-

Antoine et lui demanda davantage de troupes légères de l'arrière-garde et un certain nombre de cavaliers du front de l'armée, se faisant fort d'obtenir un grand succès. 3 Les ayant obtenus, il repoussa les ennemis revenus à la charge, mais, au lieu de revenir progressivement vers l'infanterie, comme précédemment, et de reculer, il fit face et engagea le combat avec plus de témérité. 4 Voyant qu'il était en train de se couper de l'armée, les officiers de l'arrière-garde l'envoyèrent rappeler, mais il n'en eut cure. Alors le questeur Titius alla, dit-on, jusqu'à saisir les enseignes pour les faire retourner en arrière et accabla d'injures Gallus, qui était en train de faire périr tant de braves. 5 Gallus lui renvoya ses injures et commanda à ses hommes de demeurer. Titius se retira donc et Gallus, poussant toujours vers ceux d'en face, se trouva bientôt, sans y avoir pris garde, enveloppé sur l'arrière par un grand nombre d'ennemis. 6 Assailli de tous côtés, il envoya demander du secours. Les commandants de l'infanterie, parmi lesquels se trouvait Canidius, homme qui avait un très grand crédit auprès d'Antoine, semblent avoir commis alors une grande faute : 7 alors qu'ils auraient dû faire marcher leurs légions en bloc, ils n'envoyèrent qu'un faible détachement de secours, puis un second, une fois le premier battu, si bien que, sans y prendre garde, ils étaient à deux doigts de livrer le camp à la défaite et à la déroute 8 si, bien vite, Antoine en personne n'était accouru du front des troupes avec son infanterie, tandis que, tout aussi vite, la troisième légion s'ouvrait un passage à travers les fuyards pour refouler l'ennemi et l'empêcher de pousser la poursuite plus avant.

43. 1 Il ne périt pas moins de trois mille hommes et l'on ramena dans les tentes cinq mille blessés : Gallus en faisait partie, percé de quatre flèches, reçues de face.

παρμένος τοξεύμασιν. 2 Άλλ' οὗτος μὲν ἐκ τῶν
τραυμάτων οὐκ ἀνήνεγκε, τοὺς δ' ἄλλους περιιὼν ὁ
Ἀντώνιος ἐπεσκόπει καὶ παρεθάρρυνε δεδακρυμένος   b
καὶ περιπαθῶν. Οἱ δὲ φαιδροὶ τῆς δεξιᾶς αὐτοῦ λαμβα-
νόμενοι παρεκάλουν ἀπιόντα θεραπεύειν αὐτὸν καὶ
μὴ κακοπαθεῖν, αὐτοκράτορα καλοῦντες καὶ σώζεσθαι
λέγοντες, ἂν ἐκεῖνος ὑγιαίνῃ.

3 Καθόλου μὲν γὰρ οὔτ' ἀλκαῖς οὔθ' ὑπομοναῖς
οὔθ' ἡλικίᾳ λαμπρότερον ἄλλος αὐτοκράτωρ στρατὸν
ἐκείνου δοκεῖ συναγαγεῖν ἐν τοῖς τότε χρόνοις ·
4 ἡ δὲ πρὸς αὐτὸν αἰδὼς τὸν ἡγεμόνα καὶ πειθαρχία
μετ' εὐνοίας, καὶ τὸ πάντας ὁμαλῶς, ἐνδόξους, ἀδό-
ξους, ἄρχοντας, ἰδιώτας, τὴν παρ' Ἀντωνίῳ τιμήν τε
καὶ χάριν μᾶλλον αἱρεῖσθαι τῆς σωτηρίας καὶ τῆς
ἀσφαλείας, οὐδὲ τοῖς πάλαι Ῥωμαίοις ἀπέλιπεν   c
ὑπερβολήν. 5 Τούτου δ' αἰτίαι πλείονες ἦσαν, ὡς
προειρήκαμεν · εὐγένεια, λόγου δύναμις, ἁπλότης, τὸ
φιλόδωρον καὶ μεγαλόδωρον, ἡ περὶ τὰς παιδιὰς καὶ
τὰς ὁμιλίας εὐτραπελία. 6 Τότε δὲ καὶ συμπονῶν
καὶ συναλγῶν τοῖς κακοπαθοῦσι καὶ μεταδιδοὺς οὗ τις
δεηθείη, προθυμοτέρους τῶν ἐρρωμένων τοὺς νοσοῦντας
καὶ τετρωμένους ἐποίησε.

44. 1 Τοὺς μέντοι πολεμίους ἀπαγορεύοντας ἤδη
καὶ κάμνοντας οὕτως ἐπῆρεν ἡ νίκη, καὶ τοσοῦτον τῶν
Ῥωμαίων κατεφρόνησαν ὥστε καὶ νυκτὸς ἐπαυλίσασθαι
τῷ στρατοπέδῳ, προσδοκῶντας αὐτίκα μάλα σκηνὰς
ἐρήμους καὶ χρήματα διαρπάσειν ἀποδιδρασκόντων.

2 Lui ne se remit pas de ses blessures, mais les autres reçurent la visite d'Antoine qui les examinait et les réconfortait, les larmes aux yeux et en proie à l'émotion la plus vive. Mais eux, rayonnant, lui prenaient la main et le conjuraient de se retirer et de prendre soin de lui sans se mettre en peine, l'appelant *Imperator* et lui disant que leur salut était assuré pourvu que lui-même se portât bien.

3 En somme, il semble qu'à cette époque aucun général en chef n'assembla une armée plus brillante par sa vaillance, son endurance ou sa vigueur, 4 et par le respect et l'obéissance teintée d'affection qu'elle montrait envers son chef, comme par le prix que tous, nobles ou obscurs, officiers ou simples soldats, attachaient également à l'estime et à la faveur d'Antoine, les préférant à leur salut et à leur sûreté, elle ne le cédait pas même aux anciens Romains. 5 On en peut signaler plusieurs causes comme nous l'avons déjà dit précédemment : la grande naissance d'Antoine, son éloquence, sa simplicité, sa munificente libéralité, l'agrément de ses plaisanteries et de son commerce. 6 Dans cette occasion, en s'associant aux peines et aux souffrances de ceux qui étaient mal en point et en subvenant aux besoins de chacun, il inspira aux blessés et aux malades plus de zèle que n'en avaient les hommes valides[169].

44. 1 Cependant les ennemis qui, fatigués, étaient près de renoncer, virent leur ardeur si bien ranimée par cette victoire et en conçurent tant de mépris pour les Romains qu'ils passèrent même la nuit près de leur camp, escomptant mettre au pillage tentes et biens abandonnés dès que

169. Cette ultime caractérisation, entièrement favorable, se termine sur un trait paradoxal, qui accentue encore l'exceptionnelle proximité d'Antoine et de ses hommes.

2 Ἅμα δ' ἡμέρᾳ πολὺ πλείονες ἐπηθροίζοντο, καὶ d
λέγονται τετρακισμυρίων οὐκ ἐλάττονες ἱππόται γενέσθαι, βασιλέως καὶ τοὺς περὶ αὐτὸν ἀεὶ τεταγμένους
ὡς ἐπὶ σαφεῖ καὶ βεβαίῳ κατορθώματι πέμψαντος · αὐτὸς μὲν γὰρ οὐδεμιᾷ μάχῃ παρέτυχεν. 3 Ἀντώνιος
δὲ βουλόμενος προσαγορεῦσαι τοὺς στρατιώτας ᾔτησε
φαιὸν ἱμάτιον, ὡς οἰκτρότερος ὀφθείη. Τῶν δὲ φίλων
ἐναντιωθέντων, ἐν τῇ στρατηγικῇ φοινικίδι προελθὼν
ἐδημηγόρησε, τοὺς μὲν νενικηκότας ἐπαινῶν, ὀνειδίζων
δὲ τοὺς φυγόντας. 4 Τῶν δ' οἱ μὲν παρεκελεύοντο
θαρρεῖν, οἱ δ' ἀπολογούμενοι σφᾶς αὐτοὺς παρεῖχον,
εἴτε βούλοιτο δεκατεύειν, εἴτ' ἄλλῳ τρόπῳ κολάζειν, e
μόνον παύσασθαι δυσφοροῦντα καὶ λυπούμενον ἐδέοντο.
5 Πρὸς ταῦτα τὰς χεῖρας ἀνατείνας ἐπεύξατο τοῖς
θεοῖς, εἴ τις ἄρα νέμεσις τὰς πρόσθεν εὐτυχίας αὐτοῦ
μέτεισιν, εἰς αὐτὸν ἐλθεῖν, τῷ δ' ἄλλῳ στρατῷ σωτηρίαν
δοῦναι καὶ νίκην.

45. 1 Τῇ δ' ὑστεραίᾳ φραξάμενοι βέλτιον προῆγον ·
καὶ τοῖς Πάρθοις ἐπιχειροῦσι πολὺς ἀπήντα παράλογος.
2 Οἰόμενοι γὰρ ἐφ' ἁρπαγὴν καὶ λεηλασίαν, οὐ μάχην,
ἐλαύνειν, εἶτα πολλοῖς βέλεσιν ἐντυγχάνοντες, ἐρρω-
μένους δὲ καὶ νεαλεῖς ταῖς προθυμίαις ὁρῶντες, αὖθις
ἐξέκαμνον. 3 Ἐπεὶ δὲ καταβαίνουσιν αὐτοῖς ἀπὸ
λόφων τινῶν ἐπικλινῶν ἐπέθεντο καὶ βραδέως ὑπεξά- f
γοντας ἔβαλλον, ἐπιστρέψαντες οἱ θυρεοφόροι συνέ-
κλεισαν εἴσω τῶν ὅπλων τοὺς ψιλούς, αὐτοὶ δὲ καθέντες
εἰς γόνυ προὐβάλοντο τοὺς θυρεούς · οἱ δ' ὄπισθεν
ὑπερέσχον αὐτῶν τὰ ὅπλα κἀκείνων ὁμοίως ἕτεροι.

les Romains auraient pris la fuite. 2 Dès le point du jour, ils se réunirent en bien plus grand nombre et l'on dit qu'ils n'étaient pas moins de quarante mille cavaliers : le roi y avait même envoyé sa garde ordinaire comme vers une victoire sûre et certaine ; quant à lui, il n'assista en personne à aucun combat. 3 Antoine, voulant haranguer ses soldats, demanda un vêtement sombre afin d'exciter davantage leur compassion, mais devant l'opposition de ses amis, il s'avança avec sa pourpre de général et fit une harangue où il loua ceux qui avaient vaincu et blâma ceux qui avaient fui. 4 Les premiers l'exhortèrent à avoir confiance, tandis que les autres, pour se justifier, s'offraient, s'il le voulait, à la décimation ou à un autre châtiment, le conjurant seulement de bannir toute tristesse et tout chagrin. 5 Alors Antoine tendit les bras vers le ciel et pria les dieux, si d'aventure quelque jalousie divine le poursuivait pour ses succès passés, de la faire tomber sur lui et d'accorder au reste de l'armée salut et victoire[170].

45. 1 Le lendemain ils se remirent en marche en se protégeant mieux et les Parthes, dans leurs attaques, subirent alors un grave mécompte : 2 au lieu de galoper, comme ils l'imaginaient, vers un pillage et un butin assurés, et non vers un combat, ils furent accueillis par une grêle de traits et, voyant l'ennemi vigoureux et plein d'une ardeur renouvelée, ils retombèrent dans le découragement. 3 Toutefois, comme les Romains descendaient des collines en pente raide, ils lancèrent une attaque et profitèrent de la lenteur de leur marche pour les assaillir à coups de flèches, mais les légionnaires porteurs d'un bouclier long, faisant volte-face, enfermèrent alors dans

---

170. Un esprit comparable anime le sublime discours de Paul-Émile (*Aem.*, 36).

4 Τὸ δὲ σχῆμα παραπλήσιον ἐρέψει γινόμενον ὄψιν 937
τε θεατρικὴν παρέχει καὶ τῶν προβλημάτων στεγανώ-
τατόν ἐστι πρὸς τοὺς ὀιστοὺς ἀπολισθάνοντας. 5 Οἱ
μέντοι Πάρθοι τὴν εἰς γόνυ κλίσιν τῶν Ῥωμαίων ἀπαγό-
ρευσιν ἡγούμενοι καὶ κάματον εἶναι, τὰ μὲν τόξα
κατέθεντο, τοὺς δὲ κοντοὺς διαλαβόντες ἐγγὺς προσέ-
μιξαν. 6 Οἱ δὲ Ῥωμαῖοι συναλαλάξαντες ἐξαίφνης
ἀνέθορον, καὶ τοῖς ὑσσοῖς παίοντες ἐκ χειρὸς ἔκτεινάν
τε τοὺς πρώτους καὶ τροπὴν ἔθεντο τῶν ἄλλων ἁπάντων. 7 Ἐγίνετο δὲ ταῦτα καὶ ταῖς ἄλλαις ἡμέραις,
ἐπὶ μικρὸν ἀνυόντων τῆς ὁδοῦ. Καὶ λιμὸς ἥπτετο τοῦ b
στρατοῦ, σῖτόν τε βραχὺν καὶ διὰ μάχης ποριζομένου
καὶ τῶν πρὸς ἄλετον σκευῶν οὐκ εὐπορούντος. Τὰ γὰρ
πολλὰ κατελείπετο, τῶν μὲν ἀποθνῃσκόντων ὑποζυγίων, τῶν δὲ τοὺς νοσοῦντας καὶ τραυματίας φερόντων.
8 Λέγεται δὲ χοῖνιξ Ἀττικὴ πυρῶν πεντήκοντα δραχ-
μῶν ὤνιος γενέσθαι · τοὺς δὲ κριθίνους ἄρτους πρὸς
ἀργύριον ἱστάντες ἀπεδίδοντο. 9 Τραπόμενοι δὲ πρὸς
λάχανα καὶ ῥίζας, ὀλίγοις μὲν ἐνετύγχανον τῶν
συνήθων, ἀναγκαζόμενοι δὲ πειρᾶσθαι καὶ τῶν ἀγεύστων πρότερον, ἥψαντό τινος πόας ἐπὶ θάνατον διὰ
μανίας ἀγούσης. 10 Ὁ γὰρ φαγὼν οὐδὲν ἐμέμνητο
τῶν ἄλλων οὐδ' ἐγίνωσκεν, ἓν δ' ἔργον εἶχε, κινεῖν καὶ c

171. Le dispositif de la tortue *(testudo)*, avec des boucliers serrés,
est longuement décrit par Dion Cassius, XLIX, 29, 2-31, 1. L'adjectif
employé par Plutarque n'est pas très clair : il semble songer à l'étage-
ment des gradins du théâtre ; le sens figuré, qui insisterait sur le caractère impressionnant, semble à lui seul un peu insuffisant.

leurs rangs l'infanterie légère et, mettant eux-mêmes un genou en terre, se firent un écran de leurs boucliers ; ceux de derrière tinrent les leurs par-dessus et ainsi de suite pour les autres rangs ; 4 cette disposition qui évoque une toiture, a une apparence de théâtre[171] et constitue le rempart le plus hermétique contre les flèches, qui glissent dessus. 5 Les Parthes cependant, prenant ce fléchissement sur les genoux pour une marque de lassitude et d'épuisement des Romains, déposèrent leurs arcs et, saisissant leurs piques, s'approchèrent pour engager le combat : 6 alors les Romains se redressèrent brusquement en poussant tous en chœur le cri de guerre et, frappant de près avec leur javelot, ils tuèrent les premiers qui se présentèrent et mirent tous les autres en fuite. 7 Cette manœuvre se répéta encore les jours suivants et leur progression ne se faisait que lentement. De plus, la famine gagnait l'armée qui ne pouvait se procurer que peu de blé, et non sans combat, et qui n'avait pas les équipements pour le moudre. La plupart avaient été abandonnés, car les bêtes de somme soit étaient à l'agonie soit servaient au transport des malades et des blessés. 8 Le boisseau attique de blé se payait, dit-on, cinquante drachmes et les pains d'orge se vendaient leur poids en argent. 9 Réduits à recourir aux légumes et aux racines, ils en trouvaient peu qui leur fussent familiers et, contraints d'en essayer certains auxquels ils n'avaient jamais goûté auparavant, ils tombèrent sur une herbe qui rendait fou et menait à la mort[172]. 10 Celui qui en avait mangé perdait totalement la mémoire, ne reconnaissait plus rien et ne

---

172. Ces plantes et herbes extraordinaires font partie de la para-doxographie (*supra* 17, 6), et l'on en a aussi un échantillon chez Xénophon (*Anab.*, 4, 8. 20-21).

στρέφειν πάντα λίθον, ὥς τι μεγάλης σπουδῆς ἄξιον
διαπραττόμενος. 11 Ἦν δὲ μεστὸν τὸ πεδίον κεκυ-
φότων χαμᾶζε καὶ τοὺς λίθους περιορυττόντων καὶ
μεθιστάντων · τέλος δὲ χολὴν ἐμοῦντες ἔθνησκον,
ἐπεὶ καὶ τὸ μόνον ἀντιπαθές, οἶνος, ἐξέλιπε. 12 Φθει-
ρομένων δὲ πολλῶν καὶ τῶν Πάρθων οὐκ ἀφισταμένων,
πολλάκις ἀναφθέγξασθαι τὸν Ἀντώνιον ἱστοροῦσιν
« Ὦ μύριοι », θαυμάζοντα τοὺς μετὰ Ξενοφῶντος, ὅτι
καὶ πλείονα καταβαίνοντες ὁδὸν ἐκ τῆς Βαβυλωνίας
καὶ πολλαπλασίοις μαχόμενοι πολεμίοις ἀπεσώθησαν.

46. 1 Οἱ δὲ Πάρθοι διαπλέξαι μὲν οὐ δυνάμενοι
τὸν στρατὸν οὐδὲ διασπάσαι τὴν τάξιν, ἤδη δὲ πολλά-   d
κις ἡττημένοι καὶ πεφευγότες, αὖθις εἰρηνικῶς ἀνε-
μίγνυντο τοῖς ἐπὶ χιλὸν ἢ σῖτον προερχομένοις,
2 καὶ τῶν τόξων τὰς νευρὰς ἐπιδεικνύντες ἀνειμένας
ἔλεγον ὡς αὐτοὶ μὲν ἀπίασιν ὀπίσω καὶ τοῦτο ποιοῦνται
πέρας ἀμύνης, ὀλίγοι δὲ Μήδων ἀκολουθήσουσιν ἔτι
μιᾶς ἢ δευτέρας ὁδὸν ἡμέρας οὐδὲν παρενοχλοῦντες,
ἀλλὰ τὰς ἀπωτέρω κώμας φυλάττοντες. 3 Τούτοις
τοῖς λόγοις ἀσπασμοί τε καὶ φιλοφροσύναι προσῆσαν,
ὥστε πάλιν τοὺς Ῥωμαίους εὐθαρσεῖς γενέσθαι καὶ
τὸν Ἀντώνιον ἀκούσαντα τῶν πεδίων ἐφίεσθαι μᾶλλον,
ἀνύδρου λεγομένης εἶναι τῆς διὰ τῶν ὀρῶν. 4 Οὕτω   e
δὲ ποιεῖν μέλλοντος, ἧκεν ἀνὴρ ἐπὶ τὸ στρατόπεδον ἐκ
τῶν πολεμίων ὄνομα Μιθριδάτης, ἀνεψιὸς Μοναίσου

173. Strabon (11, 13, 3), citant Dellius, estime à 2 400 stades la
distance de Phraaspa jusqu'à l'Araxe, à opposer aux 18 600 stades de
Cunaxa à Cotyora (*Anab.*, 5, 5, 4). Le modèle littéraire latent du récit est
ainsi explicité par un des rares styles directs prêtés à Antoine.

174. On a, à partir de 46, une sorte de réduplication, plus étoffée,
de 40-41 avec approches trompeuses et mise en garde d'un guide

faisait plus autre chose que de remuer et retourner toutes les pierres, comme s'il accomplissait là un travail méritant beaucoup d'application. 11 Et la plaine était remplie d'hommes courbés vers la terre, déterrant les pierres et les changeant de place. Enfin, ils vomissaient de la bile et mouraient lorsque le seul antidote à ce mal, le vin, vint aussi à manquer. 12 Devant tous ces morts et la présence persistante des Parthes, Antoine, dit-on, s'écria plus d'une fois : « Ô les Dix Mille ! » par un sentiment d'admiration pour les compagnons de Xénophon qui avaient assuré leur salut en faisant un trajet bien plus long depuis la Babylonie[173] et en combattant contre des ennemis bien plus nombreux.

46. 1 Les Parthes, qui ne pouvaient ni enfoncer l'armée ni rompre ses rangs, mais qui, au contraire, avaient déjà été eux-mêmes plusieurs fois battus et mis en déroute, se mêlèrent à nouveau[174] pacifiquement à ceux qui allaient chercher du fourrage ou du blé, 2 et, leur montrant leurs arcs débandés, ils leur disaient qu'eux-mêmes allaient retourner sur leurs pas et qu'ils suspendaient là la lutte, qu'il y aurait bien encore quelques Mèdes pour les suivre un jour ou deux, mais sans les harceler, juste pour protéger du pillage les bourgs reculés. 3 Ils accompagnaient ces paroles de salutations pleines de cordialité propres à redonner courage aux Romains et à faire envisager à Antoine, à qui on en rendit compte, plutôt le chemin de la plaine, d'autant qu'on lui disait que la route de la montagne n'avait pas d'eau. 4 Il se disposait à exécuter ce plan, lorsqu'arriva dans son camp, venu de chez les ennemis, un nommé Mithridatès, cousin du

autochtone ; le même modèle littéraire est adopté, ce qui ne signifie pas nécessairement que les faits soient totalement inventés.

τοῦ παρ' Ἀντωνίῳ γενομένου καὶ τὰς τρεῖς πόλεις
δωρεὰν λαβόντος. Ἠξίου δ' αὐτῷ προσελθεῖν τινα
τῶν Παρθιστὶ διαλεχθῆναι δυναμένων ἢ Συριστί.

5 Καὶ προσελθόντος Ἀλεξάνδρου τοῦ Ἀντιοχέως, ὃς
ἦν Ἀντωνίῳ συνήθης, ὑπειπὼν ὃς εἴη, καὶ Μοναίσῃ
τὴν χάριν ἀνάπτων, ἠρώτησε τὸν Ἀλέξανδρον εἰ
λόφους συνεχεῖς καὶ ὑψηλοὺς ὁρᾷ πρόσωθεν. 6 Φήσαντος δ' ὁρᾶν, « Ὑπ' ἐκείνοις » ἔφη « πανστρατιᾷ
Πάρθοι λοχῶσιν ὑμᾶς. Τὰ γὰρ μεγάλα πεδία τῶν λόφων τούτων ἐξήρτηται, καὶ προσδοκῶσιν ὑμᾶς ἐξηπατη-   f
μένους ὑπ' αὐτῶν ἐνταῦθα τρέψεσθαι, τὴν διὰ τῶν
ὀρῶν ἀπολιπόντας. 7 Ἐκείνη μὲν οὖν ἔχει δίψος
καὶ πόνον ὑμῖν συνήθη, ταύτῃ δὲ χωρῶν Ἀντώνιος
ἴστω τὰς Κράσσου τύχας αὐτὸν ἐκδεχομένας. »

47. 1 Ὁ μὲν οὕτω φράσας ἀπῆλθεν· Ἀντώνιος
δ' ἀκούσας καὶ διαταραχθεὶς συνεκάλει τοὺς φίλους
καὶ τὸν ἡγεμόνα τῆς ὁδοῦ Μάρδον, οὐδ' αὐτὸν ἄλλως
φρονοῦντα. 2 Καὶ γὰρ καὶ ἄνευ πολεμίων ἐγίνωσκε 938
τὰς διὰ τῶν πεδίων ἀνοδίας καὶ πλάνας χαλεπὰς καὶ
δυστεκμάρτους οὔσας, τὴν δὲ τραχεῖαν ἀπέφαινεν
οὐδὲν ἄλλο δυσχερὲς ἢ μιᾶς ἡμέρας ἀνυδρίαν ἔχουσαν. 3 Οὕτω δὴ τραπόμενος ταύτην ἦγε νυκτός,
ὕδωρ ἐπιφέρεσθαι κελεύσας. Ἀγγείων δ' ἦν ἀπορία
τοῖς πολλοῖς· διὸ καὶ τὰ κράνη πιμπλάντες ὕδατος
ἐκόμιζον, οἱ δὲ διφθέραις ὑπολαμβάνοντες. 4 Ἤδη δὲ
προχωρῶν ἀγγέλλεται τοῖς Πάρθοις· καὶ παρὰ τὸ
εἰωθὸς ἔτι νυκτὸς ἐδίωκον. Ἡλίου δ' ἀνίσχοντος ἥπτοντο

---

175. Il s'agissait sans doute aussi pour Monaisès d'éviter que la
déroute romaine renforçât trop le prestige de Phraate.
176. Une telle perspective contribue à la dramatisation du récit.

Monaisès qui était venu auprès d'Antoine et en avait
reçu trois cités en présent. Cet homme demanda à être
mis en rapport avec quelqu'un sachant parler le parthe ou
le syrien. 5 Alexandre d'Antioche, un familier d'Antoine,
s'étant approché, il se fit connaître et déclara qu'il venait
acquitter la dette de reconnaissance de Monaisès[175] ; puis
il demanda à Alexandre s'il voyait dans le lointain une
chaîne de hautes collines. 6 Sur la réponse affirmative de
celui-ci, il reprit : « C'est à leur pied que les Parthes vous
attendent en embuscade avec toute leur armée, car ces
collines surplombent les grandes plaines et ils escomptent
qu'abusés par eux vous allez vous diriger de ce côté en
abandonnant le chemin de la montagne. 7 Sur ce dernier
sans doute vous attendent soif et fatigue, qui n'ont pour
vous rien que de familier, mais si Antoine s'engage sur
l'autre, qu'il sache que le sort de Crassus l'y attend[176]. »

47. 1 Après avoir donné cet avis, il se retira.
Antoine, troublé de ce rapport, assembla ses amis et le
Marde qui leur servait de guide, lequel n'avait pas un
sentiment différent. 2 Il savait en effet que, même sans
l'ennemi, le chemin de la plaine offrait des endroits
impraticables et des détours pénibles, où l'on se repérait
malaisément, au lieu que la route escarpée, déclarait-il,
n'avait d'autre désagrément qu'une journée sans eau.
3 Se tournant donc de ce côté, Antoine se mit en marche
de nuit, après avoir ordonné de faire provision d'eau.
Mais la plupart manquaient de récipients : c'est pourquoi plusieurs en remplirent leurs casques et d'autres
en prirent dans des outres. 4 Il était déjà en route quand
les Parthes en sont avertis ; alors, contre leur habitude,
ils se mirent à les poursuivre alors qu'il faisait encore

τῶν ἐσχάτων ἀγρυπνίᾳ καὶ πόνῳ κακῶς διακειμένων ·
5 τεσσαράκοντα γὰρ καὶ διακοσίους ἐν τῇ νυκτὶ
σταδίους κατηνύκεισαν · καὶ τὸ μὴ προσδοκῶσιν οὕτω
ταχέως ἐπελθεῖν τοὺς πολεμίους ἀθυμίαν παρεῖχε. Καὶ b
τὸ δίψος δ' ἐπέτεινεν ὁ ἀγών · ἀμυνόμενοι γὰρ ἅμα
προῆγον. 6 Οἱ δὲ πρῶτοι βαδίζοντες ἐντυγχάνουσι
ποταμῷ, ψυχρὸν μὲν ἔχοντι καὶ διαυγές, ἁλμυρὸν
δὲ καὶ φαρμακῶδες ὕδωρ, ὃ ποθὲν εὐθὺς ὀδύνας ἑλκο-
μένης τῆς κοιλίας καὶ τοῦ δίψους ἀναφλεγομένου
παρεῖχε. 7 Καὶ ταῦτα τοῦ Μάρδου προλέγοντος,
οὐδὲν ἧττον ἐκβιαζόμενοι τοὺς ἀνείργοντας ἔπινον.
Ἀντώνιος δὲ περιιὼν ἐδεῖτο βραχὺν ἐγκαρτερῆσαι
χρόνον · ἕτερον γὰρ οὐ πόρρω ποταμὸν εἶναι πότιμον,
εἶτα τὴν λοιπὴν ἄφιππον καὶ τραχεῖαν, ὥστε παντάπασιν ἀποστρέψεσθαι τοὺς πολεμίους. 8 Ἅμα δὲ c
καὶ τοὺς μαχομένους ἀνεκαλεῖτο καὶ κατάζευξιν
ἐσήμαινεν, ὡς σκιᾶς γοῦν μεταλάβοιεν οἱ στρατιῶται.

48. 1 Πηγνυμένων οὖν τῶν σκηνῶν καὶ τῶν Πάρθων εὐθύς, ὥσπερ εἰώθεισαν, ἀπαλλαττομένων, ἧκεν
αὖθις ὁ Μιθριδάτης, καὶ τοῦ Ἀλεξάνδρου προελθόντος
παρῄει μικρὸν ἡσυχάσαντα τὸν στρατὸν ἀνιστάναι
καὶ σπεύδειν ἐπὶ τὸν ποταμόν, ὡς οὐ διαβησομένων
Πάρθων, ἄχρι δ' ἐκείνου διωξόντων. 2 Ταῦτ' ἀπαγ-
γείλας πρὸς Ἀντώνιον ὁ Ἀλέξανδρος ἐκφέρει παρ' αὐτοῦ χρυσᾶ ποτήρια πάμπολλα καὶ φιάλας, ὧν ἐκεῖνος
ὅσα τῇ ἐσθῆτι κατακρύψαι δυνατὸς ἦν λαβὼν ἀπήλαυ-
νεν. 3 Ἔτι δ' ἡμέρας οὔσης ἀναζεύξαντες ἐπο- d
ρεύοντο, τῶν πολεμίων οὐ παρενοχλούντων, αὐτοὶ

---

177. Nouvel élément de dramatisation, comme la nuit de panique
au chapitre suivant.

nuit[177]. Au lever du soleil, ils atteignirent l'arrière-garde accablée par l'insomnie et la fatigue. 6 Ils avaient en effet parcouru deux cent quarante stades[178] dans la nuit : l'arrivée subite des ennemis, qu'ils étaient loin d'attendre, les jeta dans le découragement ; de plus, les combats augmentaient leur soif, car ils devaient à la fois avancer et se défendre. 6 Et voici que ceux qui marchaient en tête arrivent au bord d'une rivière dont l'eau était fraîche et limpide, mais salée et toxique, car, dès qu'on en avait bu, elle provoquait de violents maux de ventre et irritait la soif. 7 Le Marde cherchait à les en prévenir, mais ils n'en burent pas moins, repoussant ceux qui voulaient les retenir. Antoine parcourait les rangs, les conjurant de tenir encore un peu, car il y avait non loin de là une autre rivière, potable celle-là ; ensuite, le reste du chemin étant escarpé et impraticable à la cavalerie, les ennemis se retireraient définitivement. 8 En même temps, il fit rappeler ceux qui combattaient et donna le signal du campement afin que les soldats pussent au moins profiter de l'ombre.

48. 1 On dressait les tentes et les Parthes se retiraient aussitôt, selon leur coutume, lorsque Mithridatès vint une seconde fois et, Alexandre s'étant avancé, il conseilla de ne faire prendre qu'une courte pause à l'armée avant de repartir et de gagner en hâte la rivière, car les Parthes ne la passeraient pas et borneraient là leur poursuite. 2 Alexandre, ayant fait part de cet avis à Antoine, rapporta de sa part une grande quantité de coupes et de vases d'or dont Mithridatès prit tout ce qu'il put cacher dans ses vêtements avant de se retirer. 3 Il faisait encore jour lorsque les Romains levèrent le camp et se mirent en

178. Environ 45 kilomètres.

δ' ἑαυτοῖς νύκτα χαλεπωτάτην πασῶν ἐκείνην καὶ
φοβερωτάτην ἀπεργασάμενοι. 4 Τοὺς γὰρ ἔχοντας
ἀργύριον ἢ χρυσίον ἀποκτιννύντες ἐσύλων καὶ τὰ
χρήματα τῶν ὑποζυγίων ἀφήρπαζον · τέλος δὲ τοῖς
Ἀντωνίου σκευοφόροις ἐπιχειρήσαντες, ἐκπώματα καὶ
τραπέζας πολυτελεῖς κατέκοπτον καὶ διενέμοντο.
5 Θορύβου δὲ πολλοῦ καὶ πλάνου τὸ στράτευμα πᾶν
ἐπέχοντος (ᾤοντο γὰρ ἐπιπεπτωκότων τῶν πολεμίων
τροπὴν γεγονέναι καὶ διασπασμόν), Ἀντώνιος ἕνα
καλέσας τῶν δορυφορούντων αὐτὸν ἀπελευθέρων ὄνομα   e
Ῥάμνον ὥρκωσεν, ὅταν κελεύσῃ, τὸ ξίφος αὐτοῦ διεῖναι
καὶ τὴν κεφαλὴν ἀποτεμεῖν, ὡς μήθ' ἁλῴη ζῶν ὑπὸ
τῶν πολεμίων μήτε γνωσθείη τεθνηκώς. 6 Ἐκδακρυ-
σάντων δὲ τῶν φίλων, ὁ Μάρδος ἐθάρρυνε τὸν Ἀντώνιον, ὡς ἐγγὺς ὄντος τοῦ ποταμοῦ · καὶ γὰρ αὔρα τις
ἀπορρέουσα νοτερὰ καὶ ψυχρότερος ἀὴρ ἀπαντῶν
ἡδίω τὴν ἀναπνοὴν ἐποίει, καὶ τὸν χρόνον ἔφη τῆς
πορείας οὕτω συμπεραίνειν τὸ μέτρον · οὐκέτι γὰρ
ἦν πολὺ τὸ λειπόμενον τῆς νυκτός. 7 Ἅμα δ' ἀπήγ-
γελλον ἕτεροι τὸν θόρυβον ἐκ τῆς πρὸς αὐτοὺς ἀδικίας καὶ πλεονεξίας εἶναι. Διὸ καὶ καταστῆσαι τὸ   f
πλῆθος εἰς τάξιν ἐκ τῆς πλάνης καὶ τοῦ διασπασμοῦ
βουλόμενος ἐκέλευσε σημαίνειν κατάζευξιν.

49. 1 Ἤδη δ' ὑπέλαμπεν ἡμέρα, καὶ τοῦ στρατοῦ
κόσμον ἀρχομένου τινὰ λαμβάνειν καὶ ἡσυχίαν,
προσέπιπτε τοῖς τελευταίοις τὰ τῶν Πάρθων τοξεύ-

---

179. On trouve aussi une panique nocturne in *Anab.*, 2, 2, 19, mais
le *topos* littéraire n'empêche pas qu'il y ait peut-être eu réellement un
mouvement dû à la frustration ressentie par les soldats après cet échec.

marche : s'ils ne furent pas alors harcelés par l'ennemi, ils firent eux-mêmes de cette nuit la plus terrible et la plus effrayante qu'ils eussent encore passée[179]. 4 On tua et dépouilla ceux qui avaient de l'or ou de l'argent, on pilla les biens que portaient les bêtes de somme et on finit par s'en prendre aux bagages d'Antoine, taillant en pièces et se partageant coupes et tables de prix. 5 Devant le tumulte et la confusion immenses qui se répandaient dans le camp (on croyait à une attaque des ennemis, qui avait disloqué et mis l'armée en déroute), Antoine, appelant un des affranchis qui formaient sa garde, un nommé Rhamnus, lui fit jurer que, lorsqu'il l'ordonnerait, il lui passerait son épée au travers du corps et lui couperait la tête pour lui éviter aussi bien de tomber vivant entre les mains des ennemis que d'être reconnu après sa mort[180]. 6 Tandis que ses amis avaient fondu en larmes, le Marde s'efforçait de rassurer Antoine en affirmant que la rivière était proche. De fait une brise humide qui commençait à se faire sentir et un air plus frais qui venait vers eux rendaient la respiration plus facile ; d'ailleurs, ajoutait-il, la durée de leur marche correspondait à la distance à parcourir, car la nuit touchait à sa fin. 7 En même temps, d'autres vinrent apprendre à Antoine que le tumulte provenait de la malhonnêteté et de la cupidité qui avaient opposé les soldats entre eux. Aussi, afin de rétablir l'ordre parmi ses troupes après tant d'agitation et de confusion, fit-il donner l'ordre de campement.

49. 1 Le jour commençait à poindre et l'armée à reprendre un peu d'ordre et de tranquillité, quand les flèches parthes s'abattirent sur l'arrière-garde et le signal

---

180. Première occurrence du suicide.

ματα καὶ μάχης σημεῖον ἐδόθη τοῖς ψιλοῖς. Οἱ δ᾽ ὁπλῖ- 939
ται πάλιν ὁμοίως κατερέψαντες ἀλλήλους τοῖς θυρεοῖς
ὑπέμενον τοὺς βάλλοντας, ἐγγὺς οὐ τολμῶντας συνελθεῖν. 2 Ὑπαγόντων δὲ κατὰ μικρὸν οὕτως τῶν πρώ-
των, ὁ ποταμὸς ἐφάνη · καὶ τοὺς ἱππεῖς ἐπ᾽ αὐτῷ
παρατάξας Ἀντώνιος ἐναντίους τοῖς πολεμίοις, διε-
βίβαζε τοὺς ἀσθενεῖς πρώτους. Ἤδη δὲ καὶ τοῖς μαχο-
μένοις ἄδεια καὶ ῥᾳστώνη τοῦ πιεῖν ἦν. 3 Ὡς γὰρ
εἶδον οἱ Πάρθοι τὸν ποταμόν, τάς τε νευρὰς ἀνῆκαν
καὶ θαρροῦντας ἐκέλευον διαπερᾶν τοὺς Ῥωμαίους,
πολλὰ τὴν ἀρετὴν αὐτῶν ἐγκωμιάζοντες. Διαβάντες
οὖν καθ᾽ ἡσυχίαν αὐτοὺς ἀνελάμβανον, εἶθ᾽ ὥδευον,
οὐ πάνυ τι τοῖς Πάρθοις πιστεύοντες. 4 Ἕκτῃ δ᾽ b
ἡμέρᾳ μετὰ τὴν τελευταίαν μάχην ἐπὶ τὸν Ἀράξην
ποταμὸν ἧκον, ὁρίζοντα Μηδίαν καὶ Ἀρμενίαν. Ἐφάνη
δὲ καὶ βάθει καὶ τραχύτητι χαλεπός · καὶ λόγος διῆλθεν
ἐνεδρεύοντας αὐτόθι τοὺς πολεμίους ἐπιθήσεσθαι δια-
βαίνουσιν αὐτοῖς. 5 Ἐπεὶ δ᾽ ἀσφαλῶς διαπερά-
σαντες ἐπέβησαν τῆς Ἀρμενίας, ὥσπερ ἄρτι γῆν
ἐκείνην ἰδόντες ἐκ πελάγους, προσεκύνουν καὶ πρὸς
δάκρυα καὶ περιβολὰς ἀλλήλων ὑπὸ χαρᾶς ἐτρέποντο.
6 Προϊόντες δὲ διὰ χώρας εὐδαίμονος καὶ χρώμενοι
πᾶσιν ἀνέδην ἐκ πολλῆς ἀπορίας, ὑδερικοῖς καὶ κοι- c
λιακοῖς περιέπιπτον ἀρρωστήμασιν.

50. 1 Ἐνταῦθα ποιησάμενος ἐξέτασιν αὐτῶν Ἀντώνιος εὗρε δισμυρίους πεζοὺς καὶ τετρακισχιλίους
ἱππεῖς ἀπολωλότας, οὐ πάντας ὑπὸ τῶν πολεμίων,
ἀλλ᾽ ὑπὲρ ἡμίσεις νοσήσαντας. 2 Ὥδευσαν μὲν οὖν

du combat fut donné aux troupes légères. Les fantassins, se couvrant à nouveau mutuellement de leurs boucliers de la même manière, soutinrent les jets des ennemis, qui n'osaient pas en venir aux mains. 2 L'avant-garde avançant ainsi peu à peu, la rivière finit par apparaître : Antoine disposa la cavalerie sur le bord, face à l'ennemi et fit passer les malades en premier. Dès lors les combattants aussi purent boire sans crainte et à leur aise, 3 car les Parthes n'eurent pas plus tôt vu la rivière qu'ils débandèrent leurs arcs et exhortèrent les Romains à passer hardiment en donnant de grands éloges à leur valeur. Étant donc passés tranquillement, les Romains reprirent haleine, puis continuèrent leur marche sans trop se fier aux Parthes. 4 Cinq jours après ce dernier combat, ils arrivèrent au bord de l'Araxe, fleuve qui sépare la Médie de l'Arménie. Il leur parut difficile à traverser à cause de sa profondeur et de sa rapidité et il courut aussi le bruit que les ennemis y étaient embusqués et allaient les attaquer durant la traversée. 5 Mais quand ils furent passés sans encombre et entrés en Arménie, comme s'ils venaient de voir là la terre au sortir de la haute mer, ils se prosternèrent, puis, fondant en larmes et pleins de joie, s'embrassèrent mutuellement[181]. 6 Puis, comme ils traversaient un pays prospère où, après une extrême disette, ils pouvaient se gaver de tout sans entraves, ils furent atteints d'hydropisie et de violentes coliques.

50. 1 Là, la revue de ses troupes découvrit à Antoine qu'il avait perdu vingt mille fantassins et quatre mille cavaliers, mais, loin que tous eussent succombé sous les coups de l'ennemi, plus de la moitié étaient morts de

---

181. À comparer à *Anab.*, 4, 7, 20-25, avec, à la fin : ἐπεὶ δὲ ἀφίκοντο πάντες ἐπὶ τὸ ἄκρον, ἐνταῦθα δὴ περιέβαλλον ἀλλήλους καὶ στρατηγοὺς καὶ λοχαγοὺς δακρύοντες.

ἀπὸ Φραάτων ἡμέρας ἑπτὰ καὶ εἴκοσι, μάχαις δ' ὀκτὼ καὶ δέκα Πάρθους ἐνίκησαν, αἱ δὲ νῖκαι κράτος οὐκ εἶχον οὐδὲ βεβαιότητα, μικρὰς ποιουμένων καὶ ἀτελεῖς τὰς διώξεις. 3 Ὧι καὶ μάλιστα κατάδηλος ἦν Ἀρταουάσδης ὁ Ἀρμένιος Ἀντώνιον ἐκείνου τοῦ πολέμου τὸ τέλος ἀφελόμενος. 4 Εἰ γὰρ οὓς ἀπήγαγεν ἐκ d Μηδίας ἱππεῖς ἑξακισχίλιοι καὶ μύριοι παρῆσαν, ἐσκευασμένοι παραπλησίως Πάρθοις καὶ συνήθεις μάχεσθαι πρὸς αὐτούς, Ῥωμαίων μὲν τοὺς μαχομένους τρεπομένων, ἐκείνων δὲ τοὺς φεύγοντας αἱρούντων, οὐκ ἂν ὑπῆρξεν αὐτοῖς ἡττωμένοις ἀναφέρειν καὶ ἀνατολμᾶν τοσαυτάκις. 5 Ἅπαντες οὖν ὀργῇ παρώξυνον ἐπὶ τὴν τιμωρίαν τοῦ Ἀρμενίου τὸν Ἀντώνιον. Ὁ δὲ λογισμῷ χρησάμενος οὔτ' ἐμέμψατο τὴν προδοσίαν οὔτ' ἀφεῖλε τῆς συνήθους φιλοφροσύνης καὶ τιμῆς πρὸς αὐτόν, ἀσθενὴς τῷ στρατῷ καὶ ἄπορος γεγονώς. 6 Ὕστερον μέντοι πάλιν ἐμβαλὼν εἰς Ἀρμενίαν καὶ πολλαῖς ὑποσχέσεσι καὶ προκλήσεσι πείσας αὐτὸν ἐλθεῖν εἰς χεῖρας συνέλαβε, καὶ δέσμιον e καταγαγὼν εἰς Ἀλεξάνδρειαν ἐθριάμβευσεν. 7 Ὧι μάλιστα Ῥωμαίους ἐλύπησεν, ὡς τὰ καλὰ καὶ σεμνὰ τῆς πατρίδος Αἰγυπτίοις διὰ Κλεοπάτραν χαριζόμενος. Ταῦτα μὲν οὖν ὕστερον ἐπράχθη.

51. 1 Τότε δὲ διὰ πολλοῦ χειμῶνος ἤδη καὶ νιφετῶν ἀπαύστων ἐπειγόμενος, ὀκτακισχιλίους ἀπέβαλε καθ' ὁδόν. 2 Αὐτὸς δὲ καταβὰς ὀλιγοστὸς ἐπὶ θάλασσαν

---

182. En 34. Sur l'interprétation, toujours controversée, de cette célébration – triomphe ou pompe dans le style ptolémaïque –, BENNE 2001, p. 113-116 et les notes.

maladie. 2 Ils avaient fait vingt-sept jours de marche pour venir de Phraata et battu dix-huit fois les Parthes, mais ces victoires n'avaient pas assuré un succès définitif, faute de longues poursuites menées jusqu'au bout. 3 On vit alors avec évidence que c'était l'Arménien Artavasdès qui avait empêché Antoine de mener cette guerre à bonne fin. 4 Car si les seize mille cavaliers qu'il avait amenés de la Médie avaient été là, avec leur armement qui se rapprochait de celui des Parthes et leur habitude de combattre contre eux, une fois que les Romains auraient mis en fuite les combattants, eux se seraient chargés des fuyards, si bien qu'ils n'auraient pas pu se refaire après leur défaite et revenir si souvent à la charge. 5 Aussi tous les Romains, irrités, pressaient-ils Antoine de se venger de l'Arménien, mais lui, n'écoutant que sa raison, se garda de lui reprocher sa trahison, comme de rien retrancher à sa cordialité coutumière ou aux égards qu'il lui témoignait, avec l'armée faible et sans ressources qu'il avait. 6 Plus tard, cependant, lors d'une nouvelle incursion en Arménie, il multiplia sollicitations et promesses pour le persuader de venir se remettre entre ses mains : il le retint alors prisonnier et l'emmena enchaîné à Alexandrie, où il le fit servir à son triomphe : 7 en quoi il contraria fort les Romains, en gratifiant des Égyptiens, à cause de Cléopâtre, d'une pompe qui faisait l'ornement et la gloire de sa patrie. Mais cela n'eut lieu que plus tard[182].

51. 1 Pour l'heure, bien qu'on fût déjà au plus fort de l'hiver et que la neige ne cessât de tomber, Antoine pressait la marche[183] et il perdit ainsi huit mille hommes

---

183. Dion Cassius (XLIX, 31, 3-4) a une autre version, erronée, qui le fait hiverner en Arménie ; Antoine n'avait pas besoin d'emmener toute son armée s'il voulait seulement rejoindre lui-même Cléopâtre plus vite ; sans doute n'avait-il guère confiance en Artavasdès (FREYBURGER-RODDAZ 1994, p. CLI).

ἐν χωρίῳ τινὶ μεταξὺ Βηρυτοῦ κειμένῳ καὶ Σιδῶνος
(Λευκὴ κώμη καλεῖται) Κλεοπάτραν περιέμενε · 3 καὶ
βραδυνούσης ἀδημονῶν ἦλυε, ταχὺ μὲν εἰς τὸ πίνειν
καὶ μεθύσκεσθαι διδοὺς ἑαυτόν, οὐ καρτερῶν δὲ κα- f
τακείμενος, ἀλλὰ μεταξὺ πινόντων ἀνιστάμενος καὶ
ἀναπηδῶν πολλάκις ἐπισκοπεῖν, ἕως ἐκείνη κατέπλευ-
σεν ἐσθῆτα πολλὴν καὶ χρήματα κομίζουσα τοῖς στρατιώταις. 4 Εἰσὶ δ' οἱ λέγοντες ὅτι τὴν μὲν ἐσθῆτα
παρ' ἐκείνης λαβών, τὸ δ' ἀργύριον ἐκ τῶν ἰδίων
ἑαυτοῦ διένειμεν ὡς ἐκείνης διδούσης.

52. 1 Τῷ δὲ βασιλεῖ τῶν Μήδων γίνεται διαφορὰ
πρὸς Φραάτην τὸν Πάρθον, ἀρξαμένη μέν, ὥς φασιν, 940
ὑπὲρ τῶν Ῥωμαϊκῶν λαφύρων, ὑπόνοιαν δὲ τῷ Μήδῳ
καὶ φόβον ἀφαιρέσεως τῆς ἀρχῆς παρασχοῦσα. 2 Διὸ
καὶ πέμπων ἐκάλει τὸν Ἀντώνιον, ἐπαγγελλόμενος
συμπολεμήσειν μετὰ τῆς ἑαυτοῦ δυνάμεως. 3 Γενόμενος οὖν ἐπ' ἐλπίδος μεγάλης ὁ Ἀντώνιος (ᾧ γὰρ
ἐδόκει μόνῳ τοῦ κατειργάσθαι Πάρθους ἀπολιπεῖν,
ἱππέων πολλῶν καὶ τοξοτῶν ἐνδεὴς ἐλθών, τοῦθ' ἑώρα
προσγινόμενον αὐτῷ χαριζομένῳ μᾶλλον ἢ δεομένῳ)
παρεσκευάζετο δι' Ἀρμενίας αὖθις ἀναβαίνειν καὶ
συγγενόμενος τῷ Μήδῳ περὶ ποταμὸν Ἀράξην οὕτω
κινεῖν τὸν πόλεμον.

53. 1 Ἐν δὲ Ῥώμῃ βουλομένης Ὀκταουίας πλεῦσαι
πρὸς Ἀντώνιον, ἐπέτρεψε Καῖσαρ, ὡς οἱ πλείους λέ- b
γουσιν, οὐκ ἐκείνῃ χαριζόμενος, ἀλλ' ὅπως περιυβρισ-
θεῖσα καὶ καταμεληθεῖσα πρὸς τὸν πόλεμον αἰτίαν
εὐπρεπῆ παράσχοι. 2 Γενομένη δ' ἐν Ἀθήναις ἐδέξατο γράμματα παρ' Ἀντωνίου κελεύοντος αὐτόθι

en chemin. 2 Lui-même descendit avec une poignée d'hommes vers la mer, jusqu'à un endroit situé entre Bérytos et Sidon (on l'appelle Bourg Blanc) et y attendit Cléopâtre ; 3 son retard le plongea dans une angoisse éperdue et bientôt il s'abandonna à la boisson et à l'ivresse, mais sans pouvoir supporter de rester étendu : au milieu des buveurs il se levait souvent et courait voir si elle venait. Elle débarqua enfin, apportant beaucoup de vêtements et d'argent pour les soldats. 4 Toutefois, quelques auteurs prétendent qu'elle n'apporta que les vêtements et qu'il distribua aux soldats son propre argent comme s'il venait d'elle.

52. 1 Sur ces entrefaites, s'élève entre le roi des Mèdes et le Parthe Phraate un différend, qui commença, dit-on, à propos des dépouilles romaines, mais qui fit soupçonner avec effroi au Mède qu'on voulait le priver de son royaume. 2 Aussi envoya-t-il solliciter Antoine en promettant de le seconder à la guerre avec ses propres troupes. 3 Voyant s'ouvrir ainsi de grandes espérances (car la seule ressource qui semblait lui avoir manqué pour soumettre les Parthes, c'était d'être venu sans une cavalerie et des archers nombreux, et il se la voyait adjoindre pour lui complaire et non parce qu'il l'avait demandé), Antoine se disposa à remonter à travers l'Arménie et, quand il aurait rejoint le Mède sur les bords de l'Araxe, à relancer la guerre.

53. 1 Cependant, à Rome, Octavie voulait s'embarquer pour aller trouver Antoine, ce que César lui permit, disent la plupart des historiens, non pour lui complaire, mais en comptant que le mépris et les outrages auxquels elle serait en butte lui fourniraient un beau motif de guerre. 2 Arrivée à Athènes, elle reçut une lettre d'Antoine qui l'invitait à attendre sur place et annonçait

προσμένειν καὶ τὰ περὶ τὴν ἀνάβασιν δηλοῦντος. Ἡ δέ, καίπερ ἀχθομένη καὶ νοοῦσα τὴν πρόφασιν, ὅμως ἔγραψε πυνθανομένη ποῖ κελεύει πεμφθῆναι τὰ κομιζόμενα πρὸς αὐτόν. 3 Ἐκόμιζε δὲ πολλὴν μὲν ἐσθῆτα στρατιωτικήν, πολλὰ δ' ὑποζύγια καὶ χρήματα καὶ δῶρα τοῖς περὶ αὐτὸν ἡγεμόσι καὶ φίλοις · ἐκτὸς c δὲ τούτων στρατιώτας ἐπιλέκτους δισχιλίους εἰς στρατηγικὰς σπείρας κεκοσμημένους ἐκπρεπέσι πανοπλίαις. 4 Ταῦτα Νίγρος τις Ἀντωνίου φίλος ἀποσταλεὶς παρ' αὐτῆς ἔφραζε, καὶ προσετίθει τοὺς ἀξίους καὶ πρέποντας ἐπαίνους. 5 Αἰσθομένη δ' ἡ Κλεοπάτρα τὴν Ὀκταουίαν ὁμόσε χωροῦσαν αὐτῇ, καὶ φοβηθεῖσα μὴ τοῦ τρόπου τῇ σεμνότητι καὶ τῇ Καίσαρος δυνάμει προσκτησαμένη τὸ καθ' ἡδονὴν ὁμιλεῖν καὶ θεραπεύειν Ἀντώνιον ἄμαχος γένηται καὶ κρατήσῃ παντάπασι τοῦ ἀνδρός, ἐρᾶν αὐτὴ προσεποιεῖτο τοῦ Ἀντωνίου, καὶ τὸ σῶμα λεπταῖς καθῄρει διαίταις · 6 τὸ δὲ βλέμμα προσιόντος ἐκπεπληγμένον, ἀπερχο- d μένου δὲ τηκόμενον καὶ ταπεινούμενον ὑπεφαίνετο. 7 Πραγματευομένη δὲ πολλάκις ὀφθῆναι δακρύουσα, ταχὺ τὸ δάκρυον ἀφῄρει καὶ ἀπέκρυπτεν, ὡς δὴ βουλομένη λανθάνειν ἐκεῖνον. Ἐπράττετο δὲ ταῦτα μέλλοντος τοῦ ἀνδρὸς ἐκ Συρίας ἀναβαίνειν πρὸς τὸν Μῆδον. 8 Οἱ δὲ κόλακες σπουδάζοντες ὑπὲρ αὐτῆς ἐλοιδόρουν τὸν Ἀντώνιον ὡς σκληρὸν καὶ ἀπαθῆ καὶ παραπολλύντα γύναιον εἰς ἕνα καὶ μόνον ἐκεῖνον ἀνηρτημένον. 9 Ὀκταουίαν μὲν γὰρ πραγμάτων ἕνεκα διὰ τὸν ἀδελφὸν συνελθεῖν καὶ τὸ τῆς γαμετῆς ὄνομα καρποῦσθαι · 10 Κλεοπάτραν δὲ τοσούτων

son expédition en haute Asie. Bien qu'elle souffrît de ce prétexte qu'elle comprenait fort bien, elle lui écrivit néanmoins pour lui demander où il voulait qu'elle lui fît passer ce qu'elle lui apportait 3 – elle apportait une grande quantité de vêtements pour les soldats, beaucoup de bêtes de somme, d'argent et de présents pour ses officiers et ses amis et, en outre, deux mille hommes d'élite, équipés d'une splendide panoplie, pour servir de cohortes prétoriennes. 4 Ce message, ce fut un certain Niger, un ami d'Antoine, qu'elle envoya le délivrer, et il y ajouta les dignes éloges qu'Octavie méritait. 5 Mais Cléopâtre, sentant en Octavie une rivale[184] et craignant qu'une femme, joignant à la dignité de son caractère et à la puissance de César une conversation et des attentions pleines de charme, ne prît sur son époux un ascendant invincible, feignait d'éprouver elle-même de la passion pour Antoine et s'attachait à affaiblir son corps par un régime de famine : 6 toutes les fois qu'il entrait chez elle, son regard laissait entrevoir son saisissement et, quand il la quittait, sa langueur et son abattement. 7 Elle s'arrangeait pour être vue souvent en larmes, qu'elle se hâtait d'essuyer et de cacher, comme si elle voulait l'empêcher de les voir. Telles étaient ses manœuvres au moment où son amant se disposait à quitter la Syrie pour monter chez le Mède. 8 Ses flatteurs la secondaient avec zèle et accablaient Antoine de reproches pour la dureté et l'insensibilité avec lesquelles il laissait mourir de chagrin une pauvre femme dont la vie ne dépendait que de lui : 9 Octavie en effet ne s'était unie à lui que pour des raisons politiques, à cause de son frère, et elle jouissait du titre d'épouse, 10 tandis que Cléopâtre, reine de tant de

---

184. Plutarque emploie ici un vocabulaire guerrier.

ἀνθρώπων βασιλεύουσαν ἐρωμένην ᾽Αντωνίου καλεῖσθαι   e
καὶ τοὔνομα τοῦτο μὴ φεύγειν μηδ᾽ ἀπαξιοῦν, ἕως
ὁρᾶν ἐκεῖνον ἔξεστι καὶ συζῆν · ἀπελαυνομένην δὲ
τούτου μὴ περιβιώσεσθαι. 11 Τέλος δ᾽ οὖν οὕτω
τὸν ἄνθρωπον ἐξέτηξαν καὶ ἀπεθήλυναν ὥστε δείσαντα
μὴ Κλεοπάτρα πρόηται τὸν βίον, εἰς ᾽Αλεξάνδρειαν
ἐπανελθεῖν, τὸν δὲ Μῆδον εἰς ὥραν ἔτους ἀναβαλέσθαι,
καίπερ ἐν στάσει τῶν Παρθικῶν εἶναι λεγομένων. 12 Οὐ
μὴν ἀλλὰ τοῦτον μὲν ἀναβὰς αὖθις εἰς φιλίαν προσηγάγετο, καὶ [λαβὼν] ἑνὶ τῶν ἐκ Κλεοπάτρας υἱῶν γυναῖκα
μίαν αὑτοῦ τῶν θυγατέρων ἔτι μικρὰν οὖσαν ἐγγυήσας
ἐπανῆλθεν, ἤδη πρὸς τὸν ἐμφύλιον πόλεμον τετραμ-
μένος.   f

54. 1 ᾽Οκταουίαν δὲ Καῖσαρ ὑβρίσθαι δοκοῦσαν,
ὡς ἐπανῆλθεν ἐξ ᾽Αθηνῶν, ἐκέλευσε καθ᾽ ἑαυτὴν οἰκεῖν.
2 ῾Η δ᾽ οὐκ ἔφη τὸν οἶκον ἀπολείψειν τοῦ ἀνδρός,
ἀλλὰ κἀκεῖνον αὐτόν, εἰ μὴ δι᾽ ἑτέρας αἰτίας ἔγνωκε
πολεμεῖν ᾽Αντωνίῳ, παρεκάλει τὰ καθ᾽ ἑαυτὴν ἐᾶν, ὡς
οὐδ᾽ ἀκοῦσαι καλόν, εἰ τῶν μεγίστων αὐτοκρατόρων
ὁ μὲν δι᾽ ἔρωτα γυναικός, ὁ δὲ διὰ ζηλοτυπίαν εἰς
ἐμφύλιον πόλεμον ῾Ρωμαίους κατέστησε. 3 Ταῦτα δὲ 941
λέγουσα μᾶλλον ἐβεβαίου δι᾽ ἔργων. Καὶ γὰρ ᾤκει
τὴν οἰκίαν ὥσπερ αὐτοῦ παρόντος ἐκείνου, καὶ τῶν
τέκνων οὐ μόνον τῶν ἐξ ἑαυτῆς, ἀλλὰ καὶ τῶν ἐκ
Φουλβίας γεγονότων καλῶς καὶ μεγαλοπρεπῶς ἐπε-
μελεῖτο · 4 καὶ τοὺς πεμπομένους ἐπ᾽ ἀρχάς τινας ἢ
πράγματα τῶν ᾽Αντωνίου φίλων ὑποδεχομένη συνέ-
πραττεν ὧν παρὰ Καίσαρος δεηθεῖεν. 5 ῎Ακουσα

185. L'anecdote est utilisée dans le *De adul.*, 61 A-B.

peuples, n'était appelée que la maîtresse d'Antoine – et
elle ne refusait pas ce nom et ne s'en croyait pas désho-
norée, pourvu qu'elle pût le voir et vivre avec lui ; mais
s'il la chassait, elle ne survivrait pas[185]. 11 Ces discours
finirent par attendrir et amollir si bien Antoine qu'il prit
peur que Cléopâtre ne renonçât à la vie et retourna à
Alexandrie, renvoyant le Mède à la belle saison malgré
les bruits selon lesquels l'empire parthe était en proie à
une sédition. 12 Il remonta cependant en Médie et renou-
vela son amitié avec le roi en fiançant à un des fils qu'il
avait eus de Cléopâtre une des filles du Mède, encore
toute petite, avant de rentrer, entièrement tourné dès lors
vers la guerre civile[186].

54. 1 Octavie de retour d'Athènes, César, devant l'af-
front qu'elle semblait avoir subi, lui enjoignit de prendre
un logement à elle, 2 mais elle répondit qu'elle n'aban-
donnerait pas la maison de son mari et elle conjurait son
frère lui-même, s'il n'avait pas d'autre motif de faire la
guerre à Antoine, de ne pas s'inquiéter de ce qui la regardait personnellement – car il y aurait encore de la honte à
entendre dire que les deux plus grands chefs plongeaient
les Romains dans la guerre civile, l'un pour l'amour
d'une femme, et l'autre par la jalousie d'une épouse.
3 Ce qu'elle disait, elle le confirmait par sa conduite
et on la vit continuer d'habiter la maison de son mari,
comme s'il était là, et élever avec autant de soin que
de magnificence, non seulement les enfants qu'elle avait
mis au monde, mais encore ceux de Fulvia ; 4 et quand
Antoine envoyait des amis pour briguer des charges ou
traiter des affaires, elle les recevait chez elle et les aidait
à obtenir de César ce qu'ils sollicitaient. 5 Mais sans le

186. Dion Cassius, XLIX, 44.

δ' ἔβλαπτε διὰ τούτων Ἀντώνιον · ἐμισεῖτο γὰρ ἀδικῶν γυναῖκα τοιαύτην. Ἐμισήθη δὲ καὶ διὰ τὴν διανέμησιν ἣν ἐποιήσατο τοῖς τέκνοις ἐν Ἀλεξανδρείᾳ, τραγικὴν καὶ ὑπερήφανον καὶ μισορρώμαιον φανεῖσαν. 6 Ἐμπλήσας γὰρ ὄχλου τὸ γυμνάσιον καὶ θέμενος ἐπὶ β βήματος ἀργυροῦ δύο θρόνους χρυσοῦς, τὸν μὲν ἑαυτῷ, τὸν δὲ Κλεοπάτρᾳ, καὶ τοῖς παισὶν ἑτέρους ταπεινοτέρους, πρῶτον μὲν ἀπέφηνε Κλεοπάτραν βασίλισσαν Αἰγύπτου καὶ Κύπρου καὶ Λιβύης καὶ Κοίλης Συρίας, συμβασιλεύοντος αὐτῇ Καισαρίωνος, ὃς ἐκ Καίσαρος ἐδόκει τοῦ προτέρου γεγονέναι Κλεοπάτραν ἔγκυον καταλιπόντος · 7 δεύτερον δὲ τοὺς ἐξ αὑτοῦ καὶ Κλεοπάτρας υἱοὺς βασιλεῖς βασιλέων ἀναγορεύσας Ἀλεξάνδρῳ μὲν Ἀρμενίαν ἀπένειμε καὶ Μηδίαν καὶ τὰ Πάρθων, ὅταν ὑπαγάγηται, Πτολεμαίῳ δὲ Φοινίκην καὶ Συρίαν καὶ Κιλικίαν. 8 Ἅμα δὲ καὶ προήγαγε τῶν παίδων Ἀλέξανδρον μὲν ἐσθῆτι [τε] Μηδικῇ c τιάραν καὶ κίταριν ὀρθὴν ἔχούσῃ, Πτολεμαῖον δὲ κρηπῖσι καὶ χλαμύδι καὶ καυσίᾳ διαδηματοφόρῳ κεκοσμημένον. Αὕτη γὰρ ἦν σκευὴ τῶν ἀπ' Ἀλεξάνδρου βασιλέων, ἐκείνη δὲ Μήδων καὶ Ἀρμενίων. 9 Ἀσπασαμένων δὲ τῶν παίδων τοὺς γονεῖς, τὸν μὲν Ἀρμενίων φυλακὴ περιίστατο, τὸν δὲ Μακεδόνων. Κλεοπάτρα μὲν γὰρ καὶ τότε καὶ τὸν ἄλλον χρόνον εἰς πλῆθος ἐξιοῦσα στολὴν [ἑτέραν] ἱερὰν Ἴσιδος ἐλάμβανε καὶ νέα Ἴσις ἐχρημάτιζε.

187. L'introduction se finit sur un *hapax* ; sur le partage d'Alexandrie, qui s'inscrit dans la politique de réorganisation de l'Orient, Dion Cassius, XLIX, 41 et FREYBURGER-RODDAZ 1994, p. CLXII-CLXV.

vouloir, elle ne faisait par-là que nuire à Antoine, que ses injustices envers une telle femme rendaient odieux. Il se rendit odieux aussi par le partage qu'il fit à Alexandrie entre ses enfants et qui apparut comme une manifestation théâtrale à la fois arrogante et anti romaine[187]. 6 Ayant assemblé au gymnase une multitude immense et fait dresser sur une estrade d'argent deux trônes d'or, l'un pour lui, l'autre pour Cléopâtre, ainsi que d'autres, plus bas, pour les enfants, il déclara d'abord Cléopâtre reine d'Égypte, de Chypre, de Libye et de Cœlé-Syrie, et associa à son règne Césarion, qui passait pour le fils du premier César, qui avait quitté Cléopâtre enceinte ; 7 en second lieu, il conféra le titre de rois des rois aux fils qu'il avait lui-même de Cléopâtre, attribuant à Alexandre l'Arménie, la Médie et l'empire parthe, quand il serait soumis, et à Ptolémée la Phénicie, la Syrie et la Cilicie. 8 En même temps, il les fit avancer, Alexandre en costume médique, avec la tiare et la citaris droite[188], et Ptolémée avec les sandales, la chlamyde et le chapeau macédonien surmonté d'un diadème : c'était là la tenue des rois successeurs d'Alexandre, tandis que la première était celle des Mèdes et des Arméniens. 9 Quand les enfants eurent embrassé leurs parents, une garde arménienne vint entourer l'un et une garde macédonienne l'autre[189]. Et de ce jour Cléopâtre ne parut plus en public que revêtue de la robe sacrée d'Isis et donna ses audiences en tant que Nouvelle Isis[190].

188. Voir *Artax.*, 26, 4 et 28, 1.
189. Ce passage a inspiré un poème à Cavafis : voir *infra* Appendice, p. 232-233.
190. Voir JEANMAIRE 1924, p. 250-252.

55. 1 Ταῦτα δ' εἰς σύγκλητον ἐκφέρων Καῖσαρ καὶ πολλάκις ἐν τῷ δήμῳ κατηγορῶν παρώξυνε τὸ πλῆθος ἐπ' Ἀντώνιον. 2 Ἔπεμπε δὲ καὶ Ἀντώνιος ἀντεγκαλῶν ἐκείνῳ. d Μέγιστα δ' ἦν ὧν ἐνεκάλει, πρῶτον μὲν ὅτι Πομπηίου Σικελίαν ἀφελόμενος οὐκ ἔνειμε μέρος αὐτῷ τῆς νήσου· δεύτερον ὅτι χρησάμενος ναῦς παρ' αὐτοῦ πρὸς τὸν πόλεμον ἀπεστέρησε· 3 τρίτον ὅτι τὸν συνάρχοντα Λέπιδον ἐκβαλὼν τῆς ἀρχῆς καὶ ποιήσας ἄτιμον αὐτὸς ἔχει στρατὸν καὶ χώραν καὶ προσόδους τὰς ἐκείνῳ προσνεμηθείσας· ἐπὶ πᾶσιν, ὅτι τοῖς αὐτοῦ στρατιώταις ἅπασαν ὀλίγου δεῖν Ἰταλίαν κατακεκλήρουχηκε μηδὲν λιπὼν τοῖς ἐκείνου. 4 Πρὸς ταῦτα Καῖσαρ ἀπελογεῖτο Λέπιδον μὲν ὑβρίζοντα καταπαῦσαι τῆς ἀρχῆς, ἃ δ' ἔσχηκε πολεμήσας, e νεμήσεσθαι πρὸς Ἀντώνιον, ὅταν κἀκεῖνος Ἀρμενίαν πρὸς αὐτόν· τοῖς δὲ στρατιώταις Ἰταλίας μὴ μετεῖναι· Μηδίαν γὰρ ἔχειν καὶ Παρθίαν αὐτούς, ἃς προσεκτήσαντο Ῥωμαίοις καλῶς ἀγωνισάμενοι μετὰ τοῦ αὐτοκράτορος.

56. 1 Ταῦτ' ἐν Ἀρμενίᾳ διατρίβων Ἀντώνιος ἤκουσε· καὶ Κανίδιον εὐθὺς ἐκέλευσεν ἑκκαίδεκα τέλη λαβόντα καταβαίνειν ἐπὶ θάλατταν. Αὐτὸς δὲ Κλεοπάτραν ἀναλαβὼν εἰς Ἔφεσον ἧκε. 2 Καὶ τὸ ναυτικὸν ἐκεῖ συνῄει πανταχόθεν, ὀκτακόσιαι σὺν ὁλκάσι νῆες, ὧν Κλεοπάτρα παρεῖχε διακοσίας καὶ τάλαντα δισμύρια καὶ τροφὴν τῷ στρατῷ παντὶ πρὸς τὸν πόλεμον. f 3 Ἀντώνιος δὲ πεισθεὶς ὑπὸ Δομιτίου καί τινων ἄλλων ἐκέλευε Κλεοπάτραν πλεῖν ἐπ' Αἰγύπτου κἀκεῖ διακαραδοκεῖν τὸν πόλεμον. 4 Ἡ δὲ φοβουμένη τὰς δι' Ὀκταουίας πάλιν αὐτοῦ διαλύσεις ἔπεισε πολλοῖς

55. 1 C'est par le rapport au Sénat de ce partage et par des accusations réitérées devant le peuple que César excitait la masse contre Antoine. 2 Antoine de son côté envoyait aussi des gens répliquer par d'autres griefs. Et ses principaux griefs étaient, premièrement, que, ayant dépouillé Pompée de la Sicile, il ne lui avait pas donné une part de l'île ; deuxièmement, qu'il avait gardé les vaisseaux qu'il lui avait empruntés pour faire cette guerre ; 3 troisièmement, que, ayant chassé leur collègue Lépide du pouvoir et l'ayant privé de ses honneurs, il conservait pour lui l'armée, les provinces et les revenus qui avaient été assignés à Lépide ; enfin, pour couronner le tout, qu'il avait distribué à ses soldats presque toute l'Italie sans en rien laisser pour ceux d'Antoine. 4 De cela César se justifiait en disant qu'il avait mis fin au pouvoir de Lépide en raison de ses abus ; que, pour ce qu'il avait conquis par la guerre, il le partagerait avec Antoine lorsque celui-ci partagerait avec lui l'Arménie ; quant aux soldats d'Antoine, ils n'avaient aucun droit sur l'Italie, puisqu'ils avaient la Médie et la Parthie qu'ils avaient ajoutées à l'empire romain en combattant vaillamment avec leur général.

56. 1 Ces réponses parvinrent aux oreilles d'Antoine alors qu'il était en Arménie. Aussitôt il ordonna à Canidius de prendre seize légions et de descendre vers la mer ; lui-même prit avec lui Cléopâtre et se rendit à Éphèse. 2 Il y rassembla de tous côtés sa flotte, laquelle, avec les vaisseaux de charge, était forte de huit cents bâtiments : Cléopâtre en avait fourni deux cents ainsi que vingt mille talents et des vivres pour nourrir toute l'armée pendant la guerre. 3 Antoine, convaincu par Domitius et quelques autres, pria Cléopâtre de cingler vers l'Égypte et d'y attendre l'issue de la guerre, 4 mais elle, craignant une nouvelle réconciliation ménagée par Octavie, persuada

Κανίδιον χρήμασιν Ἀντωνίῳ διαλεχθῆναι περὶ αὐτῆς,
ὡς οὔτε δίκαιον ἀπελαύνεσθαι τοῦ πολέμου γυναῖκα
συμβολὰς τηλικαύτας διδοῦσαν, οὔτε συμφέρον ἀθυ- 942
μοτέρους ποιεῖν τοὺς Αἰγυπτίους μέγα μέρος τῆς
ναυτικῆς δυνάμεως ὄντας · 5 ἄλλως δὲ μηδ' ὁρᾶν
οὗτινος τῶν συστρατευόντων βασιλέων ἀπολείποιτο
τὸ φρονεῖν Κλεοπάτρα, πολὺν μὲν χρόνον δι' αὑτῆς
κυβερνῶσα βασιλείαν τοσαύτην, πολὺν δ' ἐκείνῳ
συνοῦσα καὶ μανθάνουσα χρῆσθαι πράγμασι μεγάλοις.
6 Ταῦτ' (ἔδει γὰρ εἰς Καίσαρα πάντα περιελθεῖν)
ἐνίκα · καὶ συνιουσῶν τῶν δυνάμεων πλεύσαντες εἰς
Σάμον ἐν εὐπαθείαις ἦσαν. 7 Ὥσπερ γὰρ βασιλεῦσι
καὶ δυνάσταις καὶ τετράρχαις ἔθνεσί τε καὶ πόλεσι
πάσαις ταῖς μεταξὺ Συρίας καὶ Μαιώτιδος καὶ Ἀρμε-   b
νίας καὶ Ἰλλυριῶν προείρητο πέμπειν καὶ κομίζειν τὰς
εἰς τὸν πόλεμον παρασκευάς, οὕτω πᾶσι τοῖς περὶ τὸν
Διόνυσον τεχνίταις ἐπάναγκες ἦν εἰς Σάμον ἀπαντᾶν ·
8 καὶ τῆς ἐν κύκλῳ σχεδὸν ἁπάσης οἰκουμένης περιθρη-
νουμένης καὶ περιστεναζομένης, μία νῆσος ἐφ' ἡμέρας
πολλὰς κατηυλεῖτο καὶ κατεψάλλετο, πληρουμένων
θεάτρων καὶ χορῶν ἀγωνιζομένων. 9 Συνέθυε δὲ καὶ
πόλις πᾶσα βοῦν πέμπουσα, καὶ βασιλεῖς διημιλλῶντο
ταῖς ὑποδοχαῖς καὶ δωρεαῖς πρὸς ἀλλήλους. 10 Ὥστε
καὶ λόγος διῄει, τίνες ἔσονται κρατήσαντες ἐν τοῖς
ἐπινικίοις οἱ τοῦ πολέμου τὰς παρασκευὰς οὕτω
πολυτελῶς ἑορτάζοντες.

191. Parenthèse rare chez Plutarque, qui tout à la fois reconnaît la
nécessité de l'empire (même idée in Brut., 47, 7, Comp. Dio-Brut., 2, 2,
Pomp., 75, 5, et BABUT 1969, p. 480-482) et rend vaine à l'avance toute
l'action d'Antoine qui va suivre – sans le disculper de ses fautes pour
autant (sur ce délicat équilibre entre destinée, hasard et responsabilité,
BABUT 1969, p. 309-311).

Canidius à force d'argent de parler en sa faveur à Antoine en lui remontrant qu'il n'était ni juste d'éloigner de cette guerre une femme qui fournissait des contributions si considérables, ni avantageux de décourager les Égyptiens qui formaient une grande partie de ses forces navales ; 5 d'ailleurs on ne voyait pas non plus que Cléopâtre fût inférieure en intelligence à aucun des rois associés à cette campagne, elle qui, depuis longtemps, gouvernait seule un si vaste royaume et, depuis longtemps aussi, vivait avec lui et apprenait à conduire de grandes affaires. 6 Ces discours triomphèrent – car il fallait que tout passât au pouvoir de César[191]. Les forces réunies, ils firent voile pour Samos où ils passèrent leurs temps dans les délices des fêtes[192]. 7 Car, de même qu'il avait ordonné aux rois, aux dynastes et aux tétrarques, ainsi qu'à tous les peuples et les cités situés entre la Syrie, le Palus Méotis, l'Arménie et l'Illyrie, d'apporter ou d'envoyer tout ce qui était préparé pour la guerre, obligation fut faite aussi à tous les artistes dionysiaques de se présenter à Samos 8 et, tandis que toute la terre habitée alentour faisait entendre soupirs et gémissements, une seule île retentit durant plusieurs jours du son des *auloi* et des lyres, avec des théâtres pleins où des chœurs se disputaient les prix. 9 Chaque ville s'associait aussi aux sacrifices en y envoyant un bœuf, et les rois rivalisaient entre eux de réceptions et de présents. 10 Aussi se demandait-on de toutes parts ce que feraient, vainqueurs, pour célébrer leur triomphe, des gens qui fêtaient les préparatifs de guerre si somptueusement.

---

192. Le mot fait écho à la vie ἡδυπαθής en 21, 1, au verbe καθηδυπαθεῖν de 28, 1 ; il sera repris de même en 71, 5 sous forme verbale (εὐπαθοῦντες) au moment de l'Attente de la Mort en commun : *leitmotiv* de la vie livrée aux *pathè* chère à Antoine.

57. 1 Γενόμενος δ' ἀπὸ τούτων, τοῖς μὲν περὶ τὸν c
Διόνυσον τεχνίταις Πριήνην ἔδωκεν οἰκητήριον, αὐτὸς
δὲ πλεύσας εἰς 'Αθήνας πάλιν ἐν παιδιαῖς ἦν καὶ θεά-
τροις. 2 Ζηλοτυποῦσα δὲ Κλεοπάτρα τὰς 'Οκταουίας
ἐν τῇ πόλει τιμάς (ἠγαπήθη γὰρ ὑπὸ τῶν 'Αθηναίων ἡ
'Οκταουία μάλιστα) πολλαῖς ἀνελάμβανε φιλοτιμίαις
τὸν δῆμον. 3 Οἱ δὲ τιμὰς αὐτῇ ψηφισάμενοι πρέσβεις
ἔπεμψαν ἐπὶ τὴν οἰκίαν τὸ ψήφισμα κομίζοντας, ὧν
εἷς ἦν 'Αντώνιος, ὡς δὴ πολίτης 'Αθηναίων · καὶ δὴ
καταστὰς ἐπ' αὐτῆς λόγον ὑπὲρ τῆς πόλεως διεξῆλθεν.
4 Εἰς δὲ 'Ρώμην ἔπεμψε τοὺς 'Οκταουίαν ἐκ τῆς οἰκίας d
ἐκβαλοῦντας. 'Απελθεῖν δέ φασιν αὐτὴν τὰ μὲν τέκνα
πάντ' 'Αντωνίου μεθ' ἑαυτῆς ἔχουσαν ἄνευ τοῦ πρεσβυ-
τάτου τῶν ἐκ Φουλβίας (ἐκεῖνος γὰρ ἦν παρὰ τῷ
πατρί), κλαίουσαν δὲ καὶ δυσφοροῦσαν εἰ δόξει μία
τῶν αἰτιῶν τοῦ πολέμου καὶ αὐτὴ γεγονέναι. 5 'Ρω-
μαῖοι δ' ᾤκτιρον οὐκ ἐκείνην, ἀλλ' 'Αντώνιον, καὶ
μᾶλλον οἱ Κλεοπάτραν ἑωρακότες οὔτε κάλλει τῆς
'Οκταουίας οὔθ' ὥρᾳ διαφέρουσαν.

58. 1 Καῖσαρ δὲ τὸ τάχος καὶ τὸ μέγεθος τῆς παρασκευῆς ἀκούσας ἐθορυβήθη, μὴ τοῦ θέρους ἐκείνου
διαπολεμεῖν ἀναγκασθῇ. 2 Καὶ γὰρ ἐνέδει πολλά,
καὶ τοὺς ἀνθρώπους ἐλύπουν αἱ τῶν χρημάτων εἰσπρά- e
ξεις · ἀναγκαζόμενοι γὰρ οἱ μὲν ἄλλοι τὰ τέταρτα τῶν
καρπῶν, οἱ δ' ἐξελευθερικοὶ τῶν κτημάτων αὐτῶν τὰς
ὀγδόας ἀποφέρειν κατεβόων αὐτοῦ, καὶ ταραχαὶ

193. Dion Cassius, XLVIII, 39 sur l'union du Nouveau Dionysos et
d'Athéna ; commentaire *in* Habicht 1999, p. 395-396, et Raubitschek
1946.

57. 1 Les fêtes terminées, Antoine donna Priène pour séjour aux artistes dionysiaques et s'embarqua lui-même pour Athènes, où il passa de nouveau son temps en jeux et en spectacles. 2 Cléopâtre, jalouse des honneurs qu'Octavie avait reçus dans la cité (Octavie avait été très aimée des Athéniens[193]), s'attacha à se gagner le peuple par de grandes largesses.   3 Aussi les Athéniens lui votèrent-ils des honneurs et envoyèrent des députés lui porter le décret chez elle. Antoine se trouvait parmi eux en sa qualité de citoyen d'Athènes et ce fut lui qui se tint devant elle pour prononcer un discours au nom de la cité. 4 Il envoya à Rome chasser Octavie de sa maison[194]. Elle en sortit, emmenant, dit-on, avec elle tous les enfants d'Antoine, hormis l'aîné de ceux de Fulvia – qui était alors avec son père ; elle pleurait et se désolait de pouvoir être regardée elle-même comme une des causes de la guerre. 5 Les Romains gémissaient, non sur elle, mais sur Antoine, surtout ceux qui avaient vu Cléopâtre et savaient qu'elle ne l'emportait sur Octavie ni en beauté ni en jeunesse.

58. 1 César, informé de la rapidité et de l'ampleur des préparatifs d'Antoine, en fut troublé et craignit de se voir contraint à commencer la guerre cet été-là[195], 2 car il lui manquait beaucoup de choses et les gens étaient mécontents des impôts à payer. En effet tous devaient donner le quart de leur revenu, sauf les fils d'affranchis, qui payaient le huitième de leurs biens : ce qui faisait hurler tout le monde contre lui et causait des troubles

194. C'est la formule officielle du divorce, qui consomme la rupture entre Octavien et Antoine et rend la guerre inévitable.
195. La possibilité de cingler sur l'Italie dès ce moment (on est à l'été 32) reste plus qu'incertaine, mais l'hypothèse permet à Plutarque de stigmatiser une nouvelle erreur d'Antoine sur le temps.

κατεῖχον ἐκ τούτων ἅπασαν τὴν Ἰταλίαν. 3 Ὅθεν ἐν τοῖς μεγίστοις ἁμαρτήμασιν Ἀντωνίου τὴν ἀναβολὴν τοῦ πολέμου τίθενται. Καὶ γὰρ παρασκευάσασθαι χρόνον ἔδωκε Καίσαρι καὶ τὰς ταραχὰς τῶν ἀνθρώπων ἐξέλυσε. Πραττόμενοι γὰρ ἠγριαίνοντο, πραχθέντες δὲ καὶ δόντες ἡσύχαζον. 4 Τίτιος δὲ καὶ Πλάγκος, Ἀντωνίου φίλοι τῶν ὑπατικῶν, ὑπὸ Κλεοπάτρας προπηλακιζόμενοι (πλεῖστα γὰρ ἠναντιώθησαν αὐτῇ   f περὶ τοῦ συστρατεύειν) ἀποδράντες ᾤχοντο πρὸς Καίσαρα καὶ περὶ τῶν Ἀντωνίου διαθηκῶν ἐγένοντο μηνυταὶ τὰ γεγραμμένα συνειδότες. 5 Ἀπέκειντο δ' αὗται παρὰ ταῖς Ἑστιάσι παρθένοις, καὶ Καίσαρος αἰτοῦντος οὐκ ἔδωκαν · εἰ δὲ βούλοιτο λαμβάνειν, ἐλθεῖν αὐτὸν ἐκέλευον. 6 Ἔλαβεν οὖν ἐλθών · καὶ πρῶτον μὲν αὐτὸς ἰδίᾳ τὰ γεγραμμένα διῆλθε, καὶ παρεσημήνατο τόπους τινὰς εὐκατηγορήτους · ἔπειτα 943 τὴν βουλὴν ἀθροίσας ἀνεγίνωσκε, τῶν πλείστων ἀηδῶς ἐχόντων. 7 Ἀλλόκοτον γὰρ ἔδοξεν εἶναι καὶ δεινὸν εὐθύνας τινὰ διδόναι ζῶντα περὶ ὧν ἐβουλήθη γενέσθαι μετὰ τὴν τελευτήν. 8 Ἐπεφύετο δὲ τῶν γεγραμμένων μάλιστα τῷ περὶ τῆς ταφῆς. Ἐκέλευε γὰρ αὐτοῦ τὸ σῶμα, κἂν ἐν Ῥώμῃ τελευτήσῃ, δι' ἀγορᾶς πομπευθὲν εἰς Ἀλεξάνδρειαν ὡς Κλεοπάτραν ἀποσταλῆναι. 9 Καλουίσιος δὲ Καίσαρος ἑταῖρος ἔτι καὶ ταῦτα τῶν εἰς Κλεοπάτραν ἐγκλημάτων Ἀντωνίῳ προῦφερε · χαρίσασθαι μὲν αὐτῇ τὰς ἐκ Περγάμου βυβλιοθήκας, ἐν αἷς εἴκοσι μυριάδες βυβλίων ἁπλῶς ἦσαν · 10 ἐν

---

196. Dion Cassius, L 3, 3-5 mentionne un accueil tout différent (« ce testament contenait des clauses telles qu'il [sc. Octavien] n'encourut aucun

dans toute l'Italie. 3 Aussi compte-t-on parmi les plus grandes fautes d'Antoine d'avoir différé la guerre, car il donna ainsi à César le temps de se préparer et il permit aux troubles de s'apaiser ; car si les gens s'irritaient quand on levait les impôts, une fois qu'ils étaient payés et acquittés, ils se calmaient. 4 Titus et Plancus, deux amis d'Antoine, tous deux personnages consulaires, traînés dans la boue par Cléopâtre (ils avaient été des opposants particulièrement ardents à sa participation à la campagne), s'enfuirent auprès de César et lui révélèrent le testament d'Antoine, dont ils connaissaient les dispositions. 5 Ce testament était déposé chez les Vestales, lesquelles refusèrent d'accéder à la demande de César : s'il voulait l'avoir, elles l'invitaient à venir le prendre lui-même. 6 Il vint donc le prendre et le lut, d'abord en particulier, notant les endroits propices à ses attaques, puis, ayant assemblé le Sénat, il en donna publiquement lecture, au grand déplaisir de la plupart des sénateurs : 7 il leur sembla en effet étrange et scandaleux de demander compte à un homme vivant de choses dont il souhaitait l'exécution après sa mort. 8 César insista surtout parmi les dispositions sur celles qui concernaient sa sépulture[196] : car Antoine demandait que son corps, même s'il était mort à Rome, après avoir été porté en cortège à travers le Forum, fût envoyé à Alexandrie auprès de Cléopâtre. 9 Calvisius, un des amis de César, proféra encore, au nombre des griefs concernant Cléopâtre, les accusations suivantes : il l'avait gratifiée de la bibliothèque de Pergame, composée d'à peu près deux cent mille volumes ; 10 dans un festin il s'était levé de

reproche de ces assemblées malgré l'illégalité totale de son procédé ») ; sur le testament lui-même, voir Johnson 1978 et Sirianni 1984.

δὲ συνδείπνῳ πολλῶν παρόντων ἀναστάντα τρίβειν b
αὐτῆς τοὺς πόδας ἔκ τινος ὁρισμοῦ καὶ συνθήκης
γενομένης · 11 Ἐφεσίους δ' ἀνασχέσθαι παρόντος
αὐτοῦ κυρίαν τὴν Κλεοπάτραν ἀσπασαμένους · δικά-
ζοντα δὲ πολλάκις τετράρχαις καὶ βασιλεῦσιν ἐπὶ
βήματος δελτάρια τῶν ἐρωτικῶν ὀνύχινα καὶ κρυστάλ-
λινα δέχεσθαι παρ' αὐτῆς καὶ ἀναγινώσκειν · Φουρνίου
δὲ λέγοντος, ὃς ἦν ἀξιώματος μεγάλου καὶ δεινότατος
εἰπεῖν Ῥωμαίων, τὴν μὲν Κλεοπάτραν ἐν φορείῳ διὰ
τῆς ἀγορᾶς κομίζεσθαι, τὸν δ' Ἀντώνιον, ὡς εἶδεν,
ἀναπηδήσαντα τὴν μὲν δίκην ἀπολιπεῖν, ἐκκρεμαννύ-
μενον δὲ τοῦ φορείου παραπέμπειν ἐκείνην. c

59. 1 Ἀλλὰ τούτων μὲν ἐδόκει τὰ πλεῖστα κατα-
ψεύδεσθαι Καλουίσιος · 2 οἱ δὲ φίλοι τοῦ Ἀντωνίου
περιιόντες ἐν Ῥώμῃ τὸν δῆμον ἱκέτευον, ἕνα δ' ἐξ
αὐτῶν ἔπεμψαν Γεμίνιον δεόμενοι τοῦ Ἀντωνίου μὴ
περιιδεῖν αὐτὸν ἀποψηφισθέντα τῆς ἀρχῆς καὶ πολέ-
μιον Ῥωμαίων ἀναγορευθέντα. 3 Γεμίνιος δὲ πλεύσας εἰς τὴν Ἑλλάδα Κλεοπάτρᾳ μὲν ἦν ὕποπτος ὡς
ὑπὲρ Ὀκταουίας πράττων, σκωπτόμενος δὲ παρὰ δεῖπνον ἀεὶ καὶ κλισίαις ἀτίμοις προπηλακιζόμενος, ἠνεί-
χετο καιρὸν ἐντεύξεως ἀναμένων · 4 κελευσθεὶς δὲ
λέγειν ἐφ' οἷς ἥκει παρὰ τὸ δεῖπνον, τὴν μὲν ἄλλην d
ἔφη νήφοντος εἶναι διάλεξιν, ἓν δὲ καὶ νήφων ἐπίστασθαι
καὶ μεθύων, ὅτι καλῶς ἕξει πάντα Κλεοπάτρας εἰς
Αἴγυπτον ἀπαλλαγείσης. 5 Πρὸς τοῦτο τοῦ Ἀντωνίου χαλεπήναντος, ἡ Κλεοπάτρα « Καλῶς » ἔφη
« πεποίηκας, ὦ Γεμίνιε, τὴν ἀλήθειαν ἄνευ βασάνων
ἐξομολογησάμενος. » Γεμίνιος μὲν οὖν μετ' ὀλίγας
ἡμέρας ἀποδρὰς εἰς Ῥώμην ᾤχετο. 6 Πολλοὺς δὲ
καὶ τῶν ἄλλων φίλων οἱ Κλεοπάτρας κόλακες ἐξέβα-

table et avait, en présence de nombreux convives, heurté
les pieds de Cléopâtre, ce qui était un signal convenu
entre eux ; 11 il avait laissé les Éphésiens en sa présence
saluer Cléopâtre comme leur souveraine ; souvent, alors
qu'il était sur son tribunal, occupé à rendre la justice à
des rois et des tétrarques, il recevait d'elle des billets
d'amour sur des tablettes d'onyx et de cristal et les lisait ;
enfin, un jour que Furnius, homme d'un grand prestige et
le plus éloquent des Romains, plaidait devant lui, Cléopâtre venant à passer sur la place en litière, Antoine avait
bondi dès qu'il l'avait vue et, abandonnant l'audience,
l'avait accompagnée, accroché à sa litière.

59. 1 Mais, semblait-il, la plupart des accusations de
Calvisius n'étaient qu'inventions mensongères. 2 Cependant, les amis d'Antoine faisaient le tour de Rome pour
supplier le peuple et ils envoyèrent l'un d'entre eux, Geminius, conjurer Antoine de ne pas se laisser dépouiller de
son commandement et déclarer ennemi public du peuple
romain sans broncher. 3 Geminius vogua vers la Grèce,
mais Cléopâtre le soupçonnait d'agir pour les intérêts
d'Octavie. Aussi fut-il la cible de constantes railleries
à table où il avait l'humiliation de recevoir des places
indignes de lui ; il souffrit tout, en attendant l'occasion
d'une audience ; 4 sommé dans un repas de dire le sujet
qui l'avait amené, il déclara que ce qu'il avait à dire ne
pouvait se traiter qu'à jeun ; mais que, à jeun ou ivre, il
pouvait dire une chose, c'est que tout irait à merveille si
Cléopâtre retournait en Égypte. 5 À ces paroles, Antoine se
mit en colère et Cléopâtre dit : « Tu as bien fait, Geminius,
d'avouer ainsi la vérité avant que la torture t'y forçât. »
Geminius prit la fuite peu de jours après et s'en revint à
Rome. 6 Beaucoup d'autres encore parmi ses amis furent
chassés par les flatteurs de Cléopâtre dont ils ne pouvaient

λον, τὰς παροινίας καὶ βωμολοχίας οὐχ ὑπομένοντας,
ὧν καὶ Μᾶρκος ἦν Σιλανὸς καὶ Δέλλιος ὁ ἱστορικός.
7 Οὗτος δὲ καὶ δεῖσαί φησιν ἐπιβουλὴν ἐκ Κλεοπάτρας, Γλαύκου τοῦ ἰατροῦ φράσαντος αὐτῷ. 8 Προσ-
έκρουσε δὲ Κλεοπάτρᾳ παρὰ δεῖπνον εἰπὼν αὐτοῖς   e
μὲν ὀξίνην ἐγχεῖσθαι, Σάρμεντον δὲ πίνειν ἐν Ῥώμῃ
Φαλερῖνον. Ὁ δὲ Σάρμεντος ἦν τῶν Καίσαρος παιγνίων
παιδάριον, ἃ δηλίκια Ῥωμαῖοι καλοῦσιν.

60. 1 Ἐπεὶ δὲ παρεσκεύαστο Καῖσαρ ἱκανῶς,
ψηφίζεται Κλεοπάτρᾳ πολεμεῖν, ἀφελέσθαι δὲ τῆς
ἀρχῆς Ἀντώνιον, ἧς ἐξέστη γυναικί. Καὶ προσεπεῖπε
Καῖσαρ ὡς Ἀντώνιος μὲν ὑπὸ φαρμάκων οὐδ' αὑτοῦ
κρατοίη, πολεμοῦσι δ' αὐτοῖς Μαρδίων ὁ εὐνοῦχος καὶ
Ποθεινὸς καὶ Εἰρὰς ἡ Κλεοπάτρας κουρεύτρια καὶ
Χάρμιον, ὑφ' ὧν τὰ μέγιστα διοικεῖται τῆς ἡγεμονίας.   f
2 Σημεῖα δὲ πρὸ τοῦ πολέμου τάδε γενέσθαι λέγεται.
Πείσαυρα μέν, Ἀντωνίου πόλις κληρουχία, ᾠκισμένη
παρὰ τὸν Ἀδρίαν, χασμάτων ὑπορραγέντων κατεπόθη.
3 Τῶν δὲ περὶ Ἄλβαν Ἀντωνίου λιθίνων ἀνδριάντων
ἑνὸς ἱδρὼς ἀνεπίδυεν ἡμέρας πολλάς, ἀποματτόντων
τινῶν οὐ παυόμενος. 4 Ἐν δὲ Πάτραις διατρίβοντος
αὐτοῦ κεραυνοῖς ἐνεπρήσθη τὸ Ἡράκλειον · καὶ τῆς 944
Ἀθήνησι γιγαντομαχίας ὑπὸ πνευμάτων ὁ Διόνυσος
ἐκσεισθεὶς εἰς τὸ θέατρον κατηνέχθη · 5 προσῳκείου
δ' ἑαυτὸν Ἀντώνιος Ἡρακλεῖ κατὰ γένος καὶ Διονύσῳ
κατὰ τὸν τοῦ βίου ζῆλον, ὥσπερ εἴρηται, Διόνυσος
νέος προσαγορευόμενος. 6 Ἡ δ' αὐτὴ θύελλα καὶ

---

197. À comparer à Dion Cassius, L, 8, qui donne d'autres présages.

supporter les propos d'ivrognes et les bouffonneries. De ce nombre étaient Marcus Silanus et l'historien Dellius. 7 Celui-ci dit même qu'il avait craint de succomber à une machination de Cléopâtre contre lui, que lui avait dénoncée le médecin Glaucos. 8 Il avait vexé Cléopâtre en disant à table qu'on leur versait du vinaigre, tandis que Sarmentus buvait à Rome du Falerne. Ce Sarmentus était un des mignons de César, de ceux que les Romains appellent « délices ».

60. 1 Les préparatifs de César désormais suffisants, il fait décréter la guerre contre Cléopâtre et destituer Antoine d'un pouvoir qu'il avait abdiqué aux mains d'une femme. Il y ajouta qu'Antoine, victime de philtres, n'était même plus maître de lui et que leurs ennemis étaient l'eunuque Mardion, Pothin, Iras, la coiffeuse de Cléopâtre, et Charmion, qui dirigeaient les affaires les plus importantes de l'empire.

2 La guerre fut, dit-on, précédée des signes suivants[197]. Pisaure, colonie fondée par Antoine sur la mer Adriatique, s'abîma dans le sein de la terre, qui s'était entrouverte. 3 À Albe, une des statues de marbre d'Antoine fut, durant plusieurs jours, inondée de sueur et l'on avait beau l'éponger, elle ne cessait pas. 4 À Patras, au moment où Antoine y séjournait, la foudre mit le feu au temple d'Héraclès et, à Athènes, un tourbillon de vent arracha de la Gigantomachie[198] la statue de Dionysos et la fit tomber dans le théâtre. 5 Or Antoine rapportait son origine à Héraclès et se piquait d'imiter Dionysos dans toute sa conduite, comme il a été dit, se faisant appeler le Nouveau Dionysos. 6 La

---

198. Sur la frise de la Gigantomachie offerte par Attale Ier de Pergame et insérée dans le mur méridional de l'Acropole, au-dessus du théâtre de Dionysos, Paus., 1, 25, 2.

τοὺς Εὐμένους καὶ ᾿Αττάλου κολοσσοὺς ἐπιγεγραμμέ-
νους ᾿Αντωνείους ᾿Αθήνησιν ἐμπεσοῦσα μόνους ἐκ
πολλῶν ἀνέτρεψε. 7 Ἡ δὲ Κλεοπάτρας ναυαρχὶς
ἐκαλεῖτο μὲν ᾿Αντωνιάς, σημεῖον δὲ περὶ αὐτὴν δεινὸν
ἐφάνη · χελιδόνες γὰρ ὑπὸ τὴν πρύμναν ἐνεόττευσαν ·
ἕτεραι δ᾽ ἐπελθοῦσαι καὶ ταύτας ἐξήλασαν καὶ τὰ
νεόττια διέφθειραν.

61. 1 Συνιόντων δὲ πρὸς τὸν πόλεμον, ᾿Αντωνίῳ b
μὲν ἦσαν αἱ μάχιμοι νῆες οὐκ ἐλάττους πεντακοσίων,
ἐν αἷς ὀκτήρεις πολλαὶ καὶ δεκήρεις κεκοσμημέναι
σοβαρῶς καὶ πανηγυρικῶς, στρατοῦ δὲ μυριάδες δέκα,
δισχίλιοι δ᾽ ἱππεῖς ἐπὶ μυρίοις. 2 Βασιλεῖς δ᾽ ὑπήκοοι
συνεμάχουν Βόκχος ὁ Λιβύων καὶ Ταρκόνδημος ὁ τῆς
ἄνω Κιλικίας, καὶ Καππαδοκίας μὲν ᾿Αρχέλαος, Παφλα-
γονίας δὲ Φιλάδελφος, Κομμαγηνῆς δὲ Μιθριδάτης,
Σαδάλας δὲ Θρᾴκης. 3 Οὗτοι μὲν αὐτῷ παρῆσαν,
ἐκ δὲ Πόντου Πολέμων στρατὸν ἔπεμπε, καὶ Μάλχος c
ἐξ᾽ Αραβίας καὶ Ἡρώδης ὁ Ἰουδαῖος, ἔτι δ᾽ ᾿Αμύντας
ὁ Λυκαόνων καὶ Γαλατῶν βασιλεύς · ἦν δὲ καὶ παρὰ
τοῦ Μήδων βασιλέως ἀπεσταλμένη βοήθεια. 4 Καίσαρι δὲ νῆες ἦσαν πρὸς ἀλκὴν πεντήκοντα καὶ διακό-
σιαι, στρατοῦ δ᾽ ὀκτὼ μυριάδες, ἱππεῖς δὲ παραπλήσιοι
τὸ πλῆθος τοῖς πολεμίοις. 5 Ἦρχον δ᾽ ᾿Αντώνιος μὲν
τῆς ἀπ᾽ Εὐφράτου καὶ ᾿Αρμενίας μέχρι πρὸς τὸν
Ἰόνιον καὶ Ἰλλυριούς, Καῖσαρ δ᾽ ἀπ᾽ Ἰλλυριῶν τῆς
ἐπὶ τὸν ἑσπέριον ὠκεανὸν καθηκούσης καὶ τῆς ἀπ᾽
ὠκεανοῦ πάλιν ἐπὶ τὸ Τυρρηνικὸν καὶ Σικελικὸν πέ-

199. Dion Cassius mentionne ce présage avant Actium, comme un des
signes qui inquiètent Cléopâtre (L, 15, 2) ; Shakespeare, pour sa part, le
place juste avant l'ultime défection et le suicide d'Antoine (IV, 12, 4 *sq.*).

même tempête, s'abattant à Athènes sur les statues colos-
sales d'Eumène et d'Attale qui portaient inscrit le nom
d'Antoine, les renversa seules parmi beaucoup d'autres.
7 Enfin, sur le navire amiral de Cléopâtre, qui portait le
nom d'Antonias, un signe effrayant se manifesta : alors
que des hirondelles avaient fait leur nid sous la poupe, il
en survint d'autres qui chassèrent les premières et tuèrent
leurs petits[199].

61. 1 Quand on fut au moment de commencer la
guerre, Antoine n'avait pas moins de cinq cents navires
de guerre, dont beaucoup à huit et dix rangs de rames,
aussi magnifiquement décorés que pour une parade, et son
armée était forte de cent mille fantassins et douze mille
cavaliers. 2 À ses côtés combattaient des rois-clients[200],
Bocchus, roi des Libyens[201], Tarcondémos, roi de Haute
Cilicie, Archélaos, roi de Cappadoce, Philadelphe, roi de
Paphlagonie, Mithridate, roi de Commagène, et Sadalas,
roi de Thrace.   3 Ceux-là étaient près de lui, mais une
armée lui fut aussi envoyée du Pont par Polémon, par
Malchos, d'Arabie, ainsi que par Hérode le Judéen et
encore Amyntas, roi des Lycaoniens et des Galates. Il
y avait aussi un corps auxiliaire envoyé par le roi des
Mèdes. 4 César de son côté avait deux cent cinquante
vaisseaux de guerre, quatre-vingt mille hommes d'infanterie et presque autant de cavalerie que son ennemi.
5 L'empire d'Antoine s'étendait depuis l'Euphrate et
l'Arménie jusqu'à la mer Ionienne et à l'Illyrie ; celui
de César embrassait tous les pays situés entre l'Illyrie et
l'Océan occidental et, depuis cet Océan, jusqu'aux mers

200. Sur le système de rois-clients, Freyburger-Roddaz 1994,
p. cxxii *sq.*

201. Erreur de Plutarque ou du copiste, il faut comprendre Bogud
(Βόγος) de Maurétanie (cf. Dion Cassius, XLVIII, 45, 2).

λαγος. 6 Λιβύης δὲ τὴν Ἰταλίᾳ καὶ Γαλατίᾳ καὶ
Ἰβηρίᾳ μέχρι στηλῶν Ἡρακλείων ἀντιπαρήκουσαν
εἶχε Καῖσαρ · τὰ δ' ἀπὸ Κυρήνης μέχρι Αἰθιοπίας Ἀν-   d
τώνιος.

62. 1 Οὕτω δ' ἄρα προσθήκη τῆς γυναικὸς ἦν
ὥστε τῷ πεζῷ πολὺ διαφέρων ἐβούλετο τοῦ ναυτικοῦ τὸ
κράτος εἶναι διὰ Κλεοπάτραν, καὶ ταῦτα πληρωμάτων
ἀπορίᾳ συναρπαζομένους ὁρῶν ὑπὸ τῶν τριηράρχων
ἐκ τῆς « πολλὰ δὴ τλάσης » Ἑλλάδος ὁδοιπόρους,
ὀνηλάτας, θεριστάς, ἐφήβους, καὶ οὐδ' οὕτω πληρου-
μένας τὰς ναῦς, ἀλλὰ τὰς πλείστας ἀποδεεῖς καὶ
μοχθηρῶς πλεούσας. 2 Καῖσαρ δ' οὐ πρὸς ὕψος
οὐδ' ὄγκον ἐπιδεικτικῶς πεπηγυίαις ναυσίν, εὐστρό-
φοις δὲ καὶ ταχείαις καὶ πεπληρωμέναις ἀκριβῶς
ἐξηρτυμένον ἐν Τάραντι καὶ Βρεντεσίῳ συνέχων ⟨τὸ⟩
ναυτικὸν ἔπεμπε πρὸς Ἀντώνιον ἀξιῶν μὴ διατρίβειν   e
τὸν χρόνον, ἀλλ' ἔρχεσθαι μετὰ τῶν δυνάμεων · 3 αὐτὸς
δὲ τῷ μὲν στόλῳ παρέξειν ὅρμους ἀκωλύτους καὶ λι-
μένας, ὑποχωρήσειν δὲ τῷ πεζῷ τῆς παραλίας ἵππου
δρόμον ἀπὸ θαλάττης, μέχρι ἂν ἀσφαλῶς ἀποβῇ καὶ
στρατοπεδεύσηται. 4 Τούτοις ἀντικομπάζων Ἀντώνιος αὐτὸν μὲν εἰς μονομαχίαν προὐκαλεῖτο, καίπερ
ὢν πρεσβύτερος, εἰ δὲ φεύγοι τοῦτο, περὶ Φάρσαλον
ἠξίου τοῖς στρατεύμασιν, ὡς πάλαι Καῖσαρ καὶ Πομπήιος, διαγωνίσασθαι. 5 Φθάνει δὲ Καῖσαρ, Ἀντωνίου περὶ τὸ Ἄκτιον ὁρμοῦντος, ἐν ᾧ τόπῳ νῦν ἡ Νι-   f
κόπολις ἵδρυται, διαβαλὼν τὸν Ἰόνιον καὶ τῆς Ἠπείρου

---

202. Euripide, *Héraclès*, 1250.

203. « La ville de la Victoire » fondée précisément par Auguste pour
commémorer sa victoire d'Actium. Sur l'importance des opérations

d'Étrurie et de Sicile : 6 il renfermait en outre la portion de l'Afrique qui regarde l'Italie, la Gaule et l'Espagne jusqu'aux colonnes d'Héraclès, tandis que celle qui s'étend de Cyrène à l'Éthiopie était à Antoine.

62. 1 Mais Antoine était tellement à la remorque de cette femme que, malgré la grande supériorité de ses forces de terre, il voulut, à cause de Cléopâtre, que la victoire fût celle de la flotte, et cela, quand il voyait ses triérarques, par manque de rameurs, enlever de cette Grèce « tellement éprouvée[202] » des voyageurs, des muletiers, des moissonneurs et des éphèbes, sans pouvoir même ainsi compléter l'équipage des vaisseaux, dont la plupart étaient dépourvus de matelots et ne naviguaient qu'à grand-peine. 2 Les navires de César n'avaient ni cette hauteur ni cette masse ostentatoire, mais ils étaient agiles, rapides, et leurs équipages étaient au complet ; il les tenait réunis à Tarente et à Brindes et il envoya dire à Antoine de ne plus perdre son temps, mais de venir avec ses forces : 3 lui-même fournirait à sa flotte des mouillages et des ports où aborder sans obstacle, et il se retirerait de la côte avec son armée de terre, à une étape de cheval, jusqu'à ce qu'il eût débarqué en sûreté et installé son camp. 4 Antoine, répondant à cette bravade par une autre, le provoqua en combat singulier, quoiqu'il fût plus âgé, et, s'il se dérobait, lui demanda de venir mesurer leurs armées près de Pharsale pour un combat décisif comme autrefois César et Pompée. 5 César alors prend de vitesse Antoine, qui mouillait près d'Actium, à l'endroit où est maintenant établie la ville de Nicopolis[203] : il traverse la mer Ionienne et s'empare d'une place forte

préliminaires menées par Agrippa et qui bloquent Antoine, FREYBURGER-RODDAZ 1991, p. LVIII *sq.*

χωρίον ὃ Τορύνη καλεῖται κατασχών · 6 θορυβουμένων δὲ τῶν περὶ τὸν Ἀντώνιον (ὑστέρει γὰρ ὁ πεζὸς
αὐτοῖς), ἡ μὲν Κλεοπάτρα σκώπτουσα « Τί δεινόν, »
ἔλεγεν « εἰ Καῖσαρ ἐπὶ τορύνῃ κάθηται; »

63. 1 Ἀντώνιος δ' ἅμ' ἡμέρᾳ τῶν πολεμίων ἐπι-
πλεόντων, φοβηθεὶς μὴ τῶν ἐπιβατῶν ἐρήμους ἕλωσι
τὰς ναῦς, τοὺς μὲν ἐρέτας ὁπλίσας ἐπὶ τῶν καταστρω-
μάτων παρέταξεν ὄψεως ἕνεκα, τοὺς δὲ ταρσοὺς τῶν 945
νεῶν ἐγείρας καὶ πτερώσας ἑκατέρωθεν, ἐν τῷ στόματι
περὶ τὸ Ἄκτιον ἀντιπρῴρους συνεῖχεν, ὡς ἐνήρεις
καὶ παρεσκευασμένας ἀμύνεσθαι. 2 Καὶ Καῖσαρ μὲν
οὕτω καταστρατηγηθεὶς ἀπεχώρησεν. Ἔδοξε δὲ καὶ
τὸ ὕδωρ εὐμηχάνως ἐρύμασί τισιν ἐμπεριλαβὼν ἀφελέσθαι τοὺς πολεμίους, τῶν ἐν κύκλῳ χωρίων ὀλίγον
καὶ πονηρὸν ἐχόντων. 3 Εὐγνωμόνως δὲ καὶ Δομιτίῳ
προσηνέχθη παρὰ τὴν Κλεοπάτρας γνώμην. Ἐπεὶ
γὰρ ἐκεῖνος ἤδη πυρέττων εἰς μικρὸν ἐμβὰς ἀκάτιον
πρὸς Καίσαρα μετέστη, βαρέως ἐνεγκὼν ὁ Ἀντώνιος
ὅμως πᾶσαν αὐτῷ τὴν ἀποσκευὴν μετὰ τῶν φίλων καὶ   b
τῶν θεραπόντων ἀπέπεμψε. 4 Καὶ Δομίτιος μέν,
ὥσπερ ἐπὶ τῷ μὴ λαθεῖν τὴν ἀπιστίαν αὐτοῦ καὶ προδοσίαν, μεταβαλόμενος εὐθὺς ἐτελεύτησεν. 5 Ἐγένοντο
δὲ καὶ βασιλέων ἀποστάσεις, Ἀμύντου καὶ Δηιοτάρου,
πρὸς Καίσαρα. Τὸ δὲ ναυτικὸν ἐν παντὶ δυσπραγοῦν
καὶ πρὸς ἅπασαν ὑστερίζον βοήθειαν, αὖθις ἠνάγκαζε

---

204. Le jeu sur la signification de *torynè* recèle sans doute une
obscénité, la longue cuillère en question désignant aussi le sexe
masculin.

d'Épire nommée Toryné. 6 Comme Antoine et les siens
en étaient troublés (leur armée de terre était en retard),
Cléopâtre dit, en jouant sur le mot : « Qu'y a-t-il de si
fâcheux que César soit allé se ficher sur une cuillère à pot
(torynè)[204] ? »

63. 1 Au point du jour, Antoine, voyant les ennemis
se mettre en mouvement et craignant qu'ils ne vinssent
s'emparer de ses vaisseaux privés de combattants, fit
armer ses rameurs et les rangea sur les ponts pour faire
illusion ; puis, faisant dresser et déployer les rames
comme des ailes de chaque côté des vaisseaux, il tint ainsi
sa flotte à l'entrée du port d'Actium, la proue tournée vers
l'ennemi, comme si elle était pourvue de rameurs et prête
à combattre. 2 César, abusé par ce stratagème, se retira.
Antoine sembla aussi bien manœuvrer pour l'eau : en
faisant creuser des tranchées tout autour, il en priva l'ennemi, auquel la région n'en offrait guère d'autre, et de
mauvaise qualité. 3 Il montra encore une grande générosité envers Domitius, contre l'avis de Cléopâtre. Comme
celui-ci, déjà fiévreux, était monté dans une chaloupe et
passé du côté de César, Antoine, malgré son dépit, ne
laissa pas pourtant de lui renvoyer tous ses bagages avec
amis et serviteurs, 4 et Domitius, comme s'il était miné
par la publicité donnée à sa déloyauté et à sa trahison,
mourut fort peu de temps après avoir changé de camp[205].
5 Il y eut aussi des défections parmi les rois, celles
d'Amyntas et Dejotarus, qui passèrent du côté de César.
Comme rien ne réussissait à sa flotte, qui arrivait trop tard
chaque fois qu'un renfort était nécessaire, Antoine se vit

205. Cet accent sur le châtiment de la traîtrise est cher à Plutarque
(*infra* 72, 4 et Frazier 1996, p. 49 et n. 17) ; Shakespeare fait culminer
les défections avec Enobarbus et tire de sa mort une superbe scène (IV, 9).

τῷ πεζῷ προσέχειν τὸν Ἀντώνιον. 6 Ἔσχε δὲ καὶ
Κανίδιον τὸν ἄρχοντα τοῦ πεζοῦ μεταβολὴ γνώμης
παρὰ τὰ δεινά · καὶ συνεβούλευε Κλεοπάτραν μὲν
ἀποπέμπειν, ἀναχωρήσαντα δ' εἰς Θρᾴκην ἢ Μακεδονίαν πεζομαχίᾳ κρῖναι. 7 Καὶ γὰρ Δικόμης ὁ Γετῶν
βασιλεὺς ὑπισχνεῖτο πολλῇ στρατιᾷ βοηθήσειν ·
οὐκ εἶναι δ' αἰσχρὸν εἰ Καίσαρι γεγυμνασμένῳ περὶ   c
τὸν Σικελικὸν πόλεμον ἐκστήσονται τῆς θαλάσσης,
ἀλλὰ δεινὸν εἰ τῶν πεζῶν ἀγώνων ἐμπειρότατος ὢν
Ἀντώνιος οὐ χρήσεται ῥώμῃ καὶ παρασκευῇ τοσούτων
ὁπλιτῶν, εἰς ναῦς διανέμων καὶ καταναλίσκων τὴν δύναμιν. 8 Οὐ μὴν ἀλλ' ἐξενίκησε Κλεοπάτρα διὰ τῶν
νεῶν κριθῆναι τὸν πόλεμον, ἤδη πρὸς φυγὴν ὁρῶσα
καὶ τιθεμένη τὰ καθ' ἑαυτήν, οὐχ ὅπου πρὸς τὸ νικᾶν
ἔσται χρήσιμος, ἀλλ' ὅθεν ἄπεισι ῥᾷστα τῶν πραγμάτων ἀπολλυμένων.

9 Ἦν δὲ μακρὰ σκέλη κατατείνοντα πρὸς τὸν ναύ-   d
σταθμον τῆς στρατοπεδείας, δι' ὧν ὁ Ἀντώνιος εἰώθει
παριέναι μηδὲν ὑφορώμενος. 10 Οἰκέτου δὲ Καίσαρι
φράσαντος ὡς δυνατὸν εἴη κατιόντα διὰ τῶν σκελῶν
συλλαβεῖν αὐτόν, ἔπεμψε τοὺς ἐνεδρεύσοντας. 11 Οἱ
δὲ παρὰ τοσοῦτον ἦλθον ὥστε συναρπάσαι τὸν προη-
γούμενον αὐτοῦ προεξαναστάντες · αὐτὸς δὲ δρόμῳ
μόλις ὑπεξέφυγεν.

206. Il a en quelque sorte une seconde chance, et le revirement
de Canidius montre que le raisonnement pourrait lui permettre de la
saisir ; Dion Cassius, L, 15, 1, se borne à noter la victoire de l'avis de
Cléopâtre. Sur le choix tactique d'Antoine, Freyburger-Roddaz 1991,
p. LXVI-LXXI.

contraint de songer de nouveau à son armée de terre[206].
6 Canidius lui-même, qui la commandait, changea d'avis
devant le danger et il conseillait de renvoyer Cléopâtre
et de se retirer en Thrace ou en Macédoine pour faire la
décision dans un combat terrestre. 7 Et de fait Dicomès,
roi des Gètes, promettait de venir à son secours avec une
armée considérable. Il n'y avait pas de honte, disait-il, à
céder la mer à César, exercé aux combats maritimes par
la guerre de Sicile, mais ce serait chose étrange que, avec
une expérience consommée dans les combats de terre,
Antoine n'exploitât pas la force et les ressources de tant
de fantassins en dispersant et gaspillant ses forces sur
des vaisseaux. 8 Mais Cléopâtre fit prévaloir son avis : la
guerre devait être tranchée sur mer, et elle songeait déjà
à la fuite et disposait ses propres forces, non là où elle
pouvait aider à remporter la victoire, mais là d'où elle
pourrait se retirer le plus aisément si la situation se gâtait.

9 Or il y avait une longue chaussée qui menait du
camp d'Antoine à la rade où ses vaisseaux étaient à
l'ancre ; et c'était par là qu'il avait l'habitude de passer
sans la moindre méfiance. 10 Un serviteur vint à dire à
César qu'il était possible de se saisir d'Antoine quand
il descendait par cette chaussée, et César y plaça des
soldats en embuscade, 11 qui furent si près de réussir
qu'ils s'emparèrent de celui qui marchait devant lui ;
mais comme ils avaient surgi trop tôt, Antoine lui-même
réussit non sans peine à leur échapper en courant à toutes
jambes[207].

207. CHAMOUX 1986 (p. 356) y voit la marque que le camp d'Octavien s'enhardissait et qu'il était temps pour Antoine de tenter quelque
chose.

64. 1 Ὡς δὲ ναυμαχεῖν ἐδέδοκτο, τὰς μὲν ἄλλας ἐνέπρησε ναῦς πλὴν ἑξήκοντα τῶν Αἰγυπτίων, τὰς δ' ἀρίστας καὶ μεγίστας ἀπὸ τριήρους μέχρι δεκήρους ἐπλήρου, δισμυρίους ἐμβιβάζων ὁπλίτας καὶ δισχιλίους _e τοξότας. 2 Ἔνθα πεζομάχον ἄνδρα τῶν ταξιαρχῶν λέγουσι παμπόλλους ἠγωνισμένον ἀγῶνας Ἀντωνίῳ καὶ κατατετριμμένον τὸ σῶμα, τοῦ Ἀντωνίου παριόντος, ἀνακλαύσασθαι καὶ εἰπεῖν · 3 « Ὦ αὐτόκρατορ, τί τῶν τραυμάτων τούτων ἢ τοῦ ξίφους καταγνοὺς ἐν ξύλοις πονηροῖς ἔχεις τὰς ἐλπίδας; Αἰγύπτιοι καὶ Φοίνικες ἐν θαλάσσῃ μαχέσθωσαν, ἡμῖν δὲ γῆν δὸς ἐφ' ἧς εἰώθαμεν ἑστῶτες ἀποθνῄσκειν ἢ νικᾶν τοὺς πολεμίους. » 4 Πρὸς ταῦτα μηδὲν ἀποκρινάμενος, ἀλλὰ τῇ χειρὶ καὶ τῷ προσώπῳ μόνον οἷον ἐγκελευσά- μενος τὸν ἄνδρα θαρρεῖν παρῆλθεν, οὐ χρηστὰς ἔχων ἐλπίδας, ὅς γε καὶ τοὺς κυβερνήτας τὰ ἱστία βουλο- μένους ἀπολιπεῖν ἠνάγκασεν ἐμβαλέσθαι καὶ κομίζειν, _f λέγων ὅτι δεῖ μηδένα φεύγοντα τῶν πολεμίων διαφυ- γεῖν.

65. 1 Ἐκείνην μὲν οὖν τὴν ἡμέραν καὶ τρεῖς τὰς ἐφεξῆς μεγάλῳ πνεύματι κυμανθὲν τὸ πέλαγος τὴν μάχην ἐπέσχε, πέμπτῃ δὲ νηνεμίας καὶ γαλήνης ἀκλύστου γενομένης συνῄεσαν, Ἀντώνιος μὲν τὸ δεξιὸν κέρας ἔχων καὶ Ποπλικόλας, Κοίλιος δὲ τὸ εὐώνυμον, ἐν μέσῳ δὲ Μάρκος Ὀκτάβιος καὶ Μάρκος ₉₄₆ Ἰνστήιος. 2 Καῖσαρ δ' ἐπὶ τοῦ εὐωνύμου τάξας Ἀγρίππαν αὐτῷ τὸ δεξιὸν κατέλιπε. 3 Τῶν δὲ πεζῶν τὸν μὲν Ἀντωνίου Κανίδιος, τὸν δὲ Καίσαρος Ταῦρος ἐπὶ τῆς θαλάττης παρατάξαντες ἡσύχαζον. 4 Αὐτῶν δὲ τῶν ἡγεμόνων Ἀντώνιος μὲν ἐπεφοίτα

64. 1 Une fois décidé qu'on combattrait sur mer, Antoine fit brûler tous les vaisseaux égyptiens, à l'exception de soixante, puis il équipa ses navires les meilleurs et les plus grands, ceux de trois jusqu'à dix rangs de rames, en y embarquant vingt mille fantassins et deux mille archers. 2 C'est alors, dit-on, qu'un centurion, qui avait bien des fois combattu pour Antoine et qui en portait les marques dans sa chair, le voyant passer, s'écria d'une voix douloureuse : « Général, pourquoi méprises-tu ces blessures et cette épée et mets-tu tes espoirs dans de mauvais bois ? Laisse aux Égyptiens et aux Phéniciens les combats sur mer et donne-nous la terre, sur laquelle nous sommes accoutumés à combattre de pied ferme et à vaincre ou mourir. » 4 À cela Antoine ne répondit rien ; il fit seulement un signe de la tête et de la main, comme pour l'encourager, et il passa, mais il n'avait lui-même guère bon espoir, puisque ses pilotes voulant laisser là les voiles, il les obligea à les prendre et les emporter en disant qu'aucun des ennemis ne devait échapper à leur poursuite[208].

65. 1 Ce jour-là et les trois suivants, la mer fut si agitée par un grand vent qu'elle empêcha le combat ; enfin, le cinquième jour, le vent étant tombé et le calme s'étant rétabli sur les eaux, les deux flottes s'avancèrent l'une contre l'autre. Antoine tenait l'aile droite avec Publicola et Cœlius la gauche ; Marcus Octavius et Marcus Insteius occupaient le centre. 2 César avait placé Agrippa à la tête de l'aile gauche et s'était réservé la droite. 3 Quant aux armées de terre, Canidius commandait celle d'Antoine, et Taurus celle de César : elles étaient toutes deux rangées en bataille sur le rivage et s'y tenaient immobiles. 4 Pour les

---

208. Les voiles se justifient si l'on admet qu'il s'agissait de forcer le blocus et de dégager le maximum de vaisseaux.

πανταχόσε κωπήρει, τοὺς στρατιώτας παρακαλῶν
ὑπὸ βρίθους τῶν νεῶν ὥσπερ ἐκ γῆς ἑδραίους μάχεσθαι, τοῖς δὲ κυβερνήταις διακελευόμενος ὥσπερ ὁρ-
μούσαις ἀτρέμα ταῖς ναυσὶ δέχεσθαι τὰς ἐμβολὰς τῶν
πολεμίων, τὴν περὶ τὸ στόμα δυσχωρίαν φυλάττοντας.
5 Καίσαρι δὲ λέγεται μὲν ἔτι σκότους ἀπὸ τῆς σκηνῆς
κύκλῳ περιιόντι πρὸς τὰς ναῦς ἄνθρωπος ἐλαύνων
ὄνον ἀπαντῆσαι, πυθομένῳ δὲ τοὔνομα γνωρίσας   b
αὐτὸν εἰπεῖν · « Ἐμοὶ μὲν Εὔτυχος ὄνομα, τῷ δ' ὄνῳ
Νίκων. » Διὸ καὶ τοῖς ἐμβόλοις τὸν τόπον κοσμῶν
ὕστερον, ἔστησε χαλκοῦν ὄνον καὶ ἄνθρωπον. 6 Ἐπι-
δὼν δὲ τὴν ἄλλην παράταξιν ἐν πλοίῳ πρὸς τὸ δεξιὸν
κομισθεὶς ἐθαύμασεν ἀτρεμοῦντας ἐν τοῖς στενοῖς τοὺς
πολεμίους · ἡ γὰρ ὄψις ἦν τῶν νεῶν ἐπ' ἀγκύραις
ὁρμουσῶν. Καὶ τοῦτο μέχρι πολλοῦ πεπεισμένος,
ἀνεῖχε τὰς ἑαυτοῦ περὶ ὀκτὼ στάδια τῶν ἐναντίων
ἀφεστώσας. 7 Ἕκτη δ' ἦν ὥρα, καὶ πνεύματος
αἱρομένου πελαγίου δυσανασχετοῦντες οἱ Ἀντωνίου
πρὸς τὴν διατριβήν, καὶ τοῖς ὕψεσι καὶ μεγέθεσι τῶν
οἰκείων νεῶν πεποιθότες ὡς ἀπροσμάχοις, τὸ εὐώνυμον   c
ἐκίνησαν. 8 Ἰδὼν δὲ Καῖσαρ ἥσθη καὶ πρύμναν
ἐκρούσατο τῷ δεξιῷ, βουλόμενος ἔτι μᾶλλον ἐκ τοῦ
κόλπου καὶ τῶν στενῶν ἔξω τοὺς πολεμίους ἐπισπάσασ-
θαι, καὶ περιπλέων εὐήρεσι σκάφεσι τοῖς ἑαυτοῦ συμ-
πλέκεσθαι πρὸς [τὰς] ναῦς ὑπ' ὄγκου καὶ πληρωμάτων
ὀλιγότητος ἀργὰς καὶ βραδείας.

---

209. Je donne des équivalents français des grecs *Eytychôn* (Favorisé
par la chance) et *Nikôn* (Vainqueur).
210. Soit environ 1 500 mètres.

chefs eux-mêmes, Antoine, monté sur une barque, parcourait toutes ses lignes, exhortant les soldats à combattre de pied ferme comme sur terre grâce à la lourdeur de leurs navires, et prescrivant aux pilotes de soutenir le choc des ennemis sans bouger, comme s'ils étaient à l'ancre, en se gardant de la passe dangereuse du port. 4 Pour César, dit-on, comme il sortait de sa tente alors qu'il faisait encore nuit pour aller inspecter sa flotte, il rencontra un homme qui conduisait un âne. Il lui demanda son nom et cet homme, qui l'avait reconnu, répondit : « Je m'appelle Fortuné et mon âne Victor[209]. » C'est pourquoi César, lorsque, dans la suite, il fit orner ce lieu avec les éperons des galères qu'il avait conquises, fit ériger un âne et un homme en bronze. 6 Quand il eut bien examiné l'ordonnance de l'ensemble de sa flotte, il se fit conduire sur une chaloupe à l'aile droite, d'où il vit avec surprise que les ennemis se tenaient immobiles dans le détroit, présentant l'apparence de vaisseaux à l'ancre. Il demeura longtemps convaincu que c'était le cas et tint ses vaisseaux éloignés de la flotte ennemie d'environ huit stades[210]. 7 C'était alors la sixième heure du jour et, une brise de mer s'étant élevée, les soldats d'Antoine, qui souffraient ces délais avec impatience et se fiaient à la grandeur et la hauteur de leurs propres navires, qu'ils croyaient irrésistibles, ébranlèrent leur aile gauche. 8 Cette vue ravit César, qui fit reculer sa droite afin d'attirer davantage encore les ennemis en dehors du golfe et du détroit et d'engager le combat, en enveloppant avec les vaisseaux facilement manœuvrables qui étaient les siens des bateaux que leur masse et le manque de rameurs rendaient lents et difficiles à mouvoir.

66. 1 Ἀρχομένου δὲ τοῦ ἀγῶνος ἐν χερσὶν εἶναι, ἐμβολαὶ μὲν οὐκ ἦσαν οὐδ' ἀναρρήξεις νεῶν, τῶν μὲν Ἀντωνίου διὰ βάρος ῥύμην οὐκ ἐχουσῶν, ἢ μάλιστα ποιεῖ τὰς τῶν ἐμβόλων πληγὰς ἐνεργούς, τῶν δὲ d Καίσαρος οὐ μόνον ἀντιπρώρων συμφέρεσθαι πρὸς χαλκώματα στερεὰ καὶ τραχέα φυλασσομένων, ἀλλὰ μηδὲ κατὰ πλευρὰν ἐμβολὰς διδόναι θαρρούντων. 2 Ἀπεθραύοντο γὰρ τὰ ἔμβολα ῥᾳδίως ᾗ προσπέσοιεν σκάφεσιν ⟨ἐκ⟩ τετραγώνων ξύλων μεγάλων σιδήρῳ συνηρμοσμένων πρὸς ἄλληλα δεδμημένοις. 3 Ἦν οὖν πεζομαχίᾳ προσφερὴς ὁ ἀγών · τὸ δ' ἀληθέστερον εἰπεῖν, τειχομαχία. Τρεῖς γὰρ ἅμα καὶ τέσσαρες περὶ μίαν τῶν Ἀντωνίου συνείχοντο, γέρροις καὶ δόρασι καὶ κοντοῖς χρωμένων καὶ πυροβόλοις · οἱ δ' Ἀντωνίου καὶ καταπέλταις ἀπὸ ξυλίνων πύργων ἔβαλλον. 4 Ἀγρίππου δὲ θάτερον κέρας εἰς κύκλωσιν ἐκτείνον- τος, ἀντανάγειν Ποπλικόλας ἀναγκαζόμενος ἀπερ- e ρήγνυτο τῶν μέσων. 5 Θορυβουμένων δὲ τούτων καὶ συμπλεκομένων τοῖς περὶ τὸν Ἀρρούντιον, ἀκρίτου δὲ καὶ κοινῆς ἔτι τῆς ναυμαχίας συνεστώσης, αἰφνίδιον αἱ Κλεοπάτρας ἑξήκοντα νῆες ὤφθησαν αἰρόμεναι πρὸς ἀπόπλουν τὰ ἱστία καὶ διὰ μέσου φεύγουσαι τῶν μαχομένων · ἦσαν γὰρ ὀπίσω τεταγμέναι τῶν μεγάλων καὶ διεκπίπτουσαι ταραχὴν ἐποίουν. 6 Οἱ δ' ἐναντίοι θαυμάζοντες ἐθεῶντο, τῷ πνεύματι χρωμένας ὁρῶντες ἐπεχούσας πρὸς τὴν Πελοπόννησον. 7 Ἔνθα δὴ φανερὸν αὑτὸν Ἀντώνιος ἐποίησεν οὔτ' ἄρχοντος f

211. Ce type de présentation remonte aussi haut que Thucydide (4, 14, 3 – avec les remarques de Plutarque, *De gloria Ath.*, 347 B – ou 7, 62, 2).

66. 1 Au début de l'engagement, on ne vit les vaisseaux ni se choquer ni se briser les uns contre les autres : ceux d'Antoine n'avaient pas, à cause de leur pesanteur, cet élan qui, plus que tout autre chose, donne leur efficacité aux coups d'éperon ; quant à ceux de César, non seulement ils évitaient de donner de leur proue contre des rostres d'airain massifs et épais, mais ils ne se risquaient même pas à les charger de flanc, 2 parce que leurs éperons se brisaient aisément, quel que fût le point d'impact contre des vaisseaux construits avec de fortes poutres carrées assujetties par du fer. 3 Cette bataille ressemblait donc à un combat de terre ou, plus exactement, au siège d'une ville[211]. Trois ou quatre navires de César à la fois pressaient un seul des vaisseaux d'Antoine, qu'ils bombardaient de javelines et de lances, d'épieux et de traits enflammés, tandis que les soldats d'Antoine tiraient du haut de leurs tours de bois avec des catapultes. 4 Agrippa étendit l'aile gauche pour envelopper Antoine, contraignant Publicola à gagner aussi le large, ce qui le coupa du centre, 5 qui était en pleine confusion et aux prises avec Arruntius : le combat était ainsi encore incertain et ouvert[212], quand on vit tout à coup les soixante navires de Cléopâtre déployer leurs voiles pour faire retraite et fuir en passant à travers les combattants ; ils avaient été placés derrière les grands navires et, en se frayant un chemin à travers les lignes, ils y semaient le désordre. 6 Les adversaires les suivaient des yeux avec étonnement, les voyant, poussés par le vent, cingler vers le Péloponnèse[213]. 7 C'est alors qu'Antoine montra qu'il n'usait pour diriger sa conduite

---

212. Même notation chez Dion Cassius, L, 33, 1.
213. Il est probable qu'ils guettaient le moment où ce vent favorable allait favoriser leur fuite : FREYBURGER-RODDAZ 1991, p. LXXIV.

οὔτ' ἀνδρὸς οὔθ' ὅλως ἰδίοις λογισμοῖς διοικούμενον,
ἀλλ' ὅπερ τις παίζων εἶπε, τὴν ψυχὴν τοῦ ἐρῶντος ἐν
ἀλλοτρίῳ σώματι ζῆν, ἑλκόμενος ὑπὸ τῆς γυναικὸς
ὥσπερ συμπεφυκὼς καὶ συμμεταφερόμενος. 8 Οὐ γὰρ
ἔφθη τὴν ἐκείνης ἰδὼν ναῦν ἀποπλέουσαν, καὶ πάντων
ἐκλαθόμενος καὶ προδοὺς καὶ ἀποδρὰς τοὺς ὑπὲρ αὐτοῦ
μαχομένους καὶ θνήσκοντας εἰς πεντήρη μετεμβάς, 947
Ἀλεξᾶ τοῦ Σύρου καὶ Σκελλίου μόνων αὐτῷ συνεμ-
βάντων, ἐδίωκε τὴν ἀπολωλεκυῖαν ἤδη καὶ προσαπο-
λοῦσαν αὐτόν.

67. 1 Ἐκείνη δὲ γνωρίσασα σημεῖον ἀπὸ τῆς νεὼς
ἀνέσχε· καὶ προσενεχθεὶς οὕτω καὶ ἀναληφθεὶς
ἐκείνην μὲν οὔτ' εἶδεν οὔτ' ὤφθη, παρελθὼν δὲ μόνος
εἰς πρῷραν ἐφ' ἑαυτοῦ καθῆστο σιωπῇ, ταῖς χερσὶν
ἀμφοτέραις ἐχόμενος τῆς κεφαλῆς. 2 Ἐν τούτῳ δὲ
λιβυρνίδες ὤφθησαν διώκουσαι παρὰ Καίσαρος· ὁ
δ' ἀντίπρωρον ἐπιστρέφειν τὴν ναῦν κελεύσας τὰς μὲν
ἄλλας ἀνέστειλεν, Εὐρυκλῆς δ' ὁ Λάκων ἐνέκειτο
σοβαρῶς, λόγχην τινὰ κραδαίνων ἀπὸ τοῦ καταστρώ-   b
ματος ὡς ἀφήσων ἐπ' αὐτόν. 3 Ἐπιστάντος δὲ τῇ
πρῴρᾳ τοῦ Ἀντωνίου καὶ « Τίς οὗτος » εἰπόντος « ὁ
διώκων Ἀντώνιον; » « Ἐγὼ » εἶπεν « Εὐρυκλῆς ὁ
Λαχάρους, τῇ Καίσαρος τύχῃ τὸν τοῦ πατρὸς ἐκδικῶν
θάνατον. » Ὁ δὲ Λαχάρης ὑπ' Ἀντωνίου λῃστείας
αἰτίᾳ περιπεσὼν ἐπελεκίσθη. 4 Πλὴν οὐκ ἐνέβαλεν
ὁ Εὐρυκλῆς εἰς τὴν Ἀντωνίου ναῦν, ἀλλὰ τὴν ἑτέραν
τῶν ναυαρχίδων (δύο γὰρ ἦσαν) τῷ χαλκώματι πατάξας

214. Plutarque l'attribue à Caton dans l'*Érotikos*, 759 C ; P. Boyancé
a suggéré plutôt le nom de Catulus.
215. Plutarque se plaît à ces croquis où s'exprime fortement le
sentiment ; comparer, par ex., à *Cleom.*, 29, 3.

ni du raisonnement d'un chef, ni de celui d'un homme,
ni, en un mot, de son propre raisonnement, mais, illustrant le mot badin d'un auteur, selon qui « l'âme d'un
amant vit dans un corps étranger[214] », il fut entraîné par
cette femme, comme s'il ne faisait qu'un avec elle, qu'un
avec ses mouvements. 8 En effet, il n'eut pas plus tôt vu
son navire s'en aller qu'oubliant tout, trahissant et abandonnant ceux qui combattaient et mouraient pour lui, il
monta sur une quinquérème accompagné seulement du
Syrien Alexas et de Scellius et se lança à la poursuite de
celle qui l'avait déjà perdu et allait parachever sa perte.

67. 1 Cléopâtre, l'ayant reconnu, fit élever un signal
sur son vaisseau ; Antoine s'en approcha et y fut reçu,
puis, sans un regard ni de lui à elle, ni d'elle à lui, il alla
s'asseoir seul à la proue, en silence et tenant sa tête entre
ses mains[215]. 2 À ce moment on vit des bateaux légers
de César lancés à sa poursuite. Antoine commanda de
tourner la proue du navire contre eux et les fit reculer,
à l'exception du Laconien Euryclès[216] qui insista crâne-
ment, brandissant depuis le pont une javeline pour la
lancer sur lui. 3 Alors Antoine, debout à la proue, lui
demanda : « Qui est celui qui poursuit Antoine ? » –
« C'est moi, répondit l'autre, Euryclès, fils de Lacharès,
qui profite de la fortune de César pour venger la mort de
son père. » Ce Lacharès, accusé de piraterie, avait été
décapité par ordre d'Antoine.   4 Toutefois Euryclès
ne put atteindre le navire d'Antoine, mais il alla frapper
l'autre vaisseau amiral (car il y en avait deux) de son

---

216. Fait citoyen romain, Caius Julius Euryclès est à l'origine
d'une très puissante famille de Sparte sous l'Empire ; sur son descendant C. Julius Euryclès Herculanus, ami de Plutarque et dédicataire du
De laude ipsius, voir B. Puech 1992, *sv* Herculanus, 4850-55.

περιερρόμβησε, καὶ ταύτην τε πλαγίαν περιπεσοῦσαν εἷλε καὶ τῶν ἄλλων μίαν, ἐν ᾗ πολυτελεῖς σκευαὶ τῶν περὶ δίαιταν ἦσαν. 5 Ἀπαλλαγέντος δὲ τούτου, πά- c λιν ὁ Ἀντώνιος εἰς τὸ αὐτὸ σχῆμα καθεὶς ἑαυτὸν ἡσυχίαν ἦγε · καὶ τρεῖς ἡμέρας καθ᾽ ἑαυτὸν ἐν πρῴρᾳ διαιτηθείς, εἴθ᾽ ὑπ᾽ ὀργῆς, εἴτ᾽ αἰδούμενος ἐκείνην, Ταινάρῳ προσέσχεν. 6 Ἐνταῦθα δ᾽ αὐτοὺς αἱ συνή- θεις γυναῖκες πρῶτον μὲν εἰς λόγους ἀλλήλοις συνή- γαγον, εἶτα συνδειπνεῖν καὶ συγκαθεύδειν ἔπεισαν.

7 Ἤδη δὲ καὶ τῶν στρογγύλων πλοίων οὐκ ὀλίγα καὶ τῶν φίλων τινὲς ἐκ τῆς τροπῆς ἠθροίζοντο πρὸς αὐτούς, ἀγγέλλοντες ἀπολωλέναι τὸ ναυτικόν, οἴεσθαι δὲ τὸ πεζὸν συνεστάναι. 8 Ἀντώνιος δὲ πρὸς μὲν Κανίδιον ἀγγέλους ἔπεμπεν ἀναχωρεῖν διὰ Μακεδονίας d εἰς Ἀσίαν τῷ στρατῷ κατὰ τάχος κελεύων, αὐτὸς δὲ μέλλων ἀπὸ Ταινάρου πρὸς τὴν Λιβύην διαίρειν, ὁλκάδα μίαν πολὺ μὲν νόμισμα, πολλοῦ δ᾽ ἀξίας ἐν ἀργύρῳ καὶ χρυσῷ κατασκευὰς τῶν βασιλικῶν κομί- ζουσαν ἐξελόμενος τοῖς φίλοις ἐπέδωκε κοινῇ, νεί- μασθαι καὶ σῴζειν ἑαυτοὺς κελεύσας. 9 Ἀρνουμέ- νους δὲ καὶ κλαίοντας εὐμενῶς πάνυ καὶ φιλοφρόνως παραμυθησάμενος καὶ δεηθεὶς ἀπέστειλε, γράψας πρὸς Θεόφιλον τὸν ἐν Κορίνθῳ διοικητήν, ὅπως ἀσφά- λειαν ἐκπορίσῃ καὶ ἀποκρύψῃ τοὺς ἄνδρας ἄχρι ἂν ἱλάσασθαι Καίσαρα δυνηθῶσιν. 10 Οὗτος ἦν Θεόφιλος e Ἱππάρχου πατὴρ τοῦ πλεῖστον παρ᾽ Ἀντωνίῳ δυνη- θέντος, πρώτου δὲ πρὸς Καίσαρα τῶν ἀπελευθέρων μεταβαλομένου καὶ κατοικήσαντος ὕστερον ἐν Κο- ρίνθῳ.

éperon de bronze, le fit tournoyer et tomber sur le flanc avant de le prendre, avec un autre vaisseau où se trouvait de la vaisselle de prix. 5 Dès qu'il se fut éloigné, Antoine reprit la même posture et garda le silence. Il passa trois jours ainsi, seul à la proue, soit par colère, soit qu'il eût honte à la vue de Cléopâtre, puis l'on arriva au Ténare. 6 Là les femmes de l'entourage de Cléopâtre commencèrent par leur ménager une entrevue particulière et finirent par les persuader de faire table et lit communs.

7 Déjà un nombre non négligeable de vaisseaux de transport et quelques amis échappés de la défaite se rassemblaient autour d'eux et leur apprenaient que la flotte était perdue, mais on croyait que l'armée de terre tenait encore[217]. 8 Antoine envoya des messagers à Canidius pour lui porter l'ordre de se retirer promptement avec l'armée en Asie en passant par la Macédoine. Lui-même, se disposant à passer du Ténare en Afrique, choisit un de ses vaisseaux de charge qui transportait des sommes d'argent considérables, ainsi que de la vaisselle d'or et d'argent d'un grand prix provenant de trésors royaux : il donna le tout à ses amis en les invitant à se les partager et à pourvoir à leur salut. 9 Comme ils refusaient en pleurant, il les consola avec beaucoup de bienveillance et d'amitié et les pressa de partir, chargés de lettres pour Théophile, son commissaire à Corinthe, qu'il priait de veiller à leur sûreté et de les tenir cachés jusqu'à ce qu'ils eussent réussi à fléchir César. 10 Ce Théophile était le père d'Hipparque, qui, après avoir eu le plus grand crédit auprès d'Antoine, fut le premier de ses affranchis à passer à César avant d'aller, plus tard, s'établir à Corinthe.

---

217. Espoir réitéré *infra* en 69, 5 et anéanti en 71, 1.

68. 1 Ταῦτα μὲν οὖν τὰ κατὰ τὸν Ἀντώνιον. Ἐν Ἀκτίῳ δὲ πολὺν ὁ στόλος ἀντισχὼν Καίσαρι χρόνον, καὶ μέγιστον βλαβεὶς ὑπὸ τοῦ κλύδωνος ὑψηλοῦ κατὰ πρῷραν ἱσταμένου, μόλις ὥρας δεκάτης ἀπεῖπε. 2 Καὶ νεκροὶ μὲν οὐ πλείους ἐγένοντο πεντακισχιλίων, ἑάλωσαν δὲ τριακόσιαι νῆες, ὡς αὐτὸς ἀνέγραψε Καῖσαρ. 3 Ἥισθοντο δ' οὐ πολλοὶ πεφευγότος Ἀντωνίου, καὶ τοῖς πυθομένοις τὸ πρῶτον ἄπιστος ἦν ὁ λόγος, εἰ δέκα καὶ ἐννέα τάγματα πεζῶν ἀηττήτων f καὶ δισχιλίους ἐπὶ μυρίοις ἱππεῖς ἀπολιπὼν οἴχεται, καθάπερ οὐ πολλάκις ἐπ' ἀμφότερα τῇ τύχῃ κεχρημένος οὐδὲ μυρίων ἀγώνων καὶ πολέμων μεταβολαῖς ἐγγεγυμνασμένος. 4 Οἱ δὲ στρατιῶται καὶ πόθον τινὰ καὶ προσδοκίαν εἶχον, ὡς αὐτίκα ποθὲν ἐπιφανησομένου · καὶ τοσαύτην ἐπεδείξαντο πίστιν καὶ ἀρετὴν ὥστε καὶ τῆς φυγῆς αὐτοῦ φανερᾶς γενομένης ἡμέρας ἑπτὰ συμμεῖναι, περιορῶντες ἐπιπρεσβευόμενον αὐτοῖς Καίσαρα. 5 Τέλος δὲ τοῦ στρατηγοῦ Κανιδίου 948 νύκτωρ ἀποδράντος καὶ καταλιπόντος τὸ στρατόπεδον, γενόμενοι πάντων ἔρημοι καὶ προδοθέντες ὑπὸ τῶν ἀρχόντων, τῷ κρατοῦντι προσεχώρησαν.

6 Ἐκ τούτου Καῖσαρ μὲν ἐπ' Ἀθήνας ἔπλευσε, καὶ διαλλαγεὶς τοῖς Ἕλλησι τὸν περιόντα σῖτον ἐκ τοῦ πολέμου διένειμε ταῖς πόλεσι πραττούσαις ἀθλίως καὶ περικεκομμέναις χρημάτων, ἀνδραπόδων, ὑποζυγίων. 7 Ὁ γοῦν πρόπαππος ἡμῶν Νίκαρχος διηγεῖτο τοὺς πολίτας ἅπαντας ἀναγκάζεσθαι τοῖς ὤμοις καταφέρειν

---

218. Selon son habitude Plutarque a complété tout l'épisode en suivant Antoine, mais cela lui permet aussi de faire du combat de ses troupes (remarquablement peu détaillé : *cf.* Dion Cassius, L, 33, 4-35)

68. 1 Voilà donc ce qui se passait du côté d'Antoine[218]. À Actium, sa flotte résista longtemps à César, mais, très gravement endommagée par les hautes vagues qui se dressaient sur les proues, elle céda à grand-peine à la dixième heure. 2 Il ne périt pas dans l'action plus de cinq mille hommes, mais il y eut, au rapport de César lui-même, trois cents vaisseaux pris. 3 Peu s'étaient aperçus de la fuite d'Antoine et ceux qui l'avaient appris ne pouvaient croire d'abord qu'il fût parti en abandonnant dix-neuf légions et douze mille cavaliers qui n'avaient pas subi de défaite, comme s'il n'avait pas éprouvé maintes fois la bonne et la mauvaise fortune au cours de combats et de guerres innombrables, et acquis une longue expérience des vicissitudes de la guerre. 4 Les soldats, qui le regrettaient et s'attendaient à le voir bientôt reparaître, lui témoignèrent tant de fidélité et montrèrent tant de courage que, même une fois sa fuite patente, ils résistèrent sept jours sans tenir aucun compte de ce que César leur envoyait dire. 5 Mais à la fin, Canidius, leur général, s'étant enfui de nuit en abandonnant leur camp, les troupes, ainsi privées de tout et trahies par leurs chefs, passèrent au vainqueur[219].

6 Après quoi César fit voile vers Athènes et, s'étant réconcilié avec les Grecs, fit distribuer aux cités qui se trouvaient dans un état lamentable, dépouillées de leur argent, de leurs esclaves et de leurs bêtes de somme, ce qui restait du blé amassé pour la guerre. 7 C'est ainsi que mon arrière-grand-père, Nicarque, racontait que tous les

---

une sorte de commentaire de l'attitude de leur chef (à comparer à la caractérisation de 43, 3-6).

219. Velleius Paterculus (2, 85) donne la même version, mais l'inverse est plus probable : c'est la défection des soldats qui entraîne la fuite de Canidius (qui rejoint Antoine, *infra* 71, 1).

μέτρημα πυρῶν τεταγμένον ἐπὶ τὴν πρὸς Ἀντίκυραν b
θάλασσαν, ὑπὸ μαστίγων ἐπιταχυνομένους · 8 καὶ
μίαν μὲν οὕτω φορὰν ἐνεγκεῖν, τὴν δὲ δευτέραν ἤδη
μεμετρημένοις καὶ μέλλουσιν αἴρεσθαι νενικημένον
Ἀντώνιον ἀγγελῆναι, καὶ τοῦτο διασῶσαι τὴν πόλιν ·
εὐθὺς γὰρ τῶν Ἀντωνίου διοικητῶν καὶ στρατιωτῶν
φυγόντων, διανείμασθαι τὸν σῖτον αὐτούς.

69. 1 Ἀντώνιος δὲ Λιβύης ἁψάμενος καὶ Κλεοπάτραν εἰς Αἴγυπτον ἐκ Παραιτονίου προπέμψας, αὐτὸς
ἀπέλαυεν ἐρημίας ἀφθόνου, σὺν δυσὶ φίλοις ἀλύων καὶ
πλανώμενος, Ἕλληνι μὲν Ἀριστοκράτει ῥήτορι, Ῥω-
μαίῳ δὲ Λουκιλίῳ, 2 περὶ οὗ δι' ἑτέρων γεγράφαμεν,
ὡς ἐν Φιλίπποις ὑπὲρ τοῦ διαφυγεῖν Βροῦτον αὐτὸς c
αὑτόν, ὡς δὴ Βροῦτος ὤν, ἐνεχείρισε τοῖς διώκουσι,
καὶ διασωθεὶς ὑπ' Ἀντωνίου, διὰ τοῦτο πιστὸς αὐτῷ
καὶ βέβαιος ἄχρι τῶν ἐσχάτων καιρῶν παρέμεινεν.
3 Ἐπεὶ δὲ καὶ τὴν ἐν Λιβύῃ δύναμιν ὁ πεπιστευμένος
ἀπέστησεν, ὁρμήσας ἑαυτὸν ἀνελεῖν, καὶ διακωλυθεὶς
ὑπὸ τῶν φίλων καὶ κομισθεὶς εἰς Ἀλεξάνδρειαν εὗρε
Κλεοπάτραν ἐπιτολμῶσαν ἔργῳ παραβόλῳ καὶ μεγάλῳ. 4 Τοῦ γὰρ εἴργοντος ἰσθμοῦ τὴν Ἐρυθρὰν
ἀπὸ τῆς κατ' Αἴγυπτον θαλάσσης καὶ δοκοῦντος Ἀσίαν
καὶ Λιβύην ὁρίζειν, ᾗ σφίγγεται μάλιστα τοῖς πελά-
γεσι καὶ βραχύτατος εὖρός ἐστι, τριακοσίων σταδίων d
ὄντων, ἐνεχείρησεν ἄρασα τὸν στόλον ὑπερνεωλκῆσαι,
καὶ καθεῖσα τὰς ναῦς εἰς τὸν Ἀραβικὸν κόλπον μετὰ
χρημάτων πολλῶν καὶ δυνάμεως ἔξω κατοικεῖν, ἀπο-

220. Brut., 50.

citoyens avaient été contraints de porter sur leurs épaules une certaine mesure de blé jusqu'à la mer d'Anticyre, sous les coups de fouet qui les pressaient. 8 Après avoir porté une première charge, ils s'apprêtaient à en soulever une seconde, déjà mesurée, lorsqu'on apprit la défaite d'Antoine. Cette nouvelle sauva la cité car les commissaires et les soldats d'Antoine prirent aussitôt la fuite et les habitants se partagèrent le blé.

69. 1 Antoine aborda en Afrique et envoya Cléopâtre de Paraitonion en Égypte ; lui-même jouit alors d'une profonde solitude, errant et vagabondant avec deux amis, un Grec, le rhéteur Aristocratès, et un Romain, Lucilius, 2 dont nous avons écrit ailleurs[220] comment, à Philippes, pour permettre à Brutus de s'enfuir, il s'était livré lui-même à ses poursuivants en se faisant passer pour Brutus ; sauvé par Antoine, il lui resta jusqu'au bout indéfectiblement fidèle. 3 Lorsque celui à qui il avait confié son armée d'Afrique eut fait défection avec elle[221], Antoine voulut se donner la mort, mais il en fut empêché par ses amis qui l'amenèrent à Alexandrie où il trouva Cléopâtre occupée à une entreprise aussi grande qu'audacieuse. 4 Il y a, entre la mer Rouge et la mer d'Égypte, un isthme qui est considéré comme la frontière entre l'Asie et l'Afrique et qui, dans sa partie la plus resserrée par les deux mers et la moins large, fait trois cents stades. Elle avait donc entrepris de faire tirer et de transporter sa flotte par-dessus cet isthme, puis de faire descendre les vaisseaux dans le golfe Arabique avec beaucoup de richesses et de forces armées, afin d'aller s'établir hors de son pays et d'échapper à la servi-

---

221. Pinarius Scarpus : voir Dion Cassius, LI, 5, 6.

φυγοῦσα δουλείαν καὶ πόλεμον. 5 Ἐπεὶ δὲ τὰς πρώτας ἀνελκομένας τῶν νεῶν οἱ περὶ τὴν Πέτραν Ἄραβες κατέκαυσαν, ἔτι δ' Ἀντώνιος τὸν ἐν Ἀκτίῳ στρατὸν ᾤετο συμμένειν, ἐπαύσατο καὶ τὰς ἐμβολὰς ἐφύλαττεν. 6 Ἀντώνιος δὲ τὴν πόλιν ἐκλιπὼν καὶ τὰς μετὰ τῶν φίλων διατριβάς, οἴκησιν ἔναλον κατεσκεύαζεν αὐτῷ περὶ τὴν Φάρον, εἰς τὴν θάλασσαν χῶμα προβαλών · 7 καὶ διῆγεν αὐτόθι φυγὰς ἀνθρώπων, καὶ τὸν Τίμωνος ἀγαπᾶν καὶ ζηλοῦν βίον ἔφασκεν, ὡς δὴ πεπονθὼς ὅμοια · καὶ γὰρ αὐτὸς ἀδικηθεὶς ὑπὸ   θ
τῶν φίλων καὶ ἀχαριστηθεὶς διὰ τοῦτο καὶ πᾶσιν ἀνθρώποις ἀπιστεῖν καὶ δυσχεραίνειν.

70. 1 Ὁ δὲ Τίμων ἦν Ἀθηναῖος [ὃς] καὶ γέγονεν ἡλικίᾳ μάλιστα κατὰ τὸν Πελοποννησιακὸν πόλεμον, ὡς ἐκ τῶν Ἀριστοφάνους καὶ Πλάτωνος δραμάτων λαβεῖν ἔστι. 2 Κωμῳδεῖται γὰρ ἐν ἐκείνοις ὡς δυσμενὴς καὶ μισάνθρωπος · ἐκκλίνων δὲ καὶ διωθούμενος ἅπασαν ἔντευξιν, Ἀλκιβιάδην, νέον ὄντα καὶ θρασύν, ἠσπάζετο καὶ κατεφίλει προθύμως. Ἀπημάντου δὲ θαυμάσαντος καὶ πυθομένου τὴν αἰτίαν, φιλεῖν ἔφη   f
τὸν νεανίσκον εἰδὼς ὅτι πολλῶν Ἀθηναίοις κακῶν αἴτιος ἔσοιτο. 3 Τὸν δ' Ἀπήμαντον μόνον ὡς ὅμοιον αὐτῷ καὶ ζηλοῦντα τὴν δίαιταν ἔστιν ὅτε προσίετο · καί ποτε τῆς τῶν Χοῶν οὔσης ἑορτῆς εἰστιῶντο καθ' αὑτοὺς οἱ δύο. Τοῦ δ' Ἀπημάντου φήσαντος « Ὡς καλόν, ὦ

222. Projet présenté dans un style « romanesque » qui peut rappeler le rêve de Sertorius d'embarquer pour les îles des Bienheureux (*Sert.*, 8- 9, 1) ; Dion Cassius (LI, 6, 3) évoque seulement l'alternative de « passer en Espagne si le besoin s'en faisait sentir, pour y susciter des troubles par l'abondance de leurs richesses, ou bien encore de se diriger vers la mer Rouge ». NICOLET 1990, souligne que ces deux directions

tude et à la guerre[222]. 5 Mais les Arabes des environs de Pétra ayant incendié les premiers navires ainsi traînés, et comme Antoine croyait que son armée d'Actium tenait encore, elle y renonça et fit garder les accès de l'Égypte. 6 Pour Antoine, ayant quitté la ville et la compagnie de ses amis, il se ménagea une demeure maritime non loin de Pharos, en faisant construire une jetée sur la mer, 7 et c'est là qu'il vivait, en exilé du monde humain[223]. Il aimait, disait-il, et voulait imiter la vie de Timon, dont le sort avait été semblable au sien ; car lui aussi avait fait l'épreuve de l'ingratitude et de l'injustice de ses amis et en avait conçu défiance et ressentiment contre tout le genre humain.

70. 1 Ce Timon était un Athénien ; il a vécu à peu près au temps de la guerre du Péloponnèse, comme on en peut juger par les comédies d'Aristophane et de Platon[224], 2 où il est raillé pour son mauvais caractère et sa misanthropie. Lui, qui fuyait et repoussait tout commerce, saluait et embrassait de bon cœur Alcibiade, qui était alors dans toute l'insolence de sa jeunesse. Apémantos, étonné, lui en demandant la cause, il lui répondit qu'il aimait ce jeune homme parce qu'il savait qu'il ferait beaucoup de mal aux Athéniens. 3 Apémantos était le seul que Timon fréquentât quelquefois, parce que son caractère était à peu près semblable au sien et qu'il imitait son genre de vie. Et un jour qu'on célébrait la fête des Conges, ils soupaient

possibles à partir du golfe arabique menaient en tout cas les amants vers des confins qui étaient pour les Anciens dignes des Dieux et des conquérants et qui rappelaient, dans leur malheur, leur dignité royale et impériale.

223. Sur cette expression frappante, voir l'Introduction, p. XLVII et n. 104.

224. Il s'agit évidemment de Platon le comique ; pour Aristophane, voir *Oiseaux*, 1549, et *Lysistrata*, 809-820.

Τίμων, τὸ συμπόσιον ἡμῶν », « Εἴγε σὺ « ἔφη « μὴ
παρῇς. » 4 Λέγεται δ' Ἀθηναίων ἐκκλησιαζόντων
ἀναβὰς ἐπὶ τὸ βῆμα ποιῆσαι σιωπὴν καὶ προσδοκίαν
μεγάλην διὰ τὸ παράδοξον · εἶτ' εἰπεῖν · 5 « Ἔστι 949
μοι μικρὸν οἰκόπεδον, ὦ ἄνδρες Ἀθηναῖοι, καὶ συκῆ
τις ἐν αὐτῷ πέφυκεν, ἐξ ἧς ἤδη συχνοὶ τῶν πολιτῶν
ἀπήγξαντο. Μέλλων οὖν οἰκοδομεῖν τὸν τόπον, ἐβου-
λήθην δημοσίᾳ προειπεῖν, ἵν', ἂν ἄρα τινὲς ἐθέλωσιν
ὑμῶν, πρὶν ἐκκοπῆναι τὴν συκῆν, ἀπάγξωνται. »
6 Τελευτήσαντος δ' αὐτοῦ καὶ ταφέντος Ἁλῆσι παρὰ
τὴν θάλασσαν, ὤλισθε τὰ προὔχοντα τοῦ αἰγιαλοῦ ·
καὶ τὸ κῦμα περιελθὸν ἄβατον καὶ ἀπροσπέλαστον
ἀνθρώπῳ πεποίηκε τὸν τάφον. 7 Ἦν δ' ἐπιγεγραμμέ-
νον ·

Ἐνθάδ' ἀπορρήξας ψυχὴν βαρυδαίμονα κεῖμαι.
Τοὔνομα δ' οὐ πεύσεσθε, κακοὶ δὲ κακῶς ἀπόλοισθε.

8 Καὶ τοῦτο μὲν αὐτὸν ἔτι ζῶντα πεποιηκέναι λέγουσι,   b
τὸ δὲ περιφερόμενον Καλλιμάχειόν ἐστι ·

Τίμων μισάνθρωπος ἐνοικέω. Ἀλλὰ πάρελθε,
οἰμώζειν εἴπας πολλά, πάρελθε μόνον.

71. 1 Ταῦτα μὲν περὶ Τίμωνος ἀπὸ πολλῶν ὀλίγα.
Τῷ δ' Ἀντωνίῳ Κανίδιός τε τῆς ἀποβολῆς τῶν ἐν
Ἀκτίῳ δυνάμεων αὐτάγγελος ἦλθε, καὶ τὸν Ἰουδαῖον
Ἡρώδην ἔχοντά τινα τάγματα καὶ σπείρας ἤκουσε

---

225. L'*Anthologie Palatine* (7, 320) attribue cette épitaphe à
Hégésippe – c'est la 317 qui est attribuée à Callimaque ; sur ces
épitaphes, M. G. ANGELI BERTINELLI, « Gli epitafi di Timone, modello di
Antonio dopo Azio (Plut., *Ant.*, 70, 7-8) », *in* G. PACI (dir.), *Contributi
all'Epigrafia d'Età Augustea*, Rome, 2007, p. 15-30.

tous les deux ensemble et Apémantos dit : « Le bon festin
que nous faisons là, Timon ! » – « Oui, répondit Timon,
si tu n'y étais pas. » 4 On dit qu'un jour d'assemblée,
comme il était monté à la tribune, le silence se fit et l'attente était grande devant ce geste insolite ; il dit alors :
5 « Athéniens, j'ai un petit terrain où s'élève un figuier ;
plusieurs citoyens s'y sont déjà pendus et, comme j'ai
dessein de bâtir à cet endroit, j'ai voulu vous en avertir
publiquement afin que, si certains de vous ont envie de
s'y pendre aussi, ils le fassent avant que le figuier soit
abattu. » 6 Après sa mort, il fut enterré à Halai, au bord
de la mer. La saillie du rivage s'ébuola à cet endroit, et les
flots environnèrent le tombeau, le rendant inapprochable
et inaccessible. 7 Il y était gravé cette inscription :

C'est ici que je gis, depuis que s'est brisée ma vie
                                                    [infortunée.
Mon nom vous ne saurez ; puissiez-vous misérablement,
                                                    [misérables, périr !

8 Cette épitaphe, dit-on, il l'avait composée lui-même
avant sa mort ; l'autre, que l'on allègue communément,
est due à Callimaque :

Moi, Timon le misanthrope, j'habite ici. Passe ton chemin,
En me maudissant, si tu veux, pourvu que tu passes ton
                                                    [chemin[225].

71. 1 Voilà, choisis entre une infinité d'autres, quelques
traits de Timon. Pour Antoine, coup sur coup[226], Canidius
vint en personne lui annoncer la perte de son armée d'Actium, et il apprit qu'Hérode le Judéen, qui avait sous ses
ordres des légions et des cohortes, était passé à César, que

---

226. J'appuie ainsi l'effet d'accumulation que produit l'emploi,
inhabituel ici, de τε … καί.

Καίσαρι προσκεχωρηκέναι, καὶ τοὺς ἄλλους ὁμοίως δυνάστας ἀφίστασθαι καὶ μηδὲν ἔτι συμμένειν τῶν ἐκτός. 2 Οὐ μὴν διετάραξέ τι τούτων αὐτόν, ἀλλ' ὥσπερ ἄσμενος τὸ ἐλπίζειν ἀποτεθειμένος, ἵνα καὶ τὸ φροντίζειν, τὴν μὲν ἔναλον ἐκείνην δίαιταν, ἣν Τιμώνειον ὠνόμαζεν, ἐξέλιπεν, 3 ἀναληφθεὶς δ' ὑπὸ τῆς Κλεοπάτρας εἰς τὰ βασίλεια, πρὸς δεῖπνα καὶ πότους καὶ διανομὰς ἔτρεψε τὴν πόλιν, ἐγγράφων μὲν εἰς ἐφήβους τὸν Κλεοπάτρας παῖδα καὶ Καίσαρος, τὸ δ' ἀπόρφυρον καὶ τέλειον ἱμάτιον 'Αντύλλῳ τῷ ἐκ Φουλβίας περιτιθείς, ἐφ' οἷς ἡμέρας πολλὰς συμπόσια καὶ κῶμοι καὶ θαλίαι τὴν 'Αλεξάνδρειαν κατεῖχον. 4 Αὐτοὶ δὲ τὴν μὲν τῶν 'Αμιμητοβίων ἐκείνην σύνοδον κατέλυσαν, ἑτέραν δὲ συνέταξαν οὐδέν τι λειπομένην ἐκείνης ἁβρότητι καὶ τρυφαῖς καὶ πολυτελείαις, ἣν Συναποθανουμένων ἐκάλουν. 5 'Απεγράφοντο γὰρ οἱ φίλοι συναποθανουμένους ἑαυτούς, καὶ διῆγον εὐπαθοῦντες ἐν δείπνων περιόδοις. 6 Κλεοπάτρα δὲ φαρμάκων θανασίμων συνῆγε παντοδαπὰς δυνάμεις, ὧν ἑκάστης τὸ ἀνώδυνον ἐλέγχουσα, προΰβαλλε τοῖς ἐπὶ θανάτῳ φρουρουμένοις. 7 'Επεὶ δ' ἑώρα τὰς μὲν ὠκυμόρους τὴν ὀξύτητα τοῦ θανάτου δι' ὀδύνης ἐπιφερούσας, τὰς δὲ πραοτέρας τάχος οὐκ ἐχούσας, τῶν θηρίων ἀπεπειρᾶτο, θεωμένης αὐτῆς ἕτερον ἑτέρῳ προσφερόντων. 8 'Εποίει δὲ τοῦτο καθ' ἡμέραν · καὶ σχεδὸν ἐν πᾶσι μόνον εὕρισκε τὸ δῆγμα τῆς ἀσπίδος ἄνευ σπασμοῦ καὶ στεναγμοῦ κάρον ὑπνώδη καὶ καταφορὰν ἐφελκόμενον, ἱδρῶτι μαλακῷ τοῦ προσώπου καὶ τῶν αἰσθητηρίων ἀμαυρώσει παραλυομένων ῥᾳδίως, καὶ δυσχεραινόντων πρὸς τὰς ἐξεγέρσεις καὶ ἀνακλήσεις ὥσπερ οἱ βαθέως καθεύδοντες.

tous les autres dynastes faisaient pareillement défection
et qu'il ne lui restait rien en dehors de l'Égypte. 2 Cependant, loin d'en être en rien troublé, mais comme s'il était
heureux d'avoir quitté tout espoir pour quitter aussi tout
souci, il abandonna sa retraite maritime, qu'il appelait
Timoneion 3 et, reçu à nouveau dans son palais par Cléopâtre, il emplit Alexandrie de festins, de beuveries et de
prodigalités. Il inscrivit parmi les éphèbes le fils de Cléopâtre et de César et fit prendre la toge virile sans bordure
de pourpre à Antyllus, le fils de Fulvia. À cette occasion,
ce ne furent pendant plusieurs jours dans toute la ville
que banquets, processions joyeuses et festivités. 4 Eux-
mêmes, ayant dissous la société de la Vie Inimitable, en
créèrent une autre, qui ne le cédait à la première ni en déli-
catesse ni en luxe ni en magnificence et qu'ils appelaient
la société de Ceux qui vont mourir ensemble. 5 Leurs
amis s'y inscrivaient en effet comme devant mourir avec
eux et ils passaient les jours dans les délices, s'invitant à
tour de rôle à dîner. 6 Cependant Cléopâtre faisait provision de toutes sortes de poisons mortels, dont elle testait
le caractère indolore en les faisant prendre aux prisonniers condamnés à mort. 7 Voyant que les poisons rapides
étaient douloureux, tandis que les poisons plus doux
étaient lents, elle essaya les serpents et en fit appliquer en
sa présence de diverses espèces, sur diverses personnes.
8 Elle faisait cela chaque jour et découvrit que la morsure
de l'aspic était pratiquement la seule de toutes à amener
sans convulsions ni gémissements à une torpeur léthar-
gique comparable au sommeil, accompagnée d'une légère
moiteur au visage et d'un affaiblissement des sensations :
elle paralysait ainsi doucement les gens, qui se fâchaient
qu'on tentât de les réveiller et de les rappeler à la vie,
comme ceux qui dorment profondément.

72. 1 Άμα δὲ καὶ πρὸς Καίσαρα πρέσβεις ἔπεμπον εἰς Ἀσίαν, ἡ μὲν αἰτουμένη τὴν ἐν Αἰγύπτῳ τοῖς παισὶν ἀρχήν, ὁ δ' ἀξιῶν Ἀθήνησιν, εἰ μὴ δοκοίη περὶ Αἴγυπτον, ἰδιώτης καταβιῶναι. 2 Φίλων δ' ἀπορίᾳ καὶ ἀπιστίᾳ διὰ τὰς αὐτομολίας ὁ τῶν παίδων διδάσκαλος ἐπέμφθη πρεσβεύων Εὐφρόνιος. 3 Καὶ γὰρ ſ Ἀλεξᾶς ὁ Λαοδικεύς, γνωρισθεὶς μὲν ἐν Ῥώμῃ διὰ Τιμαγένους καὶ πλεῖστον Ἑλλήνων δυνηθείς, γενόμενος δὲ τῶν Κλεοπάτρας ἐπ' Ἀντώνιον ὀργάνων τὸ βιαιότατον καὶ τῶν ὑπὲρ Ὀκταουίας ἱσταμένων ἐν αὐτῷ λογισμῶν ἀνατροπεύς, ἐπέμφθη μὲν Ἡρώδην 950 τὸν βασιλέα τῆς μεταβολῆς ἐφέξων, αὐτοῦ δὲ καταμείνας καὶ προδοὺς Ἀντώνιον ἐτόλμησεν εἰς ὄψιν ἐλθεῖν Καίσαρος, Ἡρώδῃ πεποιθώς. 4 Ὤνησε δ' αὐτὸν οὐδὲν Ἡρώδης, ἀλλ' εὐθὺς εἰρχθεὶς καὶ κομισθεὶς εἰς τὴν ἑαυτοῦ πατρίδα δέσμιος, ἐκεῖ Καίσαρος κελεύσαντος ἀνῃρέθη. Τοιαύτην μὲν Ἀλεξᾶς ἔτι ζῶντι δίκην Ἀντωνίῳ τῆς ἀπιστίας ἐξέτισε.

73. 1 Καῖσαρ δὲ τοὺς μὲν ὑπὲρ Ἀντωνίου λόγους οὐκ ἠνέσχετο, Κλεοπάτραν δ' ἀπεκρίνατο μηδενὸς ἁμαρτήσεσθαι τῶν ἐπιεικῶν, ἀνελοῦσαν Ἀντώνιον ἢ ἐκβαλοῦσαν. 2 Συνέπεμψε δὲ καὶ παρ' αὑτοῦ τινα τῶν ἀπελευθέρων Θύρσον, οὐκ ἀνόητον ἄνθρωπον b οὐδ' ἀπιθάνως ἂν ἀφ' ἡγεμόνος νέου διαλεχθέντα πρὸς γυναῖκα σοβαρὰν καὶ θαυμαστὸν ὅσον ἐπὶ κάλλει φρονοῦσαν. 3 Οὗτος ἐντυγχάνων αὐτῇ μακρότερα τῶν ἄλλων καὶ τιμώμενος διαφερόντως ὑπόνοιαν τῷ

227. En Syrie ; sur ces négociations, Dion Cassius, LI, 6, 4-6 et 8.

72. 1 Dans le même temps, ils envoyaient aussi en Asie[227] des ambassadeurs à César, elle, pour lui demander d'assurer à ses enfants le royaume d'Égypte, lui, pour le prier de le laisser vivre en simple particulier à Athènes, s'il ne voulait pas que ce fût en Égypte. 2 Manquant d'amis et se méfiant à cause des défections, ils envoyèrent Euphronios, le précepteur de leurs enfants. 3 En effet, Alexas de Laodicée, dont Antoine avait fait la connaissance à Rome par l'entremise de Timagène et qui avait acquis auprès de lui plus de crédit qu'aucun autre Grec – qui était devenu aussi l'instrument le plus efficace de Cléopâtre contre lui, capable de retourner les réflexions qu'Antoine se faisait en faveur d'Octavie –, cet Alexas avait donc été envoyé auprès du roi Hérode pour l'empêcher de changer de camp ; mais il était resté sur place et, trahissant Antoine, avait osé se présenter aux yeux de César sur les assurances d'Hérode, 4 qui cependant ne lui servirent de rien : aussitôt jeté en prison, puis envoyé, chargé de fers, dans sa patrie, il y fut exécuté sur ordre de César. Tel fut le châtiment d'Alexas pour sa déloyauté, qu'Antoine put voir de son vivant[228].

73. 1 César ne supporta pas qu'on lui parlât pour Antoine et il répondit à Cléopâtre qu'elle obtiendrait toutes les indulgences à condition de faire périr ou de chasser Antoine. 2 Il lui envoya aussi Thyrsus, un de ses affranchis, qui ne manquait pas d'intelligence ni de persuasion pour parler au nom d'un jeune chef à une femme orgueilleuse et étonnamment fière de sa beauté. 3 Comme il avait avec la reine des entretiens plus longs que les autres et recevait d'elle des honneurs singuliers,

---

228. Sur la mention du châtiment des méchants, Frazier 1996, p. 49, n. 17.

Ἀντωνίῳ παρέσχε, καὶ συλλαβὼν αὐτὸν ἐμαστίγωσεν, εἶτ' ἀφῆκε πρὸς Καίσαρα γράψας ὡς ἐντρυφῶν καὶ περιφρονῶν παροξύνειεν αὐτόν, εὐπαρόξυντον ὑπὸ κακῶν ὄντα. 4 « Σὺ δ' εἰ μὴ φέρεις τὸ πρᾶγμα » ἔφη « μετρίως, ἔχεις ἐμὸν ἀπελεύθερον Ἵππαρχον. Τοῦτον κρεμάσας μαστίγωσον, ἵν' ἴσον ἔχωμεν. » 5 Ἐκ τούτου Κλεοπάτρα μὲν ἀπολυομένη τὰς αἰτίας καὶ ὑπονοίας ἐθεράπευεν αὐτὸν περιττῶς· καὶ τὴν ἑαυτῆς γενέθλιον ταπεινῶς διαγαγοῦσα καὶ ταῖς τύχαις c πρεπόντως, τὴν ἐκείνου πᾶσαν ὑπερβαλλομένη λαμπρότητα καὶ πολυτέλειαν ἑώρτασεν, ὥστε πολλοὺς τῶν κεκλημένων ἐπὶ τὸ δεῖπνον πένητας ἐλθόντας ἀπελθεῖν πλουσίους. 6 Καίσαρα δ' Ἀγρίππας ἀνεκαλεῖτο πολλάκις ἀπὸ Ῥώμης γράφων, ὡς τῶν ἐκεῖ πραγμάτων τὴν παρουσίαν αὐτοῦ ποθούντων.

74. 1 Ἔσχεν οὖν ἀναβολὴν ὁ πόλεμος τότε· τοῦ δὲ χειμῶνος παρελθόντος αὖθις ἐπῄει διὰ Συρίας, οἱ δὲ στρατηγοὶ διὰ Λιβύης. Ἁλόντος δὲ Πηλουσίου, λόγος ἦν ἐνδοῦναι Σέλευκον οὐκ ἀκούσης τῆς Κλεο- d πάτρας. 2 Ἡ δ' ἐκείνου μὲν γυναῖκα καὶ παῖδας Ἀντωνίῳ κτεῖναι παρεῖχεν, αὐτὴ δὲ θήκας ἔχουσα καὶ μνήματα κατεσκευασμένα περιττῶς εἴς τε κάλλος καὶ ὕψος, ἃ προσῳκοδόμησε τῷ ναῷ τῆς Ἴσιδος, ἐνταῦθα τῶν βασιλικῶν συνεφόρει τὰ πλείστης ἄξια σπουδῆς, χρυσόν, ἄργυρον, σμάραγδον, μαργαρίτην, ἔβενον, ἐλέφαντα, κινάμωμον, ἐπὶ πᾶσι δὲ δᾷδα πολλὴν καὶ στυππεῖον, 3 ὥστε δείσαντα περὶ τῶν χρημάτων

229. Le 14 janvier ; sur le genre de banquets fastueux où les convives repartaient chargés de cadeaux, voir Appendice, p. 218-219.
230. Dion Cassius, LI, 4, 3- 5, 2 sur l'action d'Octavien.

Antoine en conçut des soupçons et le fit saisir et fouetter avant de le renvoyer à César en lui écrivant que Thyrsus l'avait irrité par son insolence et ses dédains à un moment où les malheurs le rendaient irritable. 4 « Pour toi, si tu le prends mal, ajoutait-il, tu as un de mes affranchis, Hipparque : fais-le suspendre et fouetter et nous serons quittes. » 5 Dès lors Cléopâtre, pour couper court à ses griefs et ses soupçons, le choya extraordinairement : alors qu'elle avait célébré son anniversaire avec la simplicité qui convenait à leur infortune, elle fêta avec un tel excès d'éclat et de magnificence celui d'Antoine[229] que plusieurs des invités, qui étaient venus pauvres au banquet, s'en retournèrent riches. 6 Cependant, César recevait plusieurs lettres de Rome, écrites par Agrippa, pour l'engager à revenir, car l'état des affaires exigeait sa présence[230].

74. 1 La guerre fut donc remise pour le moment, mais, l'hiver passé, César attaqua de nouveau par la Syrie, et ses généraux par la Libye. Péluse prise, le bruit courut que Séleucos l'avait livrée en accord avec Cléopâtre[231], 2 laquelle remit entre les mains d'Antoine la femme et les enfants de Séleucos afin qu'il les fît mourir. Elle-même, ayant fait construire, près du temple d'Isis, des caveaux et des tombeaux d'une beauté et d'une hauteur exceptionnelles, y fit porter tout ce qu'il y avait de plus précieux dans les trésors royaux, tant en or qu'en argent, émeraudes, perles, ébène, ivoire et cinnamome, et, de surcroît, beaucoup de torches et d'étoupes. 3 Aussi César, pris de crainte

231. Dion Cassius, LI 9, 5-8 ne laisse aucun doute sur sa culpabilité ; elle est en revanche rejetée dans la thèse de J.-Y. Carrez-Maratray, *Péluse et l'angle oriental du delta égyptien aux époques grecque, romaine et byzantine*, Le Caire, IFAO, 1999, p. 395-399.

Καίσαρα, μὴ τραπομένη πρὸς ἀπόγνωσιν ἡ γυνὴ
διαφθείρῃ καὶ καταφλέξῃ τὸν πλοῦτον, ἀεί τινας
ἐλπίδας αὐτῇ φιλανθρώπους προσπέμπειν, ἅμα τῷ
στρατῷ πορευόμεμον ἐπὶ τὴν πόλιν. 4 Ἱδρυθέντος   e
δ' αὐτοῦ περὶ τὸν ἱππόδρομον, Ἀντώνιος ἐπεξελθὼν
ἠγωνίσατο λαμπρῶς καὶ τροπὴν τῶν Καίσαρος ἱππέων
ἐποίησε, καὶ κατεδίωξεν ἄχρι τοῦ στρατοπέδου.
5 Μεγαλυνόμενος δὲ τῇ νίκῃ παρῆλθεν εἰς τὰ βασίλεια, καὶ τὴν Κλεοπάτραν κατεφίλησεν ἐν τοῖς ὅπλοις,
καὶ τὸν ἠγωνισμένον προθυμότατα τῶν στρατιωτῶν
συνέστησεν. 6 Ἡ δ' ἀριστεῖον αὐτῷ θώρακα χρυσοῦν
καὶ κράνος ἔδωκεν. Ἐκεῖνος μὲν οὖν ὁ ἄνθρωπος λαβὼν
ταῦτα διὰ νυκτὸς ηὐτομόλησεν ὡς Καίσαρα.

75. 1 Πάλιν δ' Ἀντώνιος ἔπεμπε Καίσαρα μονο-
μαχῆσαι προκαλούμενος. Ἀποκριναμένου δ' ἐκείνου
πολλὰς ὁδοὺς Ἀντωνίῳ παρεῖναι θανάτου, συμφρο-
νήσας ὅτι τοῦ διὰ μάχης οὐκ ἔστιν αὐτῷ βελτίων   f
θάνατος, ἔγνω καὶ κατὰ γῆν ἅμα καὶ θάλατταν ἐπιχειρεῖν. 2 Καὶ παρὰ δεῖπνον, ὡς λέγεται, τοὺς οἰκέτας
ἐκέλευεν ἐπεγχεῖν καὶ προθυμότερον εὐωχεῖν αὐτόν ·
ἄδηλον γὰρ εἰ τοῦτο ποιήσουσιν αὔριον ἢ δεσπόταις
ἑτέροις ὑπηρετήσουσιν, αὐτὸς δὲ κείσεται σκελετὸς
καὶ τὸ μηδὲν γενόμενος. 3 Τοὺς δὲ φίλους ἐπὶ τούτοις
δακρύοντας ὁρῶν ἔφη μὴ προάξειν ἐπὶ τὴν μάχην, ἐξ
ἧς αὐτῷ θάνατον εὐκλεᾶ μᾶλλον ἢ σωτηρίαν ζητεῖν 951
καὶ νίκην.

---

232. Passe dans cette scène un souvenir épique (cf. e. g., Iliade,
XVII, 207-208, où Zeus annonce qu'Hector ne rapportera pas à
Andromaque les armes d'Achille).

pour ces trésors et redoutant que cette femme, dans un moment de désespoir, ne détruisît par le feu cette richesse, ne cessait de lui faire porter des espoirs de clémence, tout en marchant sur la ville avec son armée. 4 Comme il s'était installé près de l'hippodrome, Antoine fit une sortie, combattit brillamment et mit en fuite la cavalerie de César qu'il poursuivit jusqu'à son camp. 5 Fier de ce succès, il rentra au palais, embrassa Cléopâtre tout armé et lui présenta celui de ses soldats qui avait combattu avec le plus d'ardeur. 6 Alors, pour récompenser sa valeur, elle lui fit présent d'une cuirasse et d'un casque d'or[232] ; mais l'homme, les ayant reçus, déserta pendant la nuit et passa dans le camp de César.

75. 1 Antoine envoya de nouveau provoquer César en combat singulier ; mais César répondit qu'Antoine ne manquait pas de chemins pour aller à la mort[233]. Alors Antoine, comprenant qu'il n'était pas pour lui de mort plus honorable que la mort au combat, résolut d'attaquer à la fois sur terre et sur mer. 2 Et à table, dit-on, il commanda à ses serviteurs de lui resservir à boire et de redoubler d'empressement pour le régaler, parce qu'on ne savait pas si le lendemain ils auraient encore à le faire et s'ils ne serviraient pas d'autres maîtres, tandis que lui ne serait plus qu'un squelette gisant, retourné au néant. 3 Voyant ses amis fondre en larmes à ce discours, il ajouta qu'il ne les mènerait pas à un combat où il chercherait une mort glorieuse pour lui-même plutôt que le salut et la victoire.

---

233. Cette provocation – à comparer à *Pyrrh.*, 31, 3-4 et déjà 7, 6-9 – prolonge l'atmosphère épique ; PELLING 1988 y voit aussi le signe qu'Antoine était en train de perdre contact avec la réalité.

4 Ἐν ταύτῃ τῇ νυκτὶ λέγεται μεσούσῃ σχεδόν, ἐν ἡσυχίᾳ καὶ κατηφείᾳ τῆς πόλεως διὰ φόβον καὶ προσδοκίαν τοῦ μέλλοντος οὔσης, αἰφνίδιον ὀργάνων τε παντοδαπῶν ἐμμελεῖς φωνὰς ἀκουσθῆναι καὶ βοὴν ὄχλου μετ' εὐασμῶν καὶ πηδήσεων σατυρικῶν, ὥσπερ θιάσου τινὸς οὐκ ἀθορύβως ἐξελαύνοντος · 5 εἶναι δὲ τὴν ὁρμὴν ὁμοῦ τι διὰ τῆς πόλεως μέσης ἐπὶ τὴν πύλην ἔξω τὴν τετραμμένην πρὸς τοὺς πολεμίους, καὶ ταύτῃ τὸν θόρυβον ἐκπεσεῖν πλεῖστον γενόμενον. 6 Ἐδόκει δὲ τοῖς ἀναλογιζομένοις τὸ σημεῖον ἀπολείπειν ὁ θεὸς Ἀντώνιον, ᾧ μάλιστα συνεξομοιῶν καὶ συνοικειῶν ἑαυτὸν διετέλεσεν.

76. 1 Ἅμα δ' ἡμέρᾳ τὸν πεζὸν αὐτὸς ἐπὶ τῶν πρὸ b τῆς πόλεως λόφων ἱδρύσας, ἐθεᾶτο τὰς ναῦς ἀνηγμένας καὶ ταῖς τῶν πολεμίων προσφερομένας · καὶ περιμένων ἔργον τι παρ' ἐκείνων ἰδεῖν ἡσύχαζεν. 2 Οἱ δ' ὡς ἐγγὺς ἐγένοντο, ταῖς κώπαις ἠσπάσαντο τοὺς Καίσαρος, ἐκείνων τ' ἀντασπασαμένων μετεβάλοντο, καὶ πάσαις ἅμα ταῖς ναυσὶν ὁ στόλος εἰς γενόμενος ἐπέπλει πρὸς τὴν πόλιν ἀντίπρωρος. 3 Τοῦτ' Ἀντώνιος ἰδὼν ἀπελείφθη μὲν εὐθὺς ὑπὸ τῶν ἱππέων μεταβαλομένων, ἡττηθεὶς δὲ τοῖς πεζοῖς ἀνεχώρησεν εἰς τὴν πόλιν, ὑπὸ Κλεοπάτρας προδεδόσθαι βοῶν οἷς δι' ἐκείνην ἐπολέμησεν. 4 Ἡ δὲ τὴν ὀργὴν αὐτοῦ c

234. La porte de Canope, à l'est d'Alexandrie.

235. = Shakespeare IV, 3 (qui remplace Dionysos par Hercule, correspondant mieux au martial Antoine qu'il a voulu montrer) ; voir aussi en appendice l'interprétation poétique de Cavafis, p. 233.

236. PELLING 1988 (p. 305, note *ad loc.*) souligne la recréation (« imaginative reconstruction ») de la scène : il n'y a pas de telles hauteurs autour d'Alexandrie, mais c'est la position naturelle du chef observant le combat.

4 Cette nuit-là, dit-on, vers minuit, tandis que la ville était plongée dans le silence et l'abattement, en proie à la frayeur où la jetait l'attente des événements, on entendit tout à coup les sons harmonieux de toutes sortes d'instruments et les cris d'une foule, accompagnés d' « Évoés » et de danses de satyres, comme un thiase en train de sortir tumultueusement ; 5 la progression se faisait à peu près au milieu de la ville en direction de la porte extérieure qui regardait vers l'ennemi[234] et c'est par là que le tumulte atteignit son comble avant de s'éteindre. 6 Il sembla, pour ceux qui réfléchirent à ce signe, que c'était le dieu auquel Antoine avait toujours particulièrement cherché à ressembler et à s'assimiler qui l'abandonnait[235].

76. 1 Au point du jour, Antoine établit lui-même son infanterie sur les hauteurs situées en avant de la ville[236] et de là, il contemplait ses vaisseaux, qui avaient pris la mer et se portaient contre ceux des ennemis. Il restait sans bouger, attendant de voir quelque action de valeur des siens, 2 mais eux, dès qu'ils se furent approchés, saluèrent de leurs rames les hommes de César, et, quand les autres leur eurent rendu leur salut, passèrent de leur côté : alors, les deux flottes, n'en faisant plus qu'une, voguèrent de conserve, la proue tournée contre la ville. 3 Antoine n'eut pas plus tôt vu cela qu'il fut abandonné par sa cavalerie, qui changea de camp, et subit une défaite de son infanterie[237]. Il rentra alors dans la ville criant à la trahison de Cléopâtre, qui l'avait livré à ceux qu'il n'avait combattus qu'à cause d'elle.   4 Et elle, craignant sa colère et son

---

237. Dion Cassius (LI, 10, 2) semble la placer avant : Plutarque concentre tout autour de la personne d'Antoine (sujet de la phrase) pour mieux le réduire à lui seul, abandonné même de Cléopâtre.

φοβηθεῖσα καὶ τὴν ἀπόνοιαν, εἰς τὸν τάφον κατέφυγε
καὶ τοὺς καταρράκτας ἀφῆκε κλείθροις καὶ μοχλοῖς
καρτεροὺς ὄντας · πρὸς δ᾽ Ἀντώνιον ἔπεμψε τοὺς
ἀπαγγελοῦντας ὅτι τέθνηκε. 5 Πιστεύσας δ᾽ ἐκεῖνος
καὶ εἰπὼν πρὸς αὐτόν, « Τί ἔτι μέλλεις, Ἀντώνιε;
Τὴν μόνην ἡ τύχη καὶ λοιπὴν ἀφῇρηκε τοῦ φιλοψυχεῖν
πρόφασιν », εἰσῆλθεν εἰς τὸ δωμάτιον, 6 καὶ τὸν
θώρακα παραλύων καὶ διαστέλλων, « Ὦ Κλεοπάτρα, »
εἶπεν « οὐκ ἄχθομαί σου στερούμενος, αὐτίκα γὰρ
εἰς ταὐτὸν ἀφίξομαι, ἀλλ᾽ ὅτι γυναικὸς ὁ τηλικοῦτος
αὐτοκράτωρ εὐψυχίᾳ πεφώραμαι λειπόμενος. » 7 Ἦν
δέ τις οἰκέτης αὐτῷ πιστὸς Ἔρως ὄνομα. Τοῦτον ἐκ   d
πολλοῦ παρακεκληκώς, εἰ δεήσειεν, ἀνελεῖν αὐτόν,
ἀπῄτει τὴν ὑπόσχεσιν. 8 Ὁ δὲ σπασάμενος τὸ ξίφος ἀνέσχε μὲν ὡς παίσων ἐκεῖνον, ἀποστρέψαντος
δὲ τὸ πρόσωπον ἑαυτὸν ἀπέκτεινε. 9 Πεσόντος δ᾽ αὐτοῦ πρὸς τοὺς πόδας, ὁ Ἀντώνιος « Εὖγε, » εἶπεν « ὦ
Ἔρως, ὅτι μὴ δυνηθεὶς αὐτὸς ἐμὲ ποιεῖν ὃ δεῖ διδάσ-
κεις · » καὶ παίσας διὰ τῆς κοιλίας ἑαυτὸν ἀφῆκεν
εἰς τὸ κλινίδιον. 10 Ἦν δ᾽ οὐκ εὐθυθάνατος ἡ πληγή.
Διὸ καὶ τῆς φορᾶς τοῦ αἵματος ἐπεὶ κατεκλίθη παυσα-
μένης, ἀναλαβὼν ἐδεῖτο τῶν παρόντων ἐπισφάττειν
αὐτόν. 11 Οἱ δ᾽ ἔφευγον ἐκ τοῦ δωματίου βοῶντος
καὶ σφαδάζοντος, ἄχρι οὗ παρὰ Κλεοπάτρας ἧκε   e

---

238. « L'amour de la vie » (*philopsychia*) est synonyme de lâcheté
– et s'oppose au courage, *eupsychia*, du § suivant.

239. Le titre, très présent dans l'ultime évocation de ses qualités de
meneur d'hommes au ch. 43 (§ 2 et 3), repris par le vétéran qui demande
une bataille terrestre avant Actium (64, 3), avait disparu depuis lors. On

désespoir, se réfugia dans son mausolée et fit abattre les herses consolidées par des serrures et des verrous, puis elle envoya annoncer à Antoine qu'elle était morte. 5 Il le crut et se dit à lui-même : « Que tardes-tu encore, Antoine ? Le seul motif qui te restât pour tenir à la vie[238], la Fortune te l'a ravi. » Il entra alors dans sa chambre,   6 délaça et ouvrit sa cuirasse : « Cléopâtre, s'écria-t-il, je ne me plains point d'être privé de toi, car je vais te rejoindre à l'instant, mais de ce qu'un *imperator*[239] comme moi se soit révélé inférieur en courage à une femme. » 7 Il avait un esclave fidèle, nommé Éros, qu'il avait dès longtemps engagé à le tuer s'il le lui demandait : il réclama alors l'exécution de sa promesse.   8 Mais l'autre, tirant son épée, la leva comme pour le frapper mais, profitant de ce qu'il avait détourné la tête[240], se tua lui-même. 9 Le voyant tombé à ses pieds, Antoine s'écria : « C'est bien, Éros ; faute d'avoir pu le faire toi-même, tu m'apprends ce que je dois faire », et il se plongea l'épée dans le ventre et se laissa tomber sur son lit. 10 Mais le coup n'était pas mortel : le sang s'arrêta quand il fut couché et, lorsqu'il reprit ses sens, il pria ceux qui étaient là de l'achever, 11 mais tous s'enfuirent de la chambre et le laissèrent crier et se débattre, jusqu'au moment où, envoyé par

le retrouve ici dans la bouche d'Antoine et, à l'instant de sa mort, dans celle de Cléopâtre (77, 5).
    240. La plupart des manuscrits (sauf K, dont les éditeurs modernes ont retenu la leçon) donnent, non un génitif se rapportant à Antoine, mais un nominatif : c'est Éros qui se détournerait. C'est le texte traduit par Amyot : « mais en détournant son visage d'un autre côté, il se la fourra à soi-même tout au travers du corps », et que garde North (« turning his head at one side »), mais Shakespeare – en homme de théâtre – choisit de faire tourner la tête à Antoine, sur la demande d'Éros : est-ce sa version qui a ensuite influencé les éditeurs ?

Διομήδης ὁ γραμματεύς, κομίζειν αὐτὸν ὡς ἐκείνην εἰς τὸν τάφον κελευσθείς.

77. 1 Γνοὺς οὖν ὅτι ζῇ, προθύμως ἐκέλευσεν ἄρασθαι τοῖς ὑπηρέταις τὸ σῶμα, καὶ διὰ χειρῶν προσεκομίσθη ταῖς θύραις τοῦ οἰκήματος. 2 Ἡ δὲ Κλεοπάτρα τὰς μὲν θύρας οὐκ ἀνέῳξεν, ἐκ δὲ θυρίδων τινῶν φανεῖσα σειρὰς καὶ καλῴδια καθίει. Καὶ τούτοις ἐναψάντων τὸν Ἀντώνιον ἀνεῖλκεν αὐτὴ καὶ δύο γυναῖκες, ἃς μόνας ἐδέξατο μεθ' αὑτῆς εἰς τὸν τάφον. 3 Οὐδὲν ἐκείνου λέγουσιν οἰκτρότερον γενέσθαι οἱ παραγενόμενοι θέαμα. Πεφυρμένος γὰρ αἵματι καὶ δυσθανατῶν εἵλκετο, τὰς χεῖρας ὀρέγων εἰς ἐκείνην καὶ παραιωρούμενος. 4 Οὐ γὰρ ἦν γυναιξὶ ῥᾴδιον τὸ ἔργον, ἀλλὰ μόλις ἡ Κλεοπάτρα ταῖν χεροῖν ἐμπεφυκυῖα καὶ κατατεινομένη τῷ προσώπῳ τὸν δεσμὸν ἀνελάμβανεν, ἐπικελευομένων τῶν κάτωθεν αὐτῇ καὶ συναγωνιώντων. 5 Δεξαμένη δ' αὐτὸν οὕτως καὶ κατακλίνασα περιερρήξατό τε τοὺς πέπλους ἐπ' αὐτῷ, καὶ τὰ στέρνα τυπτομένη καὶ σπαράττουσα ταῖς χερσί, καὶ τῷ προσώπῳ τοῦ αἵματος ἀναματτομένη, δεσπότην ἐκάλει καὶ ἄνδρα καὶ αὐτοκράτορα · καὶ μικροῦ δεῖν ἐπιλέληστο τῶν αὑτῆς κακῶν οἴκτῳ τῶν ἐκείνου. 6 Καταπαύσας δὲ τὸν θρῆνον αὐτῆς Ἀντώνιος ᾔτησε πιεῖν οἶνον, εἴτε διψῶν, εἴτε συντομώτερον ἐλπίζων ἀπολυθήσεσθαι. 7 Πιὼν δὲ παρήνεσεν αὐτῇ τὰ μὲν ἑαυτῆς, ἂν ᾖ μὴ μετ' αἰσχύνης, σωτήρια τίθεσθαι, μάλιστα τῶν Καίσαρος ἑταίρων Προκληΐῳ πιστεύουσαν, αὐτὸν δὲ

f

952

---

241. Comparer à la version, sensiblement différente, de Dion Cassius, donnée en appendice, p. 225-226.

Cléopâtre, arriva Diomède, son secrétaire, qu'elle avait chargé de le porter dans son mausolée[241].

77. 1 Ayant ainsi appris qu'elle était vivante, il pressa ses serviteurs de le soulever et ils le portèrent dans leurs bras jusqu'à l'entrée du monument. 2 Cléopâtre n'ouvrit pas la porte, mais elle parut à une fenêtre d'où elle fit descendre des chaînes et des cordes avec lesquelles on attacha Antoine ; puis elle s'efforça de le hisser, aidée de deux femmes, les seules qu'elle eût prises avec elle dans le mausolée. 3 Jamais, à en croire les témoins, il n'y eut spectacle plus digne de pitié : tout souillé de sang et agonisant, il tendait les bras vers elle, tandis qu'on le hissait, suspendu en l'air. 4 Car ce n'était pas chose aisée pour des femmes[242] et Cléopâtre, agrippant la corde des deux mains, le visage tendu, le faisait monter à grand-peine, tandis que ceux qui étaient en bas l'encourageaient et partageaient son angoisse. 5 Quand elle l'eut ainsi recueilli et fait coucher, elle déchira ses vêtements pour l'en couvrir et, se frappant la poitrine et la meurtrissant de ses mains, tout en essuyant le sang de son visage, elle l'appelait son maître, son époux et son *imperator* : peu s'en fallait que sa pitié pour lui ne lui fît oublier ses propres malheurs. 6 Antoine fit cesser ses lamentations, et lui demanda du vin, soit qu'il eût soif, soit qu'il espérât hâter sa délivrance. 7 Après avoir bu, il l'exhorta à pourvoir à son salut, autant qu'elle le pourrait sans déshonneur, et, parmi les amis de César, à se fier à

---

242. Ou « pour une femme » : la tradition manuscrite donne un singulier γυναικί, que l'Aldine, suivie par les éditeurs modernes, a corrigé en pluriel sans nécessité évidente. Sans doute trois femmes tirent, mais, outre qu'on peut y voir un singulier « générique », seule Cléopâtre compte et la phrase précédente ne mentionne qu'elle (εἰς ἐκείνην).

μὴ θρηνεῖν ἐπὶ ταῖς ὑστάταις μεταβολαῖς, ἀλλὰ μακα-
ρίζειν ὧν ἔτυχε καλῶν, ἐπιφανέστατος ἀνθρώπων γενόμενος καὶ πλεῖστον ἰσχύσας, καὶ νῦν οὐκ ἀγεννῶς b
Ῥωμαῖος ὑπὸ Ῥωμαίου κρατηθείς.

78. 1 Ὅσον δ' οὔπω ἀπολιπόντος αὐτοῦ, Προκλήιος
ἧκε παρὰ Καίσαρος. Ἐπεὶ γὰρ ἑαυτὸν πατάξας ὁ
Ἀντώνιος ᾤχετο πρὸς Κλεοπάτραν κομιζόμενος,
Δερκεταῖός τις τῶν δορυφόρων λαβὼν τὸ ἐγχειρίδιον
αὐτοῦ καὶ ἀποκρύψας ὑπεξῆλθε, καὶ δραμὼν πρὸς
Καίσαρα πρῶτος ἤγγειλε τὴν Ἀντωνίου τελευτήν, καὶ
τὸ ξίφος ἔδειξεν ἡμαγμένον. 2 Ὁ δ' ὡς ἤκουσεν,
ἐνδοτέρω τῆς σκηνῆς ὑποστὰς ἀπεδάκρυσεν ἄνδρα
κηδεστὴν γενόμενον καὶ συνάρχοντα καὶ πολλῶν
ἀγώνων καὶ πραγμάτων κοινωνόν. 3 Εἶτα τὰς ἐπιστο-
λὰς λαβὼν καὶ τοὺς φίλους καλέσας ἀνεγίνωσκεν, ὡς c
εὐγνώμονα γράφοντος αὐτοῦ καὶ δίκαια φορτικὸς ἦν
καὶ ὑπερήφανος ἀεὶ περὶ τὰς ἀποκρίσεις ἐκεῖνος.
4 Ἐκ δὲ τούτου τὸν Προκλήιον ἔπεμψε κελεύσας, ἣν
δύνηται, μάλιστα τῆς Κλεοπάτρας ζώσης κρατῆσαι·
καὶ γὰρ ἐφοβεῖτο περὶ τῶν χρημάτων, καὶ μέγα πρὸς
δόξαν ἡγεῖτο τοῦ θριάμβου καταγαγεῖν ἐκείνην.
5 Εἰς μὲν οὖν χεῖρας τῷ Προκληίῳ συνελθεῖν οὐκ ἠθέ-
λησεν· ἐγίνοντο δὲ λόγοι [ἐν] τῷ οἰκήματι προσελθόντος ἔξωθεν αὐτοῦ κατὰ θύρας ἐπιπέδους, ἀποκεκλει-
μένας μὲν ὀχυρῶς, φωνῇ δὲ διέξοδον ἐχούσας. 6 Καὶ
διελέχθησαν ἡ μὲν αἰτουμένη τοῖς παισὶ τὴν βασιλείαν, d
ὁ δὲ θαρρεῖν καὶ πάντα πιστεύειν Καίσαρι κελεύων.

243. Pelling fait remarquer qu'à ce tribut que devait payer à la
faiblesse humaine tout vainqueur (cf. *Eum.*, 7, 13, *Pyrr.*, 34, 8, *Caes.*, 48, 2

Proculeius plus qu'à tout autre ; pour lui, elle ne devait pas se lamenter sur ces ultimes renversements de fortune, mais l'estimer heureux pour les biens qu'il avait obtenus, lui qui avait été le plus illustre et le plus puissant des hommes et qui, aujourd'hui, avait succombé non sans noblesse, Romain, par un Romain vaincu.

78. 1 Il était sur le point d'expirer quand arriva Proculeius, envoyé par César ; car, au moment où Antoine, après s'être frappé, avait été emporté auprès de Cléopâtre, Dercetæus, un de ses gardes, avait pris son épée, l'avait cachée sous son vêtement et était sorti à la dérobée pour courir chez César et être le premier à lui annoncer la mort d'Antoine en lui montrant l'épée teinte de son sang. 2 À cette nouvelle, César se retira au fond de sa tente, pleura sur celui qui avait été son parent, son collègue et son associé dans tant de combats et d'affaires[243]. 3 Puis, ayant pris ses lettres et appelé ses amis, il leur en donna lecture et leur fit remarquer comment, en réponse aux propositions sages et justes qu'il faisait, il n'y avait jamais chez Antoine que grossièreté et arrogance. 4 Après quoi il envoya Proculeius avec ordre, en priorité, de prendre Cléopâtre vivante, si c'était possible, car, outre qu'il craignait pour les trésors, il estimait aussi important pour la gloire de son triomphe de l'y faire figurer. 5 Cependant, elle refusa de se remettre entre les mains de Proculeius, mais ils eurent un entretien pour lequel Proculeius, qui s'était approché du mausolée, resta dehors, à la porte qui était de plain-pied et solidement barricadée, mais laissait passer la voix. 6 Durant cet entretien, elle demanda la royauté pour ses enfants, et lui l'exhorta à avoir confiance en César et à s'en remettre entièrement à lui.

et *Pomp.*, 80, 7), Octavien (et Plutarque) ajoute une apologie personnelle qui jette la plus vive suspicion sur la sincérité de ses larmes.

79. 1 Ὡς δὲ κατιδὼν τὸν τόπον ἀπήγγειλε Καίσαρι, Γάλλος μὲν ἐπέμφθη πάλιν ἐντευξόμενος αὐτῇ ·
καὶ πρὸς τὰς θύρας ἐλθὼν ἐπίτηδες ἐμήκυνε τὸν λόγον.
2 Ἐν τούτῳ δὲ Προκλήιος κλίμακος προστεθείσης διὰ
τῆς θυρίδος εἰσῆλθεν ᾗ τὸν Ἀντώνιον αἱ γυναῖκες
ἐδέξαντο. Καὶ πρὸς τὰς θύρας αὐτὰς εὐθὺς αἷς ἡ
Κλεοπάτρα παρειστήκει προσέχουσα τῷ Γάλλῳ, κατέ-
βαινεν ὑπηρέτας ἔχων δύο μεθ' αὐτοῦ. 3 Τῶν δὲ
συγκαθειργμένων τῇ Κλεοπάτρᾳ γυναικῶν τῆς ἑτέρας
ἀνακραγούσης « Τάλαινα Κλεοπάτρα, ζωγρεῖ »,
μεταστραφεῖσα καὶ θεασαμένη τὸν Προκλήιον ὥρμησε
μὲν αὑτὴν πατάξαι · παρεζωσμένη γὰρ ἐτύγχανέ τι   e
τῶν ληστρικῶν ξιφιδίων · 4 προσδραμὼν δὲ ταχὺ
καὶ περισχὼν αὐτὴν ταῖς χερσὶν ἀμφοτέραις ὁ Προκλήιος « Ἀδικεῖς, » εἶπεν « ὦ Κλεοπάτρα, καὶ σεαυτὴν
καὶ Καίσαρα, μεγάλην ἀφαιρουμένη χρηστότητος
ἐπίδειξιν αὐτοῦ καὶ διαβάλλουσα τὸν πρᾳότατον
ἡγεμόνων ὡς ἄπιστον καὶ ἀδιάλλακτον. » 5 Ἅμα δὲ
καὶ τὸ ξίφος αὐτῆς παρείλετο καὶ τὴν ἐσθῆτα μὴ κρύπ-
τοι τι φάρμακον ἐξέσεισεν. 6 Ἐπέμφθη δὲ καὶ
παρὰ Καίσαρος τῶν ἀπελευθέρων Ἐπαφρόδιτος, ᾧ
προσετέτακτο ζῶσαν αὐτὴν φυλάττειν ἰσχυρῶς ἐπιμε-
λόμενον, τἄλλα ⟨δὲ⟩ πρὸς τὸ ῥᾷστον ἐνδιδόναι καὶ
ἥδιστον.

80. 1 Αὐτὸς δὲ Καῖσαρ εἰσήλαυνεν εἰς τὴν πόλιν   f
Ἀρείῳ τῷ φιλοσόφῳ προσδιαλεγόμενος καὶ τὴν δεξιὰν
ἐνδεδωκώς, ἵν' εὐθὺς ἐν τοῖς πολίταις περίβλεπτος εἴη
καὶ θαυμάζοιτο τιμώμενος ὑπ' αὐτοῦ διαπρεπῶς.
2 Εἰς δὲ τὸ γυμνάσιον εἰσελθὼν καὶ ἀναβὰς ἐπὶ βῆμά

79. 1 Proculeius, qui avait bien observé les dispositions du lieu, ayant fait son rapport à César, Gallus[244] fut envoyé pour une nouvelle entrevue avec elle. Il vint à sa porte et prolongea à dessein la conversation. 2 Pendant ce temps, Proculeius appliqua une échelle contre le mur et entra par la fenêtre qui avait servi aux femmes à introduire Antoine ; puis il descendit aussitôt avec deux serviteurs à la porte même où se tenait Cléopâtre, occupée à écouter Gallus. 3 Une des deux femmes enfermées avec elle s'écria alors : « Infortunée Cléopâtre, te voilà prise ! » ; à ces mots, elle se retourna et, ayant aperçu Proculeius, voulut se frapper d'une dague de brigand qu'elle se trouvait porter à sa ceinture, 4 mais Proculeius courut vite à elle et la ceintura en lui disant : « Tu fais tort, Cléopâtre, à toi-même et à César, en voulant lui ôter une grande occasion de faire éclater sa bonté et en stigmatisant ainsi le plus doux des souverains comme n'ayant ni foi ni merci. » 5 En même temps, il lui enleva son arme et secoua sa robe pour s'assurer qu'elle n'y cachait pas de poison. 6 Lui fut aussi envoyé par César Épaphrodite, un de ses affranchis, avec ordre de la garder vivante sous étroite surveillance mais de lui accorder par ailleurs tout ce qui pouvait faciliter et adoucir sa vie.

80. 1 César lui-même entra dans Alexandrie en s'entretenant avec le philosophe Areios, qu'il tenait par la main afin de lui attirer d'emblée la considération et l'admiration de ses concitoyens grâce à cette distinction singulière[245].

---

244. Le poète élégiaque ami de Virgile (J.-P. Néraudau, *La Littérature latine*, Paris, 2000, p. 122-124) fut préfet d'Égypte après la mort de Cléopâtre.

245. L'entrée du vainqueur dans la ville est un *topos*, et la présence des philosophes auprès des puissants un thème cher à Plutarque (cf. *Maxime cum principibus*). Sur Areios Didyme, *D.Ph. A.*, I, 1989, n° 324, 345-347.

τι πεποιημένον, ἐκπεπληγμένων ὑπὸ δέους τῶν ἀνθρώπων καὶ προσπιπτόντων, ἀναστῆναι κελεύσας ἔφη
πάσης αἰτίας τὸν δῆμον ἀφιέναι, πρῶτον μὲν διὰ τὸν 953
κτίστην Ἀλέξανδρον · δεύτερον δὲ τῆς πόλεως θαυμά-
ζων τὸ κάλλος καὶ τὸ μέγεθος · τρίτον δ᾽ Ἀρείῳ τῷ
ἑταίρῳ χαριζόμενος. 3 Ταύτης δὴ τῆς τιμῆς ἔτυχε
παρὰ Καίσαρος Ἄρειος, καὶ τῶν ἄλλων ἐξῃτήσατο
συχνούς · ὧν ἦν καὶ Φιλόστρατος, ἀνὴρ εἰπεῖν μὲν
ἐξ ἐπιδρομῆς τῶν τότε σοφιστῶν ἱκανώτατος, εἰσποιῶν
δὲ μὴ προσηκόντως ἑαυτὸν τῇ Ἀκαδημείᾳ. Διὸ καὶ
Καῖσαρ αὐτοῦ βδελυττόμενος τὸν τρόπον οὐ προσίετο
τὰς δεήσεις. 4 Ὁ δὲ πώγωνα πολιὸν καθεὶς καὶ φαιὸν
ἱμάτιον περιβαλόμενος ἐξόπισθεν Ἀρείῳ παρηκολού-
θει, τοῦτον ἀεὶ τὸν στίχον ἀναφθεγγόμενος ·

Σοφοὶ σοφοὺς σῴζουσιν, ἢν ὦσιν σοφοί.

5 Πυθόμενος δὲ Καῖσαρ, καὶ τοῦ φθόνου μᾶλλον   b
Ἄρειον ἢ τοῦ δέους Φιλόστρατον ἀπαλλάξαι βουλόμενος, διῆκε.

81. 1 Τῶν δ᾽ Ἀντωνίου παίδων ὁ μὲν ἐκ Φουλβίας Ἄντυλλος ὑπὸ Θεοδώρου τοῦ παιδαγωγοῦ παρα-
δοθεὶς ἀπέθανε · 2 καὶ τὴν κεφαλὴν αὐτοῦ τῶν
στρατιωτῶν ἀποτεμόντων, ὁ παιδαγωγὸς ἀφελὼν ὃν
ἐφόρει περὶ τῷ τραχήλῳ πολυτιμότατον λίθον εἰς τὴν
ζώνην κατέρραψεν · ἀρνησάμενος δὲ καὶ φωραθεὶς
ἀνεσταυρώθη. 3 Τὰ δὲ Κλεοπάτρας παιδία φρουρού-
μενα μετὰ τῶν τρεφόντων ἐλευθέριον εἶχε δίαιταν.
4 Καισαρίωνα δὲ τὸν ἐκ Καίσαρος γεγονέναι λεγόμενον ἡ μὲν μήτηρ ἐξέπεμψε μετὰ χρημάτων πολλῶν

2 Il se rendit au gymnase et monta sur une estrade qu'on avait dressée pour lui. Et les gens, frappés de terreur, se jetèrent à ses pieds, mais il les fit lever et leur dit qu'il absolvait le peuple de toute faute, d'abord pour Alexandre leur fondateur, en second lieu par admiration pour la beauté et la grandeur de la ville, troisièmement, enfin, pour complaire à son ami Areios. 3 Voilà l'honneur qu'Areios reçut de César ; il en obtint aussi la grâce de plusieurs autres, dont Philostrate[246], le plus habile des sophistes de son temps dans l'art d'improviser, mais qui se prétendait indûment disciple de l'Académie. Aussi César, qui n'avait que dégoût pour son caractère, rejetait-il ses prières. 4 Et Philostrate, qui avait laissé pousser sa barbe blanchissante et pris un manteau de deuil, suivait partout Areios en lui répétant sans cesse ce vers :

Les sages sauvent les sages, si vraiment ils sont sages[247].

5 Ce qu'apprenant, César, plus pour mettre Areios à l'abri de la malveillance que pour délivrer Philostrate de ses craintes, accorda son pardon.

81. 1 Quant aux enfants d'Antoine, Antyllus, qu'il avait eu de Fulvia, fut livré par Théodore, son pédagogue, et mis à mort ; 2 les soldats lui ayant coupé la tête, le pédagogue s'empara d'une pierre de grand prix que le jeune homme portait au cou et la cousit à sa ceinture. Malgré ses dénégations, il fut pris sur le fait et mis en croix. 3 Les jeunes enfants de Cléopâtre furent placés sous bonne garde avec ceux qui les élevaient et honorablement traités. 4 Pour Césarion, qu'on disait fils de César, sa mère l'avait envoyé dans l'Inde, via l'Éthiopie, avec de grandes richesses. Mais un autre pédagogue,

---

246. Voir Philostrate, *V. S.*, 1, 5.
247. L'auteur de ce trimètre iambique est inconnu.

εἰς τὴν Ἰνδικὴν δι' Αἰθιοπίας, ἕτερος δὲ παιδαγωγὸς
ὅμοιος Θεοδώρῳ Ῥόδων ἀνέπεισεν ἐπανελθεῖν, ὡς   c
Καῖσαρος αὐτὸν ἐπὶ βασιλείαν καλοῦντος. 5 Βουλευο-
μένου δὲ Καίσαρος, Ἄρειον εἰπεῖν λέγουσιν ·

Οὐκ ἀγαθὸν πολυκαισαρίη.

82. 1 Τοῦτον μὲν οὖν ὕστερον ἀπέκτεινε μετὰ
τὴν Κλεοπάτρας τελευτήν. 2 Ἀντώνιον δὲ πολλῶν
αἰτουμένων θάψαι καὶ βασιλέων καὶ στρατηγῶν, οὐκ
ἀφείλετο Κλεοπάτρας τὸ σῶμα Καῖσαρ, ἀλλ' ἐθάπτετο
ταῖς ἐκείνης χερσὶ πολυτελῶς καὶ βασιλικῶς, πᾶσιν
ὡς ἐβούλετο χρῆσθαι λαβούσης. 3 Ἐκ δὲ λύπης
ἅμα τοσαύτης καὶ ὀδύνης (ἀνεφλέγμηνε γὰρ αὐτῆς τὰ
στέρνα τυπτομένης καὶ ἥλκωτο) πυρετῶν ἐπιλαβόντων,
ἠγάπησε τὴν πρόφασιν, ὡς ἀφεξομένη τροφῆς διὰ   d
τοῦτο καὶ παραλύσουσα τοῦ ζῆν ἀκωλύτως ἑαυτήν.
4 Ἦν δ' ἰατρὸς αὐτῇ συνήθης Ὄλυμπος, ᾧ φράσασα
τἀληθὲς ἐχρῆτο συμβούλῳ καὶ συνεργῷ τῆς καθαιρέ-
σεως, ὡς αὐτὸς ὁ Ὄλυμπος εἴρηκεν ἱστορίαν τινὰ τῶν
πραγμάτων τούτων ἐκδεδωκώς. 5 Ὑπονοήσας δὲ
Καῖσαρ ἀπειλὰς μέν τινας αὐτῇ καὶ φόβους περὶ τῶν
τέκνων προσέβαλλεν, οἷς ἐκείνη καθάπερ μηχανήμασιν
ὑπηρείπετο καὶ παρεδίδου τὸ σῶμα θεραπεύειν καὶ
τρέφειν τοῖς χρήζουσιν.

83. 1 Ἧκε δὲ καὶ αὐτὸς ἡμέρας ὀλίγας διαλιπὼν
ἐντευξόμενος αὐτῇ καὶ παρηγορήσων. Ἡ δ' ἔτυχε μὲν
ἐν στιβάδι κατακειμένη ταπεινῶς, εἰσιόντι δ' αὐτῷ   e
μονοχίτων ἀναπηδήσασα προσπίπτει, δεινῶς μὲν

---

248. Adaptation (avec création d'un *hapax*) d'*Iliade*, II, 104 : οὐκ
ἀγαθὸν πολυκοιρανίη (« Pléthore de chefs n'est pas bonne »).

digne émule de Théodore, Rhodon, le persuada de
retourner à Alexandrie, où César le rappelait, disait-il,
pour régner. 5 Et comme César délibérait à son sujet, on
prétend qu'Areios lui dit :

Pléthore de Césars n'est pas bonne[248].

82. 1 César le fit donc mourir plus tard, après la mort
de Cléopâtre. 2 Pour Antoine, plusieurs rois et généraux
le réclamaient pour l'ensevelir, mais César n'enleva point
son corps à Cléopâtre et elle l'ensevelit de ses mains avec
une magnificence toute royale, ayant reçu pour ce faire
tout ce qu'elle désirait. 3 L'excès de son affliction, jointe
à la douleur physique (car elle souffrait d'inflammation
à la poitrine à la suite des coups qu'elle s'était donnés
et d'ulcération), finit par lui donner la fièvre : elle sauta
sur ce prétexte pour refuser toute nourriture et se laisser
mourir sans en être empêchée. 4 Elle avait pour médecin
ordinaire Olympos, à qui elle dit toute la vérité et qui lui
donna conseil et secours pour l'aider à se délivrer de la
vie, comme il l'a consigné lui-même dans l'histoire qu'il
a publiée de ces événements[249]. 5 Mais César, soupçon-
nant ses intentions, employa contre elle des menaces et
lui fit craindre pour ses enfants : comme une place minée
par des engins[250], elle se rendit alors et laissa soigner et
nourrir son corps à ceux qui le voulaient.

83. 1 À peu de jours de là, il vint en personne s'entretenir avec elle et la consoler. Il se trouvait qu'elle était alors
humblement couchée sur une paillasse, mais voici que, à
son entrée, elle bondit, vêtue d'une simple tunique, et se

---

249. Il est la source probable de tous les détails de cette fin de la *Vie*.
250. L'image fait de ce passage un des épisodes de la « guerre »
que continuent de se livrer Octavien et Cléopâtre : voir Introduction,
p. LIV et n. 126.

ἐξηγριωμένη κεφαλὴν καὶ πρόσωπον, ὑπότρομος δὲ τῇ φωνῇ καὶ συντετηκυῖα ταῖς ὄψεσιν. 2 Ἦν δὲ πολλὰ καὶ τῆς περὶ τὸ στέρνον αἰκίας καταφανῆ · καὶ ὅλως οὐθὲν ἐδόκει τὸ σῶμα τῆς ψυχῆς ἔχειν βέλτιον. 3 Ἡ μέντοι χάρις ἐκείνη καὶ τὸ τῆς ὥρας ἰταμὸν οὐ κατέσβεστο παντάπασιν, ἀλλὰ καίπερ οὕτως διακειμένης ἔνδοθέν ποθεν ἐξέλαμπε καὶ συνεπεφαίνετο τοῖς κινήμασι τοῦ προσώπου. 4 Κελεύσαντος δὲ τοῦ Καίσαρος αὐτὴν κατακλιθῆναι καὶ πλησίον αὐτῆς καθίσαντος, ἥψατο μέν τινος δικαιολογίας, εἰς ἀνάγκην καὶ φόβον Ἀντωνίου τὰ πεπραγμένα τρέπουσα, ἐνισταμένου δὲ πρὸς ἕκαστον αὐτῇ τοῦ Καίσαρος, f ἐξελεγχομένη ταχὺ πρὸς οἶκτον μεθηρμόσατο καὶ δέησιν, ὡς δή τις ἂν μάλιστα τοῦ ζῆν περιεχομένη. 5 Τέλος δὲ τοῦ πλήθους τῶν χρημάτων ἀναγραφὴν ἔχουσα προσέδωκεν αὐτῷ · Σελεύκου δέ τινος τῶν ἐπιτρόπων ἐλέγχοντος ὡς ἔνια κρύπτουσαν καὶ διακλέπτουσαν, ἀναπηδήσασα καὶ τῶν τριχῶν αὐτοῦ λαβομένη πολλὰς ἐνεφόρει τῷ προσώπῳ πληγάς. 6 Τοῦ δὲ 954 Καίσαρος μειδιῶντος καὶ καταπαύοντος αὐτήν, « Ἀλλ' οὐ δεινόν, » εἶπεν « ὦ Καῖσαρ, εἰ σὺ μὲν ἠξίωσας ἀφικέσθαι πρὸς ἐμὲ καὶ προσειπεῖν οὕτω πράττουσαν, οἱ δὲ δοῦλοί μου κατηγοροῦσιν, εἴ τι τῶν γυναικείων ἀπεθέμην, οὐκ ἐμαυτῇ δήπουθεν, ἡ τάλαινα, κόσμον, ἀλλ' ὅπως Ὀκταουίᾳ καὶ Λιβίᾳ τῇ σῇ μικρὰ δοῦσα δι' ἐκείνων ἵλεώ σου τύχοιμι καὶ πραοτέρου; » 7 Τούτοις ὁ Καῖσαρ ἥδετο, παντάπασιν αὐτὴν φιλοψυχεῖν οἰόμενος. Εἰπὼν οὖν ὅτι καὶ ταῦτα ἐπιτρέπει καὶ τἆλλα πάσης ἐλπίδος αὐτῇ χρήσεται λαμπρότερον, ᾤχετο ἀπιών, ἐξηπατηκέναι μὲν οἰόμενος, ἐξηπατημένος δὲ μᾶλλον.

jette à ses pieds, la tête et le visage terriblement altérés, la voix tremblante, les yeux battus. 2 On voyait aussi sur sa poitrine les nombreux coups qu'elle s'était donnés : en un mot, son corps ne semblait pas en meilleur état que son âme. 3 Et pourtant son fameux charme et sa beauté provocante n'étaient pas entièrement éteints : dans l'état même où elle était réduite, leur éclat émanait encore de quelque source intérieure et transparaissait dans les mouvements de son visage. 3 César l'ayant invitée à se recoucher et s'étant assis auprès d'elle, elle commença une manière de plaidoyer en rejetant ce qui avait été fait sur la nécessité et la crainte que lui inspirait Antoine. Mais, comme César la reprenait sur chaque point et la réfutait, elle eut tôt fait de changer de registre et de jouer sur la compassion et la prière, donnant l'apparence d'une femme passionnément attachée à la vie. 5 Finalement, elle lui remit un état de l'ensemble de ses biens et comme Séleucos, un de ses intendants, la convainquait d'en dissimuler et d'en dérober une partie, elle sauta sur ses pieds, le saisit aux cheveux et lui porta plusieurs coups au visage. 6 César se mettant à sourire et voulant la calmer, elle s'écria : « N'est-il pas scandaleux, César, que tandis que toi, tu as daigné venir à moi et me parler malgré ma situation, mes esclaves m'accusent d'avoir mis de côté quelque colifichet de dame, non pas pour m'en parer assurément, malheureuse que je suis, mais afin que de petits cadeaux à Octavie et ta chère Livie me permettent de gagner ta faveur par leur entremise et de t'adoucir ? » 7 César était ravi de ces propos, où il croyait entendre un attachement inconditionnel à la vie. Aussi lui dit-il qu'il lui abandonnait ces bijoux et que, pour le reste, il la traiterait plus brillamment qu'elle pouvait l'espérer, et il s'en fut, croyant qu'elle avait été sa dupe, alors qu'il avait bien plutôt été la sienne.

84. 1 Ἦν δὲ Κορνήλιος Δολοβέλλας ἐπιφανὴς b
νεανίσκος ἐν τοῖς Καίσαρος ἑταίροις. 2 Οὗτος εἶχε
πρὸς τὴν Κλεοπάτραν οὐκ ἀηδῶς · καὶ τότε χαριζόμενος αὐτῇ δεηθείσῃ κρύφα πέμψας ἐξήγγειλεν ὡς
αὐτὸς μὲν ὁ Καῖσαρ ἀναζεύγνυσι πεζῇ διὰ Συρίας,
ἐκείνην δὲ μετὰ τῶν τέκνων ἀποστέλλειν εἰς ⟨Ῥώμην
μετὰ⟩ τρίτην ἡμέραν ἔγνωκεν. 3 Ἡ δ' ἀκούσασα
ταῦτα πρῶτον μὲν ἐδεήθη Καίσαρος ὅπως αὐτὴν
ἐάσῃ χοὰς ἐπενεγκεῖν Ἀντωνίῳ · καὶ συγχωρήσαντος,
ἐπὶ τὸν τάφον κομισθεῖσα καὶ περιπεσοῦσα τῇ σορῷ
μετὰ τῶν συνήθων γυναικῶν, 4 « Ὦ φίλ' Ἀντώνιε, »
εἶπεν « ἔθαπτον μέν σε πρώην ἔτι χερσὶν ἐλευθέραις, c
σπένδω δὲ νῦν αἰχμάλωτος οὖσα καὶ φρουρουμένη
μήτε κοπετοῖς μήτε θρήνοις αἰκίσασθαι τὸ δοῦλον
τοῦτο σῶμα καὶ τηρούμενον ἐπὶ τοὺς κατὰ σοῦ θριάμβους. 5 Ἄλλας δὲ μὴ προσδέχου τιμὰς ἢ χοάς ·
ἀλλ' αὐταί σοι τελευταῖαι Κλεοπάτρας ἀγομένης.
6 Ζῶντας μὲν γὰρ ἡμᾶς οὐθὲν ἀλλήλων διέστησε,
κινδυνεύομεν δὲ τῷ θανάτῳ διαμείψασθαι τοὺς τόπους ·
σὺ μὲν ὁ Ῥωμαῖος ἐνταῦθα κείμενος, ἐγὼ δ' ἡ δύστηνος
ἐν Ἰταλίᾳ, τοσοῦτο τῆς σῆς μεταλαβοῦσα χώρας μόνον.
7 Ἀλλ' εἰ δή τις τῶν ἐκεῖ θεῶν ἀλκὴ καὶ δύναμις
(οἱ γὰρ ἐνταῦθα προὔδωκαν ἡμᾶς), μὴ πρόῃ ζῶσαν d
τὴν σεαυτοῦ γυναῖκα, μηδ' ἐν ἐμοὶ περιίδῃς θριαμβευό-
μενον σεαυτόν, ἀλλ' ἐνταῦθά με κρύψον μετὰ σεαυτοῦ
καὶ σύνθαψον, ὡς ἐμοὶ μυρίων κακῶν ὄντων οὐδὲν
οὕτω μέγα καὶ δεινόν ἐστιν ὡς ὁ βραχὺς οὗτος χρόνος
ὃν σοῦ χωρὶς ἔζηκα. »

84. 1 Il y avait parmi les amis de César un jeune homme illustre, Cornelius Dolabella, 2 qui n'avait que de bonnes dispositions à l'égard de Cléopâtre. À ce moment, pour satisfaire à sa requête, il lui manda secrètement que César se disposait à s'en retourner lui-même par terre à travers la Syrie et qu'il avait résolu de la faire partir trois jours après pour Rome avec ses enfants. 3 Ainsi informée, elle demanda d'abord à César la permission d'aller faire des libations à Antoine. La permission accordée, elle se fit porter sur sa tombe et là, se jetant sur le tertre funéraire avec ses suivantes ordinaires : 4 « Cher Antoine, dit-elle, lorsque je t'enterrai naguère, mes mains étaient encore libres ; aujourd'hui que je verse ces libations, je suis captive et surveillée, afin que je n'abîme pas en me frappant et me lamentant ce corps esclave que l'on réserve pour le triomphe célébré sur toi. 5 N'attends plus d'autres honneurs ou libations : ce sont là les dernières à toi offertes par Cléopâtre, que l'on emmène. 6 Si, vivants, rien ne nous a séparés l'un de l'autre, nous risquons dans la mort d'échanger nos pays, toi, le Romain, gisant ici, et moi, hélas, en Italie : voilà tout ce que j'aurai reçu de ton pays ! 7 Mais, si les dieux de là-bas ont quelque force et quelque puissance – puisque ceux d'ici nous ont trahis –, n'abandonne pas ta femme vivante, ne souffre pas qu'à travers moi, on triomphe de toi, mais cache-moi ici avec toi, fais-moi partager ton tombeau, car des mille maux qui m'accablent, aucun n'est aussi grand, aussi terrible, que ce peu de temps que sans toi j'ai vécu[251]. »

251. La prière au tombeau, qui par la multiplication des 2e p., fait « revivre » Antoine et lui donne une part active dans le futur suicide de Cléopâtre, a des accents tragiques. Dans le même style, avec une autre mise en scène, voir le discours de Camma, *Amat.*, 768 D.

85. 1 Τοιαῦτ' ὀλοφυραμένη καὶ στέψασα καὶ κατασπασαμένη τὴν σορὸν ἐκέλευσεν αὑτῇ λουτρὸν γενέσθαι. Λουσαμένη δὲ καὶ κατακλιθεῖσα λαμπρὸν ἄριστον ἠρίστα. **2** Καί τις ἧκεν ἀπ' ἀγροῦ κίστην τινὰ κομίζων · τῶν δὲ φυλάκων ὅ τι φέροι πυνθανομένων, ἀνοίξας καὶ ἀφελὼν τὰ θρῖα σύκων ἐπίπλεων τὸ ἀγγεῖον ἔδειξε. **3** Θαυμασάντων δὲ τὸ κάλλος καὶ τὸ μέγεθος, μειδιάσας παρεκάλει λαβεῖν · οἱ δὲ πιστεύσαντες ἐκέλευον εἰσενεγκεῖν. **4** Μετὰ δὲ τὸ ἄριστον ἡ Κλεο- e πάτρα δέλτον ἔχουσα γεγραμμένην καὶ κατασεσημασμένην ἀπέστειλε πρὸς Καίσαρα, καὶ τοὺς ἄλλους ἐκποδὼν ποιησαμένη πλὴν τῶν δυεῖν ἐκείνων γυναικῶν, τὰς θύρας ἔκλεισε. **5** Καῖσαρ δὲ λύσας τὴν δέλτον, ὡς ἐνέτυχε λιταῖς καὶ ὀλοφυρμοῖς δεομένης αὐτὴν σὺν Ἀντωνίῳ θάψαι, ταχὺ συνῆκε τὸ πεπραγμένον. Καὶ πρῶτον μὲν αὐτὸς ὥρμησε βοηθεῖν, ἔπειτα τοὺς σκεψομένους κατὰ τάχος ἔπεμψεν. Ἐγεγόνει δ' ὀξὺ τὸ πάθος. **6** Δρόμῳ γὰρ ἐλθόντες καὶ τοὺς μὲν φυλάττοντας οὐδὲν ᾐσθημένους καταλαβόντες, τὰς δὲ θύρας ἀνοίξαντες, εὗρον αὐτὴν τεθνηκυῖαν ἐν χρυσῇ κατακειμένην f κλίνῃ κεκοσμημένην βασιλικῶς. **7** Τῶν δὲ γυναικῶν ἡ μὲν Εἰρὰς λεγομένη πρὸς τοῖς ποσὶν ἀπέθνησκεν, ἡ δὲ Χάρμιον ἤδη σφαλλομένη καὶ καρηβαροῦσα κατεκόσμει τὸ διάδημα τὸ περὶ τὴν κεφαλὴν αὐτῆς. **8** Εἰπόντος δέ τινος ὀργῇ · « Καλὰ ταῦτα, Χάρμιον · » « Κάλλιστα μὲν οὖν » ἔφη « καὶ πρέποντα τῇ τοσούτων ἀπογόνῳ βασιλέων. » Πλέον δ' οὐδὲν εἶπεν, ἀλλ' αὐτοῦ παρὰ τὴν κλίνην ἔπεσε.

---

252. Dion Cassius aussi fait état d'un message, γραμματεῖον (texte cité en Appendice, p. 228), mais la mention d'une tablette (δέλτος)

85. 1 Après avoir exhalé ces plaintes, elle couronna le tombeau de fleurs et l'embrassa, puis se fit préparer un bain. Le bain pris, elle se mit à table, où on lui servit un repas magnifique. 2 Un homme arriva alors de la campagne avec un panier ; comme les gardes lui demandaient ce qu'il apportait, il ouvrit le panier, écarta les feuilles et leur fit voir qu'il était plein de figues. 3 Comme ils s'extasiaient devant leur beauté et leur taille, il les invita en souriant à en prendre ; et eux, mis en confiance, le laissèrent les porter à l'intérieur. 4 Après le repas, Cléopâtre, qui avait avec elle une tablette qu'elle avait écrite et cachetée, l'envoya à César, puis, s'étant débarrassé de tout le monde sauf des deux femmes dont j'ai parlé plus haut, elle ferma la porte[252]. 5 Dès que César eut décacheté la tablette, devant les prières et les supplications qu'elle lui adressait pour être ensevelie avec Antoine, il eut tôt fait de comprendre ce qu'elle avait fait. Il voulut d'abord voler lui-même à son secours, mais, dans un second temps, il se contenta d'y envoyer en toute hâte des gens pour voir ce qui s'était passé. Tout s'était joué très vite 6 et les gens de César, accourus à toutes jambes, trouvèrent les gardes qui ne s'étaient rendu compte de rien. Ils ouvrirent les portes et la trouvèrent morte, couchée sur un lit d'or, parée royalement. 7 L'une de ses femmes, celle qu'on appelait Iras, se mourait à ses pieds ; et l'autre, Charmion, déjà chancelante et appesantie, arrangeait le diadème qui ceignait sa tête. 8 Un des hommes lui dit avec colère : « Voilà qui est beau, Charmion ! » – « Oui, Très beau, répondit-elle, et digne de la descendante de tant de rois. » Elle n'en dit pas davantage et tomba sur place, au pied du lit.

comme la porte refermée qui ne s'ouvrira qu'une fois le suicide consommé rappellent la tragédie : voir l'Introduction, *supra*, p. LVI.

86. 1 Λέγεται δὲ τὴν ἀσπίδα κομισθῆναι σὺν τοῖς σύκοις ἐκείνοις καὶ τοῖς θρίοις ἄνωθεν ἐπικαλυφθεῖσαν, οὕτω γὰρ τὴν Κλεοπάτραν κελεῦσαι, 955 μηδ᾽ αὐτῆς ἐπισταμένης τῷ σώματι προσπεσεῖν τὸ θηρίον · 2 ὡς δ᾽ ἀφαιροῦσα τῶν σύκων εἶδεν, εἰπεῖν · « Ἐνταῦθ᾽ ἦν ἄρα τοῦτο · » καὶ τὸν βραχίονα παρασχεῖν τῷ δήγματι γυμνώσασαν. 3 Οἱ δὲ τηρεῖσθαι μὲν ἐν ὑδρίᾳ τὴν ἀσπίδα καθειργμένην φάσκουσιν, ἠλακάτῃ δέ τινι χρυσῇ τῆς Κλεοπάτρας ἐκκαλουμένης αὐτὴν καὶ διαγριαινούσης, ὁρμήσασαν ἐμφῦναι τῷ βραχίονι. 4 Τὸ δ᾽ ἀληθὲς οὐδεὶς οἶδεν · ἐπεὶ καὶ φάρμακον αὐτὴν ἐλέχθη φορεῖν ἐν κνηστίδι κοίλῃ, τὴν δὲ κνηστίδα κρύπτειν τῇ κόμῃ · πλὴν οὔτε κηλὶς ἐξήνθησε τοῦ σώματος οὔτ᾽ ἄλλο φαρμάκου σημεῖον. 5 Οὐ μὴν οὐδὲ τὸ θηρίον ἐντὸς ὤφθη, συρμοὺς δέ τινας αὐτοῦ παρὰ θάλασσαν, ᾗ τὸ δωμάτιον ἀφεώρα καὶ θυρίδες b ἦσαν, ἰδεῖν ἔφασκον. Ἔνιοι δὲ καὶ τὸν βραχίονα τῆς Κλεοπάτρας ὀφθῆναι δύο νυγμὰς ἔχοντα λεπτὰς καὶ ἀμυδράς · οἷς ἔοικε πιστεῦσαι καὶ ὁ Καῖσαρ. 6 Ἐν γὰρ τῷ θριάμβῳ τῆς Κλεοπάτρας αὐτῆς εἴδωλον ἐκομίζετο καὶ τῆς ἀσπίδος ἐμπεφυκυίας. Ταῦτα μὲν οὖν οὕτω λέγεται γενέσθαι.

7 Καῖσαρ δέ, καίπερ ἀχθεσθεὶς ἐπὶ τῇ τελευτῇ τῆς γυναικός, ἐθαύμασε τὴν εὐγένειαν αὐτῆς · καὶ ταφῆναι τὸ σῶμα σὺν Ἀντωνίῳ λαμπρῶς καὶ βασιλικῶς ἐκέλευσεν. Ἐντίμου δὲ καὶ τὰ γύναια κηδείας ἔτυχεν αὐτοῦ c προστάξαντος. 8 Ἐτελεύτησε δὲ Κλεοπάτρα μὲν ἑνὸς δέοντα τεσσαράκοντα ἔτη βιώσασα, καὶ τούτων

253. Du début de l'année 51, où elle devint reine, à la fin de 30, où elle se suicide, on a bien 21 ans et demi, qui peuvent être arrondis

86. 1 On dit que l'aspic avait été apporté avec ces figues, caché sous les feuilles : Cléopâtre l'avait ainsi ordonné, afin que le serpent l'attaquât sans qu'elle le sût ; 2 mais, en prenant des figues, elle le vit et dit : « Le voilà donc ! », et elle offrit son bras dénudé à la morsure. 3 D'autres prétendent qu'elle gardait cet aspic enfermé dans un vase et que c'est en le provoquant et l'irritant avec un fuseau d'or que Cléopâtre le fit bondir et s'attacher à son bras. 4 Ce qu'il en est au vrai, nul ne le sait, car le bruit a aussi couru qu'elle portait du poison dans une épingle à cheveux creuse et qu'elle cachait cette épingle dans sa chevelure, mais il ne parut sur son corps ni tache ni aucune trace de poison. 5 Cependant on ne vit pas non plus de serpent à l'intérieur, mais on disait en avoir aperçu des traces le long de la mer, là où donnait la chambre et où se trouvaient des fenêtres. Selon quelques-uns, on aperçut aussi au bras de Cléopâtre deux piqûres légères, à peine distinctes, et c'est à cette version que César apparemment ajouta foi 6 car, à son triomphe, il fit porter une statue de Cléopâtre elle-même avec l'aspic attaché au bras. Voilà donc ce que l'on raconte à ce sujet.

7 César, tout fâché qu'il était de la mort de cette femme, ne laissa pas moins d'admirer sa noblesse et il fit enterrer son corps auprès d'Antoine avec une magnificence royale. Il fit faire aussi à ses deux suivantes des obsèques honorables. 8 Cléopâtre mourut à trente-neuf ans, après en avoir régné vingt-deux, dont plus de quatorze[253] associée à Antoine. Antoine avait à sa

---

à 22. En revanche, la rencontre au bord du Cydnos datant de 41, soit Plutarque se trompe soit le chiffre a été altéré dans la tradition manuscrite (ΙΔ, quatorze, au lieu de ΙΑ, onze, par une confusion banale entre deux lettres triangulaires).

δύο καὶ εἴκοσι βασιλεύσασα, συνάρξασα δ' Ἀντωνίῳ πλείω τῶν δεκατεσσάρων. Ἀντώνιον δ' οἱ μὲν ἕξ, οἱ δὲ τρισὶ τὰ πεντήκοντα ὑπερβαλεῖν φασιν. 9 Αἱ μὲν οὖν Ἀντωνίου καθῃρέθησαν εἰκόνες, αἱ δὲ Κλεοπάτρας κατὰ χώραν ἔμειναν, Ἀρχιβίου τινὸς τῶν φίλων αὐτῆς δισχίλια τάλαντα Καίσαρι δόντος ἵνα μὴ τὸ αὐτὸ ταῖς Ἀντωνίου πάθωσιν.

87. 1 Ἀντωνίου δὲ γενεὰν ἀπολιπόντος ἐκ τριῶν γυναικῶν ἑπτὰ παῖδας, ὁ πρεσβύτατος Ἄντυλλος ὑπὸ Καίσαρος ἀνῃρέθη μόνος · τοὺς δὲ λοιποὺς Ὀκταουία παραλαβοῦσα μετὰ τῶν ἐξ ἑαυτῆς ἔθρεψε. d 2 Καὶ Κλεοπάτραν μὲν τὴν ἐκ Κλεοπάτρας Ἰόβᾳ τῷ χαριεστάτῳ βασιλέων συνῴκισεν, Ἀντώνιον δὲ τὸν ἐκ Φουλβίας οὕτω μέγαν ἐποίησεν ὥστε τὴν πρώτην παρὰ Καίσαρι τιμὴν Ἀγρίππου, τὴν δὲ δευτέραν τῶν Λιβίας παίδων ἐχόντων, τρίτον εἶναι καὶ δοκεῖν Ἀντώνιον. 3 Ἐκ δὲ Μαρκέλλου δυεῖν αὐτῇ θυγατέρων οὐσῶν, ἑνὸς δ' υἱοῦ Μαρκέλλου, τοῦτον μὲν ἅμα παῖδα καὶ γαμβρὸν ἐποιήσατο Καῖσαρ, τῶν δὲ θυγατέρων Ἀγρίππᾳ τὴν ἑτέραν ἔδωκε. 4 Ἐπεὶ δὲ Μάρκελλος ἐτελεύτησε κομιδῇ νεόγαμος καὶ Καίσαρι γαμβρὸν ἔχοντα πίστιν οὐκ εὔπορον ἦν ἐκ τῶν ἄλλων φίλων ἑλέσθαι, λόγον ἡ Ὀκταουία προσήνεγκεν ὡς χρὴ τὴν e Καίσαρος θυγατέρα λαβεῖν Ἀγρίππαν ἀφέντα τὴν ἑαυτῆς. 5 Πεισθέντος δὲ Καίσαρος πρῶτον, εἶτ' Ἀγρίππου, τὴν μὲν αὑτῆς ἀπολαβοῦσα συνῴκισεν Ἀντωνίῳ, τὴν δὲ Καίσαρος Ἀγρίππας ἔγημεν. 6 Ἀπολειπομένων δὲ τῶν Ἀντωνίου καὶ Ὀκταουίας δυεῖν θυγατέρων τὴν μὲν Δομίτιος Ἀηνόβαρβος ἔλαβε, τὴν δὲ σωφροσύνῃ καὶ κάλλει περιβόητον Ἀντωνίαν Δροῦσος, ὁ Λιβίας υἱός, πρόγονος δὲ Καίσαρος.

mort cinquante-trois ans pour les uns et, selon d'autres, cinquante-six. 9 Les statues d'Antoine furent abattues[254] mais celles de Cléopâtre restèrent en place, Archibios, un de ses amis, ayant donné deux mille talents à César pour leur éviter le sort de celles d'Antoine.

87. 1 Antoine laissa comme descendance sept enfants, nés de trois femmes[255]. L'aîné, Antyllus, fut le seul que César fit mourir. Les autres, Octavie les recueillit et les éleva avec les siens. 2 Elle maria Cléopâtre, fille de Cléopâtre, à Juba, le plus aimable des rois, et elle éleva Antonius, fils de Fulvia, si haut que, après Agrippa qui tenait le premier rang auprès de César, et les fils de Livie qui occupaient le second, il était, de fait et de réputation, le troisième. 3 De Marcellus, Octavie avait eu deux filles et un fils, Marcellus, que César adopta et dont il fit son gendre, tandis qu'Agrippa épousait une de ses filles. 4 Mais Marcellus étant mort très peu de temps après son mariage, comme César était dans l'embarras pour choisir parmi ses amis un gendre digne de confiance, Octavie lui proposa de remarier sa fille à Agrippa, après qu'il aurait répudié sa fille à elle. 5 César d'abord, puis Agrippa agréèrent cette proposition : Octavie reprit donc sa fille et la maria à Antonius, tandis qu'Agrippa épousait la fille de César. 6 Il restait encore les deux filles d'Antoine et d'Octavie : l'une fut mariée à Domitius Ahenobarbus et l'autre, Antonia, aussi célèbre par sa beauté que par sa vertu, épousa Drusus, fils de Livie et beau-fils de César.

---

254. C'est une des manifestations de la *damnatio memoriae*.

255. Fulvia, Octavie, Cléopâtre : Plutarque omet Antonia (dont il eut Antonia de Trallès) ; on ne sait s'il épousa Fadia : voir le tableau généalogique en fin de volume.

7 Ἐκ τούτων ἐγένετο Γερμανικὸς καὶ Κλαύδιος · ὧν
Κλαύδιος μὲν ὕστερον ἦρξε · 8 τῶν δὲ Γερμανικοῦ
παίδων Γάιος μὲν ἄρξας ἐπιφανῶς οὐ πολὺν χρόνον
ἀνῃρέθη μετὰ τέκνου καὶ γυναικός, Ἀγριππίνα δ᾽ υἱὸν   f
ἐξ Ἀηνοβάρβου Λεύκιον Δομίτιον ἔχουσα Κλαυδίῳ
Καίσαρι συνῴκησε · καὶ θέμενος τὸν υἱὸν αὐτῆς Κλαύδιος Νέρωνα Γερμανικὸν προσωνόμασεν. 9 Οὗτος ἄρξας ἐφ᾽ ἡμῶν ἀπέκτεινε τὴν μητέρα καὶ μικρὸν ἐδέησεν
ὑπ᾽ ἐμπληξίας καὶ παραφροσύνης ἀνατρέψαι τὴν
Ῥωμαίων ἡγεμονίαν, πέμπτος ἀπ᾽ Ἀντωνίου κατ᾽
ἀριθμὸν διαδοχῆς γενόμενος.

7 De ce mariage naquirent Germanicus et Claude, qui fut plus tard empereur. 8 Des enfants de Germanicus, l'un, Caïus, après un règne aussi court que tapageur, fut tué avec sa femme et sa fille[256] ; l'autre, Agrippine, qui avait d'Ahenobarbus un fils, nommé Lucius Domitius, épousa l'empereur Claude, lequel adopta le fils de sa femme et le nomma Nero Germanicus. 9 C'est celui qui a régné de nos jours, qui a tué sa mère, et qui, par sa démence et son égarement, a failli renverser l'empire romain. Il était le cinquième descendant d'Antoine dans l'ordre des générations[257].

256. Suétone, *Calig.*, 58-59.
257. Sur Néron, Brenk 1992, p. 4348-4375.

APPENDICE

I. Le couple *Démétrios-Antoine*

1. La préface de *Démétrios* (1, 4-8, tr. Perron revue par
Fr. Frazier)

4 Les plus parfaits de tous les arts, à savoir la
tempérance, la justice et la prudence, qui jugent non
seulement de ce qui est bien, juste et utile, mais encore
ce qui est nuisible, honteux et injuste, n'approuvent pas
l'absence de méchanceté de qui se glorifie de ne pas
connaître le mal : ils la regardent au contraire comme
une sotte ignorance de ce que doit connaître tout homme
qui veut vivre droitement. 5 Voilà pourquoi les anciens
Spartiates, dans les jours de fête, contraignaient les
hilotes à boire force vin pur et les menaient ensuite dans
les salles des repas publics pour faire voir à leurs jeunes
ce que c'est que l'ivresse. Pour nous, nous regardons
assurément cette manière de corrompre les uns pour
corriger les autres comme contraire aux principes de
l'humanité et de la civilisation, mais peut-être n'est-il pas
plus mal de faire entrer parmi les modèles exemplaires
de nos *Vies* (τὰ παραδείγματα τῶν βίων) un ou deux
couples de ces hommes qui ne se sont pas assez surveillés
(τῶν κεχρημένων ἀσκεπτότερον αὐτοῖς) et qui, au sein

de la puissance et des affaires considérables qu'ils ont traitées, se sont signalés par leurs vices. Il ne s'agit pas là de flatter les lecteurs et de les divertir en variant les peintures, mais [...] (6) il me semble que nous serons des spectateurs plus zélés et des imitateurs plus ardents des vies les meilleures si celles qui sont mauvaises et objets de blâme ne nous sont pas tout à fait inconnues.

7 Ce volume contiendra donc la *Vie* de Démétrios le Poliorcète, et celle d'Antoine, l'*imperator*, deux hommes qui ont particulièrement vérifié cette maxime de Platon, que les grandes natures produisent de grands vices comme de grandes vertus [*Resp.*, VI 491 e]. 8 En effet, aimant l'un et l'autre l'amour, le vin, la chose militaire, magnifiques dans leurs dons, prodigues et insolents, ils eurent aussi, par suite, dans leur fortune, de grands traits de ressemblance (γενόμενοι δ' ὁμοίως ἐρωτικοὶ ποτικοὶ στρατιωτικοὶ μεγαλόδωροι πολυτελεῖς ὑβρισταί, καὶ τὰς κατὰ τύχην ὁμοιότητας ἀκολούθους ἔσχον). Non seulement, tout au cours de leur vie, ils enchaînèrent constamment grands succès et grands revers, multiples conquêtes et multiples pertes, chutes inattendues et remontées inespérées, mais encore ils finirent, l'un, tombé entre les mains de ses ennemis, et l'autre, à deux doigts d'y tomber.

2. La *Comparaison de Démétrios et d'Antoine* (tr. Perron revue par Fr. Frazier)

(88) 1. 1 Comme ces deux hommes ont été victimes l'un et l'autre de grandes vicissitudes, considérons d'abord ce qui concerne leur puissance et leur illustration. L'un les devait à son père, Antigone, le plus puissant des successeurs d'Alexandre, qui les lui avaient précédemment acquises, ayant parcouru et soumis la plus

grande partie de l'Asie avant que Démétrios eût atteint l'âge d'homme. 2 Antoine au contraire, qui était né d'un père, distingué par ailleurs, mais dépourvu de tout talent guerrier et qui ne lui avait pas laissé grand moyen de s'illustrer, osa néanmoins aspirer à la puissance de César, à laquelle sa naissance ne lui donnait aucun droit, et il se déclara lui-même l'héritier des travaux précédemment menés par ce grand homme. 3 Et il parvint, par ses seules ressources, à un tel point de grandeur, que, ayant partagé l'univers en deux parts, il choisit et prit la plus illustre ; qu'absent, il vainquit plusieurs fois les Parthes grâce à ses subordonnés et ses lieutenants et qu'il repoussa jusqu'à la mer Caspienne les nations barbares du Caucase. 4 Les choses mêmes qu'on lui reproche sont autant de témoignages de sa grandeur : 5 alors que son père fut heureux, malgré la différence d'âge, de faire épouser à Démétrios Phila, fille d'Antipatros, qu'il estimait d'un rang supérieur, on reprocha à Antoine comme une honte son mariage avec Cléopâtre, laquelle surpassait en puissance et en splendeur tous les rois de son temps, à la seule exception d'Arsacès. 6 Mais Antoine s'était élevé si haut qu'on le jugeait digne d'une fortune plus haute encore que celle à laquelle il aspirait lui-même.

(89) 2. 1 En ce qui concerne les motifs qui portèrent l'un et l'autre à l'empire, Démétrios est sur ce point à l'abri de tout reproche, qui chercha à être maître et roi de peuples habitués à avoir un maître et un roi, mais on ne peut disculper Antoine du reproche de violence et de tyrannie, puisqu'il chercha à asservir le peuple romain qui venait juste d'échapper à la dictature de César. 2 Et le plus grand et le plus éclatant de ses exploits, la guerre contre Cassius et Brutus n'eut pour objet que de ravir la liberté à sa patrie et à ses concitoyens. 3 Démétrios,

au contraire, avant de succomber à l'adversité, ne cessa de travailler à libérer la Grèce et à chasser des villes les garnisons : bien différent d'Antoine, qui s'enorgueillissait d'avoir tué en Macédoine les libérateurs de Rome. 4 Il y a chez Antoine une qualité digne d'éloges : sa munificente libéralité ; pourtant en cela aussi Démétrios le surpasse au point d'avoir gratifié ses ennemis de plus de faveurs qu'Antoine n'en a accordé à ses amis. 5 Certes en faisant recouvrir et ensevelir le corps de Brutus, il s'acquit un beau renom, mais Démétrios fit faire des funérailles à tous les ennemis morts sur le champ de bataille et il renvoya à Ptolémée les prisonniers comblés de richesses et de présents.

(90) 3. 1 Ils commirent l'un et l'autre des excès au temps de leur prospérité et se laissèrent aller au luxe et au plaisir. 2 Mais on ne peut dire que Démétrios, abîmé dans les jouissances et les banquets, ait laissé passer une occasion d'agir : il n'usait des plaisirs que pour remplir le vide de ses heures perdues et sa Lamia, comme celle de la Fable[1], ne lui servait que de distraction, en le divertissant et l'endormant. 3 Mais quand il préparait la guerre, sa lance n'était pas ornée de lierre et son casque n'exhalait point l'odeur des parfums ; il ne sortait pas non plus en respirant la joie et la volupté du gynécée pour aller se battre ; mais, faisant reposer les chœurs de danse et cesser les transports bachiques, il devenait, selon le mot d'Euripide, « un serviteur du sacrilège Arès » et jamais ni le plaisir ni la mollesse ne lui attirèrent le moindre échec. 4 Antoine au contraire, comme nous voyons Héraclès, sur les tableaux, privé par Omphale de sa massue et de sa peau de lion, fut ainsi bien souvent désarmé par Cléopâtre,

1. *Demetr.*, 27, 4.

qui, par ses charmes, le persuada de laisser échapper de ses mains de grandes entreprises et des expéditions nécessaires pour vaguer et s'amuser avec elle sur les rivages de Canope et de Taphosiris. 5 Enfin, comme Pâris fuyant la bataille, il se réfugia sur son sein ; mieux encore, Pâris ne se réfugia dans la chambre nuptiale que vaincu, alors qu'Antoine s'enfuit pour suivre Cléopâtre et renonça à la victoire.

(91) 4. 1 En outre Démétrios, selon une coutume que rien n'interdisait, mais qui était en usage chez les rois de Macédoine depuis Philippe et Alexandre, contracta plusieurs mariages, comme Lysimaque et Ptolémée, et il traita avec égards toutes ses épouses. 2 Antoine, lui, fut le premier à épouser deux femmes en même temps, ce qu'aucun Romain n'avait osé faire avant lui ; après quoi, il chassa sa concitoyenne, qu'il avait épousée en justes noces, pour complaire à l'étrangère, avec qui il vivait contrairement à la loi. Aussi n'arriva-t-il aucun malheur au premier à cause de ses mariages, et les plus grands au contraire au second. 3 Il est vrai que, parmi toutes les actions d'Antoine, on ne trouve aucune impiété pareille à celle dont est entachée la conduite de Démétrios. Les historiens disent en effet que l'on écartait de toute l'Acropole les chiens, parce que cet animal, plus que tout autre, s'accouple en public ; et c'était au Parthénon que Démétrios s'unissait à des prostituées et traitait en prostituées beaucoup de citoyennes ! 5 De plus, le vice qu'on croirait le plus incompatible avec un luxe et des voluptés de ce genre, la cruauté, s'alliait chez Démétrios au goût du plaisir, lui qui vit sans s'émouvoir ou, plus exactement, qui provoqua la mort lamentable du plus beau et du plus sage des Athéniens, qui fuyait ainsi ses violences. 6 En somme, Antoine par ses débordements

ne nuisit qu'à lui-même, tandis que Démétrios nuisit à
d'autres.

(92) 5. 1 À l'égard de ses parents, Démétrios se montra
en tout irréprochable ; 2 Antoine, lui, sacrifia le frère
de sa mère pour obtenir la tête de Cicéron, acte cruel et
détestable en soi, et qu'on aurait peine à lui pardonner si la
mort de Cicéron avait été le prix du salut de son oncle. 3 Ils
violèrent l'un et l'autre les serments et la parole donnée,
l'un en faisant arrêter Artavasdès, l'autre en faisant tuer
Alexandre. Toutefois Antoine a un prétexte plausible, car il
avait été abandonné chez les Mèdes et trahi par Artavasdès,
4 alors que Démétrios, selon plusieurs auteurs, forgea de
fausses accusations pour justifier son acte, et se fit passer
pour la victime qui s'était défendue au lieu de l'agresseur.
5 En revanche, pour les succès, Démétrios ne les a dus
qu'à lui-même, alors qu'Antoine, au contraire, a remporté
ses plus belles et grandes victoires par ses lieutenants, qui
l'emportèrent en son absence.

(93) 6. 1 Tous deux ruinèrent eux-mêmes leurs
affaires, mais d'une manière différente : l'un fut
abandonné des Macédoniens qui lui firent défection,
tandis que l'autre abandonna dans sa fuite ceux qui
luttaient pour lui. 2 Ainsi, la faute du premier est d'avoir
inspiré tant d'hostilité à ses soldats, et celle de l'autre
d'avoir trahi tant d'affection et de fidélité qu'il avait su se
gagner. 3 Quant à leur mort, on ne peut louer ni celle de
l'un, ni celle de l'autre, mais celle de Démétrios est plus
blâmable. Il souffrit d'être fait prisonnier et, détenu, il fut
tout heureux de gagner trois ans de vie supplémentaires à
boire et satisfaire son ventre, en se laissant domestiquer
comme les animaux. 4 Antoine eut une mort lâche,
pitoyable et sans gloire, mais du moins sortit-il de la vie
avant que son ennemi ne devînt maître de sa personne.

II. Antoine vu par Cicéron – *Extraits de la Deuxième Philippique* (tr. A. Boulanger et P. Wuilleumier)

1. Les débordements de sa jeunesse (*Ant.*, 2, 4-6)

XVIII **44** Veux-tu donc que nous passions ta vie en revue **depuis l'enfance** ? Tel est mon avis : prenons les choses à l'origine. Te souviens-tu que tu portais encore la robe prétexte quand tu as fait **banqueroute** ? C'est, vas-tu dire, la faute de ton père. Je l'admets. Voilà en effet une excuse qu'inspire la piété filiale ! Mais voilà qui témoigne de ton effronterie : tu t'es assis dans les quatorze premiers rangs, alors que la loi Roscia assignait une place particulière aux banqueroutiers, eussent-ils été ruinés par la faute de la Fortune, et non par la leur. **Tu as pris la toge virile et, aussitôt, tu en as fait une toge féminine**. D'abord prostituée offerte à tous ; prix fixe pour ton infamie, et qui n'était pas médiocre. Mais bientôt survint **Curion**, qui t'enleva au métier de courtisane et qui, comme s'il t'avait donné la robe des matrones, t'a établi en un mariage stable et régulier. **45** Jamais jeune esclave acheté pour la débauche ne fut sous la puissance de son maître aussi complètement que toi sous celle de Curion. Combien de fois son père t'a-t-il chassé de la maison? Combien de fois a-t-il aposté des gardiens pour t'en interdire l'accès ? et toi, cependant, avec la complicité de la nuit, stimulé par le plaisir, cédant à l'appât du gain, tu te laissais glisser par le toit. De tels scandales, cette maison n'a pas pu les supporter plus longtemps […] XIX **47** Il était intimement lié à **Clodius** dans l'exercice du tribunat, lui qui rappelle les services qu'il m'a rendus, lui, le brandon de tous ses incendies, lui qui, dès lors, ourdit une intrigue jusque dans la maison de Clodius[2].

---

2. Selon ces allégations, Antoine aurait donc été l'amant de Fulvia lorsqu'elle était mariée à Clodius.

2. Les premières campagnes et les premières charges
(*Ant.*, 3, 4-11 et 5, 2)

47 Ensuite, ce fut l'expédition d'Alexandrie,
contre l'autorité du Sénat, contre l'intérêt public et
les interdictions religieuses. Mais il avait pour chef
Gabinius, avec le concours duquel il croyait pouvoir
faire n'importe quoi en toute sécurité. Comment et
dans quelles conditions en revint-il ? il alla **d'Égypte
au fond de la Gaule**, avant de rentrer dans sa maison.
Mais quelle maison ? chacun à ce moment-là avait la
sienne, mais la tienne n'était nulle part. […] XX **49** Tu
arrives de Gaule pour briguer la questure […] **50** Tu as
été élu **questeur**, et, aussitôt après, sans senatus consulte,
sans tirage au sort, sans loi, tu as couru rejoindre César.
C'était, pensais-tu, le seul refuge qu'il y eût sur terre
contre l'indigence, l'endettement, la dissipation, une fois
perdus les moyens de vivre. Là, lorsque ses largesses
et tes rapines t'eurent rassasié, si l'on trouve la satiété
en ravissant pour gaspiller aussitôt, sans ressources, tu
t'es précipité sur le **tribunat**, pour te rendre, dans cette
magistrature, semblable, s'il était possible, à ton mari [*sc.*
Curion].

3. Son rôle dans la guerre civile (réfuté in *Ant.*, 6, 1)

XXII **53** C'est toi, oui, c'est toi, Marc Antoine,
qui as pris l'initiative, quand C. César voulait un
bouleversement général, de lui fournir un prétexte, pour
engager la guerre contre la patrie. Disait-il, en effet, autre
chose, donnait-il une autre raison de sa résolution et de sa
conduite insensées, sinon que le Sénat avait passé outre
à l'intercession, anéanti les droits du tribunat, enfin
paralysé les pouvoirs d'Antoine ? […] **55** Bref, tous les

malheurs que nous avons vus depuis (et quel malheur n'avons-nous pas vu ?), si nous raisonnons avec justesse, c'est au seul compte d'Antoine que nous les porterons. Comme Hélène pour les Troyens, cet homme a été pour notre République une cause de guerre, une cause de désastre et de ruine [...].

4. Les scandales du second de César

a) en charge de l'Italie (*Ant.*, 9, 5 et 7-9, avec référence à Cicéron au § 5)

XXIII **57** Durant le même tribunat, quand César, partant pour l'Espagne, lui eut livré l'Italie à piétiner, quels furent son vagabondage par les routes, ses visites aux municipes ! [...] En effet, y eut-il jamais sur la terre mention de tels scandales, de telles turpitudes, de telles infamies ? XXIV **58** Il voyageait dans un char gaulois, ce tribun de la plèbe ; des licteurs aux faisceaux ornés de lauriers le précédaient ; au milieu d'eux, une actrice de mime était portée dans une litière découverte, et des hommes honorables, magistrats municipaux, contraints de sortir des villes pour aller à sa rencontre, la saluaient, en lui donnant non pas son nom de théâtre, mais celui de Volumnia. Suivait un chariot avec des proxénètes, une escorte de vauriens. **Rejetée à l'arrière, sa mère suivait la maîtresse de ce fils impudique,** comme s'il s'était agi de sa bru. O désastreuse fécondité de cette infortunée ! Il a imprimé les traces de ces scandales dans tous les municipes, toutes les préfectures, toutes les colonies, en un mot dans l'Italie entière [...] XXV **61** Tu es arrivé à Brindes, mais pour tomber dans les bras de ta petite comédienne. Eh bien ! est-ce que je mens ? Quelle misère de ne pouvoir nier ce qu'il est si déshonorant d'avouer ! Si tu n'avais pas honte devant les municipes, n'en avais-tu même pas devant une armée de vétérans ? Est-il, en effet, un soldat qui n'ait vu cette femme à Brindes ? qui ait ignoré qu'elle avait fait une si longue route pour te féliciter ? qui n'ait souffert de reconnaître si tard quel vaurien il avait suivi ? **62** Une fois encore, tournée à travers l'Italie, et toujours en compagnie de la comédienne ; dans les villes, établissement de garnisons, cruel et lamentable ; **à Rome, répugnant pillage de l'or, de l'argent et surtout du vin.** À quoi s'ajouta qu'à l'insu de César, alors à Alexandrie, grâce aux amis de celui-ci, il fut nommé maître de la cavalerie. Alors il se crut en droit de vivre avec Hippias et d'attribuer au mime Sergius la fourniture à l'État des chevaux de course. Il avait alors choisi pour demeure non pas la maison qu'il a peine à conserver aujourd'hui, mais celle de M. Piso. Est-il besoin de rapporter **ses décrets, ses rapines, les successions qu'il s'est fait donner, celles qu'il a extorquées par la violence** ? L'indigence le contraignait, il ne savait où se tourner.

b) l'anecdote d'Hippias (= *Ant.*, 9, 6)

63 Mais laissons de côté tous ces crimes, qui témoignent de quelque énergie dans le mal ; parlons plutôt de ce qui dénote une dissipation de la pire espèce. Toi, avec ce gosier, ces flancs, cette robustesse de tout ton corps de gladiateur, tu avais absorbé tant de vin aux noces d'Hippias qu'il t'a fallu le vomir en présence du peuple romain, le lendemain encore. Quelle chose ignoble non seulement à voir, mais même à entendre raconter ! Si c'était à table, au milieu de ces coupes énormes dont tu te sers, que cela fût arrivé, qui ne le regarderait comme une honte ? Mais, en pleine assemblée du peuple romain, dans l'exercice des fonctions publiques, un maître de la cavalerie, pour qui ce serait une honte de roter, vomit, en couvrant de débris d'aliments qui sentaient le vin ses vêtements et tout le tribunal.

c) la maison de Pompée (= *Ant.*, 10, 3 et 21, 2-3)

XXVI **64** Dans l'attente générale où l'on était de voir qui serait assez impie, assez fou, assez ennemi des dieux et des hommes pour participer à ces abominables enchères, nul autre ne se trouva qu'Antoine ; et pourtant, il y avait autour de cette pique tant d'hommes prêts à toute autre audace ; lui seul s'est trouvé pour oser ce qui avait fait reculer, ce qui avait épouvanté l'audace de tous. **65** [...] Avec quelle effronterie ce goinfre s'est aussitôt précipité sur les biens de cet homme qui, par sa valeur, rendait le peuple romain plus redoutable aux nations étrangères et, par sa justice, plus cher ! XXVII Quand il se fut plongé jusqu'au cou dans les richesses de ce grand homme, il se livrait à des transports de joie, vrai personnage de mime, hier dans l'indigence et soudain dans l'opulence. Mais, comme dit je ne sais quel poète, « Bien mal acquis ne profite jamais. » **66** C'est un fait incroyable et qui tient du prodige qu'il ait dissipé tant de richesses, je ne dirai pas en si peu de mois, mais en si peu de jours. Immense quantité de vin, poids énorme de très belle argenterie, étoffes précieuses, ameublement abondant, somptueux, magnifique, en plusieurs lieux, bref, tout ce que possédait un homme, je ne dirai pas adonné au luxe, mais cependant opulent, en quelques jours, tout avait disparu. **67** [...] les acteurs de mime faisaient main basse sur une chose, et les actrices sur l'autre ; la maison était bondée de joueurs, pleine de gens ivres ; on buvait tout le long du jour, et dans plusieurs endroits à la fois ; à tout cela venaient s'ajouter souvent (car il n'avait pas toujours de la chance) des pertes au jeu ; on pouvait voir les couvertures de pourpre de Cn. Pompée étendues sur les lits dans des loges d'esclaves. […] **68** Ô la monstrueuse impudence ! toi, tu as osé même entrer dans cette maison ! tu as osé franchir ce seuil sacré, tu as osé montrer aux dieux pénates de cette demeure un visage infâme ! Cette maison que, pendant quelque temps, personne ne pouvait regarder, devant laquelle personne ne pouvait passer sans verser des larmes, tu n'as pas honte d'y prendre gîte depuis si longtemps ! […] **69** Quant à moi les murs eux-mêmes et les toits m'inspirent de la pitié. **Cette maison avait-elle jamais rien vu qui ne fût vertueux et conforme aux meilleures traditions, à la morale la plus sévère ? Car ce grand homme, Sénateurs, comme vous le savez, fut aussi admirable dans son privé qu'illustre au dehors et non moins louable pour ses mœurs domestiques que pour ses exploits à l'extérieur. Or, dans sa demeure, on a fait de chaque chambre à coucher un bouge et de chaque salle à manger un cabaret. […]**

d) Antoine et Fulvia (*Ant.*, 10, 7-10)

XXXI **77** Mais voyez le manque de sérieux *(levitatem)* du personnage. Arrivé vers la dixième heure aux Roches Rouges, il se cacha dans une gargote, et, là, se dissimulant aux regards, il ne cessa de boire jusqu'au soir. Puis, rapidement, transporté à Rome en cabriolet, il arriva chez lui, la tête enveloppée. Le portier : « Qui es-tu ? » – « Un courrier de Marc. » Vite introduit auprès de celle pour qui il était venu, il lui remit une lettre. Elle la lut en pleurant, car le ton en était fort tendre : la lettre disait en substance que désormais Antoine n'aurait plus de rapport avec la comédienne, qu'il lui avait retiré toute son affection pour la reporter sur sa femme. Comme celle-ci pleurait plus fort, cet homme sensible *(misericors)* ne put se contenir : il découvrit sa tête et se jeta au cou de sa femme. Oh ! le vaurien *(nequam)* ! quelle autre expression pourrais-je employer ? Je ne peux rien dire qui lui convienne mieux. Ainsi, c'est pour faire le galant, pour causer une surprise à ta femme par une arrivée inopinée, que tu as, en pleine nuit, répandu dans Rome et troublé l'Italie pour plusieurs jours. […]

III. La rencontre du Cydnos (*Ant.*, 26-27)

1. Le récit d'Appien, *Guerres civiles* V (traduction Maud Etienne)

VIII. **32** Alors que Cléopâtre était venue le trouver en Cilicie, il lui reprocha de ne pas avoir pris part aux pénibles combats menés pour César ; mais au lieu de se défendre, elle énuméra ce qu'elle-même avait fait : elle avait aussitôt envoyé à Dolabella les quatre légions qui étaient auprès d'elle et, alors qu'elle disposait, en outre, d'une flotte prête à appareiller, elle avait été empêchée par le vent et par Dolabella lui-même, lequel avait subi une trop prompte défaite ; elle ne s'était pas alliée à Cassius, bien qu'il l'eût menacée à deux reprises, mais pour les soutenir, eux, tandis qu'ils faisaient la guerre à ces hommes-là, elle-même avait navigué vers la mer ionienne avec sa flotte très lourdement équipée, sans craindre Cassius ni éviter Murcus, qui mouillait pourtant en embuscade, jusqu'à ce qu'une tempête endommageât sa flotte et la fît elle-même tomber malade, raison pour laquelle elle ne put même pas reprendre la mer plus tard, alors qu'ils étaient déjà vainqueurs. **33** Antoine donc, aussitôt **frappé de stupeur par son intelligence, qui s'ajoutait à sa belle apparence**, se trouva pris au piège de Cléopâtre, tel un gamin (μειρακιωδῶς ἑαλώκει), bien qu'il eût quarante ans ; on dit qu'il avait toujours été naturellement très porté sur ces choses et on dit aussi que par le passé déjà, alors que Cléopâtre n'était encore qu'une toute jeune fille, il avait ressenti à sa vue une sorte d'excitation, lorsque, jeune chef de cavalerie, il suivait Gabinius dans son expédition contre Alexandrie.

2. Le grand festin décrit par Socrate de Rhodes (*FrGrHist.* 192 F1 = Athénée 4, 147 e-148 b)

Socrate de Rhodes s'exprime comme il suit en décrivant, dans son troisième livre de la Guerre Civile, le repas que donna Cléopâtre, dernière reine d'Egypte, épouse d'Antoine, commandant pour les Romains en Cilicie :

« Cléopâtre étant venue au-devant d'Antoine en Cilicie, lui donna un repas vraiment royal : toute la vaisselle était d'or. On y avait enchâssé des pierres précieuses; et c'était le travail le plus recherché : les murs étaient tendus en tissus de pourpre d'or. Ayant donc fait couvrir douze lits à trois, elle invita Antoine avec les personnes qu'il voudrait amener. Antoine demeurant tout surpris de ce riche appareil, Cléopâtre lui dit en riant, et d'un air affable, qu'elle lui faisait présent de tout.

Le lendemain, elle l'invita de nouveau à souper avec ses amis, et les chefs des troupes qu'il commandait. Cléopâtre y avait fait tout préparer, de manière à effacer l'éclat de l'appareil précédent, et le lui offrit encore. Elle engagea même les officiers à emporter les vaisseaux à boire, qui leur avaient été servis à chacun devant le lit où ils s'étaient couchés à table : lorsqu'ils se retirèrent, elle donna des litières à ceux du rang le plus distingué, leur faisant aussi présent des porteurs. La plupart reçurent aussi la faveur d'un cheval harnaché de toutes pièces en argent, et **tous eurent des Éthiopiens pour les éclairer avec des flambeaux.**

Le quatrième jour, elle dépensa plusieurs talents pour avoir des rosiers, dont elle fit orner le parquet des salles à plusieurs coudées de profondeur : on avait artistement étendu des filets sur les fleurs de ces arbrisseaux. »

3. Le récit d'Énobarbus à Agrippa (Shakespeare, *Anthony and Cleopatra*, II 2, tr. Y. Bonnefoy)

ÉNOBARBUS – Dès sa première rencontre de Marc Antoine elle a mis son cœur dans sa poche. C'était au bord du Cydnus.

AGRIPPA – Oui, c'est là qu'elle lui est apparue, si mon informateur n'a pas inventé une belle histoire.

ÉN. Vous allez tout savoir… Cette sorte de barque
   Où elle était assise, on eût dit un trône
   Étincelant, on eût dit des flammes posées sur l'eau.
   Et la poupe, c'était de l'or battu, les voiles
   De la pourpre, et si parfumées
   Que les vents alentour en défaillaient de désir.
   Les rames étaient d'argent, leur rythme le son des flûtes,
   Et l'eau qu'elles frappaient était amoureuse
   De leurs coups, et ne les suivait qu'avec plus de hâte.
   Quant à la décrire, elle, Cléopâtre,
   Ce ne serait qu'indigence. Elle était étendue
   Sous un dais de drap d'or mêlé de soie,
   Et surpassait Vénus autant que celle-ci,
   Notre rêve, notre art, surpasse la nature.
   De part et d'autre d'elle, deux enfants,
   Deux charmants Cupidons, potelés, souriants,
   Tenaient des éventails de multiples couleurs,
   Et ce souffle semblait rosir les tendres joues

Qu'ils avaient rafraîchies ; défaisant ainsi
Ce qu'il venait de faire.

AG. Pour Antoine, quelle merveille !

ÉN. Ses dames de compagnie, telles des Néréides
Ou autant de sirènes, l'entouraient
Dans les poses les plus gracieuses. Au gouvernail
Officiait une sorte de sirène. Et les agrès de soie
Frémissaient au toucher de mains plus douces
Que des fleurs bien que promptes à leurs tâches.
De cette nef émanait un étrange, un impalpable parfum
Qui enivrait les sens des rives voisines.
Toute la ville accourut ; et Antoine
Qui siégeait au marché, s'y retrouva seul
À bayer aux corneilles. Seul, avec l'air
Qui eût couru lui-même admirer Cléopâtre,
S'il n'éprouvait, vous le savez, l'horreur du vide
Et de laisser béant un trou dans la nature.

IV. Les accords de Tarente
La version d'Appien V 93-94 (tr. Maud Etienne)

Au début du printemps, Antoine quitta Athènes et
passa par mer à Tarente avec trois cents navires pour
combattre aux côtés de César, comme il le lui avait
promis ; mais celui-ci avait changé d'avis et différait
le combat jusqu'au moment où ses navires encore en
construction seraient prêts. **388** Comme on le relançait,
pour qu'il rejoignît les forces d'Antoine qui étaient prêtes
et suffisantes, il avança qu'il avait d'autres choses à faire,
mais il était clair qu'il avait de nouveaux griefs contre
Antoine ou qu'il ne faisait plus cas de leur alliance, vu
l'abondance de ses propres ressources. **389** Quoique
mécontent, Antoine attendait et relançait César. Car

étant accablé par les frais d'entretien de sa force navale
et ayant besoin de troupes italiennes pour faire la guerre
aux Parthes, il songeait à donner ses navires à César
en échange : il avait été énoncé dans leurs accords que
chacun des deux pourrait recruter des mercenaires en
Italie, mais il allait être difficile et pénible à Antoine de
le faire, maintenant que César avait pris possession de
l'Italie. **390** Octavie se rendit donc auprès de César pour
les réconcilier, Antoine et lui. César disait qu'il avait été
abandonné au milieu des périls survenus dans le détroit,
mais Octavie répliqua que ce problème avait été réglé
par l'intermédiaire de Mécène. **391** César déclarait
qu'Antoine avait aussi envoyé auprès de Lépide un
affranchi nommé Callias, qui était en train de conclure
avec Lépide un accord dirigé contre lui, César, mais
Octavie répondit qu'elle savait que Callias avait été
envoyé pour négocier un mariage. De fait, Antoine avait
voulu donner, avant la guerre contre les Parthes, sa fille
en mariage au fils de Lépide, comme convenu. **392** Tels
furent les propos que tint Octavie. Quant à Antoine, il
envoya Callias lui-même, en autorisant César à le mettre
à la question. Ce dernier refusa, mais dit qu'il viendrait
s'entretenir avec Antoine entre Métaponte et Tarente, là
où ils seraient séparés par le fleuve du même nom.

XCIV. **393** Le hasard voulut que les deux arrivassent
au cours d'eau en même temps : Antoine, qui d'un bond
était descendu de sa voiture, sauta seul dans l'une des
embarcations à l'amarre, pour rejoindre César sur l'autre
rive, se fiant à lui comme à un ami. Ayant vu cela, César
l'imitait en retour, et les voilà qui se rencontrent au fil de
l'eau ; ils étaient en discussion, chacun des deux voulant
débarquer sur la rive de l'autre. **394** César l'emporta en
prétextant qu'il irait aussi voir Octavie à Tarente ; assis

sur la voiture d'Antoine, il délibérait avec lui, et ce fut sans escorte qu'il se rendit dans sa résidence à Tarente, comme ce fut sans garde à son chevet qu'il se reposa, la nuit durant. **395** Le lendemain, Antoine donnait les mêmes marques de confiance. Telle était la perpétuelle inconstance de ces deux hommes, poussés à former des soupçons par amour du pouvoir, puis à offrir des garanties par nécessité.

V. La bataille d'Actium

1. Le récit de Dion Cassius (Livre 50, traduction Freyburger-Roddaz)

33. 1 La bataille navale fut longtemps égale sans qu'aucun des adversaires pût l'emporter. Voici à peu près comment cela finit : Cléopâtre, dont le bateau était mouillé à l'arrière des combattants, ne supporta pas la longue et indécise attente d'une issue inconnue. 2 Épuisée, du fait qu'elle était femme et égyptienne, par la lutte longtemps incertaine et l'attente perpétuellement anxieuse de l'une ou de l'autre éventualité, elle se jeta elle-même soudainement dans la fuite et en donna le signal à ses sujets. 3 Ainsi les Égyptiens mirent aussitôt à la voile et prirent le large. Comme un vent par hasard favorable s'était levé, Antoine, croyant qu'ils s'enfuyaient non sur ordre de Cléopâtre, mais par crainte et parce qu'ils se pensaient vaincus, les suivit. 4 Ceci survenu, les autres soldats se découragèrent et se troublèrent. Voulant s'enfuir eux aussi par quelque moyens, les uns hissaient les voiles, les autres jetaient à la mer les tours et le matériel pour s'alléger dans leur fuite. 5 Pendant qu'ils étaient ainsi occupés, leurs adversaires se précipitèrent sur eux – s'ils ne poursuivaient pas les fuyards, c'est qu'ils n'avaient pas de voiles et étaient seulement équipés pour la bataille navale – et se mirent à beaucoup de navires contre un, l'attaquant à la fois de loin et de près. C'est pourquoi, autant d'un côté que de l'autre, la lutte devint très variée et très vive. 6 Les Césariens endommageaient à la ronde les parties inférieures des navires ennemis, brisaient les rames, arrachaient les gouvernails, et, grimpant sur les ponts, faisaient tomber une partie de leurs adversaires en les saisissant à bras le corps, bousculaient les autres et affrontaient ceux qui restaient, puisqu'ils étaient désormais égaux en nombre avec eux. 7 Les Antonins de leur côté les repoussaient avec leurs gaffes, les frappaient à coup de haches, lançaient sur eux des pierres et autres matériaux prévus à cet effet, écartaient ceux qui essayaient de monter sur le pont des navires et engageaient la lutte contre ceux qui en venaient aux mains avec eux. 8 En voyant ce qui se passait, on aurait dit, pour comparer de petites choses à de grandes, des murailles ou des îles, nombreuses et denses, assiégées par mer. Ainsi les uns s'efforçaient de monter sur les navires comme sur la terre ferme ou sur un rempart et employaient avec ardeur tous les moyens appropriés, les autres les repoussaient, ne ménageaient rien de ce qui se fait d'habitude en pareil cas. **34.** 1 Comme ils combattaient à forces égales, Octavien, ne sachant que faire, envoya chercher du feu à son camp. Il n'avait pas voulu l'utiliser auparavant pour préserver les richesses, mais, voyant alors qu'il lui était impossible de l'emporter autrement, il eut recours à cet expédient comme le seul qui pût lui venir en aide. 2 Alors commença une autre sorte de combat…

2. La version virgilienne, *Énéide*, VIII 675-713 (tr. A. Bellessort)

Au milieu on pouvait voir les flottes d'airain, la bataille d'Actium, tout Leucate bouillonner sous ces armements de guerre, et les flots resplendir des reflets de l'or. D'un côté César Auguste entraîne au combat l'Italie avec le Sénat et le peuple, les Pénates et les Grands Dieux. Il est debout sur une haute poupe ; ses tempes heureuses lancent une double flamme ; l'astre paternel se découvre sur sa tête. Non loin, Agrippa, que les vents et les dieux secondent, conduit de haut son armée ; il porte un superbe insigne de guerre, une couronne navale ornée de rostres d'or. De l'autre côté, avec ses forces barbares et sa confusion d'armes, Antoine, revenu vainqueur des peuples de l'Aurore et des rivages de la mer Rouge, traîne avec lui l'Égypte, les troupes de l'Orient, le fond de la Bactriane : ô honte ! sa femme, l'Égyptienne, l'accompagne. Tous se ruent à la fois, et toute la mer déchirée écume sous l'effort des rames et sous les tridents des rostres. Ils gagnent le large ; on croirait que les Cyclades déracinées nagent sur les flots ou que des montagnes y heurtent de hautes montagnes, tant les poupes et leurs tours chargées d'hommes s'affrontent en lourdes masses. Les mains lancent l'étoupe enflammée ; les traits répandent le fer ailé ; les champs de Neptune rougissent sous ce nouveau carnage. La Reine, au milieu de sa flotte, appelle ses soldats aux sons du sistre égyptien et ne voit pas encore derrière elle les deux vipères. Les divinités monstrueuses du Nil et l'aboyeur Anubis combattent contre Neptune, Vénus, Minerve. La fureur de Mars au milieu de la mêlée est ciselée dans le fer, et les tristes Furies descendent du ciel. Joyeuse, la Discorde passe en robe déchirée, et Bellone la suit avec un fouet sanglant. D'en haut, Apollon d'Actium regarde et bande son arc. Saisis de terreur, tous, Égyptiens, Indiens, Arabes, Sabéens, tournaient le dos. On voyait la Reine elle-même invoquer les vents, déployer ses voiles, lâcher de plus en plus ses cordages. L'Ignipotent l'avait montrée, au milieu du massacre, emportée par les flots et l'Iapyx, toute pâle de sa mort prochaine. En face, douloureux, le Nil au grand corps, ouvrant les plis de sa robe déployée, appelait les vaincus dans son sein azuré et les retraites de ses eaux.

VI. La mort d'Antoine et Cléopâtre

1. Antoine

a) La version de Dion Cassius (Livre LI, traduction Freyburger-Roddaz)

10. 1 Revenu de Parétonium, Antoine, à la nouvelle de ce qui s'était passé à Péluse, alla à la rencontre d'Octavien devant Alexandrie et, l'ayant surpris alors qu'il était fatigué par sa marche, le vainquit avec sa cavalerie. 2 Enhardi par ce succès et parce qu'il avait envoyé dans le camp d'Octavien des billets promettant aux soldats mille cinq cents drachmes, il engagea le combat aussi avec l'infanterie, mais fut vaincu. 3 Car Octavien lut lui-même à ses soldats de son plein gré les billets, accusa Antoine, leur inspira la honte d'une trahison et souleva leur enthousiasme pour sa propre personne, de sorte qu'ils se montrèrent pleins de zèle à la fois par indignation contre cette tentative et pour prouver qu'ils n'avaient pas l'intention d'être lâches. 4 Lorsque, contrairement à son attente, Antoine fut vaincu, il se retourna vers sa flotte et fit des préparatifs pour combattre ou, tout au moins, pour gagner l'Espagne. 5 Voyant cela, Cléopâtre fit passer les navires à l'ennemi. Elle gagna précipitamment le tombeau, prétendant craindre Octavien et vouloir se tuer d'une manière ou d'une autre avant son arrivée, mais voulant en fait y attirer Antoine. Celui-ci se doutait qu'il était trahi ; cependant non seulement son amour l'empêchait d'y croire, mais il avait encore pour ainsi dire plus de pitié pour Cléopâtre que pour lui-même. 6 Celle-ci le savait bien et espéra qu'Antoine, s'il apprenait qu'elle avait péri, ne lui survivrait pas et qu'il mourrait aussitôt. C'est pourquoi elle se précipita vers le monument avec un eunuque et deux servantes et lui envoya de là un message annonçant qu'elle était morte. 7 À cette nouvelle, Antoine n'hésita pas et désira la suivre immédiatement dans la mort. Il commença par demander à quelqu'un de son entourage de le tuer. Puis, quand l'homme tira son épée et se tua lui-même, il voulut l'imiter, se blessa et tomba face contre terre, ce qui fit croire aux assistants qu'il était mort. 8 Un tumulte s'ensuivit. Cléopâtre le remarqua et se pencha du haut du monument pour regarder : par un certain mécanisme, les portes du tombeau, une fois fermées, ne pouvaient plus être ouvertes, mais les parties supérieures proches du toit n'avaient pas encore été construites complètement. 9 Des gens, en la voyant regarder de cet endroit, poussèrent de tels cris que même Antoine entendit. Il comprit qu'elle était toujours en vie et se releva comme s'il pouvait encore vivre. Comme il avait perdu beaucoup de sang, il n'espéra cependant plus survivre et supplia les assistants de le transporter jusqu'au tombeau et de le hisser à l'aide des cordes qui étaient suspendues pour soulever les pierres. C'est là et de cette façon qu'il mourut dans les bras de Cléopâtre.

b) Antoine se prépare à rejoindre Cléopâtre (Shakespeare, IV 14, tr. Y. Bonnefoy)

Antoine, à qui Mardian vient d'apprendre la feinte mort de Cléopâtre, renvoie Éros et reste seul un moment – voir infra le moment parallèle où Cléopâtre attend la mort.

Je veux te rejoindre, Cléopâtre, je veux en pleurant
Te demander pardon. Il le faut ! Car attendre
Ne m'est plus que torture. Mon flambeau s'est éteint,
Que je me couche donc, que je cesse d'errer dans cette nuit
Où peiner détruirait son œuvre, où la force même
Serait sa propre entrave. Plaçons un sceau
Là-dessus, et que tout soit dit. Éros ! Je viens à toi, ma reine.
Éros ! Là où les âmes s'étendent parmi les fleurs,
Attends-moi, nous irons main dans la main,
Notre avancée radieuse étonnera les ombres.
Didon et Énée n'auront plus de cortège, ce sera nous
Que chacun voudra suivre…

2. la mort de Cléopâtre

a) La version de Dion Cassius (Livre LI, traduction Freyburger-Roddaz)

12. 6 Cléopâtre, très affligée parce qu'il [*sc.* Octavien] ne l'avait même pas regardée et n'avait pas proféré une parole sur sa royauté, ni prononcé de mot d'amour, tomba à ses genoux et s'écria en sanglotant : « César, je ne veux ni ne peux plus vivre, mais je te demande cette grâce, en souvenir de ton père : puisque le destin m'a donnée à Antoine, après avoir été à lui, que je meure aussi avec Antoine. Ah ! si seulement j'avais péri aussitôt après César ! **7** Puisqu'il était inscrit dans ma destinée

que je subisse encore cette épreuve, envoie-moi auprès
d'Antoine et ne me refuse pas d'être ensevelie à ses
côtés, afin que, mourant à cause de lui, je demeure avec
lui chez Hadès. »

13. 1 Elle espérait par de telles paroles exciter la
pitié, mais Octavien n'y répondit en rien. Craignant
cependant qu'elle ne mît fin à ses jours, il l'exhorta de
nouveau à garder confiance, ne lui enleva pas sa suite
et fit prendre soin d'elle pour que sa présence donnât
plus de lustre à son triomphe. 2 Cléopâtre soupçonna
cette intention et, préférant mille morts à ce sort,
désira réellement mourir. Elle demanda plusieurs fois à
Octavien de la faire mourir d'une façon ou d'une autre
et imagina elle-même de nombreux procédés. 3 Comme
elle n'arrivait à rien, elle feignit de changer de projet,
prétendant mettre beaucoup d'espoir en Octavien et en
Livie. Elle disait qu'elle s'embarquerait de son plein
gré et préparait des pierres précieuses pour en faire des
cadeaux, afin de donner à croire qu'elle ne mourrait
pas, être ensuite moins surveillée et se donner la mort.
4 C'est ce qui se produisit. Lorsqu'Epaphroditos, à qui
elle avait été confiée, et les autres crurent que c'était là sa
pensée sincère et négligèrent de la surveiller étroitement,
elle fit ses préparatifs pour mourir le moins péniblement
possible. Elle donna à Epaphroditos lui-même un billet
scellé dans lequel elle demandait à Octavien d'ordonner
qu'elle fût enterrée avec Antoine. 5 Cela pour éloigner
d'elle Epaphroditos sous le prétexte de porter ce message
dont elle prétendait qu'il contenait autre chose. Puis elle
se mit à l'œuvre. Revêtue de sa plus belle robe, parée de
la façon la plus riche, elle mourut avec tous les insignes
royaux.

b) Stances de Cléopâtre (Mairet, *Marc-Antoine*, V 6)

La tirade au tombeau, si proche de la tragédie et propre à Plutarque, est remplacée dans cette pièce de 1637 par des stances : Cléopâtre s'est déjà fait piquer par l'aspic et, en attendant que le poison fasse effet, ses servantes l'ont laissée seule pour aller chercher ses atours royaux.

Attendant que la mort dont je sens les approches
Me purge des reproches
Dont tu chargeois tantost mon honneur, et ma foy,
Paye toi, cher espoux, si ma douleur te touche,
Des soupirs que mon cœur exhale par ma bouche,
Et permets à ma voix d'arriver jusqu'à toy.

Soit que desjà les dieux, dont tu croistras le nombre,
Ayent recueilli ton ombre,
Soit qu'assis dans un trosne, et de flame, et de sang,
Ton esprit dans mon cœur ayt choisi sa demeure,
Voy qu'entre cent raisons qui veulent que je meure,
L'amour à ton exemple a pris le premier rang.

Certes c'est de l'effect, et non de la pensée,
Que tu m'as devancée,
Et si mes sentiments te sont bien apparents,
Que le peuple indiscret qui juge mal des choses,
Discourant de ma fin l'impute à d'autres causes,
Ses plus faux jugements me sont indifférents.

On prendra pour raison de ma lumière esteinte
La généreuse crainte
De suivre à Rome un char que j'y devois mener,
Si devant Actium, le Démon de la gloire
T'eut pû faire resoudre à prendre une victoire,
Que celuy de l'amour te fit abandonner.

Mais j'atteste les dieux du ciel et de la terre,
(Eux qui m'ont fait la guerre)
Ceux que je vay quitter, et ceux que je vay voir,
Je t'atteste toy-mesme Esprit plein de lumiere,
Que la fin de ma mort, et sa cause premiere,
Regardent purement l'amour et le devoir.

Quoy que l'ambition d'une ardeur desreglée,
M'ayt toujours aveuglée,
J'aurois dans le servage accompagné tes pas ;
Mais par un droit acquis sur la terre, et sur l'onde,
Quand je pourrois sans toy regner sur tout le monde,
Tout le monde sans toy ne me retiendrait pas.

Ton ame en quelque lieu que son sort la retienne,
Voit l'estat de la mienne,
Et juge bien aussi, comme ce peu de temps
Qu'on m'a veu te survivre avec tant de contrainte,
M'a porté dans le cœur une plus vive attainte,
Que ne fera le dard de la mort que j'attens.

c) La déploration de la Cléopâtre de Shakespeare
(V 2, tr. Y. Bonnefoy)

*Il n'y a pas non plus de « scène au tombeau », mais
Cléopâtre parle à Dolabella, venu la prévenir que César
veut la traîner au triomphe [toute l'évocation part de "I
dreamt there was an Emperor Anthony"]*

CLEOPÂTRE – Son visage, c'était le ciel, il y avait en lui
       Un soleil, une lune. Ils suivaient leurs cours,
       Ils éclairaient ce o minuscule, la terre.

DOLABELLA –Très noble souveraine !

CL. Ses jambes chevauchaient l'Océan. Son bras levé,
   C'était le cimier du monde. Sa voix, pour ses amis,
   C'était la musique même des corps célestes.
   Mais quand il entendait terrifier l'univers,
   C'était alors le tonnerre qui roule. Sa bonté
   Ne connaissait aucun hiver. C'était un automne
   Qui donnait d'autant plus qu'on y récoltait. Ses plaisirs
   Étaient tels des dauphins, ils trouaient de son dos
   L'océan de sa vie. Sous sa livrée
   Allaient des princes et des rois. Des royaumes, des îles
   Comme pièces d'argent tombaient de ses poches.

DOL. Cléopâtre !

CL. Un homme comme celui que j'ai rêvé,
   Pensez-vous qu'il y en eut jamais un,
   Ou qu'il puisse en être un ?

DOL. Ah non, madame !

CL. Vous mentez, et si fort que les dieux entendent !
   Mais s'il en existe un, ou s'il en fut un,
   C'est certes plus que n'en pourrait le rêve. La nature
   N'a pas de matériau pour rivaliser
   Avec les formes étonnantes que l'esprit crée.
   Sauf qu'inventer Antoine, quelle revanche
   Sur l'imagination ce serait pour elle !
   Quelle dissipation de tous les mirages !

*

Antoine inspire Cavafis (*En attendant les barbares et autres poèmes*, tr. D. Grandmont, *Poésie* / Gallimard, 2ᵉ éd., 2003).

a) Rois d'Alexandrie (= *Ant.*, 54, 5-9)

Les Alexandrins se massèrent en foule
pour voir les enfants de Cléopâtre,
Césarion, le petit empereur et ses jeunes frères,
Alexandre et Ptolémée, qu'on menait
pour la première fois au Gymnase,
pour les y proclamer rois
au milieu d'une cohorte étincelante de soldats.

Alexandre – fut nommé roi
d'Arménie, des Mèdes et des Parthes.
Ptolémée – fut nommé roi
de Cilicie, de Syrie et de Phénicie.
Césarion se tenait un peu en avant,
vêtu de soie couleur de rose,
un bouquet de jacinthes épinglé sur la poitrine,
pour ceinture un double rang de saphirs et d'améthystes,
ses bottines lacées de rubans
immaculés, brodés de perles rosées.
Lui, se vit donner plus qu'à ses cadets,
il eut le droit au titre de Roi des Rois.

Bien entendu, les Alexandrins se rendaient compte
que tout ceci n'était que des paroles et du théâtre.
Mais la journée était chaude et pleine de poésie,
le ciel d'un bleu très clair,
le Gymnase d'Alexandrie lui-même était
un triomphal ouvrage de l'art,
le luxe des courtisans exceptionnel,

Césarion plein de grâce et de beauté
(fils de Cléopâtre, sang des Lagides !) ;
si bien que les Alexandrins accouraient à la fête,
cédaient à l'enthousiasme, et poussaient des acclamations
en grec comme en égyptien, certains même en hébreu,
envoûtés par la beauté du spectacle –
tout en sachant parfaitement ce que cela valait,
quels mots creux pouvaient être toutes ces royautés.

b) Antoine abandonné de dieu (Ἀπολείπειν ὁ Θεός Ἀντώνιον = *Ant.*, 75, 6)

Lorsque soudain, aux environs de minuit,
tu entendras passer un cortège invisible,
avec des mélodies sublimes, ponctuées de clameurs –
alors sur ta fortune qui chancelle, sur tes œuvres
qui ont échoué, les projets de ta vie qui tous
se sont révélés n'être que chimères, ne te lamente pas en vain
En homme prêt depuis longtemps, en homme courageux,
une dernière fois salue Alexandrie qui s'éloigne.
Surtout ne t'abuse pas, ne t'en va point dire
que ce n'était qu'un rêve, que ton oreille s'est méprise ;
à d'autres d'aussi sottes espérances.
En homme prêt depuis longtemps, en homme courageux,
comme il convient à qui pareille cité s'est livrée,
approche-toi résolument de la fenêtre,
et avec émotion, certes, mais sans
les plaintes et supplications des lâches, écoute,
dans une ultime jouissance, les sons inouïs,
les si doux instruments du mystérieux cortège,
et salue-la, cette Alexandrie que tu perds.

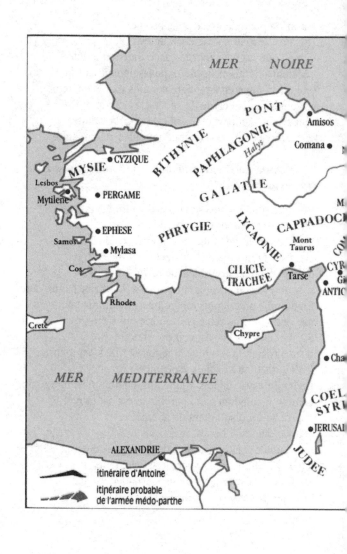

MER NOIRE

PONT

Amisos

BITHYNIE

PAPHLAGONIE

Comana

Halys

CYZIQUE

MYSIE

GALATIE

Lesbos

Mytilene

PERGAME

M

EPHESE

PHRYGIE

LYCAONIE

CAPPADOC

Samos

Mylasa

Mont
Taurus

CO

Cos

CILICIE
TRACHEE

Tarse

CYR

Gi

ANTIO

Rhodes

Crete

Chypre

Cha

MER   MEDITERRANEE

COEL
SYRI

JERUSAL

ALEXANDRIE

JUDEE

itinéraire d'Antoine

itinéraire probable
de l'armée médo-parthe

L'ORIENT
AU MOMENT DE LA
CAMPAGNE PARTHIQUE D'ANTOINE

0   200Km

Laboratoire de Cartographie Historique [Ch.H.]
CENTRE CHARLES HIGOUNET-MAISON DE L'ARCHEOLOGIE-BORDEAUX III-

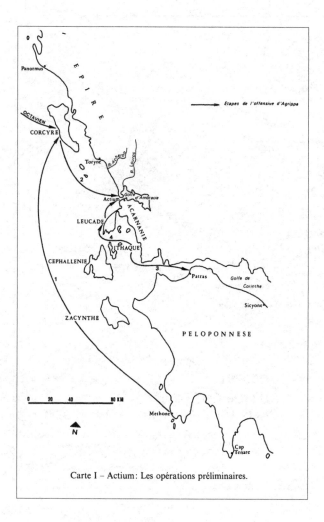

Carte I – Actium: Les opérations préliminaires.

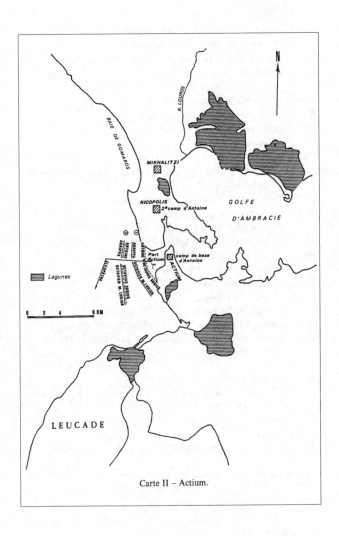

Carte II – Actium.

ÉVÉNEMENTS HISTORIQUES D'APRÈS DAVID[1]

83-78   retour de Sylla en Italie
65-63   **soumission du Proche Orient et organisation des provinces orientales par Pompée**
63   **consulat de Cicéron ; conjuration de Catilina**
60   premier triumvirat
59   **consulat de César**
58-51   **campagnes de César en Gaule**
55   2ᵉ consulat de Crassus et de Pompée
53   campagne de Crassus contre les Parthes
52   assassinat de P. Clodius
49-48   **guerre civile entre César et Pompée**
48   **victoire de César à Pharsale et mort de Pompée ; dictature de César pour 1 an**
47-45   campagnes de César contre les Pompéiens
46   dictature de César pour 10 ans
44   **dictature de César à vie ; assassinat ; guerre de Modène**
43   alliance entre Antoine, Lépide et Octavien
42   victoire des Césariens à Philippes
41-40   guerre de Pérouse entre Octavien et L. Antonius
40   réconciliation à Brindes
40-38   offensive des Parthes en Syrie et en Carie, repoussée par P. Ventidius Bassus
39   accord des triumvirs avec Sextus Pompée à Misène
38-36   guerre entre Octavien et Sextus Pompée ; victoires d'Oct.
36   **mort de Sextus, éviction de Lépide ; campagne d'Ant. contre les Parthes**
35-33   campagnes d'Octavien en Illyrie
34   célébration de la victoire d'Ant. à Alexandrie; organisation des royaumes d'Orient
32-30   **guerre civile entre Oct. et Antoine**
31   **Actium**
30   **prise d'Alexandrie ; suicides d'Ant. et Cl.**

— en italiques, les événements omis par Plutarque
— en gras, les événements communs aux deux listes

1. J.-M. David, *Nouvelle Histoire de l'Antiquité*. T. 1 : *La République romaine*, Paris, Seuil, 2000.

ÉVÉNEMENTS DE LA VIE D'ANTOINE

83   date de naissance probable
65 (*ca*) début de l'amitié avec Curion (**2.4-5**)
63   exécution de Lentulus Sura (**2.1**)
58   ami de Clodius (**2.6**)
57-55 expédition de Gabinius en Palestine et en Égypte (**3**)
54   en Gaule auprès de César
53   vient à Rome à la fin de l'année briguer la questure
52   parle contre Milon
51   questeur
50   augure, et le 10 décembre, tribun de la plèbe (**5.2**)
49   chassé du Sénat, se réfugie auprès de César (**5.3-10**): César lui confie
       l'Italie et part en Espagne (**6.4**)
48   il amène des renforts à César en Épire (**7**), **combat à Pharsale** (**8.3**) ;
       magister equitum (**8.4**)
47   conflit avec le tribun de la plèbe Dolabella (**9**)
46   divorce de sa cousine Antonia (**9.3**) et épouse Fulvie (**10.5**)
45   Nouveau conflit avec Dolabella pour le consulat de 44 (**11**)
44   offre le diadème à César aux Lupercales (**12**) ; consul réglant la
       situation après les ides (**14-15**) ; arrivée d'Octavien en mai (**16**) ; fin
       novembre, assiège **Decimus Brutus à Modène**
43   **vaincu à Modène** et déclaré ennemi public (**17**) ; en Gaule auprès de
       Lépide (**18**) ; **accord Lépide, Antoine, Octavien**, et proscriptions
       (**19**)
42   **bataille de Philippes** contre Cassius et Brutus (**22**)
42/41 en Grèce (**23**)
41   en Asie Mineure : à Éphèse, acclamé comme Nouveau Dionysos
       (**24**); Cléopâtre vient à Tarse (**25-27**) ; il la suit à Alexandrie (**28-29**)
40   Mort de Fulvie (**30.4-5**); après **l'accord de Brindes** (**30.6**), il épouse
       Octavie (**31**)
39   **Accord de Misène** avec Sextus Pompée (**32**)
39/38 hiver à Athènes avec Octavie (**33.6-7**)
37   accord de Tarente avec Oct. (**35**) ; à l'automne il revoit Cl. et
       reconnaît les jumeaux (nés en déc. 40) (**36**)
36   **expédition contre les Parthes** (**37** →
35   **50**) Retraite ; Cl. en Phénicie (**51**) ; alliance avec le roi des Mèdes (**52**)
34   fait prisonnier le roi Artavasdès d'Arménie (**50.6**) ; **triomphe à
       Alexandrie** (**50.7**) et **donation de territoires** à Cl. et ses fils (**54.5-9**)
33/32 guerre de propagande entre Oct. et Ant. ; préparatifs militaires (**55-
       57**)
32   divorce d'avec Octavie (**57.4**) ; Oct. publie son testament (**58**) et
       déclare la **guerre** à Cléopâtre (**60.1**)
31   **Actium** (2 septembre) ; fuite de Cl. en Égypte (**61-68**)
30   Oct. en Égypte ; **suicide d'Ant.** (1er août) (**74-77**)
       Oct. à Alexandrie ; **suicide de Cl.** (**80-85**)

Arbre généalogique d'Antoine, d'après H. Bengtson, *Marcus Antonius*, München, 1977
(légèrement modifié)

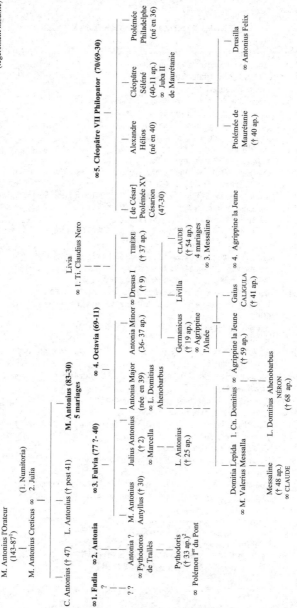

[1] Sans précision les dates s'entendent avant J.-C.
[2] Strabon XII 3, 29.

BIBLIOGRAPHIE SÉLECTIVE

Éditions et commentaires

K. ZIEGLER, *Plutarchus. Vitae Parallelae*, t. III.1, Leizpig, Teubner, 1971.

R. FLACELIÈRE et É. CHAMBRY, *Plutarque, Vies*, t. XIII, *Démétrios-Antoine*, Paris, Les Belles Lettres, 1977.

R. SCUDERI, *Commento a Plutarco, «Vita di Antonio»*, Florence, La Nuova Italia, 1984 [commentaire historique].

C.B. R. PELLING, *Plutarch's Life of Antony*, Cambridge, 1988 (2ᵉ éd. 1995).

L. SANTI AMANTINI, C. CARENA et M. MANFREDINI, *Le vite di Demetrio e di Antonio*, Milan, Fondazione L. Valla, 1995.

Traductions françaises

Plutarque, *Vies parallèles* I (*Alexandre/César, Alcibiade/ Coriolan, Démétrios/Antoine*), trad. Pierron revue par Fr. Frazier, introduction, notices et notes de J. Sirinelli, Paris, GF, 1995.

Plutarque, *Vies parallèles* (intégrale), trad. A.-M. Ozanam, annotée par Cl. Mossé, J.-M. Pailler et R. Sablayrolles, suivie d'un « Dictionnaire Plutarque » dirigé par P. Payen, Paris, Gallimard, Quarto, 2001.

Autres sources antiques

Appien, *Les Guerres civiles*, livre III et livre IV, intr., trad. et notes par Ph. Torrens, Paris, Les Belles Lettres, La Roue à livres, 2000 et 2008 – à compléter pour le livre V par Appian, *Roman History. The Civil Wars*, t. IV, Loeb, 1979 (1re éd. 1913).

Dion Cassius, *Histoire romaine*, l. 48-49 et l. 50-51, intr., trad. et notes par M.-L. Freyburger et J.-M. Roddaz, Paris, Les Belles Lettres, 1994 et 1991.

Études historiques modernes

S. Benne, *Marcus Antonius und Kleopatra VII. Machtaufbau, herrscherliche Repräsentation und politische Konzeption*, Göttingen, 2001.

H. Buchheim, *Die Orientpolitik des Triumvirn Marcus Antonius : ihre Voraussetzungen, Entwicklung und Zusammenhang mit den politischen Ereignissen in Italien*, Heidelberg, 1960.

Fr. Chamoux, *Marc Antoine, dernier prince de l'Orient grec*, Paris, 1986.

E. Fontani, « Il filellenismo di Antonio tra realtà storica e propaganda politica », *Studi Ellenistici* XII (B. Virgilio dir.), 1999, p. 193-210.

M.-L. Freyburger et J.-M. Roddaz, Notice, « III. Les problèmes historiques », *in* Dion Cassius 48-49, CUF, 1994, p. XXXVIII-CLXVI.

Id., Notice, « II. Les problèmes historiques », *in* Dion Cassius 50-51, CUF, 1991, p. XXXII-LXXXVIII.

P. Grimal, *L'Amour à Rome*, Paris, Les Belles Lettres, 1988, p. 277-287.

H. Jeanmaire, « La politique religieuse d'Antoine et de Cléopâtre », *Revue Archéologique* 19, 1924, p. 141-161.

J. R. Johnson, « The Authencity and Validity of Antony's Will », *A. C.* 47 (1978), p. 494-503.

C. Habicht, *Athènes hellénistique. Histoire de la cité d'Alexandre le Grand à Marc Antoine*, Paris, Les Belles Lettres, 1999, p. 390-399.

Cl. Nicolet, « Où Cléopâtre et Antoine voulaient-ils aller ? », *Semitica* 39, *Hommage à M. Sznycer*, 1990, p. 63-66.

A. La Penna, « Antonio come personaggio "paradossale" », *in* A. Gara & D. Foroboschi (dir.), *Il triumvirato costituente alla fine della repubblica romana. Studi in onore di M. A. Levi*, Côme, 1993, p. 93-111.

A. E. Raubitschek, « Octavia's Deification at Athens », *TAPhA* 77, 1946, p. 146-150.

A. S. Schieber, « Antony and Parthia », *Rivista Storica dell'Antichità* 9 (1979), p. 105-124.

F. A. Sirianni, « Was Antony's will partially forged ? », *A.C.* 53 (1984), p. 236-241.

G. Traina *et al.* (dir.), *Studi sull' età di Marco Antonio*, Galatina, Congedo Ed., 2006.

S. Walker & P. Higgs, *Cleopatra of Egypt: From History to Myth*, Princeton, 2001.

Ed. Will, *Histoire politique du monde hellénistique (323-30 av. J.-C.)*. T. II, 2ᵉ éd. rev. et augm., Nancy, 1982.

Généralités sur Plutarque, sa pensée et son temps

D. Babut, *Plutarque et le stoïcisme*, Paris, 1969.

M. Beck (éd.), *A Companion to Plutarch*, Wiley Blackwell, 2014.

Fr. Frazier, « La marche du monde et les incertitudes de la *Tychè* », in Fr. Frazier & D. Leão (éd.), *Tychè et Pronoia. La marche du monde selon Plutarque*, Coimbra, 2010, iii-xix. (https://bdigital.sib.uc.pt/jspui/handle/123456789/51)

Fr. Frazier, « Plutarque de Chéronée », *Dictionnaire des Philosophes antiques,* t. Vb, CNRS Éditions, Paris, 2012, p. 1096-1185.

C. P. Jones, « Towards a Chronology of Plutarch's Works », *JRS* 56, 1966, p. 61-74.

B. Puech, « Prosopographie des amis de Plutarque », *ANRW* II 33, 6, De Gruyter, Berlin / New York, 1992, p. 4831-4893.

J. Sirinelli, *Les Enfants d'Alexandre*, Paris, Fayard, 1993, en part. III 2, « La renaissance des lettres grecques (50-125) », p. 233-285.

Id., *Plutarque de Chéronée. Un philosophe dans le siècle*, Paris, Fayard, 2000.

Généralités autour du *bios*

G. Camassa, « La biografia », *in* G. Cambiano, L. Canfora & D. Lanza (éd.), *Lo spazio letterario della Grecia Antica*, t. I. 3, Salerno Editrice, 1994, p. 303-332.

A. Dihle, *Studien zur griechischen Biographie*, Göttingen, 1970.

M. J. Edwards & S. Swain (éd.), *Portraits. Biographical Representation in the Greek and Latin Literature of the Roman Empire*, Oxford, 1997.

A.-J. Festugière, « Les trois *Vies* », *Études de philosophie grecque*, Paris, Vrin, 1971, p. 117-156.

Fr. Frazier, « *Bios* et *Historia* », *in* M.-R. Guelfucci (dir.), *Jeux et Enjeux de la Mise en Forme : aux marges de l'Histoire* ? (*DHA* Suppl. 4-1), 2010, p. 155-172 [= Frazier 2010a].

B. Gentili & G. Cerri, « L'idea di biografia nel pensiero greco », *Quaderni Urbinati di Cultura Classica* 27, 1978, p. 7-27.

C. GILL, « The Character-Personality Distinction », *in* C. B. R. Pelling (éd.), *Characterization and Individuality in Greek Literature*, Oxford, 1989, p. 1-31.

Études générales sur les *Vies*

T. DUFF, *Plutarch's* Lives : *Exploring Virtue and Vice*, Oxford 1999 (2ᵉ éd., 2002).

Id., « Plutarch, Plato and "Great Natures" », *in* A. Pérez Jiménez, J. García López & R. M. Aguilar (éd.), *Plutarco, Platón y Aristóteles*, Madrid, 1999, p. 313-332.

Id., « Plutarch's Readers and the Moralism of the *Lives* », *Ploutarchos* n. s. 5, 2007/2008, p. 3-18.

Fr. FRAZIER, « Contribution à l'étude de la composition des *Vies* de Plutarque : l'élaboration des grandes scènes dans les *Vies* », *ANRW* II 33, 6, 1992, p. 4487-4535.

Ead., *Histoire et Morale dans les* Vies Parallèles *de Plutarque*, Paris, 1996.

Ead., « Histoire et Exemplarité : les "hommes de Plutarque" », *in* J. Dagen & A. S. Barrovecchio (éd.), *Le Rire ou le Modèle ? Le dilemme du moraliste*, Paris, Champion, 2010, p. 21-37 [= FRAZIER 2010b].

C. B. R. PELLING, « Plutarch's Method of Work in the Roman *Lives* », *JHS* 99, 1979, p. 74-96 (= PELLING 2002, 1-44).

Id., « Plutarch's Adaptation of his Source-Material », *JHS* 100, 1980, p. 127-140 (= PELLING 2002, 91-115).

Id., « Plutarch and Roman Politics », *in* I. Moxon, J.-D. Smart & A. J. Woodman (éd.), *Past Perspectives: Studies in Greek and Roman Historical Writing*, Cambridge, 1986 (= PELLING 2002, 207-236).

Id., *Plutarch and History. Eighteen Studies*, Londres, 2002.

G. H. POLMAN, « Chronological biography and Akme in Plutarch », *Classical Philology* 69, 1974, p. 169-177.

Autour de la *Vie d'Antoine*

J. BENEKER, *The Passionate Statesman. Eros and Politics in Plutarch's* Lives, Oxford Univ. Press, 2012, en part. p. 153-194.

F. E. BRENK, « Plutarch's Life 'Markos Antonios': A Literary and Cultural Study », *ANRW* II 33, 6, Berlin / New York, De Gruyter, 1992, p. 4347-4469.

C. BRILLANTE, « La voce che affascina : Elena e Cleopatra », *Materiali e Discussioni per l'analisi dei testi classici*, 59, 2008, p. 53-75.

T. DUFF, « Plato, Tragedy, the Ideal Reader and Plutarch's *Demetrios and Antony* », *Hermes* 132, 2004, p. 271-291.

Fr. FRAZIER, *Plutarque,* Vie d'Antoine, *in* Fr. Frazier, L. Thévenet, *Silves grecques 2013-2014*, Paris, 2013.

D. C. GREEN, *Plutarch revisited: A Study of Shakespeare's Last Roman Tragedies and their Source*, Salzburg, 1979, en part. p. 12-132.

R. SCUDERI, « Antonio nella biografia plutarchea : per un' interpretazione psicologica », *in* G. Traina, 2006, p. 131-153.

S. SWAIN, « Cultural Interchange in Plutarch's *Antony* », *QUCC* n.s. 34, 1990, p. 151-157.

Id., « Novel and Pantomime in Plutarch's *Antony* », *Hermes* 120, 1992, p. 76-82.

TABLE DES MATIÈRES

Ce volume,
le cent quinzième
de la collection « Classiques en poche »,
publié aux Éditions Les Belles Lettres,
a été achevé d'imprimer
en janvier 2015
sur les presses
de la Nouvelle Imprimerie Laballery
58500 Clamecy, France

Dépôt légal : février 2015
N° d'édition : 8037 - N° d'impression : 501213